中央高校基本科研业务费专项资金资助（JKB20FG02）
中央高校基本科研业务费专项资金资助（JBK1805002）
高等学校学科创新引智计划"中国家庭金融调查和研究创新引智基地"资助（B16040）

中国家庭金融调查
实践育人十年探索
（2011—2020）

主　编
甘　犁　　何　欣　　吴　雨

参　编
（按姓氏笔画排序）
弋代春　邓莎丽　白　卢
何　青　贾佑兰　曾　惜
蒋黎黎

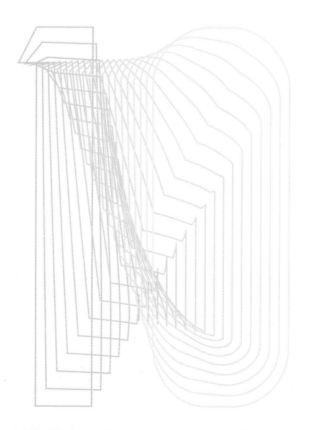

 西南财经大学出版社
中国·成都

图书在版编目（CIP）数据

中国家庭金融调查实践育人十年探索.2011—2020/甘犁,何欣,吴雨
主编.—成都:西南财经大学出版社,2022.4
ISBN 978-7-5504-5259-6

Ⅰ.①中… Ⅱ.①甘…②何…③吴… Ⅲ.①大学生—思想政治
教育—调查研究—中国—2011—2020 Ⅳ.①G641

中国版本图书馆 CIP 数据核字（2022）第 018805 号

中国家庭金融调查实践育人十年探索（2011—2020）

ZHONGGUO JIATING JINRONG DIAOCHA SHIJIAN YUREN SHINIAN TANSUO(2011—2020)

甘犁 何欣 吴雨 主编

责任编辑:王利

责任校对:植苗

封面设计:墨创文化

责任印制:朱曼丽

出版发行	西南财经大学出版社（四川省成都市光华村街 55 号）
网 址	http://cbs.swufe.edu.cn
电子邮件	bookcj@swufe.edu.cn
邮政编码	610074
电 话	028-87353785
照 排	四川胜翔数码印务设计有限公司
印 刷	郫县犀浦印刷厂
成品尺寸	185mm×260mm
印 张	24.25
字 数	425 千字
版 次	2022 年 4 月第 1 版
印 次	2022 年 4 月第 1 次印刷
书 号	ISBN 978-7-5504-5259-6
定 价	98.00 元

做中国家庭金融调查为了什么

邓莎丽

初衷

做中国家庭金融调查（有的时候简称"家金"），要从甘犁教授回国任教说起。

2006 年，西南财经大学开始引进海归人才。作为地道的成都人，甘犁教授很乐意受邀到西南财经大学，为学校也为国内的经济学建设与发展做一些贡献。

事实上，接触经济管理，源于他在清华大学经济管理学院读本科时读到的一本小说——《乔厂长上任记》。"看书以后，觉得通过改革管理制度，能够产生非常大的经济效益和社会效益。"在后来的学习过程中，甘犁教授逐渐把兴趣转到了经济方面：去美国跟着诺贝尔经济学奖获得者麦克法登教授学习经济学知识，在加州大学伯克利分校取得经济学博士学位，在美国得克萨斯农工大学经济系担任讲席教授。

回国后，因为研究需求问题，甘犁教授发现，国内关于经济金融的微观数据是有许多缺失的："当时通常只有一些宏观的、少量的时间序列数据，这些数据把很多微观特征都掩盖了，所以能思考、能分辨、能研究的内容和方向特别有限。只有通过对微观个体的发掘，才能把情况搞得更清楚，研究内容也才会更加丰富和有趣。"

所以，为什么要做中国家庭金融调查？甘犁在《我如何做中国家庭金融调查》一文中给出了明确答复："中国在微观数据上的空白使相关学者不得不组织团队开展这项工作。"西南财经大学以金融为主的学科特色，正好给了他绝佳的背景支撑。

意外收获

如果说十年前做中国家庭金融调查只是为了学术研究，那么随着项目影响力的扩大，甘犁教授发现通过建设基础数据库，了解中国国情、验证已有的关键数

2016 年 10 月，在好友田国强教授的《高级微观经济学》一书发布会上，甘犁教授又一次提到：中国学者在中国问题研究上还不具备国际发言权。他认为，目前的境况还停留在把"中国数据"简单地套用在"西方理论"上，对中国特色问题尚未形成自有研究基础。

做研究的前提基础是有数据。事实上，中国家庭金融调查与研究中心（以下简称"中心"）绝大部分员工都亲自上阵收集过数据。元老之一的贾佑兰就和同行伙伴访问到一户城镇困难家庭。访问结束后，她们自费买了柴、米、油、盐等日常用品，想帮助这户人家。虽然对方最终没有接受她们的好意，但这次访问带来的冲击却启发了她。"当时想着凭一己之力去帮助别人，但其实我们能做的还是太少。如果我们能脚踏实地收集数据，好好做研究，为国家发展和政策制定提供专业的、详实的数据支撑，帮助面就宽广了很多，也更加长久。"贾佑兰说。

对于这一点，弋代春也很有感触。作为中心房产研究部主管，她常年协助甘犁教授用中心数据做各种住房需求研究。2014 年，他们发现社会上对"靠城镇化拉动住房需求"的观点可能有误解。"中国的城镇化和国外的不同，它不是指大家扛包进城。相反，中国的城镇化有超过一半只是地区户籍编码的改变。换句话说，这些人还住在原来的地方，但这个地方已变成了城市。这些人实际上没有住房需求。那么，简单地依据城镇化率估算住房需求就有问题。"基于此，弋代春带领房产研究部进行了深入研究，积极地向政府建言献策。

此外，在个税改革方面，用调查获得的详细收入数据可测算不同个税调整方案的效果，也为相关政策的制定提供了数据支撑。

"你看，有了微观数据库，我们可以分析国内一些现象产生的根本原因，做更多细致的政策研究，为推动社会发展做出科学的贡献。"甘犁说。现在，既要完善自己的中国家庭金融调查微观数据库，也要吸引更多的高校加入，共同建设中国不同行业、不同侧重点的微观数据库，是他和团队的一个美好愿望。

困境

愿望虽美，困难却一直都有。

从 2009 年几位学者挤在咖啡厅里讨论调查框架，到 2010 年中国家庭金融调查与研究中心正式成立，再到 2011 年 7 月首轮大调查出发，一切都是摸着石头过河。

在中国做微观数据调查，每一个步骤的推进都相当困难。

首先，"数据有代表性"的前提是"抽样科学严谨"。由于中国家庭金融调查在国内的独一无二性，摆在甘犁教授面前的第一个难题，就是抽样框的获取。为此，他带领团队多次与国内外一流调查机构探讨。在反复切磋获取足够的经验后，设计了"分层、三阶段、与规模度量成比例"的抽样规则。

其次，要收集数据，值得信赖的团队必不可少。因为数据实际上属于公共产品，收集数据花的时间和精力远远超过了学者的个人利益。"这中间有一个冲突。"甘犁坦言。在他看来，让本科生、研究生来做数据采集虽然成本较高，但有很大的天然优势，"因为学生自己也做学术，所以会对数据质量有所追求"。

在中心流传着一个故事：一位在深圳访问的学生，为打动受访户接受访问，站在门外一边解释项目意义，一边对着大门鞠躬，直到嗓子沙哑，直不起腰。"他鞠了50几个躬啊。访问结束后，他告诉我，他觉得自己特别有情怀。"甘犁教授动容地说。

当然，每次调查派出上千名学生，实地访问上万户家庭，最困难的当属入户环节。如何获取受访户的信任一度让甘犁教授的团队陷入沉思。中心副主任何欣在2013年正式加入。那年，中心将样本从8 000多户扩大到了28 000户。大规模扩样是为了增强调查数据的省级代表性，但这无疑增加了调查执行的难度。

何欣"临危受命"，打理起执行的方方面面。"从中心负责执行团队该怎么管理，到学生调查员怎么招募和派出，再到受访户如何维护都是我们要考虑的问题。"最终，在她的带领下，团队近年来有了很多创新，包括设立执行大区督导，一对多地管理片区，提高效率；新增学生巡视督导，充分发挥学生主观能动性；定期慰问受访户，维持良好关系等。而这一系列的创新，让中心渡过了起步阶段的种种难关，逐渐步入快速发展期。

支撑

2011年10月，在首轮调查结束后的总结会上，甘犁教授激动得落泪："特别感谢西南财经大学给予我们的巨大支持，特别感谢学生调查员前往全国不辞艰辛地采集数据，特别感谢受访户对我们的信任，特别感谢团队在整个过程中的全力以赴。我们完成了一个几乎不可能完成的大工程啊！"

的确，每一项调查都不可避免要与执行、技术和成本三个方面打交道。甘犁教授"质量第一，成本第二"的要求，需要来自各方的鼎力相助。

这里的成本，包括了人力成本、资金成本和时间成本。

说到这儿，何欣感慨万千："从2010年迄今，西南财经大学给予了我们人员和资金全方位的支持。从人员上，每次调查出发前，校领导还有各职能部门领导都为大家打气加油，让我们感受到大家庭的温暖。调查招募与培训阶段涉及的人员、资源调配，也都得到了大力支持。从资金上，我们更是感谢学校对我们持续性的巨大投入。"

此外，每次调查，数以千计的调查员奔赴全国大江南北，浩浩荡荡。绘制抽样框需要绘图员走6次边界，然后画出每一条街道、每一栋楼房，还要爬楼排除空户，这是对绘图员体力的巨大考验；面对面访问则需要访员用真诚和耐心去解除受访户的戒备，面对受访户的不耐烦仍持之以恒完成长达一个小时的访问，是对访员意志力的巨大挑战。

而几万名受访户对调查的支持，更是难能可贵。为此，上班族挤出休息时间，农村人放下了手里的农活。"虽然有几十块钱的误工费，但短期来看他们的时间成本还是很高的。真的很感谢他们，抽出宝贵时间配合我们一起做这个有意义的项目。"甘犁说。

慢慢地，项目越来越成熟，一些同样想做基础数据收集的高校也加入到调查中来。"这特别好，他们有自己的优势，如研究优势、地域优势、资源优势等，我们大家可以取长补短，搭建一个更大的数据库平台。"甘犁说。

再创新

转眼，中心新一轮大调查的前期筹备工作如火如荼地展开。调查统筹人是吴雨，一个既带队做过调查，又熟悉数据研究的人。"名义上说是统筹人，其实是中心领导们一起探讨啦。"吴雨笑着说。

新的一年，中心又有了更加优良的调查架构。据吴雨介绍，2019年，调查不再是"流水线操作"。"往年执行团队只负责执行，质控团队只负责质控，技术团队只负责技术支持，最后汇总信息再由各自部门领导统一交接，这难免耽误时间。"吴雨表示，这次调查会将中国分为若干片区，让执行团队每人单独负责各自片区的方方面面："一个执行负责人，对应一个质控人，再对应一个技术支持人，同时对应一个研究员做问卷指导，这样的小团队包干模式能快速处理很多紧急问题，更加高效。"

除了调查团队框架的创新，今年（2019年）中心重点关注的还是如何规避往年访问中遇到的问题。比如曾经有人质疑数据采集一定程度上缺乏准确性：一方面调查员（访员）可能作弊，另一方面受访户可能根据问卷内容选择有利于自己的答案。面对质疑，吴雨解释说："一是我们在技术上实现了'实时质控'，可以尽早尽快地发现问题，达到及时纠正错误、及时止损的目的。二是我们在问卷设计上充分考虑了题目设置的前后逻辑。如果有人乱填问卷，计算机会有相应提示。"

据悉，实时质控既指"及时从音频上检测问卷填写是否正确"，也指"及时从GPS定位上获知调查员的行走轨迹"。而后者除了可以确保调查员真实访问外，更可以让学生家长、老师知晓他们的实时位置，给他们多一份人身安全保障。

一切潜心研究的"高科技"，都是为了调查能顺利执行。

前路

眼前，全国29个省份有几万户家庭需要接受访问大调查。如此大规模的调查，可能还是会存在联络困难、入户困难、学生管理困难的情况。而这个有经验的统筹团队，已经做好了迎接困难的准备。

"高校合作、受访户维护，传统的优良东西我们还是要保留。同时还要挖掘新的契机，争取把调查做得更完善。"甘犁表示。

有人说，中心是在困境中成长的。2011年调查时缺乏人手，于是启用了经济管理学院博士生带队调研；2012年发布的《中国家庭金融调查报告》被质疑样本量太少，于是遵循大众科普抽样调查的原理，在2013年扩大样本量，并加强了执行团队的管理；2017年有了做基础数据库的决心和降低成本的双重动力，于是发起了高校合作大调查……

风雨十年，中国家庭金融调查团队一路走来，困难重重。但无论肩上有怎样的压力，该团队始终披荆斩棘，迎难而上。

虽有磨砺，更显坚韧；虽迎风雨，更见成功。

（本文写于2019年。顺便说明一下，本书中文章来自各年调查心得汇总，有的时间已无法明确，如"今年""去年"等等。请读者见谅。）

目　录

学生成长篇：实践报国行 …………………………… （73）

课程推广价值篇：书写兴国梦 ·················· （349）

思政教育篇：培养爱国情

习近平总书记指出，社会实践是青年学生练就过硬本领的"大熔炉"，青年要成长为国家栋梁之材，要读万卷书、行万里路。为落实立德树人根本任务，2010 年，西南财经大学成立了全国首家家庭金融研究机构——中国家庭金融调查与研究中心（以下简称"中心"）。从 2011 年起，中心连续 10 年开展中国家庭金融调查，在全国 29 个省份 355 个区（县）的 1 428 个社区建立了数据样本采集点，覆盖 40 011 户家庭，共有西南财经大学、北京大学、北京师范大学、剑桥大学、麻省理工学院等海内外 83 所高校的 2 万余名学生参加。

调查秉持"行走中国，知国报国"理念，以理想信念教育为根本，以发现中国经济基本事实和关键问题为核心，组织学生广泛深入地调查了解中国家庭金融现实状况。学生们大范围、长时间地深入千家万户调研，用脚步丈量中国，用眼睛去观察事实，用数据记录中国，用心灵感受国家的发展变化，在数据分析中发现经济发展规律。通过几轮大调查，中心开创了国情教育、科学研究和人才培养三位一体实践育人新模式，为国内高校提供了可复制、可推广的大型社会实践育人范例。

本篇为参与调查后，学生对实践能力、家国情怀、社会责任感、创新精神不断提升的认知汇总。

采集数据的过程就是一次最好的社会实践

文／刘婧雯

对于大多数入学不久的大学生访员来说，中国家庭金融调查，不仅仅是一份份采集经济数据的细致问卷、一场场与受访户斗智斗勇的拉锯战，更是生活在都市中的学生们第一次下沉到社会基层观察一个个微观家庭、认识中国的另外一面、深入体察中国国情的最好社会实践。

01 通过访问，访员能看到中国的千村千面

自从四年前 Y 村本地支柱产业——几座煤炭企业被一一关停，村委会所能收取的管理费也大幅减少，目前只能靠集体土地出租获得收入。面对繁杂的民居环境改造工程、村民文化建设等，村委会常常收不抵支。"因为地理环境、资源的限制，我们村煤矿被关停是坏事；但也是好事，没有煤矿我们还可以发展加工制造业，但环境再不保护就来不及了。"Y 村的李支书说。

其实不止 Y 村，农村发展集体经济，"如何筹钱"是他们面临的最大问题。除了上级财政"拉一把"以外，如何利用当地资源，发展特色产业以提高集体经营性收入是许多村子都在探索的过程。在访问以前，访员们并不了解中国农村问题的复杂多样性。

访员问到李支书在做村里党支部书记以前有没有其他工作时，李支书不好意思地笑笑，说自己以前做生意，算是打下了一些经济基础。"有了经济基础我才有底气扑在群众建设上。对于一个村的治理，经济好起来才能推动活动开展，群众才容易相信我，才会服我。我也觉得到了该奉献的时刻。"

02 中国的农民，是世界上最勤劳的农民

H 村的老两口，一位出生于 1946 年，一位出生于 1941 年，但两位年近 80 的老人，现在还种着 6 亩水稻。

访员们见到老爷爷时，正是农闲时节，但老爷爷还是忙个不停，正在穿蚯蚓，准备下水，捕捕鱼钓钓虾。虽然老人身子骨还算硬朗，思维也清晰，但长年下水劳作使

他和奶奶都患有风湿，对于老两口来说每年治病要花去两三万元。当地大多数农民也都是类似的情况。

根据问卷内容，访员们帮老两口算出一年种地、卖鱼虾等林林总总的收入后发现，老人总共收入不过两万元，怎么能继续负担医药费呢？面对收不抵支的状况，访员询问老人是否有来自子女的补贴，老人说："子女家庭负担重，要供孩子上学，我怎么还能找他们要钱呢？"老人心里不愿拖累子女，这也是访问中所遇到的大多数中国父母的想法。

访员鼻子一酸，又问老人："为什么不停止种地，把身体养好呢？这多不划算呀！"老人回答："我们不种地干吗呀？不干就完全没有收入啦。不能管别人要呀。"访员们不了解，在许多中国老农民的观念里，勤勤恳恳地干活一辈子就是一种踏实与安稳，就是生活方式。

03　根据实际访问经验了解数据偏差在哪里

巡视督导黄心波在 2017 年开始读博，她主要研究农村老年贫困问题。在攻读博士学位前她已在"中国家庭金融调查与研究中心"工作了四年，对于采集数据这一项工作，她熟得不能再熟。

现在使用中心数据的人除了觉得申请麻烦外，更多的是因为不熟悉中心数据和各个变量设置，在计算一些指标时遇到了困难。中心的数据很丰富也很全面，类似家庭总资产、总收入这些做研究时常常会用到的指标，需要研究者考虑多个变量进行计算，而无法直接拿来就用。

"例如要计算样本家庭的家庭可支配收入，要考虑每个家庭成员的工资性收入、农业生产经营收入、工商业生产经营收入、财产性经营收入、转移性收入等指标。这里的每一个大类又需要使用到问卷里的很多变量来进行计算，比如农业收入里包括了各类粮食作物、经济作物、畜禽饲养等，在计算各个小类的时候要考虑毛收入、投入的人力、机械、肥料等的成本，在用各个变量的时候需要考虑缺漏值，对一些重要的数据做一些插值处理以及处理一些极值。所以，一个看起来简单的可支配收入，完整的计算可能需要 700 行左右的 code（代码），大家觉得麻烦就会放弃。"黄心波解释。

但是这些计算，其实只要做过一次之后，这些数据就可以通用了，所以用过中心数据的人会越来越喜欢用中心丰富而全面的数据。做过访问的人，因为对问卷非常熟悉，在计算一些指标时很快就能挑出需要用到的变量，并且能根据实际访问经验了解一些存在些微偏差数据的偏差在哪里。也因此，黄心波在用家庭金融调查数据写论文时显得得心应手。

"也总有人质疑问卷长度和问题设置影响数据的真实性，认为涉及家庭隐私的数据只能够得到模糊的、应付的答案。"黄心波说，"虽然调查数据不完全等于真实情况，但是我们在用各种途径尽可能地逼近真实。结果虽然不完全精准，但已接近真实。如果我们都不去做，我们甚至不能描绘世界大概的样子。"

从使用数据的角度来说，研究者们永远觉得问卷不够长，因为中国可研究的问题太多了。而对于受访户来说，无论如何设计，问卷都会显得很长。只有当我们深入到调研中，才会发现哪些问题是现在的百姓最关注的、最迫切需要解决的，我们做研究的才能有取舍。做研究要回答的是一个真实的问题，而最真实的情况，就来源于一线的访问数据调查。

04　"你们大学生都将是社会栋梁，多进行社会实践是好事！"

在 Y 村的密集访问结束后，村书记说："若是政府部门派人进行调查，我们的群众往往会存在一定戒心，但面对像你们一样利用暑假来做社会实践的大学生们，群众更容易对大家推心置腹，这有利于国家、研究机构从基层了解最真实的情况。"

"万般皆下品，唯有读书高"已经不再适用于当代青年们，"两耳不闻窗外事，一心只读圣贤书"的理想容易将青年们禁锢在象牙塔中。

在做调查之前，学生们也许会单纯地认为很多村民/居民愿意配合调查是因为 50 元的误工费，但真正到基层和广大的群众接触后，访员们见到了无数推辞误工费的受访户，有的人即使家徒四壁但了解到这个项目的意义后也愿意无偿配合，有的人以党员身份要求自己，有的人心疼访员三伏天仍然在外奔波，有的人心系国家建设政策制定……访员们逐渐了解到，相对于生活稳定、幸福程度较高的城市居民，一些地处偏远、落后农村的群众或是等待成家立业的年轻人有进一步提高生活质量的需求，他们的诉求更高，这也许是他们更愿意配合访问的根本原因。

"对于我们的青年，想让他们关注社会发展、政策变化，对现实生活充满关切和同理心，离不开家庭和社会教育。如果从父辈那一代就没有学会关注现实，那就要靠这些社会实践和时间来转变。"Y 村书记对访员们说，"参加社会实践，认识国情，用脚步丈量中国，理应是当代青年人的自我要求。"

"你们大学生都年轻，将来都会是祖国的栋梁。这次大调查虽然辛苦，但它将会是你们人生宝贵的历练。要好好珍惜，做好这项工作。"村书记在访员们离开时真诚地嘱咐。

做时代的中坚 与祖国同行

文/于文超

直面清晨的第一缕阳光，愿阳光温暖你的脸庞。

我们希望用最质朴的笔触记录下曾经的点滴过往，让你触摸到这个时代的脉搏；我们期待以自己的视角理解这个时代的困惑与梦想，为时代的前行贡献自己的力量。

一个月前，我们背上行囊，奔向四面八方，人海茫茫之中，我们显得微不足道。我们是一群普通的年轻人，我们想用自己的所见所闻描述出这个时代的独特气质。我们深爱这个国家，所以我们勇于直面这个国家的低沉与痛楚；我们敢于担当，所以无论是在你的理解抑或是不解之中，我们总能忘我工作，激情飞扬。

在访问过程中，有这样一群受访者，他们在面对不幸时总能笑对人生、负重前行，他们的坚持源于他们心中的责任，对自己、对至亲、对社会。其实，我们都是从责任中汲取力量的同行者，我们有责任去探究这个国家拥有什么、需要什么。为了这份责任，我们会为一户人家的访问等到深夜；为了这份责任，我们会在炎炎烈日之下往来奔波；为了这份责任，我们虽是风餐露宿，脸上仍会洋溢着欣慰的笑容，这份责任植根于每个人的心中，在最艰难的时候温暖着我们的心灵。

我们真诚地感恩，感恩那些不辞劳苦给我们以无私帮助的长者；感恩那些素昧平生却给我们工作以热情支持的受访者；感恩那些以莫大勇气开始这个项目的前行者，他们的欢欣与惆怅、挣扎与坚守讲述了这个时代的真实故事。

在这个曾经羸弱、曾经辉煌的国度里，每时每刻都演绎着幸福与不幸、希望与彷徨，但是我们坚信这个国家总会变得更好，她需要我们每一个人。

你我需要做这个时代的中坚，与这个国家一同前行。

参与"CHFS 中国家庭金融调查"的学生后来怎样了

文／刘婧雯

"参与 CHFS 中国家庭金融调查是一种什么样的体验？"——这是"知乎"上关于中国家庭金融调查的热门话题。那么实际上参与"CHFS 中国家庭金融调查"的学生后来怎样了？

一、"2017 年的访问我还历历在目，影响着我的论文写作"

"这边社区比较特殊，租户较多，全是新受访户，没有电话，没有姓名，居委会提供的帮助很有限。今天我们小组扫了很多遍，很多无人应答的情况。"在做最后一个社区时，湖北四组督导张诚感受到了很大的挑战。

张诚是来自首都经济贸易大学金融学院的博三学生，他的导师尹志超是现任首都经济贸易大学金融学院院长，曾任西南财经大学中国家庭金融调查与研究中心副主任。尹老师总鼓励他所带的学生去参与中国家庭金融调查。

"我的老师研究家庭问题，他告诉我，要找研究方向，就要符合直觉，即'make sense'。研究家庭的课题，要深入家庭、基于家庭现象；如果研究企业，就多去工厂、公司里做调研。掌握一手数据，才能找到好的选题，才能知道中国现在真正面临的问题，从而去用论文回答一些问题。"

2017 年，还是硕士研究生的张诚就做过访员。"那时做访员我只要完成任务，闷头干就行了。"每天晚上，得空的张诚就写日记，最后写了两万多字。

"2017 年所遇见的很多受访户现在我还历历在目，每当我写论文的时候那些过往都会浮现在我脑海中，真的会对我的论文写作产生影响。信任、城乡教育差距、收入不平等、男女不平等这些话题都是那时的我关注的。"后来张诚利用中心的数据完成论文并发表在国内某权威期刊上。

今年张诚再度以博士生的身份做访问，成了组里的督导。

"做督导需要考虑的事情可就更多啦！我需要在衣食住行上都考虑得很周全。"不仅是生活上，在访问工作上，前期和街道、居委会、社区、受访户的沟通工作，都需要他提前规划。正式访问时，他会优先分配容易接受访问的样本给其他组员，遇到啃不动的硬骨头他就亲自上。在农村时，他会提前安排女孩子坐公交车回去，让男孩子留下来访问收尾。遇到开头那样无人应答的情况，他就一遍遍地扫楼、蹲守、让居委会联系房东。

有时访问对象的表现会让组员觉得自己很委屈。面对消极的情绪，尽管张诚自己也有巨大的压力与好多烦心事，也有心情崩溃的时候，但他作为师兄和督导，总是很克制自己。"我们组里都相互帮扶理解，各尽所能。所以我也能调节好我们的心态，互相学习，完成任务。"

二、"用数据的人更加珍惜追踪对于数据的意义"

上海五组督导仇化是来自首都经济贸易大学金融学院的研二学生，她同样师从尹志超老师。"出发那天早上五点多时，我给我的导师发了消息，然后我的导师下午回了我十二个字：'注意安全，克服困难，不辱使命！'"

"我有种要上战场的感觉。"仇化打趣地说。

温柔的仇化在工作中是拼命三郎。每天早上九点她就会带领队伍准时到居委会报到，晚上为了抓住受访户们在家的好时机，经常十点才访问完返回住处，也因此他们组的进度较快，成为上海访问组中的劳模。

在上海这样的城市，拒访率特别高。但面对拒访，仇化总是说要"包容受访户"。有一次，连续参加四届"家金"调查的老受访户，到今年第五届时突然变脸。她舍不得"老样本"流失，即使对方拒访态度坚决，她仍想办法尽力争取。

"受访户们不了解追踪对于数据的意义，但我们用数据的人知道，就更加珍惜。"仇化说，"有时遇见一些年纪较大的受访户，他们两年前还能精神抖擞地回答问题，今年却已经思维迟钝甚至有的已去世，我的心中不由得感慨世事变幻无常。"

"数据于我而言不再是冷冰冰的，它们之间的逻辑不只是从 A 到 A、从 B 到 B，而是可能有更多元的组合、更复杂的关系。"在被问到亲身访问对她写论文有何帮助时，她这样回答。目前，她已经通过 CHFS 的数据完成了两篇文章。

"在中国，任何问题乘以 14 亿都是大问题，家庭金融的研究至关重要。"面对他人对大调查的意义的质疑时，仇化这样说。她还想继续深造，攻读博士学位，仍从事家庭金融方向的研究。

三、"我看到很多不一样的东西"

"2017 年入学时学姐就给我推荐了这个项目，她说我会看到很多不一样的东西。"

李军达解释他来参与调查的初衷。

上海四组督导李军达是西南财经大学 2017 级财务管理专业本科生。

作为小组督导，李军达在管理上会遇到很多麻烦，小组内也会产生分歧，小到访问结束吃什么，大到访问进度控制。有一次他晚了一天联系下一个社区居委会，而上一个社区却又提前一天做完了，导致中间出现了真空期。"第二个社区访问难度低所以很快做完，第三个社区访问突然受阻进度变慢，组员们有一天无事可干就放松下来，再开工就提不起劲了，心理落差也会很大。"李军达说这件事让他更加谨慎，更加注意保持进度平稳。

"这次上门我们好运气用完了，再攒攒！"李军达幽默健谈，组员情绪消极时他总能用各种方法去安慰他们，陪他们一起完成从敲门到访问的全过程。他偶尔也有崩溃的时候，"这时我就会请巡视督导许婵妍过来帮我们"。

"有个社区居委会的阿姨，听说我们的问卷严谨且内容丰富，一开始怎么也不相信我们能在一周内做下来。"李军达笑着说。

社区自己也做居民调研，但即使他们长期生活在这里，在争取业主配合上也比较困难，二三十道题的问卷往往也要两三个月才能完成。和社区人员做问卷不同，访员们肯吃苦，不怕累，一鼓作气。在看到访员们的坚持与真诚后，居委会的工作人员也很支持他们。

中国家庭金融调查对于李军达来说，确实是一次"看到很多不一样的东西"的社会实践。

"对我来说，我更了解像上海这种处于中国发展前沿的城市。如果我只是来上海旅游，我只能看到上海那些冷冰冰的建筑。和上海本地人交流，才知道他们真实的生活状况，了解他们对生活环境、对这座城市、对中国的发展的认识。"作为四川本地娃，李军达很少有机会和同学以外的外地人深入交流。

"以前我对上海一直抱有美好的想象，但来了才发现，这座城市除了陆家嘴、外滩的灯红酒绿，还有外地务工人员、年轻上班族的挣扎呐喊。无数的外地人建设支撑起了这座城市。这儿生活节奏很快，这也许会改变我之后的求职意向。"

"如果给你重来的机会，你会选择去实习还是来中国家庭金融大调查？"

"在上海遇到挫折失意时，我也和其他去实习的同学交流过。但同专业大部分人的实习无外乎在会计师事务所粘贴发票、倒水、拿快递，最大的收获就是一张轻飘飘的实习证明。但在家金，我收获的绝对不止这些。所以如果再给我一次机会，我还是会选择来这里。"李军达肯定地回答。

督导张诚在他的日记里曾写下这样一段话：

"一段艰辛而又意义深远的家庭金融调查终于完成，这一路让我收获了许多，也成长了许多。每一个数据获取的背后都承载了太多人的努力和汗水，都记载了当下真实中国的面貌。同时，也收获了一段难忘的经历。"

每一位参与家庭金融调查的学生一定都会看到从未见过的天空，不会认为天空只有那单一的蓝色。

数据比理论可靠　行动比口号有力

文/蔡超

　　复杂矛盾的多元时空交叠、不同层面问题的纠结，使得人们很难用某种理论解释当下的中国。而价值取向的多元化和差异性、核心价值观的缺位和乏力，使得人们很难用一套方案整合利益关系。改革三十余年（访问当时！），中国取得了举世瞩目的成就，然而体制积弊和社会矛盾却也不断凸显，新形势下关于改革的观点和议题不断涌现，或许有必要重新审视历史与现实。

　　"摸着石头过河"只是带有实用主义性质的权宜之计，持久的改革发展必须要具有前瞻性和洞察力。一路走来，我们对自己的认识都还很浅薄。中国的现实复杂，更需要我们去深入考察。没有万能的理论，尤其是在社会科学领域，理论的构建都有其前提假设和特定时空范围。不切实际地空谈理论是典型的坐而论道、纸上谈兵。真实的原始数据比理论可靠，数据是最直观的现实反馈，也是最有力的论据。任何理论都必须经得起实践的检验，任何理论都不能靠主观臆测和生搬硬套。"让中国了解自己，让世界认识中国"，参加中国家庭金融调查，深入农村和社区，去收集每个家庭的微观数据，去感知真实的中国。家庭是中国改革发展的微观个体，也是中国社会的细胞。也许是管窥蠡测，但是可以从这里解读中国，从这里读懂中国。一份真实反映当前国情和现实的数据报告，对于改革发展意义重大。我们有理由相信我们的工作具有广阔的前景和重大的意义。

　　"空谈误国，实干兴邦"，行动比口号有力。口号固然有社会动员和凝聚力量的作用，但口号的落脚点应是行动。实际的作为便是最大的证明，良好的口碑便是最大的肯定。政府、社会、学校、个人，少喊一些空泛的口号，脚踏实地，有所作为才是关键。中国家庭金融调查之路，注定是不平凡的。我们用自己并不宽厚的肩膀担起了艰巨的使命，我们向全社会展示了我们的担当精神和实干精神。深入基层，深入实践，用脚步去丈量脚下的土地，用数据记录真实的中国。这个时代并不缺少梦想家，缺少的是实干家。责任、使命、担当、贡献，不应是冠冕堂皇的说辞，而应外化为行动，实实在在、利国利民的行动。参加中国家庭金融调查，锻炼并历练了自己，同时发现现实比想象复杂，实践比理想困难。中国家庭金融调查的经历将成为我宝贵的人生经历，让我学会保持谦卑、感恩，砥砺前行。

"为天地立心，为生民立命，为往圣继绝学，为万世开太平"，宋代大儒张载的这段宣言历来被知识分子引以为人生信条。在这个浮躁迷乱的时代，我们期待更多的实干者行动起来。请不要辜负这个时代！我们对脚下的土地了解得越深刻，或许就会爱得越深沉！

少年贰拾

文/张潇予

明日我将坐上一班前往成都的高铁，和我的团队一起结束这个夏天的行程。

这个八月，我与7支队伍相遇，与48位2019中国家庭金融大调查的访员交流。我曾无数次问他们："参与这个活动，对于你个人而言，最大的意义是什么？"也曾无数次问自己："参加这个项目，对于这群少年们而言，最大的意义是什么？"

先讲几个少年和他们带给我的故事。

一位"90后"女青年，一婚以离异收场，一儿一女都没有归自己抚养。她有着较高的学历，举止大方，谈吐自然。但每当访员宋依凡问到有关她新任丈夫的事情时，她便支支吾吾。正在访问的时候，她的丈夫回到家，看到家中有外人，便粗鲁地把访员们赶走了。以前，宋依凡觉得每个人暴露给外界的都是真实的一面，但现在，她觉得"幸福与不幸福是不能用眼睛看到的"。社会，以前对于宋依凡来说，是出门买东西时要遇到的那些人，现在，是什么人都会存在、什么事都会发生的世界。

"您愿意交纳多少税负？"这是一道让访员毛清清困惑了些许日子的题目。在农村，许多受访户表示愿意上交自己收入的30%作为税收，用于获得公共服务和社会保障，而在城市，很多人的"意愿交税率"是10%及以下。"是不是说城市的发展还有很大空间呢？或者说虽然城市的经济发展了，但市民的想法没有跟上经济的发展呢？"这是属于她个人的一份还将持续的思考。

访员李皓每周都会给母亲打一通电话，聊聊队里的事情，聊聊这周又在城市或乡村遇到了哪些人或事。以前，李皓的母亲总是不放心儿子出门在外，认为他一点社会经验都没有。这些日子结束后，李皓说自己经历的种种人情世故，至少可以在以后出远门时不让妈妈操心了。还有一天，李皓访问到一户失独家庭，当晚便和母亲聊到"失独"，母子俩平日交流时很愿意通过情景假设来表达与沟通，这晚却是第一次交流这个话题。"如果是我的话，我感觉自己会活不下去。"母亲的这句话，让李皓沉默了很久，为家人对自己的爱感动了很久，也为千万失独家庭难过了很久。

一直走在书中，从未跳向书外，让访员沈佳磊对很多概念的理解都是模糊的，比如贫穷。以前通过看剧、读文章，他对贫穷的感受只是收入不足，还需要更多的努力才能让自己生活下去，但自从他遇到那位受访户——家中孩子急需一笔高额的学费，家中老人的养老问题尚无出路，残疾的妻子还需要一笔治疗费用，他的认识就改变了。这位受访户每天一睁眼，就要考虑这一天该怎么过下去，或许也只能考虑今天这一天怎么过下去。"贫穷不仅是一种生活的状态，更是一种对自己心灵的剥夺感。"这一路，沈佳磊访问了 28 个样本，听到了 28 组数字，这 28 组数字，带他走过了 28 个人的前半生，而这 28 个人的前半生，让他了解了从这一年往前的 28 年的中国。"我这辈子都不会忘记某些故事和很多情绪。"

访员刘思宇初期觉得这个活动能带给自己的是收集到数据的成就感，渐渐地，她发现自己在问卷之外看到了更多东西，而问卷之外的世界给了她更大的冲击。她曾访问一位妇女，这位妇女双臂都只有一半，但她依旧没有放弃劳动。因为担心自己种地慢会打扰到同伴，白天她从不和其他村民一起下地，但一到晚上，她就独自一人来到田间，做一些最基本的整理。当访问结束要签字领取误工费时，刘思宇本想代替这位妇女签字，但这位受访户把纸拨到自己面前，用两只半臂夹住笔，工工整整地签上了自己的姓名。"人不能将三观闭合。如果你的世界中所有问题都可以得到很好的解答，那可能才是真正的问题。我们需要时不时地重新看看这个世界。"这是刘思宇的感悟。

也许，这群 20 岁左右的少年正在通过从纸面和网络上了解的事物以及通过校园进行的人际交往形成自己所认为的逻辑自洽的世界。而参与中国家庭金融调查所得到的这些经历，正是一股打破这份逻辑自洽的冲击力。

所谓三观，是世界观、价值观、人生观，也是观自己、观他人、观世界。在这样一段旅途中，每一个 20 岁左右的少年都在和团队的相处中、在与居委会或村干部等人的沟通中、在与每一个代表了千千万万中国家庭的受访户的访问中，更具体地感受到了人与人之间复杂而多面的关系，更深入地了解了这片叫做中国的大地。

"参加这个项目，对于这群少年们而言，最大的意义是什么？"

我想我还是无法回答，但我认为这群少年已经告诉了你答案。

"这世界原本就不存在什么该与不该。也许你该先问自己对这世界爱或不爱。如果说世界它本是一座山和一片海，你只有一次机会选择来与不来。"

—— 《贰拾》

知难行易，当越来越多的人开始关注，真理就会慢慢浮现

文/张睿

"不用谢，是你们的执着感动了我。"这是在安徽铜陵的一个社区为我们带路的工作人员给我回的短信。看到短信的一瞬间，我突然觉得一个月以来我们的坚持、努力、执着都是值得的，一种幸福的成就感油然而生。

这是我们在安徽整个调研过程中最艰难的一个社区。大面积的空户、拒访，还有每天38摄氏度以上的高温酷暑，不断地考验着我和队员们的身体和毅力。最要命的是社区正处在创建评比的关键时期，用居委会主任的话说，"我们自己搞的摸底调查还需要花钱从外面雇人，哪还能抽得出来人带你们"。经过一番艰苦的沟通，社区终于同意出人带我们了。可是这个小区的空户程度和拒访程度都远远超出我们的想象，于是第一天下午这位带路的工作人员在连续爬了五栋楼、敲了七家门都无功而返后终于爆发了，开始训斥我们的队员，然后自顾自回家吃饭去了。

可是我们的队员没有放弃，一直在小区里等到很晚，有亮灯的就自己去敲门，虽然也大部分被拒绝了。由于这个小区离驻地很远，第二天一早我们就出发前往小区，然后就躲在小区的阴凉处休息，等待受访户。那一天的天气好像也是最热的，每个人的衣服都湿了好几遍，但是我们依然没有放弃，不停地寻找可能的受访户，印象中都不记得爬了多少次楼。看着每一个队员湿透的衣服和不停滴下来的汗水，我很心疼但也充满了希望，因为我知道有这么一群坚强、执着的战友在，我们一定会完成任务的。

到了下午，社区的工作人员终于被我们感动了。他们主动出来带我们去入户，不停地帮我们给受访户打电话，帮我们说话。最终这一天我们取得了丰硕的成果。回到宾馆吃饭已经是晚上9点过了，我给社区的人发了一条感谢短信，于是有了上面的回复。现在坐在家里舒服的椅子上回味起来，感觉真好！

我们安徽组负责的是安徽省四个县市一共375户的调研任务，地域涵盖了安徽的南部、中部和北部，有经济发达的铜陵、无为，也有生活水平相对要差一点的庐江、颍上。一路走来，我们见识到了安徽南北部在经济、文化、风土人情上的差异，而这里的许多事情都是我作为一个安徽人所不曾了解的。这次调研活动对于我和我的战友

们而言，也是一个学习和收获的过程。我们收获的不仅仅是 375 户沉甸甸的样本数据，还有我们对这个社会现实的更深刻的理解和感知：我们看到了社会的贫富差距，看到了底层社会民众的生活的艰辛，被各个地方的经济发展速度鼓舞，也被农村严重的"空心村"现象震撼，感受到了农村人民的淳朴，还有城市里人与人之间信任的缺失；同时每个人也随着我们的调研活动不断成长，不断挑战自己、超越自己。

从最开始的遇到问题时手足无措，缺乏一点自信，到后来的独当一面，能和受访户谈笑风生；从最开始一遇到问题就给我打电话，"队长，怎么办"，到后来的我给他们打电话时，"队长，我知道的，放心吧，我能搞定"。每一点的进步我都看在眼里，作为队长，觉得很欣慰。不管遇到多大的困难和委屈，大家都从来没有想过放弃：暴雨里行走一个多小时只为寻找到一个受访户，酷暑中站了一两个小时，在受访户家门口托着电脑完成访问，被不理智的受访户骂哭，生病了输液到一点多钟。所有的磨难、挫折，只能让我们变得更加坚强、更加执着。我曾经说过，如果我是校长，我会为我的学校拥有如此优秀的学生而骄傲。还有团队和友谊。从素不相识的十个人到一支有战斗力、有凝聚力的团队，每个人都在为别人着想、为团队着想。到了农村，远一点的受访户，男生总是抢着去跑。在城市里，晚上入户，只要有需要，大家都会放弃可以独立完成的机会，陪队友入户。遇到困难的时候，大家相互鼓励，相互扶持。有的时候，有的队员在某一个社区工作老是不顺利的时候，大家总是会用"富氏人品定理"去安慰他。还记得有一天，我因为焦急，突然哑了嗓子，队员们就跑去给我买水、买药，并送到我面前的时候，那一种感动，真的无法用言语来形容。不会忘记每天我们在饭桌上开的各种玩笑，犀利的"彭总"，善良无辜的"神父"，开心果"程程"，可爱的"小番茄"……还有各种精彩的斗嘴、八卦（只可惜，我们的队伍最终也没有成就一段美好的战斗姻缘），总会让我们在饭桌上捧腹大笑，忘记一天工作的辛劳和疲惫。当得知有两个组员要过生日的时候，又在葛锋"导演"的精心策划下，给两人过了一个小小的生日。吹蜡烛的时候，感觉好温馨。

一直以来，我都觉得自己是一个幸运的人，在我人生的每一个阶段，总会遇到很多善良的人。善的力量总会让我对这个社会充满希望，让我面对困难的时候不觉得孤单、恐惧。这一次也不例外，除了九位善良、可爱的战友，还遇到了许许多多的好心人，从银行的行长到入村的时候给我们开车的司机，从居委会主任到最贫困的老百姓，他们给了我们许许多多的支持和帮助，成为我们前进的强大动力！其中的一些人还和我们成了朋友。在和村委会、居委会沟通遇到困难的时候，银行的人总会像家人一样帮助我们，积极地和他们沟通。很幸运，每一个村委会、居委会最后都理解了我们，也都很配合（支持）我们的工作，还有那些为我们带路的叔叔、阿姨们也和我们一样忍受着高温、暴雨甚至是受访户的白眼。虽然叔叔、阿姨们也偶尔会抱怨我们的工作太死板，但最终还是会按照我们的工作方式去完成任务。多么可爱善良的叔叔、阿姨！真的想对他们说声谢谢！而最可贵的就是我们的受访户，他们会为了我们需要的数据，翻箱倒柜地找存折，各种缴费票据，去上网查自己的股票账户、社保账户……有的时候，我们访问晚了，还盛情邀请我们在他们家里吃饭。高温的时候，当看到我们的队员一个个像水人似的站在家门口的时候会邀请我们进屋，给我们端茶、倒水、切西瓜，开空调给我们降温。这一点一滴的细节都在不断地感动我们，让我们感受到这个社会的温情，也感受到了我们肩上的责任，成为我们在无数的困难挫折面前也不放弃的强大精神动力。

作为队长，这次调研给了我一个全方位的磨砺自己的机会，不管是身体，还是心理。从组织能力、沟通能力到协调能力，一个月下来，我能明显地感受到自己的进步和改变。这一段美好的记忆和经历会成为我一生中宝贵的财富！当第一次接触到CHFS项目时，我意识到机会来了。我深信通过我们的努力可以为我们的国家收集到高质量的金融微观数据，而基础数据库正是我们国家最缺乏的。有了这个数据库，我们的国家（政府）、学者、企业主就都可以真正地来研究这个领域。当越来越多的人开始关注，越来越多的人在这个领域争论，真理就会慢慢浮现。只要国家能据此制定出好的政策，就可以改变许多人的命运，许多人可以因此而受益。因此我对自己说，不管这个夏天我们在外面多么的辛苦，多么的努力，一切的付出都是值得的，一定要坚持下去。当然，实践中的困难总是大于理想，但是也让我真切地体会到了"知难行易"，不管想象中有多难的事情，只要我们开始去做，坚持下去，就会发现事情总比想象中简单，因为我们总是一次次用我们的真诚、执着、努力感动了周围的人。"方法总比困难多"，这是庐江银行的王大哥送我的话，我会谨记。在未来的人生道路上，我也不会被想象中的困难吓倒，不管多难，自己认定是正确的事情就坚持下去，总会在某一个拐点柳暗花明。还有友谊，九个个性鲜明的战友成了朋友，还有留在中心的同事，以及其他小组的队长，还有一路上遇到的朋友，在我遇到困难的时候给我支持和鼓励，给我建议。点点滴滴我都会铭记于心。

还记得8月5日晚上，当我们结束全部工作的时候，心中有一点淡淡的伤感。天下没有不散的宴席，一个月的战斗结束了，在一起经历过太多太多，要分别的时候分外留恋。只能在心底默默地祝福各位战友未来的人生之路一帆风顺！

最后想对CHFS的全体老师、同事、战友们说一句：你们辛苦了！谢谢你们。你们的辛苦我们懂得，你们的快乐我们也能感知！在这样一个暑假，我们一起用自己的青春、汗水和泪水，在祖国大地上奔波、辛劳。我们一起经历磨难，品尝幸福，收获成长，感受友谊！我们的收获远远不止这八千多户高质量的样本数据。相信每个参与其中的人都会对 CHFS 留下深深的感情！祝福 CHFS 项目越来越强大，能真正成为中国微观家庭金融研究的基石！

齐鲁青未了

——献给 CHFS 所有队友

文/王海伟

不知为什么想起用这个题目，也许是对齐鲁文化的一种眷恋，也许是对那段时光的恋恋不舍。

中国家庭金融调查山东队的工作已经结束十多天了，说实话我不是多么矫情的人，但看着队友一个个离去，曾经的喧嚣又归于寂静，我突然怀念起那段宝贵的日子。那段共患难的经历已经落幕。虽然说大家回校后仍努力找机会聚在一起，想延续大家在一起的每分每秒，但每聚一次人就会少一点，聚到最后就剩下自己了。因为大家都有自己的行程，没时间过多停留，年轻的我们有太多的事情要去做，我们不得不对着过去说一声："再见，CHFS 山东小队和队友们。"

余秋雨说过，一个无言的起点指向一个无言的终点，这便是友情。我们 11 个人从不认识到认识再到熟悉再到同甘苦共患难，完整地走过了友情的主要步骤，虽说现在已分别，但我们的心还在交流，友谊还在延续，不管你是在厦门大学还是在复旦大学抑或是在其他的某个角落。

一、忆往昔，峥嵘岁月稠

人生的旅途，路很远，也很难。然而不要怕，不怕的人的面前才有路。

CHFS 是我们友谊的载体，是它让我们 11 个来自不同省份、不同性别、不同年龄的人能有机会在山东这块历史文化悠久、民风淳朴的土地上并肩战斗，尽情驰骋。

在这里，我们把自己的热情留在每个受访户心中，用自己的诚心感动每一颗拒访的心灵。记得第一天在淄博某村访问时，遇到一个拒不接受我们访问的老大爷，他说自己心灵受到伤害，怕自己说错话会被报复。为了给自己开个好头，我跟杨同学把所有可以用来"扯淡"的素材全部用上了，最后经过三个小时的苦苦劝说，他终于愿意接受我们的访问，此时时间已经从下午两点半延续到了五点半。访问结束之后，大爷还主动邀请杨同学到他儿媳的房间参观合照，因为他说杨同学像他儿媳妇。我至今不明白，我们三个小时的劝说到底是杨同学的"美貌"起了作用还是我的"扯淡"起了作用？一直很纳闷。

在这里，我们把中心的温暖送到社会的每一个角落，我们时刻牢记我们就是"中心"，"中心"就是我们。我们表现怎么样，"中心"也就怎么样，正如每个中国人怎么样，中国也就怎么样一样。

山东人的好客是全国出了名的，当然山东人的客气也是出了名的，你给他钱，大部分都会推辞再三才会接受，有的说收下钱可以，但一定要吃了饭再走或者带点礼物回去。这种情况碰到最多的就是小邓同学，她用她那张天真无邪的脸"忽悠"了多少山东人民的饭啊。也许四川人到山东就是好念经，人品爆发谁也挡不住。所以对某些队员来说，来山东一个最大的困难就是如何巧妙地推辞掉受访户的邀请而又不伤感情，这难度确实很大。

在这里，我们坦诚地和每一个受访者进行交流，用自己最得体的语言"掏出"受访者内心最真实的想法。为了能和受访户心灵贴得更近，我们几个会山东方言的同学努力把自己还没说好的普通话转变成当地方言，经过一个月的方言训练，我们发现我们的方言水平大增，而普通话水平又回到了初始级别。

在这里，我们曾经被"狗兄"追过，被暴雨冲洗过，自己的鞋子也曾在粪坑里"泡"过……种种磨难，都经历过。泥泞留痕，患难之交。困难每增加一点，我们的友谊大厦就多了一块砖瓦，就更坚固一分。若干年后，当我们蓦然回首这段时光时，我们会自豪地说，我们的友谊不是建立在"歌舞升平"基础之上的，而是历经千锤百炼而形成的。

二、纸上得来终觉浅，绝知此事要躬行

世间的事情，看似简单，实则不然，一切表面的东西都不是它的真谛，欲想读懂人生，就要以心为眼，"躬"心探求。

一个月的时间说长也不长说短也不短，在这段时间里，我们每个人都在努力把自己的所学用到实践中去，尽最大的努力去了解受访户，努力完成工作，而同时我们也在努力了解自己，了解队友，了解整个山东。

虽说自己也不是娇生惯养的，以前也是经常给自己家里打工，但自己真正独立地去接触这个社会，而不需要任何亲人的帮助，这却是第一次。

在这段时间里，我更深刻地了解了自我，明白了"读万卷书，行万里路"的深刻含义，明白了百姓的疾苦，社会的差距以及人世间的冷暖，明白了"朱门酒肉臭，路有冻死骨"的现实内涵，再也不会站着说话不腰疼，随便批评这个社会了，因为"空谈误国，实干兴邦"，我们需要脚踏实地地为这个社会做点什么，而不是整天瞎嚷嚷。

队友的团结是我们队能够这么顺利完成的一个重要基础。他们每个人都有自己独立的主见、高效率的工作作风、创新的工作精神，从他们身上我学到了许多，懂得了什么叫差距，什么地方需要弥补。

工作之余，最大的成就就是进一步增强了对齐鲁文化的了解，感受了各地的风土人情，这也是此行的一个小小的收获。在这里，我们把自己的才华横溢在崂山之巅，闪耀在整个胶东半岛；我们把自己的欢声笑语传遍黄、渤两海，我们用自己的长吼告诉整个大海：山东，我们来过，CHFS 来过！我们把自己忙碌的背影留在临淄浑浊的烟雾中，即墨的蓝天下，还有莱阳的青苹果树间。在这里，所有的一切都证实我们曾经的存在，曾经的美好。若干年后，当我们再到那几棵法国梧桐树皮上去看残存的"CHFS 到此一游"时，我们会立马记起脑海中曾经的美好瞬间。

有时候待在一个环境里习惯了，就以为自己所在的环境就是整个世界，整天慷慨陈词社会如何如何，但当你真正走向所谓的"社会"时，社会真的是像书上所写的、教授所说的那样吗？实则不然。"事不目见耳闻，而臆断其有无，可乎？"经过这次调研，我更深刻地理解了东坡的这句哲理之言。

少年乡音

文/闫强明

一、回忆点滴

这个题目也许并不算妥帖，但一个月来，在河南采访的点点滴滴，于我来讲，已成为一笔不可抹杀的独特经历，酸甜苦辣，失意感动，个中滋味，难以分说，突然便想起了千余年前杜甫的那句"即从巴峡穿巫峡，便下襄阳向洛阳"，说来，倒又是冥冥之中隐约的乐趣了。

老实说来，这一段经历，如果我仅仅归之为愉快的旅程，很显然，那与真实差之甚远。无论是采访的过程中遭遇拒访不配合的难堪，还是日晒风吹下劳苦奔波却一户无成的茫然，或者是空户换样本换到手软的无奈。随便哪一样，相信很难有人能将之轻松笑纳而面不改色，特别是对于我们这些从小未曾经历过什么大的挫折的独生子女而言。犹记得初到河南，我的第一个药都社区，第一天我就连续经历了空户、拒访两大难题。看着其他的同学们背着书包，手捧电脑，高高兴兴地入户去，那种心理落差，酸涩复杂的心绪，现在回想起，不能说仍是隐痛，禁不住的却是会心一笑。

而对于工作中的挫折，在出发之前，我们便做好了准备，虽然在经历前终究过于乐观，但处理起来至少还能"按图索骥"，而其他方面的一些问题，不得不说便是我根本没有料想到的。例如，饮食习惯的差异。在家的时候，虽然从地理书上，早就知道了河南是以面食为主，我却主观地理解为，是在"民以大米为天"的基础上，间或吃点面食，点缀点缀生活。谁知，这一去，我与大米便失之交臂将近月余，于是，日子便在我们一帮四川同学天天呼米而不得的锥心之痛中散漫而去，偶尔能吃上一顿大米，便是莫大的幸福。每当看着程同学吃完大米后，呵呵傻笑的呆滞表情，便令我愈加珍惜碗里的"皆辛苦"。

倘若仅仅是苦痛的折磨，那么在一通对中心的肆无忌惮的痛骂后，伤痛自然会被时间疏远。而如此精彩生活，自然少不了快乐与友情的滋润。细数30天，忘不了早早起床携众品尝老店胡辣汤的清新，忘不了在被拒访后相视苦逼一笑的默契，甚至每日偶尔的小打小闹、拌嘴撒泼也是生活的调剂，况且工作其实并没有那么多的不顺心，更多友好的受访户让我们更感受到河南人民的朴实与"中"。

如今，采访已结束十多天了，我能清楚地感受到自己的成长。若不是历经拒访的摧残，我怎能学会锲而不舍的真诚？若非农村颠簸的山路，我怎么能体会家徒四壁的惨淡写照？若没有早出晚归的惺忪睡眼的折磨，这一帮朋友又从哪里开始交心？

然而，成长又不仅仅止于此！

二、现实折射

30 多天的游历，更让我看清了一些以前未曾接触到的社会真相。

在这个有着"中原文化发祥地"之称的大省，给我更深的印象却是黄土漫漫的气息。很奇怪，这里并非陕北一带，然而，这感觉如影随形，挥之不去。

也许是因为在农村一望无垠的玉米、小麦，也许是所去城市的混乱、潦草，也许仅仅是因为我们小组所得到的样本太过贫穷，才会给我留下"面向黄土背朝天"的不妥臆想吧。

我不敢以偏概全地去评论河南的经济，但至少，在河南的内部，我看到了城市与农村的不同。

在农村采访时，我们一帮人常常被装在小三轮里兜风，那种"忽焉在前，忽焉在后"的感觉让人深刻地体悟到如坠云端的感觉，围绕两边的要么是抽枝拔节的玉米，要么是尚未成熟的小麦，而那地，焦黄焦黄，转动不息的抽水机也不过留下浅水一弯。

"钱都不够花，还存啥？"这是在农村访问中最经常听到的话，大部分家庭，一年到头，在地里忙死忙活，也不过几千元钱的收入，他们常常热心地帮你算着种子费、农药费，而算着算着就是一声无奈的喟叹。

经济的鸿沟不局限于城市与农村，就是在城市里，我也能看清人与人巨大的差异。有的人能家藏数辆轿车却对访问疑心重重，而更多的职工，常常一个家庭一个月精打细算也只能有些许的结余，但我们去访问的时候，他们却热情备至，甚至不愿收下误工费。

这是我首次真正地意识到社会贫富不均的不公了，虽然也许在课本上早就认识了这个词，但从未像这次一样让我觉得触目惊心。

农村的受访户常常挂在嘴上的一句话便是"中央的政策常常是好的，但一到下面来就变坏了"。这些朴素的农民即使到死也始终坚信着中央，但他们往往便是最为赤贫的那一辈。

于是，不难理解，沿海与内陆经济的差距，公务员与一般职工收入的差距，城市与乡村收入的差距，进而，整个社会蔓延着严重的仇富心理。在采访中我发现，更多的农民面对未来十分茫然，他们不知道路在何处，在以前，也许还可以咬牙供孩子读书，坚信知识改变命运，但到现在，"读书无用"的论调反而甚嚣尘上，而我往往还难以辩驳。

我们该如何做？国家又该如何做呢？这次调查的意义在此刻终于让我彻底领悟，至少，这也算是我们大学生一点微薄的贡献了。

三、未来展望

国家的经济年复一年增长，GDP（国内生产总值）总量也在突破一个又一个大关，但是，也许是时候真正关切到更为广大的中国人了，他们为国家的经济增长贡献的是自己的血汗，他们的背后，是日渐凋零的农村。社会在前进，但请不要将他们丢下！

如今我坐在舒适的家中，趁着访问后的悸动敲打着键盘，虽然忧虑却不乏希望。因为从我们开始，至少中国开始了真正意义上的数据收集，不通过任何地方政府，不通过任何国家机关，我们仅仅以一个独立的学术机构，仅仅本着一颗愿为国家做点实事的心，来做自己能做的事情。也许最后数据的出台不能给那些每个曾让我们心痛的受访户任何实质的收益，不能发钱发物，但我们都明白，一项正确的宏观政策为社会带来的将是难以估量的收益。倘若如此，将会是我也是所有参加此次活动的同学最大的安慰。

一路追寻

文/冯起升

就犹如"没有通往幸福之路，幸福本身就是一条路"一样，人生很多时候也只是一段历程，路上的每次经历都带给我们不一样的感受，都铸就了我们不一样的人生。为期近一个月的中国家庭金融调研已经画上了圆满的句号，而一个月来工作与生活的点点滴滴至今仍历历在目，铭刻于心。不管今后时光荏苒，这段岁月都会在我的一生沉淀，如雁过留声一般在我心底留下一丝印记。

"工欲善其事，必先利其器"，未雨绸缪、详细安排是事情取得成功的重要先决条件。毋庸置疑，本次中心的调研活动从筹划、实施到后期的数据处理与分析，都经过了严密的论证和周密的安排，但如果离开了调查访员的实地调研，调研项目恐怕就犹如镜中花、水中月——可望而不可即。因此，调查访员的实地调查也是项目得以成功进行的一个重要环节，对访员的要求与一般的访问也就不可相提并论了。

严谨、求实、应变是对调查访员的基本要求，调查的一个基本要求就是实事求是。调查访员的严谨、求实作风直接关系到整个研究项目的成效。我们在工作中必须牢记和践行这个原则。而应变这一能力和素质也是很好地开展和实施调研的另一重要要求，访员必须根据不同的实际情况灵活应变，有针对性地采取应对措施，才能更加有效地完成任务。吃苦耐劳、锲而不舍的精神也是调查访员所必须具备的。访员经常需要在炎炎烈日下走遍村里的每个角落，也会遇到一些不太友善的人们，面对他们的质疑，遭到他们的拒绝……所有这一切都需要访员具备良好的抗挫折心理和锲而不舍的精神。此外，良好的团队合作能力是整个团队顺利完成任务的必备条件，访员之间的合作与互助是团队有效开展工作的重要保证。

调研时期和睦融洽的生活与情同手足的情谊也令人倍感欣慰。在中国家庭金融调研这个大家庭里，在浙江分队的小家庭里，队友们都能相处愉快，我们在这里找到了志同道合的队友、亲密无间的朋友。生活当中，我们就像兄弟姐妹一般，哪怕是在调研结束以后，我们有空都还是会相聚一起。感谢我的队友，感谢我的朋友！因为有了你们，我度过了一个愉快而充实的暑假！

难能可贵的是，我们在思想层面和视野方面的变化。调研给我们提供了机会，让我们与不同层次的人都有所接触。不同层次的人给我以横向的对比，每次访问完成之后，我都会思索其中蕴含的某种东西，探索不同人群所具有的各自的特点，思索他们不同的特点是如何影响并决定其生活状况和生活态度的；不同年龄阶段的人员情况对比则引发我从纵向思索人的一生：人活着就走在一条不断走向死亡的道路上，但每个人的道路又是如此的各不相同；而在更加宏观的层次方面，则是对整个中国状态的思考：改革开放以来，中国贫富差距日益扩大已是不争的事实，此次调研则让我真切地感受到了这一差距。可以说这种差距肯定有其形成和存在的理由，但面对这一差距，不论是个人抑或是国家都不能无动于衷。对个人来说，社会的生存法则就是优胜劣汰，必须努力去提升自己，尤其是对于一个受过良好高等教育的人而言，更应该积极向上，努力成功，一方面对得起自己父母的"投入"，并在社会上形成良好的示范作用；另一方面，要在努力为自身争取利益的同时，在力所能及的范围内对社会做出贡献，我们能做的或许不多，但也绝对不少；而对整个国家来说，缩小贫富差距也是实现经济持续健康发展、社会安定和政权稳固的必然要求，尤其是作为一个社会主义国家，实现多数人的利益是政权长久存在的基础。政府部门应慎思之！

"路漫漫其修远兮，吾将上下而求索"，一生的追寻不是为了忘却，我们需要立足于现实去追随自己的理想。"经世济民，孜孜以求"不是一句口号，言语只有落实于行动之后才能体现其魅力。不是要我们完全牺牲自己的利益，但肯定不可能心里小到只能盛得下一个人，我们更多的是要在存在与占有之中寻求平衡，在过去、现在与将来之间寻求平衡，在个人、他人与社会之间寻求平衡。

家就好

文/郭浩

　　火车出川时，暮色渐落，不远处是葱郁的高山，雾霭环绕，仿佛居有仙者。高山下的谷地散落着土红色砖砌的平房，山上的溪涧就那么径直地流入老农们的庄稼地里。闭塞的交通条件，传统的农业生产方式，山间的民居是一种更为触及原始的安置方式。天渐渐黑了，外面的那些房子亮起了灯火，高远的夜色下，那些灯火在天地间显得苍茫而渺小。然而带领人们从遥远岁月中走出刀耕火种、古陌荒阡的，正是这样的光亮。

　　我们访问的目的地是天津市。从小在天津长大，虽然很少到市里，但也了解天津这座港口城市所特有的文化。当得知被分配到天津时，我有点担心同行的同学能不能适应天津人的脾性和语言习惯。果不其然，刚到天津站时，就被出租车司机的几声吆喝吓了一跳，大概给同学们心里留下阴影了吧。

　　所访问的两个区的经济水平并不高，居民普遍老龄化，访问开始的沟通大多情况下都不顺利。30天的行程，现在细想起来，好像还能记起每一位受访户以及与他们交谈的细节。

　　记得一位老奶奶和她的老伴还有一个孙子，三人住在一间十几平方米的公房里。她的老伴因病瘫痪，神志不清，而她很多年前就不再有工作，祖孙三人靠着老伴微薄的退休工资生活。她的房子属于偏单，进门的过道里摆着一张床，床边是一张吃饭用的桌子，进门时她的孙子正在写暑期作业。房间有着一楼特有的晦暗和潮湿，头顶上亮着花白的灯，更显出这个房间的狭小。我坐在床边和她聊起来，随着问题的深入，老人家里的窘迫渐渐让人心头沉重，不忍再问下去。当问到对于经济、金融信息的关注度时，老人斩钉截铁地说"非常关注"，我当时很吃惊，而她的回答则是：时刻关心物价，就担心物价上涨。每月一千多块钱的收入，同时还要承担老伴医病的钱，祖孙三人早已节衣缩食，家里唯一的车辆是一辆二手的三轮车，生活的担子在祖孙三人面前显得太过沉重。"老有所养"，如今我才真正体会了这句话的意义。我问她儿女那边不能帮衬着点吗，老人只是说，儿女也都有自己的日子，他们的条件也不好。旁边的孩子放下手头的作业，一直在听我们交谈，他有时狡黠地往我这边的屏幕看。我当时只是期盼老人的小孙子能够更懂事，能够体谅父母和老人的心酸，将来用教育来改变自己的命运，不要让贫穷的原罪腐蚀自己的生活。

还记得一位父亲。他家住在一个大院的若干排平房内，而且是过道的最里面。狭长的过道让生活的琐碎一览无余：屋上爬着青藤，旁边的纱窗里传来晚饭后的交谈，不平整的地上很多砖头翘起，零落着家里的瓷盆，前面的空调机上有只猫，见到有人来，"嗖"地一下跑了。家里只有他一人，他与妻子离异多年。进门时，他刚吃完饭，水泥地上的锅里放着还未完全收拾好的碗筷，桌上和沙发上是他在看的职业资格证的备考书籍，从书的名字可以大概猜出其职业。和这位父亲交谈不久，当他叫我名字时，我还惊讶他是如何得知的，他指了指我身上的工作证。和他交流的诸多细节，如今不能完全记得，印象最深的是在交谈的过程中，他一直保持着一种谦和宽厚的态度。访问的过程中，他抽了几根烟，并礼貌地问我是否介意，像一位父辈的长者，这大概是因为我和他的儿子年龄相仿。他的收入不高，再加上儿子需要上大学，更显得不富裕。每次谈到他的儿子时，他的神色就会格外快乐一些。谈到保险时，他把他儿子的保单给我看；谈到花销时，他也会不由自主地感慨一句。在他的脸上，我看到了一位父亲的责任、宽容和疲惫。他问我记不记得自己父母的属相和生日，我说记得，他感慨地说现在太多的孩子都不记得这些了。临走时，他嘱咐我有空时要多给自己的妈妈打个电话。中国的父亲形象大抵如此，沉默、厚重与守望。

还有太多太多，我从他们的脸上看到了同样一种神情，那就是坚忍，这是中国人几千年以来渗入骨子里的品性。春耕秋收时，他们这样望着天，而现在他们这样望着这个时代。在访问的过程中，我们最常被问到的一个问题就是"问这些有什么用"，每每遇见这样的问询和责难，我都会有些束手无策，不是因为没有准备答案，而是怕答案难以让人信服。我只是说"国家的发展和改革需要一个过程"。

完成了工作的交接后，返程回天津，漆黑的夜幕和云层下，透过旁边的窗户看见路途中广袤土地上的房屋和道路，也许只有这些能够承担起这孤旷的夜色。车水马龙，如同城市的神经脉络，熠熠生辉，是那个城市的骄傲，也是痛处。夜晚中，人们奔波行走，大概是为了那个祖祖辈辈告诉他们的，不能称其为目的的目的——家。

金融调查之行杂谈

文/史中丹

长达一个月的家庭金融调查之行已经结束，猛然轻松下来竟然会有些不适应。见闻太多，感触太多，一时竟不知如何下笔。

体验过一天访问完成 20 户的快感，也感受过四五天访问不了 1 户的失落，见识过所谓精英如何在社会上游刃有余，也见证过底层如何在生存线上苦苦挣扎；感恩于村民的淳朴热情，也对市民的冷漠警惕感到无奈。即便是如此，我想我所见所闻也只是管中窥豹，并未见到社会的全貌。但于我自身而言，却觉得此行已是很圆满了。

中国的现状很复杂，这是不争的事实，其实整个人类本身就是一个复杂多面的综合体。或是囿于自身的贫贱而苦无出路，或是安于现状的恬适而悠然自得，或是不甘于自身的平庸而奋起拼搏，又或是疲于高处的无尽繁华而迷茫失措。不管用哪一种状态去生活，我想都是"如人饮水，冷暖自知"，只要自己坦然接受，旁观者都应尊重。然而，怕就怕有些人不满目前的状态，苦苦挣扎数次无果之后，就深陷于命运的牢笼之中，颓然度日。这样的人就是对生活失去了希望的人，而此行我见到了很多这样的人，他们中的大多数都会说"没意义"或"我反感这个社会"。我没有资格去评判，因为我不知道他们究竟经历了怎样的辛酸。但是我想人生就是如此，要经历了无数次的打击之后才能有幸品尝到幸福的甜美滋味。电影《肖申克的救赎》中，男主Andy 在给 Red 的一封信中写道：希望是美好的事物，也许是世上最美好的事物，美好的事物从不消逝。谨以此话自勉，也送给我遇到的所有不幸的受访户。

走出自己的安乐窝，尽览人生百态，对习惯于生活在象牙塔之中的大学生而言，无疑是残酷的，所见所闻与昔日所思所想实在是差异太大。从小到大阅读的书籍、接受的教育都会告诉我们完美的世界是如何运转的，而我们也坚信自己置身于完美之中，可是冲破重重的保护壳，我们接触了一样东西——"现实"。很多人痛恨这个词语，因为它使我们最美好的愿景幻灭。对此，我只想说我们可以咒骂现实的不公，却永远不能因此而愤世嫉俗，停下前进的脚步，因为正是诸多不完美和黑暗的存在，奋斗才有了理由。如果说这次金融调查之旅带给了我很多的伤感、惶恐和失望的话，那么它带给我更多的却是对即将进入的社会多了一份尊重、理解和责任。

总之，我们要做的就是慢慢学会接受真实，而不是变得现实。而所谓"真实"就是这个世界从来都不是天堂，也从来都不是地狱。

什么是幸福

文/邓融皓

从成都到温岭，38 个小时的火车，2 058 千米的道路，横跨半个中国，从川渝方言到吴侬软语，从川香麻辣到生猛海鲜，从闷热潮湿到伏旱高温，我们用双脚去丈量2 000 千米外的人们的人生，我们用双手去收集着 270 户的数据，一行九人从互不相识到亲如一家，我们同患难、共艰辛，用汗水和诚恳收集着每个样本最真实的数据，作为 CHFSers，我们一直在路上！

在出发之前，我就不断地问我自己，我为什么参加这个项目？我为什么不去学雅思、托福，为以后出国做打算？我为什么不去实习，为未来工作做准备？我来参加这个活动的意义何在？或者说这个活动真的有意义吗？

答案是肯定的。我相信每个看过 21 条理由的人都能回答这个问题，但我想说的是我们做的事是现实的理想主义。我们知道我们所收集的数据并不是 100% 的准确，但我们离真实更近，我们存在的意义在于"第三方"的独立性，我们的存在就是佐证，就是参照，佐证国家数据的真实性，参照出国家数据的准确性，这就是我们的意义，我们的存在就是反映一个更客观更真实的中国给世界看，更是给中国自己看！让中国了解自己，让世界认识中国！

作为访员，在工作中让我触动最深的是人们关于幸福的定义。在现代都市生活中，忙忙碌碌的人们越发成为利润的载体、赚钱的机器，片面地去追求财富的最大化。我们开始把财富与幸福画上等号，钱成了幸福的必需品，成了幸福的必要条件，把我们活生生地推入钱眼里。

可是现实真是如此吗？还是说网络把悲剧夸张放大？还是公知们逢场作戏？

通过 25 天的实际走访，我发现并不是这样的，或者说我访问的这 42 户人家并不是这样的。如果按 1 户代表 26 000 户家庭计算的话，就是接近 110 万户不是这样的。这样的家庭收入大都属于中等偏下，甚至还有几位孤寡的老人，但是当我问及他们生活是否幸福时，他们几乎都回答"幸福"。这让我感到诧异与迷惑。他们为什么会感到幸福？他们知道什么叫幸福吗？他们凭什么可以感到幸福？家里一贫如洗，浙江42 摄氏度的天气，屋里连空调都没有，气温高得令人窒息，这可以叫幸福？一家四口生活在一间一半是作坊一半是床铺的房间里，屋子里散布着潮湿发霉的气味，床上连床单都没有，睡在一块破木板上，可以叫幸福？一个离休老干部颤巍巍地拿出破旧的信封，里面装着离休干部证和他的上访材料，抓着我的手诉说着房屋被占的酸楚，还说如果今年还不能解决就自个去北京上访，即使他已经将近 90 岁的高龄，这也可以叫幸福？还有太多太多，我认为生活凄苦的人，却在亲口说自己幸福，于是我一再强调我们只是一个民间调查，不涉及政府，可以如实告诉我们，但他们仍然说他们是幸福的。我不知道是我错了，还是他们错了；我不知道是这个社会出了问题，还是我们的价值观出了问题……我不知道，我什么都不知道。

我只是知道，当阿姨一笔一画歪歪扭扭地艰难地写下她的名字后，问我她写得正确吗，然后拍着手，靠着椅背开心地笑了起来，阳光洒在她的脸上，我好像闻到了幸福的味道。我只是知道，农民伯伯拿着刚刚收到的误工费茫然地望着我，另一个在隔壁刚刚接受完访问的老人家告诉他这是政府发的救济金，他才颤巍巍地收进荷包里。而当我迈出门槛后，向后望去，只见两个老人家躺坐在竹椅上，脸上挂着农民特有的质朴的笑容，乐呵呵地盯着我，此时我好像看到了幸福的身影。我只是知道，我把老人的手机号码用纸条写好，递给他，老人家像小孩一样拿着纸条对着自己的手机比比画画，最后把纸条裁成手机后盖大小，然后仔仔细细地用透明胶布把纸条贴上，然后碰了碰身旁另一个老人家，好像在告诉他，你看！我知道自己的手机号码了，就在我手机后面，你看！就在这！都用透明胶贴好了！然后发出顽童般的笑声。这时我好像听到了幸福的声音。我只是知道，那个作坊叔叔天天凌晨一点起床开始工作，直到下午四五点才回家休息。晚上 8 点我去访问时，他说要不是我的到来，他此时还在休息。看着他，皮肤黝黑干燥，泛着油光，眼球密布着血丝，可是一旦提到他的儿子就立马精神起来，说全校 800 多人，他儿子考了 37 名，仿佛他的辛苦都是值得的，他的辛苦已经得到回报，这一刻我听到了幸福的语气。

于是我不断地思考，我错了吗？这样的生活真的可以被定义为幸福吗？直到我到了最后一个村庄，一个位于东海边上的小渔村，我发现我真的错了，幸福是可以被定义的，但从来不是物质的，或者说不是物质可以完全定义的。

那个小渔村建造在海边的一个小土坡上，一进村就是一段陡峭的石阶路，石阶都是一整块一整块黄色的宁灰岩。据当地老人讲，要划出一块平整的宁灰岩，即使是最好的石匠一天也只能划出两块，所以铺在地上的石块多是不平整硌脚的石块，并且在浙江 42 摄氏度的高温下，行走起来十分艰涩，走几步就要喘息一下，手里打着的遮阳伞也在海风的呼啸下左摇右晃，挣扎着要逃离我的掌心，奔向大海的方向。一上午我们小队只访问了 5 户就感到有点心力交瘁。从受访户家里出来，摇摇晃晃地走在石板路上，看到石屋之间有一条小巷，穿堂风迎面吹来，带着海水淡淡的咸味，吸入肺叶中，被肺泡储存吸收，化解掉疲惫。不知不觉中一步步走向巷口，巷口是密布的阳光，阳光里散发着和煦的味道。海风在身后鼓动，推我一步步前行，直到穿过巷口。穿出巷口后，闻到一股檀香弥漫在空气中，诵经声随风入耳，一座小庙安静地伫立在那里，一个老人靠坐在石椅上，眼睛半睁半闭，仿佛已经入睡，又仿佛正在享受这宁静的时光。海风静静地吹拂，吹拂每一块石板，吹拂每一炷香火，吹拂每一个人的心神。这一刻我突然觉得我的老年会在这里度过，我不需要地位不需要金钱不需要跑车名表，只需要有个幸福的家，即使只有十平方米的石屋，每天在午后躺在石椅上吹吹海风，听着佛经，闻着檀香，什么也不干，什么也不想，只是静静地看着时光。在快吃饭的时候，老伴在家门口呼喊着我的名字，我一边应着一边慢慢起身，和每个过往的街坊打着招呼，向着炊烟的方向回家。这就是幸福。

郑钧有一首歌叫《回到拉萨》，原来我一直不知道为什么叫"回到"，毕竟他不是拉萨人。但现在我知道，过去和拉萨有没有关系不重要，和你的心境、梦想、价值观有关系，和你所想象的自己有关系，才是你的幸福。

我们记录的是数据　我们看到的是生活

文／金彦辰

2013 年夏天，我有幸参加了学校中国家庭金融调查与研究中心的暑期调查活动。经过了一个星期的培训和最终的考核，我顺利成为本次活动第一批 700 多名访员中的一员，被分到了 39 组，前往重庆进行调查。2013 年 7 月 8 日，我和组里面的其他队友满怀期望地踏上了去重庆的动车。那时候，我们并不知道接下来我们会遇到如此多的艰难困苦，也不知道接下来一个多月的时间我们会看到如此多不同的人生经历。

生命像是被浓缩了一样，如电影放映一般，一一呈现在我们眼前。从一户受访户的家庭经历，到一个社区或者村庄的人情冷暖，到一个城市现代、繁华的聚光灯遮掩下的喜怒哀乐。一路走来，我们像是用一个月体会了人生百味，而今回首再忆，剩下更多的是对生活的反思。在中国家庭金融调查的路上，我们尽职地记录着数据，完成我们的任务；同时我们用眼睛看、用身体感受着最贴近我们的生活。

拆迁之痛

在我们调查的社区之中，有两三个社区都和拆迁有关，或是迟迟等不到拆迁，或是看着旁边的房子都已拆迁，唯独自己的房子没有拆迁。其中一个社区，所有破旧的楼房上都用红色油漆喷上了一个大大的"拆"字，在阳光下显得格外刺眼。在这里我们很难找到受访户，样本中有很多空户，即使有住户也大多是早出晚归的租户，访问十分艰难。这里的建筑都是 20 世纪七八十年代的老式建筑，楼道里面弥漫着南方特有的潮湿气息，生锈的铁栏杆、随处可见的蜘蛛网、布满灰尘的墙壁持续地刺激着所有组员的神经，也让我深深记住了这些老楼。另外一个社区正在经历拆迁，社区中的一部分楼房已经拆迁，新建起来的楼房已经被分给其他社区的拆迁户。仅一墙之隔的受访社区，每日都有居民站在拆迁区旁边，看着各种机械在里面施工。我们每次经过时，看着他们，不知道他们在想些什么，也不知道他们内心又有怎样的波动。我们访问到的住户也对拆迁的说法不同，有些住户拿到了拆迁补偿，而有些住户却说没有拿到任何补偿。我们也碰到过一个家里遭遇过强拆的受访户，现场目睹自家的房屋顷刻间被推倒。说话间男、女主人都忍不住痛哭起来。这是第一次，我真实接触到平常只能在电视里看到的"钉子户""强拆户"。我只能看着他们伤心流泪，张嘴却不知道说什么，除了安慰，我根本没有其他的话。我没有经历过那样的痛苦。一段时间的访问中，拆迁户的伤痛都深深地影响着我们。

贫富之差

在我们的访问中，我们组抽中的沙坪坝区在重庆并不算是发展特别不好的地区，而社区抽样却没有抽中中心区域，而多是稍微偏远的、发展程度远不及中心地带的社区。

我们抽中的社区里面没有小区，没有什么高楼大厦，只有一座楼有电梯，剩下的全是老式的房子或者是自建的独栋建筑。我们从中心地带出发，最近的受访社区只有十几分钟的步行距离，却和中心地带有着天壤之别。

重庆多山，有很多房子都建在各个山头之上，而山上的房子多简陋，夹杂着三两处废墟，也时常遇见臭水沟或者垃圾堆。我们在山上识图更加困难，前行更加曲折。而我们更加感慨，一个城市的灯红酒绿之下，依然有这些无人关注的阴暗角落。

有一个社区给我留下的印象最深：社区整体都在山上，区域范围极其广，一张地图有时候能囊括两三里地。而这个社区最明显的一个特征就是这里的住户基本分为两类，一类是租户，另一类就是房子的主人，访问的时候贫富对比相对明显了许多。在访问工人们的时候，我们常常只能在他们中午吃饭得空的时候才找得到他们，他们往往只有一两个小时的休息时间，然后又要急匆匆地赶往仓库或者工厂继续工作。几次访问完后，我都会仔细看看受访户的住房，看看水泥翻边的外墙、看看堆满杂物的过道、看看已经千疮百孔的雨棚。我想把这些都记住，我想在我以后面对明亮整洁、干净精致的居住环境时，依然能忆起此时此刻眼见之景，不至于迷失到以为我们的生活本就是如此。我感激父母给现在的我创造的生活条件，同时更加清楚地明白人和人的生活状态差距远不是我之前认为的那样接近。如同我们访问中的情形，甚至只是相隔几百米，不同的地方的人的生活质量就已经完全不同。不只是我们常关注的北京或者上海在光鲜亮丽的外表下还有破旧不堪的棚户区，其实每个城市、每个地区都有贫富差距。很多时候我们不必拿着放大镜去观察大城市的贫富差距，这些差距就在我们的生活之中。在一个城市的繁华掩盖之下，还有多少我们不曾发现的灰色角落，只是我们一直生活在自己固有的世界里，从未用心地去看这周围而已。

新的发展

结束了城市社区的访问之后，我们开始前往县城进行对村委会的访问。在访问之前我对农村的印象仅仅在于做农活、养鸡养鸭等最普通的农村生活。而有一个村子却大大出乎我的意料，这个村子名叫黄瓜山村，但是它的特色却是梨和葡萄。村子里已经基本形成了一条从生产到销售梨的完整的产业链，村里面的梨在市场上也已经有了一定的口碑和固定的销路。村民们大多以种梨为主要的农业产业，有一些也已经把生意做得很大，达到了每年几十万元的年收入。村子里有整洁漂亮的马路、方便的公共交通、漂亮的风景，而且正在逐渐发展村里的"农家乐"旅游产业。我们在访问过程中几乎没有遇到什么大的困难，村民们都很配合，对于自己的生活状态大多也很满意。村里面的村干部也十分支持我们的工作，并且对于村子目前的状况十分自豪，整个村子从村民到干部都透着一种幸福感，让组员们访问的心情都变得很好，一扫之前的阴霾。虽然只在那里待了一天，但是它带给我的震撼却持续至今。对比之后我们所访到的其他村子，黄瓜山村算得上是示范村了，它让我看到了农村发展的许多新可能性。目前农村青壮年流失严重，家里的成年人都外出打工，造成留守儿童和老人以及农田荒废等诸多问题，大抵都是因为普通的农作生活使得家庭入不敷出，劳动力被迫外出。如果每个村子都能根据不同的地理环境开发不同的种养殖项目，利用起闲置的荒地，或者开发旅游等特色服务产业，或许以后我们就会看到更多的黄瓜山村。农村的发展需要多方面的力量，不只是村干部本身的农业知识和眼光，还有国家的相关投入和知识普及。每个村子都可以拥有自己的发展之路，而在发展的道路上，创新尤为重要。我开始意识到创新不只是适用于我们的高科技或者现代产业，每个行业要取得成就都离不开创新，只有创造出他人无法模仿和超越的模式才能取得最大的成功。整个社会依然在渴望着创新的力量，而农村的发展刻不容缓，如何为农村设计一条合适的创新之路，也可以成为各个村干部思考的一个新方向。

夏日碎片

文/刘颖童

"路途遥远，一路上，望遍阑珊风景，也邂逅了太多人和事。离别之际，这里短短的回忆，深深的情谊，永远会在心里。"

——题记

浓情

这个夏天，汗水与泪水交融，欢乐与辛酸交织，友情与爱情交替，点点滴滴汇聚成浩荡的幸福，充盈着 CHFS74 组这个小小的家。从 8 月 4 日迫不及待地踏上征程到 8 月 28 日满载果实重返校园，25 个日夜的同舟共济将 11 个互不相识的少年变成了永远的朋友。忘不了一起生活时彼此的默契，忘不了遭遇拒访时彼此的扶持，忘不了成功访问时彼此的骄傲，忘不了意见分歧时彼此的包容……记得"国旗哥"和"关二哥"一路帮小朋友提沉重的箱子，挥汗如雨；记得每日工作完毕，大家各自散去休息，而"班长"独自辛苦地工作到深夜，只因他是督导，又是为了这个团队；记得"夹心"和"二姐"每日辛苦地为团队整理账务；记得队友生病时同伴的悉心照料……团队间的温情和无时无刻不在释放的正能量，让我们充满着前进的力量。

信任

都说这是个人与人之间信任感缺失的时代。是的，信任不足的情况的确存在，这也使我们的实地入户访查工作愈加艰辛。仅凭一张工作证、一件工作服、一张嘴去敲开陌生人的门是一件非常困难的事情。可是当我们细细地将中国家庭金融调查这个项目的内容和目的清楚明确地介绍给受访户，让他们明白我们只是在收集一些目前我们国家稀缺的微观数据，然后把它们拿去做公益性的学术性研究，这件事情对他们不构成任何伤害和侵犯，从长期看，反而可以让中国人更了解自己、认清自己、发展自己，提高他们的生活质量，他们的家庭数据实际上是在为社会的进步做贡献后，大多数受访户都会非常热情地接受访问。部分仍然拒访的受访户在我们一次次真诚的拜访和坦诚的话语中也渐渐愿意接受访问。想到这些，我便觉得阵阵温馨。受访户本没有任何义务接受你的访问，他们，是出于身为中国人的责任，更是出于对于你的信任而配合工作的。我们更多的情感应该是感恩和庆幸，庆幸现实的社会没有传闻中的冷酷，庆幸那么多信任的存在，并对部分缺失的信任抱有重树的信心。

期盼

在走访过程中，我感受到"贫穷"客观残酷的存在，同时切身体会到贫富差距的巨大以及我国补贴低保方面政策的不足。受访户中，有的勤劳、朴实、善良、勇敢，却过着挣扎于温饱线上的日子；有的是实实在在需要帮助的残疾人，却辗转几个地方都申请不到低保。我的一位受访户，他骨瘦如柴，虽然可以像正常人一样走路，但是不能弯腰更不能下地干活，在农村基本算是完全丧失劳动能力，没有任何生活来源。妻子与他离婚后，他只能靠老母亲和兄弟们的救济维持自身生活，供儿子念大学。相关人员说他只有躺在床上动弹不得时才有获得补助的资格，他觉得自己只是一家人的负担，甚至几次轻生，但都被家人救了回来。他痛不欲生，多次叮嘱我，希望我能帮他反映他的情况。那一瞬间，我觉得自己好渺小，好无奈，徒有悲悯之心却无济于现实。因此我更加期盼中国家庭金融调查能更快地发挥作用，取之于民、用之于民、施惠于民。

这个夏天，承载了太多复杂的情感与人间冷暖。但是，终究，一群稚气未脱的青年，做了一件正确的事。

一路走来

文/周古延

自从知晓去的地方是青海后，心中便油然而生一种期待的感觉，或许有些对访问的憧憬，有些对未知的担忧，更或许是对那片蓝天白云的向往。室友是青海人，常听她抱怨成都的天终日灰蒙蒙的，不如青海的天蓝得沁人心脾。我对她的话一向姑且听之，但此番能到青海，既能目睹那传说中的万里无云，体会青海的风俗人情，又能以工作的姿态结束这绚丽多姿的暑假，我想我一定会获益匪浅。

在前往青海玉树的路上，我曾幻想过访问过程中的无数种可能，比如多少人会积极地配合，多少人会无情地拒绝。真正到访问的时候，才知道玉树的访问不同于其他的地方：几乎没有被无情拒绝的苦恼，却有着寻找受访户的重重困难——一个牧区，两户人家，相隔20千米。面对一眼望不到边的草原，面对山的那边的那户人家，我们也曾感到无助；面对海拔4 700米的山峰，没有信号，几乎荒无人烟，我们也曾感到惶恐，但我始终相信正如他们在城市中访问时敲开一扇门的欣喜一般，当我们在历尽艰辛后找到受访户时，我们也会喜极而泣。

语言不通也是我们的一大难题，听着他们熟练的藏文，我恍若听天书一般。他们听不懂我的语言，我亦听不懂他们的话语！可是多么奇妙的事，明明语言不通的人仍可以交流，我可以从他们的眼神中读懂他们的热情，他们也可以从我的微笑中明白我的善意。原来语言不会成为心的障碍，以心相对，语言便不再是唯一。

犹记得坐在西宁到玉树的卧铺汽车上时，看着窗外的景色，一望无际，晴空万里，不由得感到一阵畅快，想着生活在这样的一片蓝天下，心也要宽阔宁静许多吧。每一个村的访问都会给人不一样的感受。有一点却让我印象深刻，他们给我的感觉总是快乐的，时常在他们脸上看到淡淡的笑容，纵然家中一贫如洗，可是他们却活得潇洒自在。虽然他们在物质上是匮乏的，但是他们在精神上一定极其富有，他们的家具、床铺可以杂乱无章，可是房中那一座佛像却永远不染一丝尘埃——信仰，对他们来说可以是生命的全部。记得在前往一个村子的途中，看到一群三跪九叩前往西藏的人，惊讶于他们的所为，却又了然于他们的执着。或许当我正在电脑面前记录过去二十天的点点滴滴时，他们仍然在路上前行。这样的朝拜据说是他们的毕生所愿，他们心心念念想去的地方是那佛教的圣地布达拉宫。他们为自己的行为骄傲，我也为他们的虔诚而动容。贫困带给他们的并非一蹶不振，灾难带给他们的也不是怨天尤人，那份信仰已让他们活得高贵。或许他们连股票、债券、基金是什么也不曾知晓，可是他们知道自己的那份追求，足矣。

从开始访问的那天起，我们大部分时间都在寻找的路上，寻找受访户的踪迹，寻找问卷的答案，寻找一种别样的人生。一路上，眼见青山绿水，白云悠悠，在这广阔的天地间似乎人也变得渺小。是呀，在天地面前，人是何其的渺小，怎能不常存敬畏之心？在这片天地间的藏族儿女有着自己的与众不同，他们有着对信仰的追求、对信仰的执着，我在他们身上，看到了真、善、美的存在。

他们也会为生计而担忧，也会为家人的疾病而苦恼，但他们会用自己的双手获得一份新的生活。在物为心役的社会，无数人为着名利奔走，忘记了沿途的风景，忘记了在路上的快慰。或许目的地只是一个目的地，真正值得留恋的是路上的蓝天白云。

一方水土养一方人，广袤的原野，无垠的苍穹，养育了这样一群虽然贫穷却精神宁静祥和的人，他们是中华大地上的一抹光彩。真心地祝愿他们，在追求信仰的路上能获得心灵的愉快，也由衷地希望，他们能在更好的物质条件下追求自己的信仰。

中国的声音

文/朱家岚

7月7日的夜晚我们离开了成都，7月31日又再度回到了学校，在河南的24个日子，比想象中要短暂。似乎日子每天都重复着进行，每天遇见形形色色的人，问着相同的问题，告别后再前往另外一个目的地。但此刻，当我认真思考这短暂而又漫长的24天时，脑海里却是思绪万千，不知从何说起。

首先谈谈受访户吧。回首想想自己遇到的受访户，大约不外乎这几种：

第一种是没有太多文化，但是关心国家政策，非常愿意为国家做出自己的一点贡献。当遇到这种受访户时，一般他们都非常配合，问题回答得很仔细，一般对我们的问卷也会提出一点自己的想法。其中遇到的一个做小生意、家境不是很好的受访户，在访问快结束时，她说了一句话，这句话我到现在还记得。她说，"没有小家哪里来的大国"，让我感触颇深。

第二种是没有读什么书的人。遇到这种受访户，一般他会接受访问，但是在问卷答案的真实程度上可能要打一个折扣。在访问过程中，要是遇到实在不合理的地方，我一般会向他强调我们的保密协议，或者旁敲侧击一下。有一个受访户，他说出来的经济情况与他们家的收支情况实在相差太远：收入比较高，但是消费很低，而且没有存款，也没有借钱给别人，也没有其他支出。这个情况非常不合理。所以，我和他聊了会儿天，说了点其他的话，他后来才告诉我，因为他只有一个女儿，他担心自己的养老问题，所以他买了高额的商业保险。

第三种是文化程度不高，觉得国家政策离他太遥远，又觉得自己文化程度不高，怕上当受骗的受访户。当遇到这种受访户时，对方很有可能就成了拒访户的一员。然而在城市里，这一部分群体是最多的。记得我当时遇到的一个受访户，她总是不断问我：你们是干嘛的，为什么会来我们家？我回答了一遍又一遍，她还是说她听不懂，然后要我们出去，说她要忙着看电视了，没有时间接受访问。

第四种是有着一定文化的知识分子，而且愿意接受访问。我遇到的知识分子基本都接受了访问，只是其中有一些的防范心理比较重，不愿意透露姓名。但是他们大都比较配合。记得遇到了一个全家都是高级知识分子的家庭，受访户本人很配合，但是全家的姓名他都只愿意告诉我们姓氏，怕泄露隐私。遇到这种受访户的时候，只要能够表述清楚，要他了解我们这个项目是公益的社会项目，不是商业机构的调查，他们一般还是愿意支持我们的。

第五种是有文化但是不愿意接受访问的知识分子。我并没有遇见这一类受访户，但是其他的访员有遇见。遇见这种受访户，耐心尤其重要，要慢慢磨，铁杵磨成针。事实上，对于每一个刚开始拒访的受访户，我觉得这一点都很重要，如果时间合适，不妨在家门口等一会。这种情况下，如果刚好遇见受访户，那么第一印象会好很多。

再来谈谈其中的感悟吧。在农村的时候，遇到了很多家庭，因为孩子太多，消费太高，所以经济很艰难。想起以前看到的一句话：要想富，少生孩子多种树。孩子，越生越穷，越穷越生。很多家庭依旧是想要生出一个儿子。有一户受访户，六个女儿、一个儿子。中国人的这种观念在几十年的改革之后，依旧存在。

家境贫穷的另一大原因，就是疾病。现在看病越来越贵，对于穷人来说，一旦生了大病，人生基本就到头了。碰到很多受访户家庭，因为一场病，变得一贫如洗，债务缠身。很多受访户告诉我，他不办医疗保险，我问他为什么，他告诉我，如果他办医疗保险，本来 2 000 元可以治好的病，就要 4 000 元才能治好。中国的医疗保险也一直在改革，但是保障体系仍然不够完善，保障力度也不够，希望以后可以越来越好。

另外一个感悟颇深的地方是老一辈人的婚恋观与亲戚观。虽然这似乎已经超出了金融的范畴，但是他们的回答却实实在在改变了我的很多观念。家庭对他们来说很重要。生活中总有磕磕碰碰，一辈子最重要的事情，是遇见一个人品好的人，和你一起，孝顺父母，养育子女，在一起需要爱情，生活到老需要的却是耐心。亲人，在需要帮助的时候可以拉你一把。遇到很多家境不大好的受访户，家里欠款的来源都是亲戚，无利息，无抵押，无担保，口头借款，无还款期限。这就是最真实的亲人，能经受住金钱的考验。

最后说说遇到的一个情况吧。在做这个调查的过程中，有一个问题总是在不同的人口中出现："你们这个调查是用来干什么的？"在刚开始的时候，我们都是按照培训的时候的标准答案来回答："我们是为学术研究和政府政策决策提供参考的。"但是在后来，我们基本就只说我们这个项目是政府支持的项目，主要是为了了解民生民计，了解大家的生活福利与保障情况。这样的回答似乎更能够得到大家的理解与支持，毕竟说不准以后就与他们切身相关。而在这一段时间里，我确实也看到了中国现在的政策体系上面很多不够完善的地方，希望我们这个项目可以越来越好，真正成为中国的最强音。

当中国家庭金融调查访员遇上基层工作者

文/刘婧雯

周日，Y村的村民议事会办公室热闹非凡。

前一天，正在忙碌的Y村支部书记李支书接到了中国家庭金融调查访问河南2组督导周一璠的电话。

"知道大学生们要来咱村做社会实践，我特别高兴，刚好第二天是周日，我们不那么忙碌，可以接待访员们。"李支书说道。

01 "在党徽下，参与中国家庭金融调查社会实践的同学们可以放心大胆干！"

河南2组的8位访员来自中国家庭金融调查的合作高校南京审计大学，来到河南郑州的这几天，正值连日晴热，高温酷暑，上蒸下煮。

Y村位于郑州郊区的丘陵地带，访员们从郑州市到Y村的路上必经一段颠簸的山路。访员们一进入村委会，李支书赶忙将大汗淋漓的访员们迎至有空调的办公室，招呼大家坐下喝水。

访员们拿出政府部门和西南财经大学出具的函件给支书展示，并叙述这次调查的目的。村支书听后指着墙壁正中鲜红的党旗对访员们说："在党旗下，有咱党支部，参与咱们家庭金融调查社会实践的同学们可以放心大胆干，没有完不成的任务！"

02 利用基层组织的力量去完成看似不可能的事

在和村干部的交流中，访员们得知该村存在一些客观因素导致访问会较为波折。

郑州正处于城市迅速扩张发展的阶段，很多郊区村镇被合并到市区内部，从而形成"城中村"又称"都市里的村庄"。Y村正是这样一个村落，为了进行城中村改造以及保护生态环境，Y村原本用于耕地的土地被集体出租。这样一来，农民们得以从土地上解放出来，有机会进城务工寻找收益更高的工作，大量村民选择平常到附近的开发区和市中心打工挣钱。

想要让这些"在外赚钱"的村民们回村接受访问可不是件易事，访员们不得不对许多不在家的受访户样本进行调整。

村委会的干部们都热情地行动起来，李支书和督导周一璠仔细翻阅由调查中心给出的抽样名单，开始打电话动员他们完成家庭调查问卷，李副书记也骑着他的小电动车配合访员外出寻找抽样名单上的家庭成员。

"村里1 500余人，上至百岁老人，下至三岁儿童，我都认得，尽量喊他们来配合你们。"李支书说道。虽然李支书去年刚换届上任，但他已经在村委会做了几十年的工作，对基层群众的情况了如指掌，有很多的群众基础。不止书记一人，村里的其他老干部也都是这样的。因为村委工作人员平常的组织工作做得好，村民们对村委会比较信任，受访户陆陆续续到来。

"问啥答啥，实话实说。"村支书向对调查充满疑问的受访户们解释，"这是为了改进政策提供建议进行的社会调查，主要问问咱家里的子女教育、资产情况，都是大学生们做的哩！"

03　中国家庭金融调查访员和基层工作者们

"您觉得领导干部最需要有哪些能力？"我们问。

"有想法有思路，主动承担责任，以及和村民打成一片。"在督导进行社区问卷调查时李支书如此回答。"我们的工作时间是5+2，白加黑，有事必到。"李书记打趣自己的工作，"作为基层干部，我们既要完成上级政府下达的任务，也要应对群众的诉求。"

对于中国家庭金融大调查指挥中心派出到全国各地的访问小组来说，夏季高温、获取信任、完成长问卷、环境艰苦等挑战常导致小组信心和耐心崩塌，督导们作为小组的负责人和向上的汇报者，正像这些基层干部一样，承担着许多压力。

"基层治理面对的都是群众，群众的事没有小事。一开始村民肯定不完全信任我们，但作为基层工作者，群众有问题找上门的，不管是星期天还是半夜十二点，我们都要出来解决矛盾和突发事件，久而久之村民就理解了我们，大大小小的事都愿意找村委。也因此他们愿意来村委会配合学生们参加访问。"李书记谈基层工作者遇到的困难时如是说。访员们也需要面对群众，与群众沟通，与群众打成一片，一旦用真诚与专业打破隔阂，受访户们常常给访员们带来感动。

"去年参加农村党支部书记学院的课程，我深刻地记得李连成书记说'当干部，就要能吃亏，吃亏吃得众心归，吃亏吃得人格闪光辉'。"李支书引用了他的"偶像"的名言来描述自己在基层工作的心得体会，也用来鼓舞访问督导和访员们。

"年轻人下基层来锻炼，有带情绪的，也有带情怀的，带情怀来的年轻人解决问题就更积极主动。"李支书描述村里年轻的大学生"村官"们，并用来描述大调查的访员们。对于大调查来说，许多访员都不是为了工资而来的，正如访员周君宇所说："我希望从这次社会实践中体验如何获取学术研究所需的数据，也想看一看外面的世界。"周君宇在团队里承担着"副督导"的角色，会帮团队里的女同学忙上忙下，订酒店、跑腿样样拿手，在攻坚克难时消除团队的消极情绪。

04　中国家庭金融调查和基层治理在某种程度上来说是相通的

中国家庭金融调查和基层治理在某种程度上来说是相通的，都需要依靠群众，深入基层了解第一手数据与资料，也都需要带着肯吃亏、不怕苦的精神，灵活变通地应急处理。

"上面千条线，下面一根针。"基层是政策落实的"最后一公里"，基层工作者面临的问题复杂而具体，村干部们在接受锻炼后往往成了具备多种能力、能应对各种考验的复合型人才。

而年轻的大学生们选择成为访员，深入社会调查进行实践，也需要一人分饰多角，他们要做看地图找社区的"引路员"，也要做带领团队访社区进家门的"管理员"，他们是知民情察民意的"调查员"，也是听人们心声、解忧济困的"服务员"。

"他们都将是社会的栋梁。"临近访问尾声，李书记这样评价大学生访员们和基层工作者。

那些人、那些话、那些事、那些情

文/邱一涵

（一）巡导

"我最关心的是访员们的平安，其他都是次要的。"

"巡导真的特别令人感动，每天晚上都给我们督导打一个语音电话，关心我们每个团队一天的生活，以知心哥哥的形象充当着我们的'树洞'，把所有的温暖与美好装进我们每一个访员的心里。"

（二）督导

"我的队员们每天在外面访问已经很劳累了，我心疼他们被拒访、被辱骂、被刁难，但分身乏术，我真的很懊恼没办法第一时间赶到他们的身边。我唯一能做的就是把所有可以做好的事为他们做到最好。"

"我们督导给自己的压力太大了，她想无微不至地照顾好我们所有人，不愿意让我们多受一点苦，也不愿意让我们多受一点累。有几次我们开会，督导没有控制住情绪，爆发了，但我们没有难过，反倒轻松了，希望她可以多拿我们当'出气筒'宣泄一下，不要将所有的事情都自己担着。督导说我们是她的全世界，她又何尝不是我们最心疼的人？"

（三）访员

"通过中国家庭金融调查，我们好像陪伴许多人走过了一生。在这里面，有着这个地方、这个社会、这个国家近 20 年、40 年、70 年的记忆。我们碰见了许多原来与我们自己的人生本没有交集的事情，看见了这个社会仍然有着许多需要改进的地方。当我们走过后，我们真正知道了那些原本很笼统、很空洞的东西是什么样子的。这深深地鼓舞着我们做出些什么来让这个社会变得更好。"

"每一处，我们一丝不苟地记录着，生怕一点一滴的数据出现纰漏，众志成城，贡献我们作为青年的力量。到最后，那些数据似乎拼合成了一张张图片，在中国的一个个角落定格，展现着这个国家的伟大进程。未来，当我们再路过这些地方时，我们会想起曾经的行动与感触。"

（四）受访户

"经过二十多天的奔波，我们对乡村产生了深深的热爱与依恋。村民们没有什么戒备，以善良、友爱对待我们这些初来乍到的陌生人，这是我们在城市里完全不敢想的。村民们太务实了，从来不会说什么'假如'，真正地践行了'今天是人生的最后一天'，活在当下、不负心安。"

"我仍然记得一位老伯，肤色黝黑、四肢粗壮，一看就是常年务农的农民。在访问过程中，他毫无抵触，反倒是全程一直微笑着与我聊天，他说：'我没有什么能力了，但我努力耕种，希望我的孩子在未来有能力登上更好的舞台。'这份踏实与真诚，令人禁不住眼泪汪汪。"

CHFS 我的小小体会

文/常源

经过了一个月的风吹日晒雨淋，我们的 CHFS 之行总算是圆满结束了。在这一个月里，无论是在火车站等火车时打呵欠，还是在乡间小路上歪歪扭扭地行走时，我们这十个人都有一份带着使命感的原动力。不是因为前方有多么美好的结局，而是因为我们在享受这个过程，享受一群人在为一个目标奋斗的过程。

从出了学校北门的那一刻起，我们踏上了北上的行程。十个人背着各自的行李箱，浩浩荡荡地上了大巴，浩浩荡荡地奔向了火车站，浩浩荡荡地买了仅有三个座的火车票，然后是不悲不喜地等着火车，十个人只有三个座。这趟火车，印象深刻：闷热的车厢，拥挤在过道里的人群，勉强站稳的姿势，几个人轮换着坐下休息，这样的行程开始了……在星光的照耀下，我们于凌晨一点到达了沈阳。

经过了几趟火车的煎熬，我们到达了访问的第一站——鹤岗，接待我们的当地银行的主任真的是个热心、负责、事事为我们着想的好人，帮助我们安排食宿，帮助我们和社区人员联系，陪着我们寻找受访户，成了我们这次访问中的"最佳感动人物"之一。我们这一程遇到过太多的好人，从银行的主任到社区负责人再到受访户，给了我们很多很多帮助。如果没有他们，我们不可能顺利完成任务。可是，当我们觉得世界上还是好人多的时候，总有一些不愿意把信任建立在我们之间的人出现。很多退休的老人在接受访问的时候，可以把存折、房产证都拿出来给我们看，而很多中年人却连门都不愿开。没理由地拒绝访问，一名受访户对我们的访员破口大骂，甚至想要大打出手。每当遇到不配合的受访户，每当看到紧闭的大门，我们都情不自禁地感慨人与人之间单纯的信任真的很难。

原本，在家衣来伸手、饭来张口的我们，被家长照顾着，被老师保护着，风吹不着，雨打不到，这次出去参加社会实践活动才知道生活是多么的不易，也才知道，这个社会，什么样的人都有，什么样的人都在为了生活拼搏：为了照顾残疾的儿子，50多岁还在田地里耕作的老母亲；为了赚钱给孩子上学，长期超负荷工作的父母亲……生活的艰辛是我们之前看不到的。在这些人中不乏很多依旧觉得生活很幸福的人，在他们心目中，能吃上饱饭、能有间简陋的房子居住就满足了。与之相反，一些有钱、有房、有车的三有人士，一日三餐大鱼大肉地吃着，却觉得自己的生活不是非常幸福，总是觉得这不够那不足的，大把花着钞票却嚷嚷着钱不够花，他们的不幸福不是来源于真实的生活，而是精神上的空虚。他们把期望不断地提高，永远都不会满足，也就感受不到身边的温暖、来自亲朋好友的关怀，也就感受不到幸福的存在。

其实，当我们在抱怨饭桌上少了鱼、肉的时候，有些人只能三餐馒头就着咸菜；当我们在教室里汲取知识的时候，有些人连进入课堂的机会都没有；当我们享受父母给予的关怀时，有很多同龄人已经担起了养家糊口的重任。作为最幸福的年轻一代，我们还有什么不满足，还在抱怨些什么？我们是不是应该想想，父母多么不容易地养育我们，又有多少人需要我们的帮助？这样的话，我们才算真真正正地成熟起来了。

短短的一个月，我们十个人吃也在一起，住也在一起，一起欢笑，一起流汗流泪，从互不相识到彼此熟悉。认识了这样一群可爱的人，这个假期也不算虚度了。饭桌上的细嚼慢咽变成狼吞虎咽，不顾形象地开着玩笑，我们这群人不是简单的工作伙伴，而是曾"同患难"的兄弟姐妹。我们的督导，比我们大不了几岁，却像个大姐姐一样照顾我们的吃住，我们受了委屈也有了倾诉的对象，当压力袭来时，我们这群人能够一起分担的感觉，真的很踏实。

虽然我们还是学生，但作为家庭中的一分子，我们也应该懂得去分享家庭中的责任，和家人一同分享，和朋友一同分享，与同学一同分享。

中国之美好未来　我辈任重而道远

文/王小波

都说，大学是一个象牙塔。能从象牙塔里抽出这么一个暑假去做一番实践，那也算是走出了校门，去了解这个社会真实的一面——去真真正正地了解我们之前所不完全熟悉的那个真实的中国。

俗话说：没有调查，就没有发言权。虽然这次出去做了一点实事，实实在在地调查了一番，我还是没有勇气认为自己对这个社会的了解到了足以对其有发言权的程度，因为这个社会的复杂的真实，已经让我们无法想象。

这究竟是一个多么复杂的社会呀，在哪里都感觉它在发展，如此让人难以置信——它始终没能按照我们一群空谈道理的小书生所想象的规则来运行。

在访问过程中，我目睹过太多艰难，甚至很多次都很不忍心再继续问下去。在访问中，我们曾遇到一位退休的老大爷，无论是左邻右舍的苦口婆心的劝说，还是我们的苦苦哀求，死活不愿意让我们入户访问。无奈之下，我们三个人只好在门口隔着门，向他苦苦哀求，软磨硬泡，磨了将近半个小时，他才被我们的真诚打动，让我们入户进行访问。当问到社会养老医疗保险方面的信息时，他十分激动，而不凑巧的是他家的电视机刚好调在了新闻频道，新闻里刚好也播到了医疗并轨的事情，一大把年纪的老爷子给我们的感觉就像是一个愤青，就着并轨这件事情说了好久：并轨说了这么多年，五个城市试点，结果举步维艰，没有任何实质性的进展，上层的人继续享受着丰厚的待遇，下层的老百姓依然拿着微薄的收入，着实令人心寒。我们也只好顺着他，慢慢地往回说，好不容易才把老人拉回来继续访问。这一份问卷，问了很长时间。本来刚好赶上老爷子家准备做午饭，结果问卷一问完，早就过了午饭点儿。出门的时候我们开玩笑地说，这份问卷肯定得超过 30 分钟，3 个 30 分钟都不止了，质控部总不会打电话了吧。

有的家庭里 6 口人住着 40 平方米的房子；有的家庭靠着拾荒来维持生活；有些家庭靠着老两口每月总共 100 来块的养老保险来维持生存。我们访问的人群里，90%以上是退休老人，家庭的困难程度让人不敢继续往下问。养老保险每人每月六七十块，而一年每个人在医疗方面的支出却要上千，还是好几千，社会医疗保险方面给的待遇却是"不住院不能报销"，而且最多只能报销 70%。一旦住进医院，费用就是"蹭蹭蹭"地直往 5 位数窜。试问一下，有谁愿意自己先花 10 000 块钱去住院，让医保报销 7 000 元，自己再掏 3 000 块钱去看病呢？还不是自己去买点药吃一下，少花点钱，但如此累计下来，却也是一笔大开销，少则一两千、三五千，多则八九千、上万。这又怎么让这些退了休、靠养老保险来维持生活的老人来承担呢？

一次，有人说到自己有次访问到一户家里，户主买了商业保险却不给理赔的经历。另一个访员忽然说道：这就应该去告保险公司，打官司啊。这时我脑子里浮现出电影《中国合伙人》里的一幕：刚从美国回来的邓超，刚好碰到黄晓明的学校遭到相关单位的人的调查，说是要封闭学校。邓超当时就急了，大声吼道要去告他。而工作人员却用威胁的口吻蔑视地对邓超说：有种你就去告呀。黄晓明只有立即拦下邓超。想想邓超还真是幼稚，心里不禁发笑：他还以为这里还是任何事情、任何东西都能以法律来解决的美国吗？这是一个多么令人难以了解的社会啊。

这只是调查途中的一瞥，因为访问途中遇到的很多事情真是不忍再写下去，遇到的点点滴滴无不深刻体现着我们这个社会的运行机制并不完善，处处没那么简单，没那么单纯。只是希望我们能以一片赤子之心，认认真真把这些细小的事情做到更好，力求能够给做研究的人们，反映一个真实的社会，反映中国最真实的一面。

中国之美好未来，吾辈任重而道远。

星星之火，方兴未艾

——河北晋州乡镇小微企业调查侧记

文/刘偲瑶

我们对于晋州的第一印象来自从火车站到宾馆的街道，由于距离很近，步行过去，一行人拖着大大小小的行李箱，煞是艰难地在路上走着——饱和度低到难以分辨界限的白茫茫天空，粘在地砖上的被碾碎的瓜皮，随风而起漫天飞舞的塑料袋，风驰电掣的机动车和非机动车扬起一路飞沙……如果你看过电影《决战刹马镇》的开场部分，此情此景你一定想象得出来。这是一个拥有 56 万人口的县级市，抛开周围的村庄不算，只需一到两个小时的步行便可用双脚丈量整个县城的城区。

小微企业是小型企业、微型企业、家庭作坊式企业、个体工商户的统称。虽然行业划分标准不同，但是大部分行业的小微企业划分都以 300 万 ~ 1 000 万元的年营业收入和 20 ~ 30 个从业人员作为界限。CMES 此行晋州，样本只挑选了晋州市三个镇的50 家左右的小微企业进行采样。但是联系人张大哥向我们介绍，50 个小微企业只是九牛一毛。受地域、环境等因素限制，晋州的经济发展十分有限，大、中型企业非常少。按照标准，其大部分企业都能被划入小微企业的范畴内。

学历有限　学习无限

在采样过程中，有近 1/4 样本企业主不在企业的厂子或店面里。这其中不仅有自由爱浪漫、给自己择期放假外出旅游的企业主，也有因应收账款数额过大而不得不停工去要账的企业主。联系人张大哥是信用社发放企业贷款的负责人之一，对许多小微企业的情况有所了解。"很多小微企业在我们信用社都是拿无息贷款的，政府支持，推动发展嘛。但是很多在外的款子收不回来，经济不好嘛，那就没办法了。"这些"在外的款子"就是指应收账款。很多企业并不清楚应收账款带给自身的风险，只图一时之利，后果非常严重。

在走访的过程中，很多企业主甚至搞不清楚自己的生意属于法人企业还是个体工商户。张大哥说，晋州的企业主，很多是农民家庭出身，文化水平不高——连他这位信用社职员都是体育学校毕业的，后来才进修的成人本科。很多企业厂房几乎是建在荒废的农田上，仿佛这一家人昨天还在种地，今天就生产起了钢丝或者塑料。大量工厂生产也对环境造成了巨大影响，在晋州的几天里，大部分时候的实时空气质量测量都处于中度及以上空气污染水平。

但是，一些微小的变化也在悄悄发生——晋州人并不是与世隔绝的，企业主们虽然学历有限，却在学习新事物、新观点上不甘落后。在其原包装公司，我们见到了与大部分"企业主赤膊上阵亲自参与生产"的乡镇小微企业不同的景象：与门外的土路甚至有点不搭配的宽敞办公厅、迎宾前台张贴的几幅有关企业文化的宣传印刷品，以及企业主办公室墙上挂的一幅书法作品"知止"。可以看到，许多"城里"企业的元素，正渐渐加入进来。张大哥也夸道："走访的几家企业里数你们店面环境搞得比较好。"其原包装公司的老板笑着告诉我们："这也是拓展业务的需要嘛。"

先做人　后做生意

李老板是本地唯一一家"捷安特"非机动车零售商。对于晋州人来说，"捷安特"占据的是比较高端的非机动交通工具市场。"我们最大的特色，就是上门提供售后服务。"上门服务是将"捷安特"与其他零售商区分的最大法宝——车出了零售店以后，若顾客有任何问题，只要一个电话，无论晋州市下辖的9镇1乡中的哪一个小区或村庄，"捷安特"的售后工作人员都能上门提供更换、维修和保养服务。虽然上门服务增加了一定的人工成本，但就是这一点小小的让利，让李老板赢得了大批客户。在晋州，其他几家车行的规模和效益远不如"捷安特"，它在非机动车市场上几乎是垄断的。与带来的收入相比，上门服务是稳赚不赔的。"一点不夸张——56万晋州人，想买好车，都来我这。"说起自家的生意，李老板满脸都是自豪。

"我做生意之前，先琢磨做人。'人敬我一尺，我敬人一丈'的道理，非常好懂。反过来想，你也要先让一些利出来，别人才愿意与你做生意。"李老板年近50，一路走来有很多故事：在许多经济欠发达地区，很多时候谈生意都是"感情深一口闷"。李老板在山东做生意时，就碰到过很多这样的情况。人生地不熟，为表诚意，李老板每每都是"我干了各位随意"。这种方式虽然质朴到接近"粗暴"，却代表了乡镇企业家们最简单的秘诀：先做人，后做生意。这做人的道理琢磨透了，生意也就好做了。

无论是沉重的雾霾、扬起的沙土还是几代积累下的贫穷都无法长久地围困这片热情的土地。因为这里有好学勤勉的、"先做人后做生意"的朴实晋州人。经过漫长黑暗中的挣扎，向上冲破层层阻碍，深埋的种子才刚刚发芽。散是满天星，聚成一团火。乡镇小微企业的星星之火，正是方兴未艾时。

齐鲁青未了

——新旧的传承与轮回

文/邓莎丽

时隔四年，再访山东，知了尚未聒噪，天气也不似那年炎热。

2011 年，中国家庭金融调查（CHFS）启动了首轮调查——中国家庭金融调查与研究中心在全国范围内科学、随机地抽取了 25 个省市的 8 438 户家庭进行实地走访，以全面了解家庭的资产与负债、消费与支出、代际转移等情况。山东的淄博临淄、青岛即墨、烟台莱阳是其中的样本点。

2015 年，当我们再次来到山东，在济南相聚，2011 年山东组的部分访员在此重逢：康传坤、王海伟、张宁、杨淑婧，当然，还有我。如今的组员都已毕业，听说我作为东部报道小分队的督导又来到济南，他们第一时间主动约见了我，并接受了我的采访。

当年的督导康传坤，如今已是山东财经大学的一名老师。提起中国家庭金融调查，他依旧激动得声音略微发抖："我们当初在临淄、即墨、莱阳，总共走访了 350户左右的样本。大多数的山东人都很热情，组员们也都非常坚韧，遇到拒访总是想方设法，找居委会求助，千方百计说服对方，最终用自己的真诚打动受访户，成功完成了任务。"

其他组员也纷纷表示，感谢中国家庭金融调查，让大家相识相知、相聚一起：一个月的相处，像是奇妙的境遇，把大家的心凝聚到一起。走出"象牙塔"，力求"接地气"，与真实社会接触，在走街串巷中磨砺，让他们迅速成长。

而这种成长，不是个例，是共性，更是传承。这种磨砺和锻炼之后的成熟，也同样发生在四年之后的今天，发生在中国小微企业调查（CMES）山东济南绘图 18 组的身上。

如果说 2011 年的访问贴上了"老"的标签，那无疑绘图 18 组的工作都闪烁着"新"的味道——无论是新增的小微调查本身，还是这个绘图组实际面临的新样本，甚至这个组"六女一男，一男外校"的特殊组成，都让这次"济南之旅"充满了新奇感。

相比于成熟定型的家庭金融调查，小微企业调查还处于"摸着石头过河"的探索阶段，这给绘图18组带来了不小的挑战。很多小微企业并没有租用写字楼，而是"隐身"于居民住宅楼或小社区里，形成了居民住房和企业用房混合的复杂情况，这让前期收集、确认小微企业基本信息并初次绘图的工作变得无比艰难。

"没有其他便捷的办法，我们只能一个社区接着一个社区、一层楼连着一层楼、一户挨着一户联系、沟通、确认、排查，只有这样才能保证绘图工作的精准，才能确保没有漏网之鱼。"督导徐敏对我们这样解释道。

他们确实也是这样，日复一日，早出晚归。为了兼顾绘图工作的质量和速度，同时避免全组一起行动时的招人显眼，他们在组内又细分成两人一队的"机动小分队"，分散作业，保证了进度上不拖后腿。

绘图时的勤勤恳恳、工作时的任劳任怨，在绘图18组的身上，我们仿佛能看到四年前第一批"老前辈"的影子。这是一种轮回，也是一种传承，更是源于一个相同的梦想——"让中国了解自己，让世界认识中国"。而这个梦想，植根于所有曾经的、现在的、未来的 CHFSer 和 CMESer 心中。

离离原上草，齐鲁青未了。

一个人的品质

文/罗裕萧

You can easily judge the character of a man by how he treats those who can do nothing for him.

——Johann Wolfgang Von Goethe

上述引文，既体现了 CHFS 的本质，又体现了每一个 CHFSer 的品质。

只有当深深地了解并且参与了 CHFS 的调查活动，才会深深地体会到我们做了什么，我们是为了什么。就像一个人对待他自己的一生一样，要知道自己做了什么，做这些是为了什么，这样才会知道有什么意义。没有意义的人生是可惜的，做没有意义的事情便是浪费时间。

我们为了什么？

其一，为科研做贡献。不仅仅是从 CHFS 自己的年刊里能够看出，还从各种期刊例如《南方金融》等，看到了很多很多基于 CHFS 的数据而进行的科研文献，像幸福指数与家庭金融资产的关系，便是必须从我们研究中心设计周密的问卷系统统计出的真实数据中才能够得出的。正如一位学姐告诉我的，如果在现在这个环境下，能够得到真实的数据，即便是接近真实的数据，都将是一笔非常宝贵的财富。很多人在进行科研时，都会为无法得到数据而烦恼，而研究中心举办这种大型的公益活动，通过大量人力、物力的付出，能够得到接近真实的数据，并且能够将这些数据免费提供给有需要的人。

其二，中国的政府部门也将会对中心调查结果做出反应，这对于我国的建设有很大帮助。就拿前段时间闹得风风火火的基尼系数来说，这也是公布它的效力之一。纵观整个金融调查，无论对于谁，应该都是无利可图的，图的只是"让中国了解自己，让世界认识中国"。这便是 CHFS 所包含的 character。

而身为其中的一分子，作为一名 CHFSer，感受最多的是别人认为你在做一件于己无利的事，这是与正常人的做法相违背的。这对于我们这些初入社会的学生可谓当头一棒，会感受到很强烈的挫折感，但是我们此时也便是愈合最快的时候。不管白天肚里装了再多的苦水，晚上一起团聚的时候也会一起来倒空，好准备注满第二天新鲜的苦水。在这个社会，这个时代，我们能做的，唯一能做的，就是从自己开始改变，开始懂得如何做一个品质优良的人。无论什么样的人，都要给予别人力所能及的帮助，不要总是揣着利己主义的思想。这也就是 CHFSer 所包含的 character，也是这次收获最大的 character。

中国家庭金融调查，为了更好的中国。

小微和"小微"

文/刘一燃

一、谈小微

一个月的时间，每天近 10 千米的步行路程，这样的距离让人不禁感慨我们对小微企业的了解究竟会有多深。从科技产业园的高新技术企业，到建材市场的钢铁企业，到街边的广告公司、装修公司，再到深藏在村子里的养猪场、花生油企业。一步步走来，才更加发现我们最初的了解也不过是肤浅的表面。随着绘图访问的进行，企业的发展也呈现了很明显的态势，在已经饱和的竞争市场中，实体企业优胜劣汰，同一行业只有做得非常好的极少数真正盈利，而其他企业却已从市场最初只要加入就能赚钱的状态转变为零利润甚至不得不倒闭。与煤炭相关联的企业开始逐渐凋零，越来越多的新能源，环保又可再生，符合可持续发展与绿色中国的理念，逐渐占领了煤炭在人类生活与发展中的地位。建材企业每况愈下，由于受到近几年房地产市场萎缩的影响，企业为了占领市场份额不得不薄利多销，利润也减少近半，不过另一方面却也折射出前些年房地产市场的非理性繁荣，导致出现大批企业在市场竞争，而如今市场的下跌又导致这样不健全的企业逐渐凋落，影响实体经济。反之，对比来看，发展趋势较好的是高新技术企业、年产值上亿的机器人工厂、拥有产品专利与技术专利的公司等等，这些企业正处于蒸蒸日上的发展阶段，有国家政策的扶持，也有巨大的市场空白，发展前景一片光明。

结合东北地区的工业，会发现邹城市的情况并不是个特例，传统行业中被淘汰的企业苟延残喘，高科技产业跃跃欲试。企业的状态，也是国家某个方面的缩影，更加注重高新技术产业的发展，实体经济的发展空间受到了限制。我想这也正是此次经济转型与改革的目的所在。就像股票一样，新兴的科技股成为市场向上的重要牵引力，而传统的价值股也正因为实体经济的发展缓慢而暂时低迷。但是价值不会随着时间而消失，当非理性的泡沫破灭后，市场回归正常轨迹，好的价值企业，无论属于哪种行业，最终都会存活，甚至比以往活得更好。

二、谈"小微"

回来已数日，却迟迟不知该写些什么，害怕很多事情写下来才发现早已真的成为记忆。11 个人，22 条腿，一起走街串巷，一起嬉笑打闹，只要一起，就算白水煮面也可以吃得有滋有味。人们会说很感谢对方在对的时间出现，而我却很感谢自己，做了这个决定并一直坚持下去，才会在困难与突发事件之中看到大家更让人敬佩的一面，看到在铺天盖地袭来各种世态炎凉新闻报道的世界中很久都没有让人感动过的责任心，11 个人 1 种心。我们的感情，小而微，比不上社会上的大爱，也比不上亲人无微不至的关怀，但是就是这样一种情感藏在心中，让人可以克服无数的困难，受到挫折时心底涌起一丝温暖。还记得小学妹生病时，学姐们忙前忙后；也记得高温中暑时，递到眼前的一瓶藿香正气水……没有事先的预约，但当有需要时总会有人默默行动着。这样的感动，不大不小，刚刚好。

不喜欢表达自己内心的矫情，但看到当时的那些照片，心里不由得还是微微一颤。大哥魔性的笑声，二哥"爬"山时的手脚并用，三哥吃货的世界，雯靖拍照的霸气姿势，子溪淡定的微笑，"猛禽"的"张牙舞爪"，还有我室友学姐晒得天然黑的腿和每天促使她定时起床的人工闹钟，以及大波组合的李先生和黄焖鸡……这些好像只属于我们心中的暗号，再次见面还是会拿出来说笑。不说太多不舍与感伤，虽然已有人走出校园，已有人去其他城市闯荡，但只要想起往事，记得笑就好。

不是失去，只是变为有价值的记忆。

你若问我 CHFS 的意义

文/唐亚冰

有人说："你们何苦大费周章？这种事自有政府统计局在做。"有人说："为什么不用大数据方法呢？一个身份证就可以知道这个人的信息，你们又为什么一户一户入户访问呢？"我们自己也怀疑过，这样收集的数据就一定有效准确吗？更何况中国如此之大，异质性如此之高，所访样本一定具有万户的代表性吗？在不断质疑、拒绝、等待甚至恶语中，我们的初心也动摇过。

这些我都知道，也终于都经历过，但回头看这一个月的经历，我想，我还会继续相信和坚持下去吧，其实陷在哪里，总是能在那儿找到意义的。

我记得调查的时候经常被受访户问到的一个问题是："你们做这些，有什么意义？"的确，我们每一个人形销骨毁、从这个世界消失的时候，我们所在意的唯一一件事是，有没有最后一点我抓得住的意义，不管这个意义是证明自我的高贵、道德、还是善良，抑或是我曾经存在过、我曾经改变过。"意义"这个东西，似乎是我们人类倾尽毕生所追逐的玄而又玄的某种缥缈。那么 CHFS 的意义，是 0.61 的基尼系数？还是 247 万元的家庭平均资产？柴静在《看见》里的一句话很贴切："我们对于一件事情知道得越少，就越容易形成强烈的单纯判断……一个不关注真相的民族，是一个没有前途的民族；一个不追求真相的社会，必然是一个堕落的社会。"

即使不一定改变什么，但至少不辜负年轻的生命，CHFSer 也不必给自己那么重大的设定，影响力不必成衡量的尺度，只要用心做的东西都是值得称道的。有些经历，只要回首时所有的汗水、委屈与不甘都最终甘之如饴，本身就是意义所在吧。

"世界这么大，我想去看看"，当我们终于走出自己生活的小天地，深切地感受到双脚站立的土壤，才会最真实地接触到这个国家，并不是处处都有都市的灯红酒绿，北京国贸 CBD 高级餐厅里的北欧矿泉水 98 元一瓶，而另一面的中国，云南大旱的山村，人均月收入不到 98 元。读到一位在甘肃支教的复旦同学的感悟："并非所有人都能受陆家嘴的荫蔽。繁荣也好，贫穷也好，教科书永远不能概括中国。家访中看到霉烂的土坯房、破旧的家具，也在碗里的荞面里看到最朴素的感动、最热忱的人情。在物质供给仍然匮乏的凉州村落，人们脚踩黄土背灼天光，耕耘一份有尊严的生

59

活。我不求有朝一日消解这个国度的阶级壁垒，但我盼至少自己能让情怀落地，做出一些改变。"是的，我想，这也是 CHFS 的意义。当你听过更多的故事沧桑，看过更多的人生轨迹，你才能了解到，很多时候，语言是变形失真的，只有经历过的事才是真实的。

柴静在《穹顶之下》里有一段话："……一个人知道了自己做的一点点事情，可以让事情本身变得更好，他心里就能够踏实些。所以历史就是这样创造的，就是千千万万个普通人，有一天他们会说：不，我不满意，我不想再等待，也不想再推诿。我要站出来做一点什么，我要做的事情，就在此时，就在此刻，就在此地，就在此身。"

总有一些信和念，可以温润恒久，不事喧哗……

2015 年 8 月 29 日夜

中国·家庭·金融·调查

文/薛鸣

2015 年的中国家庭金融调查在八月份匆匆开始了，我的社会实践也开始了新的篇章。中国家庭金融调查带给我了四个方面的认识，分别为中国、家庭、金融、调查。

一、对中国的认识

通过这次实践活动，我真切地感受到了中国贫富差距之大。仅仅在济南这个城市，有些人家面朝黄土背朝天，成天为生计而奔波，在我们访问的时候赶着去打核桃、收粮食，很多低保户一年吃肉的次数屈指可数；有些人家有门卫专门看护着，我们这些访员想见人家一面的机会都没有，只能默默看着巍峨庄严的大院而无能为力。许许多多的低保户还有挣扎在温饱边缘的城市居民或者农户跟我们访员讲了很多令人心酸的故事，其中印象很深刻的是一户家庭跟我诉苦，他把我当成了政府派来调查民意民心的学生，让我既感动于他的信任又愧疚于自己的无力。

二、对家庭的认识

通过这次实践活动，感觉现在的家庭观念有了新的提升。现在大多数家庭认为生男生女一样好，而且有些家长可以接受自己的孩子不结婚和不生小孩，尊重孩子的意愿。很有意思的一个现象是：收入低的人大多对家庭特别重视，把家庭当成一个情感寄托，而收入高的人大多感觉家庭在自己生活中没有那么重要，大概是人生活富裕以后，各种丰富的活动把家庭的重要地位冲淡了吧。

但是也有一个令人忧虑的地方，就是现在有相当一部分人在"啃老"，靠父母毕生的积蓄和退休金买房买车。在我们感叹"孝心不再"的时候，有个受访户跟我说了一个更深层次的原因，即国家的养老金制度还不完善，老年人退不了休，年轻人找不到工作，不"啃老"的话，年轻人想买个房买个车，难上加难。

三、对金融的认识

通过这次实践活动，我深深认识到了金融行业的风险性。访问到最后一户时，恰好他是个风险投资人，他反复地问我关于"去年"这个时间点确定的问题，让我尤为困惑。后来跟他交谈才知道投资行业投机性很强，收入的不稳定性导致了他对时间的职业敏感，之前曾有一个月净赚 70 万元却因为后来行情不好又赔光了大部分钱，现在只好白手起家准备重新来过。金融经济是一个很热门的学科和行业，但是后面隐藏的风险却不是人人都能看得到和承担得起的，只是"敢于冒险"这个基本要求便阻挡了很多人踏入这个门槛。

四、对调查的认识

通过这次实践活动，我明白了我来进行这次调查的意义所在。这个调查让我学会了勇敢，让我敢去敲陌生人家的门，敢去给陌生人打电话，敢去面对一个个冰冷的拒绝，敢去一次次厚着脸皮给受访户发短信打电话或者敲门请求接受访问。这个调查也让我学会了感恩，感恩人家肯接受我这个陌生人的采访，感恩一个个受访户对我掏心掏肺地讲自己的经历，感恩热心的大爷大妈给我洗好的水果和续上的热水，感恩在自己难过时身边的伙伴对我的支持和帮助。这个调查更让我学会了成长，成长到遭到拒绝以后一甩头又微笑着面对新的一家，成长到在辛苦的访问时也不忘记享受身边的风景和美食，成长到以大局为重，跟小组成员产生摩擦时也一笑而过。

2015 年的中国家庭金融调查结束了，但是我们一直在路上，前进的脚步从未停歇。

数据之真，中国之实

文/姚彤

　　这里是中国，960 万平方千米的土地上十几亿人口在此繁衍生息；这里是中国，5 000 余年沧海桑田、星河流转，永存的是气魄，不变的是精魂；这里是中国，她历经繁华又遍尝苦痛，她从历史迷烟中走来，然而步履不曾拖沓，眼神亦不见疲倦；这里是中国，她现代又古老，她新鲜又陈旧，她正在经历一场变革的阵痛，然而国人或可翘首，未来值得期待。

　　这是一个怎样的时代？

　　这是一个独立的时代。"隐私""保密""空间""界限"是这个时代的关键词，"冷漠""质疑""封闭"是这个时代的隐痛——"高档社区里治安'森严'；大家谁都不认识谁"，受访户眼中满是怀疑："你们是来干嘛的？为什么需要我的个人信息？"，拒访户声色俱厉："我凭什么相信你们？你们是骗子吧？!"

　　这是一个数据爆炸的时代。无现金交易正渐渐渗透进你的生活，社交软件占据了你大部分的空闲时间，各类服务平台截获了你大部分的个人信息……人类从血肉之躯变成了被数据精准定义的产品。从移动互联网到云数据平台再到物联网等，数据无处不在又无时无刻不在裂变增长，过去两年中所产生的数据是人类有史以来数据的90%，单从医疗健康来看，20 世纪 50 年代，医疗健康的数据翻倍需要 50 年，到了2015 年则只需要 3 年，而这一数字只会随着时间的更迭变得越来越小。

　　中国已经成为名副其实的数据资源大国，她的转型与发展需要真实可靠的数据作为支撑。由于财力、人力和执行力等因素领先，官方数据的重要性和权威性不言而喻；但只有当官方数据得到越来越多民间调查数据的验证和支持，其公信力才能得到捍卫。中国家庭金融调查旨在通过科学的抽样，采用现代调查技术和调查管理手段，收集家庭的资产与负债、收入与支出、人口与就业等方面的信息，全面追踪家庭动态金融行为。

　　从 2011 年的那个暑期开始，每隔两年就会有一批学生去往全国各地，他们穿着统一的调查服装，背着大书包，像一团星火散落在祖国的版图上，从南到北、由东向西，用自己的脚步丈量这片坚实的土地，用自己的努力描绘这个国家的真实面貌。调查范围从 2011 年的 25 个省（市、区），80 个县，320 个村（居）委会扩展到 2015 年的 29 个省（市、区），363 个县，1 439 个村（居）委会；有效样本从 8 438 户增加到 40 000 余户，2017 年样本将进一步增加；参与调查的访员从西南财大一所学校的学生扩展到全国 9 所高校……中国家庭金融调查始终砥砺前行，不断成熟，不断完善。

曾有人对问卷式调查提出质疑，认为这种方式既耗费人力财力和时间，又存在较大的主观性，不如数据平台来得高效客观。曾有数据平台根据其自有的消费数据分析推出了年度全民账单，其中包括了人均年支付、海外消费力、移动支付渗透率等各项内容。该账单推出时，众多网民震惊于自己的年度支出额，纷纷感慨自己原来有这么多钱。然而细究之下不难发现，该支出额将转账也包含了进去，即使某次转账只是为了换取现金，但这笔钱还是会算在支出里，由此可见，这种看似标准客观的数据收集方式实际上是缺乏灵活性的。

另外，数据平台收集到的信息并不全面，家庭资产、社会保障与就业情况等很难通过这种方式得到真实的反馈。我们在采访南京审计大学的一位老师时，他也提到，我们的人工问询可以获得诸如幸福感这类主观性问题的信息，这一点是"冰冷的数据"做不到的，因为幸福与否并没有确切的衡量标准，我们不能通过一个人的消费情况去推断他的心理感受。

问卷调查确实有很大难度，这一点无可否认。这种调查方式需要精密的问卷设计，更需要访员们与这个独立的时代周旋，每一份问卷的完成都是对访员们耐心和智慧的考验。2 000 多名经过系统培训的访员在调查中经历了敲不开房门、受访户中途拒访或严重隐瞒信息等多种情况，"身疲"是一定的，但"心累"更容易让人懈怠。

我们感慨并记录访员的艰辛，不是为了放大或宣扬苦痛，只是每一份报告后都有千余人在默默付出，"热血"也罢，"毒鸡汤"也罢，浅薄也罢，深刻也罢，他们的奉献有目共睹，他们的努力值得被记录，他们的汗水值得被尊重。祖国的未来倚仗祖国的人民，眼见祖国的青年肯吃苦肯躬行，有担当有抱负，我们便该欣喜，便该为他们喝彩祝福。

从 2015 年起，高校数据联盟的想法就已经在酝酿中。今年的大调查，南京审计大学、内蒙古大学等 8 所高校终于加入进来，以"共同调查""共享数据""共创研究"为宗旨，结合各高校地域、科研特色，共同开展调查活动，进一步提升数据品质，完善我国的微观数据库。更多的机构参与到独立调查的队伍中来，才能更加全面、多元地揭示中国家庭收入、消费、资产等情况，官方统计数据才能得到印证和补充。百家争鸣能够促进理论与实践的进步，也使得之后的分析和研究成果更准确更有价值。

除了高校联盟，今年的大调查还有一个亮点——数据监控中心可以对每一个调查员进行实时监控，调查员也可以将获得的数据实时回传到监控中心，由专人对数据进行核实、整理。这样一来，调查的质量和速度都有所提升。

大调查两年一度，中心的人员积极筹备着，学子们期待着，家长们也在关注着。访员报名短短几天就已足额，不少访员都是因为学长学姐们的推荐而加入这个队伍，也有一些访员是受父母的鼓励和支持而做出了决定。

因为 CHFS，我们有了共同的目标；因为 CHFS，我们能够克服一切困难。大调查的启动，让我们成为一个整体。为了真实有效的数据，为了数据背后的中国，我们在路上，其路虽迢迢，其路也昭昭。

远方的人们

——我在彝族山村的三天调研

文/崔静远

知晓"劳动收入奖励计划"是源于 CHFS 公众号。对这个项目的兴趣主要来自以下几方面：

一是因为学术。我的研究兴趣集中在发展经济学和劳动经济学方面，正在做的研究也是和劳动密切相关的。在研究过程中，我发现了一些无法理解的问题，无人可问，问了后也感到有些将信将疑，非得要踩到那片泥土，亲眼见到才心里踏实。

二是出于情怀。扶贫是我关心的问题。2016 年暑假我随北京大学的考察团到甘肃考察扶贫情况。甘肃的调研经历让我在现实世界有了一个研究的抓手，但是我始终担心会把一个局部的现象当成全局的共性，成了摸象的盲人。西南地区是扶贫的另一个重点，而我从来就没来过这里。如果能将四川和甘肃的扶贫情况两相对照，就应该能更全面地了解扶贫的真实情况。导师姚洋教授对我的想法非常支持，让我能够暂时放下在北京大学的科研工作，参与一段充满未知的旅途。

调研的第一站是偏远的马边县沙腔乡。由于公路还没有硬化，从县城到沙腔乡需要两到三个小时，而且沿路极其颠簸。到了沙腔乡，我们受到了当地江书记和阿虎书记的热情接待。江书记是彝族人，父亲是当地有名的医生，非常重视教育。江书记是当地的大学生，毕业后考上了公务员，后来调回家乡工作。阿虎书记早年在外打拼，攒了一些积蓄后回到家乡工作。我们后来成了很好的朋友。作为一个从小在城市长大、在北京学习生活了快六年的"城里人"，沙腔乡的经济条件着实让我大吃一惊。当我们被江书记带着走进一家小卖部的地下室，得知这里就是未来三天我们留宿的地方，那一刻我的内心真是五味杂陈，之前的情怀志趣荡然无存，唯一支撑我留下来的就是身边的同伴们。

刚把行李放下，我们就马不停蹄地赶到了第一个调研地点：二坪村。乘车途中迎面走来几位中年彝族男子，穿着和城里的年轻人无异，只是手中拿着一些奇异的道具，边走边跳边唱和。我们问司机师傅这是在做什么。司机师傅哈哈一笑："这是在搞迷信活动！"我立刻想起台湾人类学家刘绍华的著作《我的凉山兄弟》里对彝族的毕摩文化的描写。所谓毕摩，"毕"为"念经"之意，"摩"为"有知识的长者"，是彝族的祭司。新中国成立后，政府认为毕摩文化是一种迷信，禁止相关活动。但是彝族同胞还是在婚丧嫁娶和有病的时候请毕摩偷偷做法事。有意思的是，虽然心中仍然信仰毕摩，彝族同胞们也随着汉人把宗教活动称作"做迷信"。此情此景，让我不禁有了点"魔幻现实主义"的感觉：传说中的祭司穿着牛仔裤、皮夹克做法事，村民明知这是"迷信"还要花重金来做。但是转念一想，我们汉人不也保留了很多民间宗教仪式吗？我们明知道先人已去，还是要在清明节烧香献礼，祭拜先人；我们早就不相信过年的传说，还是要在春节燃放烟花爆竹，贴对联，贴"福"字。按照简单的理性人假设，这些行为似乎是不理性的，但是从一个族群的角度看，这些"迷信"恰恰在凝聚族群、寄托情感上起到了关键作用。

不知拐了多少个弯，我们到了山间的二坪村村委会，也就是我们第一天访问的地点。这次访问是在一片"手忙脚乱"中进行的。访员们才和村民聊上一两句，就皱起了眉头。原来这里上了年纪的彝族同胞根本不会汉语，而很多会汉语的年轻人都出去打工了。还好有村主任、村支书和一些自愿帮忙的年轻人，我们才得以继续开展工作。

令我们欣喜的是，彝族同胞特别配合我们的工作，一方面可能是因为访问有一定补贴，另一方面也说明了当地的民风淳朴。我们的午饭是在村小学的乒乓球桌上吃的。当时小学正好下课，看到我们这些陌生人，小学生们既好奇又不敢接近，就远远地看着我们吃饭。几位女同学把我们在县城准备的饼干、面包分给孩子们，瞬间所有小学的孩子从四面八方聚到了我们身边，排着长队领饼干。有的孩子手里拿着一块又来排队领，我们也不忍心拒绝。后来可能是小学的老师批评了他们，孩子们回到了教室。我们给他们饼干，他们也不要了。看着他们简朴的衣着、黑红的小脸、清澈的双眼，我不禁暗暗担忧孩子们的未来。在调研中我们发现，当地村民的受教育程度普遍较低，很多小学毕业的村民也不会汉话。教育是地区和个人发展的根本，但是教育投资恰恰又是见效最慢、短期收益最低的。如果眼前这群孩子仍然接受不了好的教育，他们很可能还要重蹈先辈的覆辙。

吃晚饭的时候已经是七八点钟了。小饭馆虽然简陋但是菜品不错，每道菜一上桌就被大家风卷残云地瓜分光了。我比较爱喝饮料，自己点了瓶可乐。发现饮料瓶上积着一层薄薄的灰尘，可见这里的饭馆顾客有限，即使有顾客，愿意消费饮料的也不多。这一点在访问中也得到印证，村民基本是自给自足，自己吃自己种的粮食，持有现金很少，消费和购买都不多。

晚饭之后大家都挤到乡政府不到十平方米的办公室蹭 Wi-Fi，我们三个督导汇总材料，访员们上传数据，还有同学忙着改论文、写作业。一阵忙碌之后，我们回到宾馆准备休息。男生们（比如我）连脸都懒得洗，用手机打了几局游戏就和衣而卧，很快就鼾声如雷。女生们陆续到唯一一个有灯有热水的卫生间洗漱。这是个神奇的卫生间：它的门能轻易锁上，但是很难打开，以至于几乎每一位同学都有被锁在卫生间和帮别人逃离卫生间的经历。最惊险的一次是旅馆老板娘拿着菜刀把卫生间的门撬开（我不禁联想到"围城"的隐喻：外面的人想进去，里面的人想出来）。在这种条件下，一部分女生还能坚持每天洗澡，不得不说是一个奇迹。

第二天的工作是在一片"诗情画意"中开始的。我们乘车来到河畔，一座木桥连接着此岸与彼岸的竹林，远处是葱茏的青山，云雾缭绕。大家不约而同地拿起手机照相，发朋友圈，搞得当地村民一脸茫然，不知道自家门前这山这水如何让这群"上面"派来的大学生如痴如醉。在村民和干部们的配合下，上午的访谈比较顺利，中午我们转移到山上的村委会进行访谈。沿着盘山路上行，我们看到了背着娃娃赶山羊的妇人，看到了伫立在农田中看着爹妈劳作的孩子。生活在这里有条不紊地进行着，如同过去的几百年一样。我们在当地人脸上时常看到一种久违的质朴的微笑。

来到山顶，一片精致的二层住宅吸引了我们。不用问，这一定是政府建造的异地扶贫搬迁房屋。眼前的景色不禁让我们感慨政府的扶贫力度之大，我们没有想到的是地方干部为扶贫付出了多少心血。

下午的访谈有条不紊地进行着。一位彝族大伯一直在为我们当翻译，和书记一起帮我们联系受访村民。我们渴了，他就给我们从亲戚开的小卖部拿水，分文不取。一位访员不小心打翻了桌子上的水杯，水洒了彝族大伯一身，他没有顾及自己，下意识地先保护我们访问用的平板电脑不被打湿。不知道是因为外表还是情感，我后来感觉这位大伯特别像焦裕禄。下午的插曲是一个醉汉。同学们入户访问时，他出去喝酒了，他的妻子接受了访问。后来他回家得知这件事，也许认为自己失了面子，就追到村委会来要求我们重新访问。被拒绝后，他火冒三丈，大吵大闹，被阿虎书记和几位彝族汉子架着赶走了。我们临走时，彝族大伯特意来和我们握手，替醉汉道歉。"你们来我们山里不容易，"大伯说，"我们是主，你们是客。要是刚才那个人再闹，我第一个去教训他。"

第二天的工作结束了，回来的路上，我和一位四川大学的同学聊一些学术问题。江书记被我们的话题吸引，也加入了讨论。我万万没有想到，江书记阅读面甚广，对于经济、政治、历史都很了解，而且有自己独到的看法。快到驻地时，江书记告诉我们，晚上他要给我们表演个节目。

晚上八点左右，我们来到乡政府对面的小饭馆。饭馆并不大，四五张桌子拼到了一起。江书记和阿虎书记带着其他几位彝族、汉族的地方干部一起唱了彝族的"祝酒歌"。音乐是人类共同的语言，我们虽然听不懂彝语，但是歌曲中的情意我们完完全全感受到了。晚饭除了平时的菜品，又增加了当地特色的鸡汤等土特产。阿虎书记坐在我旁边，和我聊了很多当地的情况和基层工作的艰辛。比如，白天我们在山顶看到的异地扶贫搬迁房屋，在建设前需要从村民那里征地，阿虎书记自己去做工作，找家族的人去劝说，最后以自己的名誉担保，一定给征地村民足额补偿。但是地征上来了，房子建起来了，上级政府的拨款却迟迟没有下来。村民们纷纷怀疑是他把补偿款贪污了，他很委屈，也很为难。又比如，他谈到当地婚丧嫁娶送礼的风气，举了自己家的例子。十几年前母亲生日，远近的亲戚牵来了39头牛。按照当地的风俗，这些牛必须全部杀掉。阿虎书记当时还没有在政府工作，但是见过世面，劝说父亲只杀9头，分给亲戚吃掉，剩下的30头牛卖掉。父亲坚决不同意，说如果他敢卖牛，就不认他这个儿子。后来在县里工作的亲戚的劝说下，阿虎书记还是把牛卖了22万元，留给家里老人作为养老金。我问阿虎书记，送礼有这么重要吗，他说，重要。如果送得少，不仅自己家会被人瞧不起，整个家支（彝族对于家族的称呼）都会被瞧不起很长时间。每逢聚会赶集，其他家支的人就会指指点点，说三道四。阿虎书记早就意识到这个问题，在乡里组织村民立下乡约，限制婚丧嫁娶的送礼额度，现在已有了一些成效。谈到未来扶贫的方向，阿虎书记说，单纯地救济不是长久之计，根本上还是要"思想扶贫"，提高村民脱贫的意愿，配合政府工作。不知不觉我们已经聊到了凌晨一点，由于第二天还有工作，我们不得不回去休息。躺在床上，简单准备一下第二天的工作，已经快两点了，我却久久不能入睡，脑中都是阿虎书记刚才说的话。面对江书记和阿虎书记这样的年轻地方干部，我不禁联想到《人民的名义》里的李达康。他们不是圣人，也有家庭，也有情感，也会有私心，但是他们有理想有抱负，在基层默默工作，承受着上下的压力，维护着基层的稳定，谋求着百姓的安康。他们是这个时代"最可爱的人"。

彝族的山路，泥泞的归途，让我感觉，这片山村与外面的世界是那么的遥远。而短短三天的时间，又让我感觉，自己现在是和他们那么的近，不由得想起鲁迅先生的那句话："无穷的远方，无数的人们，都和我有关。"有关与无关，仅是一念之间。在山外的世界，你读到他们、听说他们，也许会沉吟良久，然后继续生活，就像看过一片天边的云，什么都未曾发生。而来到了这里，你就再也无法无动于衷地生活。

从 Stata 到 Data

文/刘孟颖

一、从 Stata 到 Data 的历程感悟

八月的岭南村庄，在远天浮云下透出明净的色彩。曲曲折折的村间小路，却将我引向一段苦寂的故事。踏进受访户院落的一瞬间，潮湿的空气和黑暗的空间包裹了我，一位老人蹒跚迎出，脸上的笑容却如这天的阳光般真实。我脑海里时常浮现出那天的画面，我的第一次访问的场景：光线昏暗，茶几矮凳，一台电脑，一位老人，还有初出茅庐的我。由于方言障碍，访问进行得很慢，虽然后来有村干部帮助翻译，但每个问题之后，老人都要思索良久，喟叹生活坎坷。也许就在几天前，我还漫步在多元线性回归、功利主义和形而上学的云端，而现在，我则匍匐在哺育世代、见证流离的土地上。诚然，一个访员对待数据是理性的，但此刻，我感觉到了从 stata 到 data 的跨越。在此后的二十多天里，这种感觉不断地发酵，我终于觉悟到从 stata 到 data，是从形而上到形而下的联结，是为知识寻找合法性的过程，也是对冰冷数据背后家庭生存状态的一次探寻。走出书本和象牙塔，叩开无数扇门后，你会发现，哦，世界原来如此。

二、农村包围城市——中国特色的访问之路

在城乡二元体制如此发达的现代中国，走农村包围城市的访问之路既是缓兵之计，也是势所必然。相对来说，农村贫弱、闭塞，政府管理力量比较到位，若取得当地村镇干部之支持则访问之势已定；城市富足、开放，业主与物业公司是雇佣而非管理关系，因而对城市采取全面"扫荡"是不可能实现的，只可审时度势"各个击破"。各方考虑之后，我们定下了先农村再城镇后市区的访问战略。而之后的事实确实既让我们体会到了在农村"日访家庭三百户，不辞长作岭南人"的快感，也让我们陷入了城市"天长地远魂飞苦，关门容易开门难"的窘迫。

三、深圳——城市森林里的浮世绘

从一开始，深圳这座城市就被 CHFS 赋予了神秘的甚至是神圣的色彩：号称中国

最难访和人情最冷漠的城市之一。来到深圳的第一天，我就被带进了这里快速的生活节奏中。四处奔波的人们行色匆匆，急着去寻找下一个可能性。高度发达的经济给了人们更好的物质条件，也压榨着人们的私人时间，这使得我们的访问难上加难。一句简单的"没时间"可以将任何耐心的解释拒之门外，一瞥猫眼里的窥视可以对门外的我们熟视无睹，动辄遭到敏感受访户的举报更是让我们如履薄冰。但所有的这些，都可以用理解、耐心和坚持尝试化解。每一扇门的背后，都是一个活生生的样本，一幅生动的生存图景，这是最让我兴奋的：这里有兢兢业业循规蹈矩的白领，也有敢于弄潮征战商场的商人，有身家千万富足稳定的巨擘，也有初出茅庐身似浮萍的打工者，有上班、娱乐、锻炼一样不少的富家子弟，也有只能蜗居一隅应付 14 小时顾客的淘宝店主……家庭金融资产的调查，反映的是一个家庭的经济活动，这正是每个人安身立命的基础，也正是每个情况各异的家庭，织就了一幅城市森林里的浮世绘。对于 CHFS 面对过的所有家庭，我想说，拒绝我们的、接受我们的，我都真心感谢你们，是你们让我看到了一个真实的中国。

四、对幸福的终极定义

亚里士多德说："幸福不会因为荣誉、快乐、理性或其他事情而被我们选择，它只因它自己而被选择。"茅屋里的耄耋老人和高楼中的有为青年，哪一个更幸福，只关乎他们内心的感受。有趣的是，自我感知幸福的人，比那些自觉不幸的人更能给他人带来快乐和舒适的感受。我曾访问一位年逾 90 的老人，他一生曲折，晚年清苦，但学识、气质都令我自叹弗如。我也访问过一位曾在某知名媒体工作的男士，但是在其优越感和捉襟见肘的专业知识的对比之下，或许我不能感受到他的幸福。黑格尔反复强调一个词"ethos"即精神气质，它不是教育出来的，而是在长期的生活中养成的。对幸福的自我评价，确实会影响到经济人的行为选择，这在经济学里，还真是个有趣的命题。

五、向 CHFS 的所有访员致敬

我一直想说的是，一个好的数据库，对于催生好的研究、塑造好的学者是多么重要。如果没有这份责任和感激，我可能不会选择成为 CHFS 的访员。虽然个人的力量是微薄的，但是正如一位访员所说，"CHFS 的访员，散开了是满天星，聚起来是一团火"，我期待星星之火燎原的那一天。为了这个时刻的到来，我要向所有的访员致敬，不管是前驱还是后人，你们都将成为塑造历史的一分子。我要在这幅长卷里留下痕迹，哪怕只做一枚字、一滴墨，都是我与 CHFS 缘分的证明。

学生成长篇：实践报国行

项目访千家万户，察国情民情。 从东海之滨到青藏高原，从白山黑水到天涯海角，累计有 83 所高校的 20 464 名学生参与项目实地调查，其中带队研究生 2 613 人，参与本科生 17 851 人（含剑桥大学、麻省理工学院、哥伦比亚大学等海外高校中国留学生 98 人）。学生们从千家万户访谈中体察中国国情，强化中国认同，促进学生读懂中国、认知自己、锤炼意志、感知责任，培育家国情怀，实现了学校小课堂同中国大课堂的有机结合。

在行走中国调研中，学生们更加明确自身的历史使命和责任担当，积极投身于祖国需要的地方。数据显示，2020 年，超过半数的毕业生在西部地区就业。其中，本科、硕士、博士占比分别为 48.83%、54.97%、74.55%。参与西部地区选调生人数由 2011 年的 2 人，增加到 2021 年的 201 人。

本篇为学生们行走中国大地，真切感受到改革开放 40 多年来我国城乡发展与居民生活质量的巨大变化后，撰写的调研感悟。

年少热忱，永刻于心

——谨以此文献给所有参与大调查的访员

文/廖桥

一项社会实践，历经 20 来天，全国 29 个省（自治区、直辖市）有访问样本。

这些数字是如此微小，但他们带回了中国家庭金融调查项目需要的、成千上万的样本数据，构筑了中国家庭金融调查与研究中心计算各种系数、衡量中国家庭金融发展状况的基石。

在这个项目中，一半的我是亲历者，一半的我是见证者——以报道小分队一员的身份。

六天的培训里，不同的视频讲着不同的内容，但有相同的 PPT 背景板和相同的提问环节。夏雨在最后一天"哗啦啦"地泼下来，仿佛是在为这群少年饯行，说"一定会雨过天晴"。拍小组合照的时候，那些脸上有种共同的期待，仍然是欢快而不谙世事的模样——是书声琅琅，是校园白栀（天真纯洁的样子），是春风拂面，是绿柳垂岸，是一种未经生活染色的烂漫。

每到一个新的地方，每和一个新的组接触，都会经历见面、跟访、补采、告别的过程。白天，和访员一起入户，敲一扇又一扇的门——防盗门、铁门、木门，或者没有门，听一个又一个问题从访员嘴里问出——不断重复、问题随着选项爆炸式增加、中途拒访，或者终于顺利完成。晚上，十几个人挤在一个房间里，于是空气里便有了一种聚会的热闹感，像是篝火晚会上燃烧的温暖火光。大家一起聊开心的、有趣的、想要吐槽的、有所思考的——而所有的这些，都是我要尽力捕捉的萤火。

"访员们的工作是完成问卷，我们的工作就是记录访员的工作。"忘了是谁在我耳边留下这句话，但它一直紧紧攀附在指尖，仿佛写下的每个字都要经过一个这样的检验。

初期的工作是很容易的，我也是城市里长大的孩子，也是受父母疼爱长大的孩子——和访员非常容易有共鸣，那些山路十八弯，只有风扇没有空调的村委会办公室，苦苦敲门却难以入户，趴在过了高峰期的餐馆里睡着的经历，都太容易拨动心弦，太容易有思绪万千。

尽管访员们天南地北地分散着，但所有的悲欢都是共通的。挫折，是冷言拒访，十户七家要换样；是方言难懂，山路漫漫无导航。欢喜，是热天里受访户端上桌的几牙西瓜，是做完问卷后一句真心的赞扬"你们这个项目很有意义"，是同伴互相鼓劲互相安慰的拥抱。

但随着路途辗转，随着欢迎和离别的增加，我看到了访员的成长。他们有了更深层次的思考，有了更强烈的表达欲望，他们会更多地说出"我看到了"和"我认识到了"。黄土不只是黄土，水田不只养育稻米和草鱼，田埂里不止流过雨水与河溪，拆迁不仅仅是一些建筑倒塌和另一些建筑立起来，打工返乡也许是因为父母罹患重病而不是衣锦还乡。那些黑色的瞳孔里，一幅中国的影像正在渐次清晰——由他们的眼所见，由他们的脚步所丈量，由他们的思维所反映。

他们的话题不再局限于受访户本身，他们开始思考人民生计相关政策的落实，开始思考中国这几十年走过的发展道路。从一滴水里观海，从一粒沙里见漠，从一户家庭里窥中国，从一次交流里尝人间百态。书读万卷，路行万里。以往课堂上随着老师侃侃而谈记在书页上的知识，仿佛都因为这样一次实践而有了厚积薄发的可能。这是一场微观与宏观的联结，悄无声息又来势汹汹。黑字从白纸上立起来，不论薄厚，论文与书本都变成了无数帧鲜活影像，变成一场大脑里轰轰烈烈的奔跑。家金打开了一扇天窗，现实裹挟着光明与黑暗从那里奔流而下，他们身处其中，向上是触摸现实，向下是深入社会。

无论何处，都是人间。

这场漫长而劳累的旅途结束时，也许他们之中有些人会说后年还来，有些人会说不会再来；有些人的人生轨迹从此改变，有些人只把它当一段时光独自咀嚼。但无论如何，这一个月，或多或少都给他们留下了一些回忆和思考——独一无二，难以替代。是褪去了天真的外衣，像白纸沉入水底，游鱼和沙砾都留下痕迹；是胸中还有一腔热血，饮冰难凉，敢以铁马踏关山；是恰同学少年，还能在心中燃起激昂，挥斥方遒。

是年少热忱，无畏而往，将一段岁月永刻于脑海，将一些种子撒在心房，多年后，开花结果，枝头累累。

理想照进现实

文/王超

一

终于在 8 月 8 日晚上回到了成都，看着乱七八糟的宿舍，一如凌乱的心情，不知道该怎样安眠。

整整一个月，陪着一群有理想有坚持的小朋友们上山下乡，喊哑了嗓子，走肿了脚。在云贵高原那么明晃晃的大太阳都没晒黑的皮肤好像一瞬间换了颜色，可是好像都没有什么时间和对象可以抱怨一点点的辛苦和辛酸。

他们说，被拒是一种生活常态。

他们说，你笑起来真的很好看。

他们说，你别急我们会加油的。

……

做完了这一单，忽然之间已经忘了自己是怎样一路走过来的。只是很单纯很纯粹地想做好一件喜欢做的事情，并认为是有意义和值得的，然后满心欢喜地心甘情愿地被整治、被折磨、被收服。

回望走过的那些梦想照进现实的地方，生活还是要继续的吧。我现在想要的仍然是一种坚持，淡定又坦然就好。

二

"道之所在，虽千万人吾往矣。"

在《西西弗的神话》这部哲学论文集中，你会看到加缪笔下的西西弗在几千年前的奥林匹斯山巅，不知疲倦地滚石上山，不知疲倦，不问明天。

"……诸神惩罚西西弗不断地把巨石滚上山顶，而石头因为它自身的重量又会滚下去，他们完全有理由相信没有比这徒劳而无望的工作更可怕的惩罚了，然后西西弗看着石头马上朝着更低的地方滚下去，在那里，他不得不把它重新滚上山顶，我看到他回到山下，迈着沉重而整齐的步子，走向他永远不知道尽头的痛苦。当他离开山顶，渐渐沉没在诸神的领地，他是高于他的命运的，他比那巨石更坚硬。"

我也曾在出发前有过怀疑自己是否能够带队完成河南四个县区的调研，没有"大人物"的陪同，没有亲朋好友的呵护，甚至也没有他乡遇故知的侥幸。巨大的未知和忐忑，如同西西弗脚下的石头，而唯一不同的是，不知道自己能否像西西弗一般超越这些事实上证明仅仅是幻想出的荒谬和困难，最终体验梦想照进现实的平静和喜悦。

就这样，军令如山，从在用工合同上按下鲜红的手印的那一刻起，将 CHFS 进行到底的梦想便在不安中油然而生。九个不识愁滋味的"80后""90后"少年们，揣着一条道走到黑的坚持，义无反顾地深入南阳宛城区、驻马店驿城区、驻马店新蔡县、许昌禹州市这四个传说中情况复杂的中原大地，直面那些不曾有过的、大面积、高强度的世态炎凉的洗礼。

这是一个信任缺失的时代。成功完成370户访问的背后，来源于我们是大学生的身份所带来的认同，来源于我们在大街小巷、田间地头顶着骄阳酷暑往来奔波的倔强，更来源于这个世界依然有人相信的力量。

在驻马店的某一天，我们在某个城市社区的访问遭遇了前所未有的艰难。居委会的阿姨顶不住陪着我们高温酷暑下走街串巷的煎熬和受访户不配合的无奈气恼而抱病不出，银行的工作人员声称他们只负责安排我们的食宿和居委会接洽事宜而如何入户访问则爱莫能助。该社区聚集了各大金融机构、政府机关、国有企业等的家属院和高档住宅小区、普通民居、批发市场等各式建筑，即使有社区人员陪同，入户难度仍然巨大。直到中午一点钟左右，我们总共才完成了1户，队友们几乎每人手上都有形形色色的、已经或者即将满足拒访条件的样本。在烈日的注视下，我们逃无可逃，饥肠辘辘，感觉就要被世界抛弃了，也找不到价格适中、干净卫生的地方吃饭，最后只找到家小面馆落脚，开始疯狂地向中心申请更换样本。幸运的是，我们的坚持和认真打动了当地派出所的一位民警大哥，我们所开展的调查访问也获得了他的高度认同，随之他风风火火地直接或者间接地安排和带领我们完成了剩余的十几户样本。

在驻马店新蔡县，我们见识了全天下最可爱的农民。通常是整个村子会有一半左右的人外出打工，也许他们在物质上并不富裕，却乐天厚道，可亲可敬。忘不了来到某村村支书家门口的那一刻，忽地窜出七八只大狗小狗朝我们齐声狂吠的惊悚，忘不了不识字的老奶奶毫不迟疑地打开箱子翻出家中户口簿、医保卡、信用社存折等物件的信任，也忘不了热情的带路大姐略带"威胁"的挽留："不在我家吃饭就不带你们去找下一家受访户！"

我们的最后一站是许昌禹州市的4个村镇，在那里面我们保持了接连四天每天

20 户的直接抽样和入户访问速度，并从这里踏上了胜利返回成都的归途。我们最终如西西弗那般超越了各自出发伊始的犹疑，我们的信念和坚持远比我们搬动的"巨石"还要坚硬。我们在马不停蹄的成长中忽然发觉，真正的自我价值的实现，并不是你死我活的零和博弈，而是能在苦难之中找到生的力量和心的安宁。西西弗脚下的石头，是磨难的源泉，更是幸福的跳板。

三

精诚所至，金石为开。

某地银行的高老师问，你们在前期培训中学到的访问技巧管用吗，我想了想说，我们在培训中学到的最大的技巧只有两个字：坦诚。老师们并未刻意教授我们那些所谓的访问技巧，却谆谆地教导我们要相信自己内心的力量，相信我们所做的开创性工作最终是要给人以尊严。正如王小波所说的那样，"什么叫尊严？你可能在党内，在家里，在认识你的场合，别人尊重你，但是你走到一个没人认识你的地方，你被当成是一个东西。我想在哪儿都是个人，不想被当成个东西，这就是尊严"。我们的调研访问就是这个态度。

有时候你需要面带微笑、平心静气地说服受访户接受我们的访问，哪怕接连一两个小时得到的仍然是拒绝，哪怕眼泪忍不住就要掉下来；有时候你需要在风雨里气定神闲地蹲守在受访户的门前静候被接纳，哪怕迎来送往的尽是不理解的目光，哪怕不时需要面对诸如"再不走就打 110"的呵斥；有时候你需要在通风极差、幽暗燥热的农舍内不厌其烦地解释问卷中的几乎每一个问题，哪怕跳蚤在你腿脚边满地乱跳，哪怕口干舌燥却找不到干净的饮用水；有时候你需要忘记熟悉的家乡美食的味道，为了补充体力却不得不冒着拉肚子的风险咽下并不可口的饭菜；有时候你需要忘记自己已经接连几天缺觉不差被拒的事实，却必须果断地尝试每一个可能获得受访户信任的办法；有时候你需要顺从 CAPI 系统它自己的脾气，要知道有些联系记录、样本信息、通讯地址的添加和变更会严重考验到你的耐心，要知道辛辛苦苦保存下来的录音文件会东躲西藏，要知道问卷中哪些问题需要添加备注以保证数据质量……

你看，我们对自己的工作没有抱怨，只有了解——小心翼翼地去发现和感受世界的美好，却并不是要取悦谁，也不管偶遇到的人或事是友善的还是恶意的，是不是跟我们志同道合——只要是真实发生过的，我们都愿意把它们当做应该做好的事情。就这样笨笨的，我们并不是一开始就直接获取别人的经验而能稳妥前行，却在一条条弯路中自然而然地不断靠近世界的种种真实之处，获得了超越 CHFS 提供给我们的这份工作之上的人生体验。

巷陌人家相对　如说旧事流水

文/凌博

旧时王谢堂前燕，飞入寻常百姓家

F 阿姨是我笔下第一个要提及的受访户。她是我最引以为自豪的受访户。第一次敲门时和大多数人一样："不要不要，我们不做这些。"我和队友继续坚持敲门和解释，门开了，家里是 F 阿姨和她的儿媳。"不要不要，我们不做这些。"F 阿姨又重复了一遍。又是一番解释，最终勉强得到一个"晚上再来"的答复（当然，作为专业访员的我们肯定当机立断乘机要到了手机号码！）。晚上 7 点，我们如约上门，但是意外情况发生了，当我们访到一个小时时，F 阿姨的儿子很不耐烦，就这样我们被中途拒访了！

我们很明白中途拒访意味着什么，这很有可能就会让我们前期的辛苦化为乌有。但在被赶走的时候，F 阿姨一句话给了我一线生机："不好意思啊不好意思，明天你们再来吧。"

又是早上 7 点，我们又去了，阿姨立即给我们开了门，我们访完了后面的部分。最后阿姨给我们俩一人一根冰棍，说："你们这些小年轻啊，在外面跑也不容易。"当我离开这户家庭的时候，当我和 F 阿姨挥手告别的时候，我想了许多。

从不开门到拒绝，再到推后时间，再到中途拒访，最后到心疼我们，阿姨态度的转变让我看到了我厚着脸皮工作的希望，我始终相信人的恻隐之心，只要我们愿意坚持，我们能够坚持，我们就能敲开每一户受访户的心门——这股温情在这座城市里缓缓地流动着，虽然藏得很深很深。

像这样的受访户还有很多很多，入户前他们坚决不让我们进入，访问后他们坚决不收误工费。以心换心，将心比心，在这个充斥着欺骗和背叛的社会里，没有一个人不担心着自己的信息会被泄露出去甚至被人利用。他们以防盗门与陌生人隔离，用钥匙和锁保护自己脆弱的神经，这种警惕和戒备是现在中国的常态。我们一方面用实际行动测度着人与人之间微薄的信任感，另一方面用最诚挚和最纯真的笑容打破原子化的社会格局。打开的是铁门，是木门，也是心门。没有一个人不曾渴求真诚的沟通与倾诉，没有一个人会回避在短时间内与陌生人建立起来的亲近之感。门锁得越紧，光就越能带给人希望。

感君相问为君说，说罢不觉令人悲

我访问的第一个社区是拆迁安置房，大部分受访户都是经历过拆迁的人，他们的收入水平不高，生活质量也不高。一开始我以为他们在问卷中都是以一个模式跳转下去，但我走入寻常百姓家中，才发现每个家庭都有自己的故事，但每一种辛酸都有着不同的味道。

Z叔叔是一个单身低保户，做过生意，但因为蹲过牢，兄弟姐妹都与他断绝了来往，父母已故，无妻无子，别人也不信任他。他无疑是孤独的，但是他活得照样有尊严！虽然只能靠低保生活，但是他常常助人为乐，把自己的低保钱捐给灾区，看望单亲家庭。在访问结束时，叔叔握了我的手，很久很久！当世界以冷漠待他时，他依然对青年充满希冀！我们又怎能辜负？

Z奶奶是另外一个很理解我们的受访户。我们在居委会对她进行了很详细的访问，丧偶的她和她单身的小儿子一起生活。小儿子没有正式的工作，他们一家的收入就是她的退休金。但是故事还不止这些，当我们问到负债这一块时，她说了一个完全超出她还款能力的数字。当我们继续问原因时，她说是生病。奶奶继续道："老头子当时得了癌症，借了很多钱，现在有钱就还，慢慢还呗。"当奶奶说这句话时，她脸上没有一丝的痛苦和悲伤，十分平静。访完这户我只能哀叹，五味杂陈地哀叹。生活的苦难程度远远超出了我们的想象，但人们的坚毅也远远不是我们可以预期的。

除了老年人这个群体，农民工也是我们访问中遇到的另一个特殊的群体。他们大都年轻力壮，在三四十岁左右。其中一户农民工家庭生活在市区的一个棚户区里，在20平方米的屋子里，他们一家五口人（三个孩子）住在一起，生活在这里也仅仅是由于这里是学区房的缘故。L叔叔做装修，阿姨做裁缝，一家人就靠这样的方式养家糊口。叔叔坦言："我们家赚的钱一年下来，杂七杂八地交下来，也就只有1 000来块的结余。"但这个结余对于农民工和城镇居民的意义却是不同的。他们没有公积金，没有能够在城镇使用的医疗保险（他们的新农合在外地都用不了。在对其他农民工家庭的访问中，我们发现他们的银行储蓄额相对巨大，他们的养老保障和医疗保障都不如城里人）。即使如此，但是当我们问到幸福程度时，小朋友不约而同地喊道："非常幸福！"我不知道他们会在这个屋子里待多久，或许这个市中心的棚户区即将被拆迁，但是我希望那三个可爱的小朋友能一直"非常幸福"下去。

这样的故事还有很多很多，每一个家庭都是一本书，短短 90 分钟的时间很难让我们细细品读这本书中每一字每一句背后的酸甜苦辣，我们只能管中窥豹式地看到一些截面。即使是这样，我们也很震撼，因为我们看到了最鲜活的生命、最真实的生活。

作为青年人，作为学生，我想，田野调查比埋头苦读重要得多。就如甘老师的口号：让中国了解自己，让世界认识中国。没有这次出行，我不会明白"中国"二字究竟是如何书写的。

无情最是台城柳，依旧烟笼十里堤

20 天的访员生活已经接近尾声，访问完最后一户时每个组员都是兴奋的。但如今要离开这个城市却又百感交集，其一，我确实不想再做访员了，半天半天的蹲点，被物业、保安和受访户一次又一次地撵走，连续拒访到不敢敲门不敢解释的程度，这种人生谷底似的经历必须要有，但我确实不想再来第二次了；其二，我觉得我还需要对问卷内容和操作流程继续熟悉，劝说受访户接受访问的技巧还有待提高，如果我还有机会成功入户的话，我期待着一份完美的问卷；其三，这 20 天和小伙伴们同甘共苦的日子是我最宝贵的珍藏，一群人、一件事、一个梦想，太多的舍不得，是来自团队的支持和鼓励。

但无论我如何思索，离开南京是必然的。我不知道下一次到南京会是何时，也预料不到南京会变成怎样，但这座让我欢喜让我忧的城市已经是我脑海中挥之不去的记忆了。

最后，想对那些有着一面之缘却如同亲人一般的受访户说："谢谢！是你们让我真正从象牙塔里走出来，走进社会去了解社会的人。"想对和我并肩作战的督导及队友说声："谢谢！是陪伴我、安慰我、和我一起战斗的你们，让我有勇气敲门、蹲守、厚着脸皮一大段一大段不停地说。"想对在后方一直关心和支持着我们的中心管理人员说："谢谢！是你们给我机会去成长，20 天的时间，一辈子的收获。"

奋斗在小巷子里

文/王瑜

尽管离七月的绘图日子已过去一月有余，但回想起那段经历，还如同发生在昨天，仍历历在目，安徽省由此在我心中不再只是一个地理名称，而是许许多多具象的记忆。比如说合肥魔幻的天气，亳州空气中满满的中药香，还有那界首傻傻分不清楚的东顺河和霍邱仿佛无穷尽的小巷子。

绘图员的工作不外乎是对体力的考验。在社区绘图中，要么必须有登遍楼层以核户的决心，要么必须有在小巷子走到头晕的觉悟。以我评判，楼房不可怕，歪歪扭扭的小巷子才是终极杀手。你永远猜不透巷子有多深，有多复杂。从外表看小巷子就是一条两人并排的平常通道，里面随机藏着二三十扇门是常有的事。而且，你还不知道哪几扇门是属于同一户人家。更具有杀伤性的是活巷子，它会以难以想象的路径与其他巷子或道路相连，感觉就根本无从下手。如果不重复走两三遍，完全是它在玩弄你，带着你走迷宫——而且还是随时有狗蹦出来的迷宫。说得文艺些，巷子就如同古典美女，总要把深深的心事藏在最深处，不轻易让你看穿。如此想来，这次到安徽绘图遇到了至少两位深有心机的"美女"，而我们也没好好地打个招呼，瞥了眼，急匆匆地来了又离开。现实中这里没有戴望舒笔下丁香一般的姑娘，有的只是慈祥的奶奶和冰冷的墙。在这种情形下，队里面的相互定位就靠各自约定好的数字和特定词。正因为这样，我们之间的交流更像暗语，在焦头烂额中还能相互打趣，开心一下。不得不说，正是有了这些词，我和小伙伴们有更多其他人理解不到的共同语言，体味着家庭金融式的酸甜苦辣。

不仅是在农村绘图时会有狗，社区的狗也不少。楼房的狗喜静，更悠闲；巷子里的狗则喜闹，更暴躁。之前我以为我都不怎么怕狗叫的，事实证明，我只是没遇见厉害的狗。因为这次调查，我经历了那种被中华田园犬嚷得心跳漏了一拍的感觉，完全被弄得措手不及。更厉害的情况要数一群狗对着你狂叫，这绝对是个心理挑战。

我发自内心感谢这次的绘图员经历，虽说出发之前的培训中，绘图员的经验交流相较于访员来说，似乎的确不值一提。不过，每类工作都有它的个性和经历。对我个人而言，它让我更实际、更接地气，而不是一味的书本气息。对整个组而言，它使得团队合作和配合的重要性与实际作用更明显，而不是纸上谈兵。更重要的是与队友们一起并肩作战、同甘共苦奋斗在小巷子里的充实。人生的道路才算起了个头，要为了使自己成为有用、实用的人而继续奋斗。

那片深邃风景

文/罗艇

一个月，看不见杨柳树梢月隐月现，听不明朝晖场边风声笑谈，嗅不透柳湖岸前泥土芬芳……但这个月，我遇见的每个人，经历的每件事，却似人生路上罕见的风景，深邃得让人着迷。像久久酝酿的陈年老酒，我甘心情愿不醉不归。

四个第一次

当人突然深入一个新的环境，总是会有很多新鲜的感觉，陌生的氛围，连血液里似乎都注入了鲜活的细胞。因为这一个月，我们都感受了太多从未体会过的感动，有太多难忘的第一次。

第一次在夜里迷路。

记得刚到自贡的第一天，就遇到了晚上访问的情形。也许是第一天，干劲十足，就想着再苦也要把工作做好做完，顿时有一种义不容辞的冲动。当时，夜很黑，很静。陌生的我们在一个陌生的环境里寻觅着一个不熟悉的方向。我本来方向感就不太好，何况是在夜晚。只记得我们沿着那条路走了很久很久，就好像找不到尽头一样。一直捕捉不到记忆中受访户房屋的特有信息，我开始渐渐尝到一丝丝仿佛走丢了的苦涩。

紧接着是各种询问，问屋里还亮着灯的住户，问饭后散步的路人。当然，不乏遇到好心人，最后几经波折找到了受访户。受访户十分热情，非常配合地完成了访问，突然就觉得，苦涩中泛起了一丝丝甜。虽然当时已晚上11点多，但不再有惶恐、不安，更多的是自在、洒脱。深呼吸一下，觉得空气格外清新。当然还是感谢李学长，不辞劳苦，陪我奔波。也要说声"对不起，连累大家了"。

第一次在无人陪同下成功访问。

有一次，我被分到一个非常奇特的地方。之所以奇特，是因为它高深莫测，所谓百转千回，我硬是没找着地方。还好督导英明，几经辛苦，穿过一条小巷，敲开两道闸门，方识得庐山真面目。

万幸的是，在我道明来意、出示证件后，受访户非常乐意接受我们的访问。我想他正在等大学录取通知书的高三儿子或许起了很大作用。而且访问过程中，受访户也非常认真、严谨，他不知道的也打电话问得非常清楚。还记得，中途，我听见他妻子打电话询问是什么调查。我当时非常紧张，因为前期已经出现过家庭其他成员反对，工作无法开展的情形。但是，受访户一句"一个公益活动，一个大学生了解些情况，这个应该支持的"，顿时让人倍感温暖。那温热，在心底释放出一种叫快乐、叫感恩的能量。原来，信任真的很简单，只是有时我们绷紧了弦，走得太快，忘了接纳某些美好的事物。

第一次，在 KTV 哭出声来。

有时候不得不承认，我很爱掉眼泪，因为太喜欢用尽全力把所有情感倾注到一个事物上。或许看一首诗、读一句词就足够。更何况在 KTV，听到的是吟不尽的诗、唱不完的词，充满生命力和感情，又活灵活现、让人压抑不住自己的情感，竟然第一次哭出声来。

一个人，无论多坚强，总是有脆弱的一面。所以，朋友们，请原谅我的脆弱。让我释放完所有的委屈，压抑或决堤的情感，再成全我的坚强。

第一次，一天用腿连续爬了七十几层楼。

我总觉得，广安的某些建筑，其风格是很特别的。在外形上，给人一种很压迫的感觉。久久站在那楼下，细细体会，觉得些许压抑、窒息。在楼层上，通常是八九楼的高度，却没有电梯。当然最特别的一点是在那片建筑群我们抽取的样本多是高楼层。

于是，某一天，在我人生中第一次我连续爬了七十几层楼。当然包括陪着队友们爬楼。我发现，原来一下子连续爬那么多楼，腿真的会很软。但是，我乐意，陪着我的朋友们，痛并快乐着。因为你们是我生命里难得的最深邃的风景，让我的世界更加绚烂。

第一次……

两个不寻常

人的一生总是会有很多不寻常发生，否则就没有了回忆。因为不寻常，才会镌刻在心底，煅烧出一寸永恒。

第一个不寻常，访一个传说中的间歇性精神病人。第一次去受访户家，家中无人。而在访问同村的另一户人家时，被告知他是个间歇性精神病患者。人们还很认真地告诉我，如果他开始说胡话就赶紧跑，我当时着实惊了一把。

当天下午，我和侯学姐共同前往访问他。我们发现，他其实非常热情，端凳子、收拾桌子、给我们拿梨，简直一气呵成，不禁令人感慨这个孤单的老人家，是多么质朴、多么真挚。但访问过程中，确实也有不少问题，因为无论问到什么问题，他都会从毛泽东、刘少奇谈起。无论我们怎么努力地把话题引入正题，他似乎都有道不尽的情绪。

后来他说了一句话，我想我大概永远不会忘记这句话："平时都是我一个人，我只能和电视机说说话，今天你们来了，关心我，我很开心。"听到这里，萦绕我心头的是一种莫名其妙的味道。

这是一个普通的老人，他很正常，根本没病，只是太孤单。他需要表达，需要倾诉，需要有人听他的故事。或许只是你简单的一句问候，他就会觉得被注意了，被关怀了，他就简单地笑了。他的要求其实就是这样的简单、这样的淳朴。如果可以，我真想听他把他的故事讲完，无论美好，还是沧桑。

第二个不寻常，绵阳骑摩托车的书记。

这一个月中，阳光真的把我们照顾得很周到，给了我们激情，当然也有倦意。我想这样说，不会有人反对吧。

在绵阳工作的最后一天，阳光灿烂。书记，一个普通的村支书，就在这炎炎烈日下，骑着他的摩托车，反复地接送我们的队友。

犹记得，当他把我送到最后一个受访户家中后，还不忘嘱咐："你访完了，记得打电话给我，我来接你。"一句话便足以令人刻骨铭心。

我以前对地方干部并不了解，但当访完后，书记接我回去时，坐在他的摩托车后座上，分明感觉到了父亲一般的慈爱，很清晰，很温暖，分明心底多了感恩的元素，把那些心底埋藏的委屈、压抑、埋怨冲得很淡。谢谢你，淳朴的书记，愿您一生平安。

几句心里话

很多人，走着走着就散了；很多事，看着看着却倦了；很多歌，听着听着也厌了。恰似那偶遇的最美的风景，一品就醉，一览便尽收心底，再也无法搁浅。

今天，我想对你们说。一个月，让一个内向、多愁善感的女生变得开朗，学会谈笑风生；一个月，让一艘孤独、找不到方向的小船变得淡定，选择迎风起航；一个月，让一棵自卑、不敢表达自我的小草开始自信，努力绽放微小的生命……

这一个月，我得到了太多太多，是你们给予的，也是上天给予的恩赐。

今天，我想对你们说：

艳，你的直爽，不计较，总是给人一种特别安定、真实的感觉。和你在一起，就像身边有一盆紫罗兰，你有你的气场，却也有温柔的怀抱。我想，我们之间，一切尽在不言中。希望到后来，不管何时何地，还能彼此倾思念、诉衷肠。

侯学姐，在你身上我体会到很多：年轻就要不怕犯错，因为错了还可以再来。不敢忘，一直躺着聊啊聊，谁都不愿意睡；一直陪着走啊走，谁也不愿意停。谢谢你，让我变坚强，让我学会放开束缚，让我敢于接受真正的自我。我想，我们约定，待秋日，枫叶正红，飞雁南迁时，去看最美的风景，听最优雅的旋律。

娟娟，你知道吗？靠近你总有温暖的味道，为人谦和又不失活力。纯朴而真实的你总是能让人特别放松。妍颖，你真的好可爱，像天真的好孩子，希望你快点成长，看到另一个更精彩的世界。

李学长，你真的很热心，很善良，我想你的日子一定是纯净而快乐的。特别感谢你，第一天工作的晚上不辞劳苦，陪我奔波；特别感谢你，回来一路上拉着我的行李；特别感谢你，你的笑话淳朴又别致；特别感谢你，好听的歌声……

吉珂，这个男孩真的特别能说会道。一个月，我发现我的语言表达能力提高了很多，估计全是跟你吵嘴吵的。你的开朗，语言其实应该感染了很多人。你走的几天，大家都开始怀念有你拌嘴的日子。所以，请开朗下去，能说会道下去，那么，你又赢了。

韩学长，和你相处一段时间，我想直白或许是你的专长。虽然曾经有过埋怨，有过愤懑。但发现关键时刻，你真的是义薄云天。谢谢你的帮助，当然也谢谢你的直白，让我敢于直面真实的生活，越来越坚强。

王泽荣，我只想对你说六个字——一切尽在酒中。不知道是不是足够贴切呢？

组长，作为一个博士生大哥哥能和一群小孩打成一片，说说笑笑，我觉得是很难能可贵的东西。希望保持这份开朗，也珍藏那份铿锵有力的小固执。我觉得你的天空很辽阔。

朱景鹏，唯一想对你说的就是将你那份纯净的笑容延续下去，便可传递更多的快乐。

亲爱的朋友们，你我或许只是过客，但早已镌刻心田。是你们，成全了我的坚强，纯粹了我的成长。未来的路很长，愿我们，都走好。

那一路的成长

文/周芸

培训的时候，甘犁老师对我们说，你们的每一步都将影响学校的发展，甚至影响中国经济的未来。现在想想，这真是一件好事。8月1日出发去南昌，8月18日完成所有工作回到成都，这十多天必定会成为我们一生中珍贵而难忘的记忆。

所谓"读万卷书，行万里路"，我觉得应该是"读万卷书不如行万里路，行万里路不如阅人无数"，人性是最丰富的，也是最复杂的。作为一个心怀"经世济民，孜孜以求"大志的经济学学生，我们需要做的事情不只是在学校学习理论知识，更需要丰富的社会实践，用自己的眼睛和心灵去理解大千世界的人和事以及其中的联系。在访问的过程中就有人问到我，你作为一个研究生，不好好读书，做这些事情干什么。于是我解释说，在我们还是少先队员的时候，每每发誓就说要对社会主义建设做出自己的贡献，这次社会实践才让我意识到所谓的"贡献"并不是空谈，就像我现在做的工作，说小了是为了学校的学术建设和长久发展，说大了是为了国家的经济建设和国计民生，因为学术研究和政策制定都需要全面而准确的微观数据。平日在学校我努力学习，名列前茅，拿奖学金；假期投身实践，开阔视野，充实生命，我觉得这是一种很好的模式。

这次经历让我们看到了许多书本上没有的东西，而对于这些东西的把握是我们以后工作中很重要的内容。为什么我们国家许多年轻人从学校毕业进入工作后觉得失落、茫然，很大原因就在于学校与社会是脱节的，象牙塔里的学生看不到社会真实的一面，有的在父母的庇护下对社会保留着过于单纯和美好的期望，而有的就是十足的愤青，认为现实全是黑暗丑陋的。在这短短的18天里，我们看到了贫穷而幸福的农民，看到了"文革"之后小心谨慎的老人，看到了部分官员丑恶的面孔……然而我们看到更多的，还是勤劳敬业的基层工作者，是过着平常生活、心地善良的普通百姓。

这个项目也让我学习到科学严谨的社会调查流程和管理技术。从绘图到抽样，再到访问，保证了样本的代表性。我们每个访员也是本着认真负责的态度，我们有不少机会可以偷换样本，但是我们没有那样做。中心的管理虽然严格，但也非常人性化，既保证了工作效率，也让访员在工作的过程中觉得快乐。

　　站在强者之巅的并不是独来独往的老虎，而是富有团队精神的狼。虽然之前也有团队工作和比赛的经历，但这次却是我第一次真正体会到团队给我带来的信心和归属感，也是我第一次真正感受到"一加一大于二"的力量，更是第一次真正认识到一个人想成事，靠单打独斗是支撑不了局面的。在我们江西小组里，我们是个人各司其职，各负其责。督导负责任务分配和质量控制，龙哥负责公关，我负责财务，畅畅和小兽负责搞笑……每个人都是不可缺少不可替代的一员。平时工作中如果有谁完不成样本，其余同学都会帮着做；男生会把距离较近的样本留给女生，而把那些距离较远、路程较艰苦的样本留给自己；在这短短的 18 天，我们先后迎来了三位组员的生日，蛋糕上的烛光让我们大家都感觉温暖。跟大家相处的这些日子里，"80 后"的我感受到了"90 后"同学的宽阔视野和无限能量，也仿佛看到了曾经的自己——睡懒觉、逃课、调侃老师，尽管几年后会后悔那一切浪费时间和虚度光阴的行为……我们组的"90 后"，有着比我们想象中要强大的内心，在被受访户拒绝甚至谩骂、侮辱的情况下，他们仍然坚持着，一定要被拒三次以上才肯放弃。我们从互不认识到成为朋友，感谢中心给予我们的缘分，让我们一起被风吹被日晒，一起感受酸甜苦辣。无论以后身在哪里，我们的友情长存。

　　在这短短的十多天里，我们珍惜每一个磨砺自己的机会。我相信在这以后，再也没有吃不了的苦，再也没有受不了的挫折，再也没有轻言的放弃！

盛夏光年，跨越的不只是半个中国

文/饶玉婷

暑假的开始，一般伴着悠闲的蝉鸣，微醺的阳光，翻不尽的小说，做几个白日梦，而 2011 年的夏天，我却在北上火车的轰隆声中因病痛而辗转反侧，在无药可吃的尴尬境地中微微懊恼，为何千里迢迢，只为受罪……

当双脚终于踏上地面，一种兴奋却渐渐发酵，填满因病痛而产生的无力感。买药，被药价震惊，发誓一定好好工作回报队里承担的这不菲的医药费。然后，入住我们这次旅程共同的家——"暖心阁"。

陌生的城市充满了不同，早了 2 小时升起的太阳，总是高高在上、明显不顾南方人身高的花洒，没有辣椒的菜肴，按碗计价的米饭，以及满耳的京片子。在或兴奋或抱怨的声音中，我们的工作开始了。

习惯了对很多事做最坏的打算，于是心中不断鼓励自己：没事，全部拒绝就全部拒绝。然而令我惊喜的是，竟然第一天就和搭档完成了 3 户，从最开始面对受访户的诚惶诚恐，到后来的泰然自若，不过短短一天时间。每次敲门时都反复检查自己手里的资料是否带齐，然后深呼吸，敲门，脑中不断重复说辞。整个访问过程中，敲门是最令人忐忑的阶段，不知是不是自己表现得太楚楚可怜，没有遇到很生硬拒绝的拒访户。但是，有时无人来拒更为令人无力，不幸遭遇一天 8 个空户样本，一遍一遍地上楼下楼，老旧的楼梯间散发出霉味，回荡着疲惫的脚步和喘气声，汗水黏住衣服，额头上的汗水无处可去，只能将刘海打湿一遍又一遍，只为那 6 次的敲门声中有一个回应的声音。

西北小区是我逗留最久的小区，以至于后来我老是打趣小区中的野猫都跟我混熟了。由于是学校的教职工住宿区，暑假期间空户率很高，不甘遭遇 8 户空户的我决定留下来与另一名队员扫尾。小区中的很多爷爷、奶奶都很热情，时常关心我们，我想，这也是我愿意留下来的原因之一。一日，雨夜，因队友有访问，便独自一人撑着借来的塌了一半的伞，手持电筒，抱着文件，去核实白天无人的人家。脚被积水沾湿，夜色之中，雨水顺着破伞不断流下溅起水花，万家灯火，却无一处是为我而亮，心中的孤寂感无可言说。回到小区门卫处，几日相识的阿姨询问如何并安慰我，我眼泪却忍不住地往下掉，真心没有觉得自己很委屈，但是他人一说，就止不住心中泛出酸苦的滋味……

访问这么久，觉得善良的人还是有很多，感激这么多的受访户无私地贡献出自己如此私密的资料。调查之中，也和社会有了一个近距离的接触，了解了无数人间冷暖、世事无常，发现自己原来如此的无知，原来一直被父母保护得如此的好，不知为生存而挣扎人的是如何的无可奈何。

每天接触的形形色色的人给我不同的新的感触，每日朝夕相处的人却给我丝丝缕缕的温暖。七夕，我是西北小区唯一留下的女生，剩下三个大男生欲一起送我巧克力来帮我过节，最终一瓶更为温暖的老干妈辣酱成了我的礼物，心中甚是感动。这份礼物藏着更深的情谊。可能今生我会记不住收了多少次巧克力，却不会忘了 2011 年，这个七夕，你们给我的感动。

这个团队，有人给了我生活上的照顾，有人给了我见闻上的提升，有人给我冰激凌叫我不要哭泣，有人爱热闹，有人爱思考，有人默默地为大家服务，有人给大家带来欢笑，有人彻夜不眠只为工作顺利完成，有人被发票淹没微微皱眉细细核账，有人吃饭时饭量惊人，有人总是精力十足……无论你们是怎样的，你们都对我微笑，使我微笑，使这个夏天变得不再闲适无趣，不再独品炎热，而是充实、快乐、充满回忆。工作上我们相伴，生活上我们相依，火车上我们排排坐，"暖心阁"，确实是暖心的。

2011 年，夏，跨越的不只是半个中国的距离，我们跨越的，是 13 个人，心的距离。

You give me more than I want

文/邓茗月

一

"我遇见了最好的督导和最好的队员。"8 月初，坐在八百人厅听金牌访员姐姐这样说，我笑了：学姐太夸张了。

"我遇见了最好的督导和最好的队员。"9 月初，坐在寝室的书桌前，我不禁这样想。

二

8 月 4 日，魔都上海。

室外 42+摄氏度的温度让你立刻全身湿透，宾馆门口的菜市持续散发着恶臭，听不懂的上海话充斥着耳朵，弄堂拥挤到让你瞠目，就这样，和想象中完全不一样的上海给我们道了第一声早安。

最初的日子是艰辛的。

每天吃着难以下咽的上海菜，最美味的就是全家 10 块钱一份的便当；每天拿着百度地图走走停停，最开心的就是能挤上高峰期的地铁；每天在高温中享受汗如雨下的快感，最开心的就是访户能让你进门访问并且家里装有空调；每天忐忑忐忑地进行访问，最开心的就是安然无恙地完成问卷。

我忘不了访问的第一户：一个喝着酒、吃着肉的中年大叔，在被问到姓名时，勃然大怒，用他红到耳根的脸和满口酒气的暴吼把我吓哭。我什么也说不出来，培训时学习过的倒背如流的解释全部堵在胸口。被赶出门之后，我呆呆地站在外面好久，想着我这是来干嘛的。这句话我再也没有问过，因为后来的日子因为你我而变得充实而饱满。

三

渐渐积累下来的访问经验让我增强了底气；可爱的督导哥哥和居委大妈们"勾

兑"得风生水起，这样一来，访问工作变得轻松容易了许多，但也有小状况和小收获。

其间遇到各种各样的状况。

有受访户隔着厚厚的防盗门威胁要报警，有受访户对我们的工作嗤之以鼻，有受访户在访问中敷衍了事，有受访户耳背有受访户口哑，有受访户"打太极"，有受访户中途拒访，还有受访户是"变态怪蜀黍"，我们访过鸡铺、猪肉铺、鸡公煲、包子铺；也站在弄堂口访过，蹲在公厕旁访过……

此番种种，我们都一笑而过。

然而最让人难过的是来自他们的不理解，譬如几乎所有的居委人员都多次劝我们随便找样本做问卷，这就是他们对我们工作意义的不理解，而且我们一直以来的努力坚持在他们看来一文不值，而我们只能用更加认真和严谨的工作态度告诉他们我们的工作意义非凡，这样的辛苦才有意义。

其间见识人间百态，最真实的上海。

一直以为上海净是现代繁华、高楼林立，即使知道每个城市都有其不光鲜的一面，看到真实的上海我依然震惊。就在以繁华著称的南京路背后不足50米处，有这样一群群住了一辈子公房的老人们、公房二代们，他们人均住房面积不足10平方米，使用公厕、公共厨房。他们每天经过充斥着各种异味的小路，每天走过漆黑的楼道，每天爬着咿呀作响的木质楼梯，每天蜷缩在低矮的房间里面，完全靠蚕食养老金生活，没有娱乐，没有储蓄，没有子女，终生未婚嫁。往前走50米又是林立的高楼，里面有资产千万的中年人，有拥有令人羡慕教育背景的社会精英，有在知名企业担任高层的职场强人……就这样，摩天大楼和脏乱的弄堂以全世界最小的距离被安放在上海这个城市。面对环球金融中心、金茂大厦、东方明珠，你可以说它最具时代特征，看到石库门、老洋房，你又会发现它厚重的历史感。这也许是上海独特的风情吧。

而我们接触到的受访户，有为刚保送剑桥的儿子自豪不已的父亲，有一提到儿子就双眼湿润的孤独母亲；有过着简单生活但幸福不已的年轻夫妻，有住着宽敞房子却对生活怨声载道的妇女；有刚过完金婚的恩爱老夫妻，有感情疏远各自为政的生意夫妇；有连名字都不会写的外来务工人员，有外来求学的好好学生……接触了他们，我也在思考着：关于天下父母心关于情感关怀和金钱给予，关于幸福感和内心和物质，关于爱情和婚姻，关于教育资源的分配……

期间感受到来自中心、来自母校的各种关怀。

有幸的116组，有幸得到来自中心和校友的眷顾和关怀。谭老师来到上海给我们亲切的慰问，在后期士气疲软时期给我们打上一剂"强效鸡血"。而上海的校友师兄师姐们更是多次来探望我们，我们一起在某个激情四射的夜晚玩电玩，我们一起在某个阳光和煦的下午喝咖啡吃马卡龙，一起走过情人桥，一起到甜爱路见证浪漫的基情，一起参加周日的团体活动……

其间感受到团队最贴心的爱。

一群人，一个陌生的城市，一起工作和生活，一个月。相互关怀，相互鼓励，相互帮助。

饭桌上一触即发、万箭齐发的抢饭活动，"张总"简单粗暴、放荡不羁、爱自由的行为艺术，"邵总""厚颜无耻"的卖萌表演，"刘哥"犯二的无穷无尽的低水平自拍，李督导一声声歇斯底里的"起床了起床了""拷数据拷数据"的嘶吼，小伙伴们集体在火车上看夜景看到心神荡漾，去外滩吹江风结果冻成了狗但心中依然火热……体贴的刘哥会记住哪个妹子便秘哪个妹子长痘哪个妹子拉肚子，当然一天中90%的时候在犯二，这也是为了带给我们无穷的欢乐；温柔贤惠的静妹妹会默默地帮你收好伞然后默默地帮你放回原处并且默默地带给我们一张戳好邮戳的明信片；细心的学姐每天都会按照权责发生制原则来收发票一次一次一次又一次；性价比超高，小"张总"爆发，一口气拿下4户，腰不酸背不痛腿也不抽筋走路也有劲，小"张总"杠杠滴……当然我们一起为"张总"生病的妈妈祈祷，一起为提前返校建模的"邵总"打气，一起留下来陪伴蹲守的队员……当然还有茗月妹子在火车上为小伙伴们做的美味营养的爱心早餐。

一个认为缘分俗滥的人也开始感谢缘分，感谢CHFS让我遇到你们，让我遇到最好的督导和最好的队员，让我遇到最好的你们。让我记住最充实饱满的日子，with you.

四

我一直相信这样一句话：向着目标前进，你不一定达到目标，但你一定会收获更多沿途的风景。

我抱着逃避无聊假日的目的成为CHFSer，结果CHFS给了我更多更美妙的沿途风景。

CHFS, You give me more than I want. Thank you!

给自己最好的答卷

文/张云鸽

大学的每一次经历，每一次体验，甚至于每一天，我都把它当成一辈子再也不会做第二次的事情。每一次的小小收获，每一次的非凡感动，每一次的风和日丽，每一次的雨打风吹，见证了成长的一点一滴。很久很久以前，我在笔记本上写下这样一句话："我期待自己一点一分的变化，期待自己一点点'长大'，而不仅仅是'长成'。"长大，意味着不受年龄的限制，但会随时间的流逝多一丝对生活及生命的感悟，会渐渐明白好与坏的界限并不绝对，自己想要到达的方向会在眼前渐渐明晰。在生命的旅途中，读过了很多故事，看过了许多美景，可是谁愿意住在别人的故事里呢，谁愿意住在远处的风景中呢？然而，这些景，这些人，却注定会在你的生命中留下痕迹，留下不可磨灭的印记。

CHFS 就是这样的不可磨灭之旅。

加入 CHFS 之初，我仿佛肩负着庄严而又沉重的使命，从大西南奔赴大东北，带着虔诚与热忱。总是想用自己的眼睛看世界，可是当真正接触自己所置身的世界，自己的眼睛又何尝不是被蒙蔽，盖着一层纱？我十分肯定地相信这是我自己的眼睛，却无法判断出看到的是不是真实的世界。

如果我心真的怀抱社会关怀，那么我身是否真正体验我所认为的底层？为什么天桥上的残疾乞讨者丝毫无法引起我内心的同情？为什么对在我眼前擦泪抹涕的受访户我只能心里念一句"人世不公"？从别人的不幸中感悟出自己的万幸，是一件多么可怜又可悲之事，然而除此之外，我真切的体会能有几许？我们所能承担的冒险与所能忍受的界限究竟孰高孰低？我们的批判以何作为强有力的证据？我看到的是之前我所认为的世界吗？此外，这就是世界的界限吗？还是仅仅只是冰山一角？当我之所见与我所认为相冲突相矛盾之时，我心能否接受我眼所见？我眼又能否不为我心所惑？如果我一味地等待着时间，等待着真相自然而然地浮现，那我又怎敢相信时间沉淀下来的必为真相呢？

社会本无阶层而言，我所谓的"阶层"只不过是以经济地位划分人群的一个标准。"底层"不过是经济地位较低的部分人群，这部分人群如果因为经济地位低于一般人而受到社会的忽视甚至歧视，本身就是社会的病态。当全体社会生了一种"道德病"，我们能做的就是从自我开始，以自我小小的力量影响周遭的人们，我们的下一辈，下下一辈。对于"道德病"中折射出的社会法制的不完善，在当前看来舆论监督已成为强有力的改进举措，因此引发社会的"愤怒"是"导火索"。几十年前，龙应台道"中国人，你为什么不生气"，几十年后，还是有很多中国人不敢生气，这是因为很多人害怕"生气"带来的代价，然而这些人却往往忽视了"忍让接受"所承担的代价更是远远大于此。只有"生气"的群众活跃在这个世界的舞台上，我才敢相信这是我所认为的世界，否则，便决不妥协。

我并不羞怯于自我笨拙又粗糙的答卷。在这个生命阶段，根据我所体验经历的社会，此时此刻，此情此景，我的确认为自己的答案是正确的。也许，当生命的片段拼接起来后，足以证明此时的想法是愚笨的，然而那时，却也无法磨灭愚笨的存在。因为正是这多个愚笨的想法搭建起来才养成了智慧。

行走，在路上

文／王莉

为期半个月的家庭金融调查这么快就结束了，时间如白驹过隙一般，曾经以为的艰难和痛苦都已化为过眼的尘埃，而这半个月来我们收获的友谊、团结、坚忍与成熟，已是我们永远的财富。

不得不说，中国家庭金融调查是一项有意义的调查项目，是它让我们 85 组的九个人聚在一起并一起奋斗。记得自己曾说过：很幸运能有这么一群人能为了同一个目标一起奋斗。从开始的分组抢车票体现的敏捷，在火车上玩"狼人杀"的智勇，到攻克"钉子户"时流下的泪水，以及不断提前完成样本量计划时的激动与喜悦。这个夏天，我们 85 组的成员们和其他的 CHFSers 一样，为了同一个目标，顶着炎炎的烈日行走在神州大地上，汗水与泪水交织，但我们的脸上始终是笑靥如花。

行走

从成都东站出发前往江苏常州，9 个人都对这段未知的征途充满期待。

我们的第一站是常州的一个社区。刚出火车站的那一刻，扑面而来的热浪昭示了常州以他 39 摄氏度的热情迎接着我们。在宾馆整顿一下后，我们在下午的两点多就踏上了调查之旅的第一站。

首先我们和社区居委会的工作人员取得了联系，争取居委会的帮助是至关重要的。居委会的叔叔阿姨们很热情，帮我们提前给住户打电话通知情况，这使我们的拒访率大大下降。通过对几户受访户的调查，我们发现，居住在这个社区的大多数是离退休的老年人，方言口音很重，有的老人根本不懂我们说的普通话以及经济术语，甚至有的老人不识字。在这个社区，督导安排大家两人一组，每组有一个懂方言的同学，但有的问题仍然要跟老人们解释很多遍。

我永远记得我的第一位受访户，一位连自己名字都不会写的老婆婆，她和小儿子住在一起，家里经济比较困难，小孙女得骨癌，十几天前刚刚去世。老婆婆不识字，方言比较重，每问她一个经济方面的问题，她都会聊到她的孙女，眼里闪着泪花。在问到关于养老保险、医疗保险的问题时，老婆婆颤颤巍巍地打开橱柜，拿出了用手帕包了一层又一层的存折，让我们自己看上面的余额。老人的家里唯一的新家具只有那具去年新换的灶台，而这个她也多次提到。

我的第二户受访户是一位曾经在镇上很有名望的老人，他和妻子年轻时都是光荣的军人，在他们家的柜子上随处都能见到他们的荣誉证书。老人对我们的每一个问题都耐心地回答，对于一些关于工资的问题，他甚至找出了当年的记账本，他说每一次收入他都详细地记载着，希望能给我们一个准确的答案。访问是下午五点开始的，一直持续了将近两个小时，其间老奶奶端来面条给老爷爷吃，但是老爷爷一直等访问结束了，面条都糊了，也没有动一筷子。暮色降临时，老爷爷给我们开灯，不小心用过了力，把灯线拽了下来。于是和我一起访问的学弟便自告奋勇地帮老人修灯线，我们也在努力地为受访户尽一点绵薄之力。

访问结束后，我们的访员帮受访户修理电灯线，我们与受访户的交流远远不止于做好一份问卷……

接下来的日子里，我们用双脚丈量了遥观镇、雪堰镇、嘉泽镇，又马不停蹄地赶往常熟。可能是在常州的访问一直比较顺利，到了常熟，我们终于尝到了艰难的滋味。我们85组在常熟一共待了7天的时间，这7天里，我们变换了原先的战略。这里的城市社区的复杂程度是我们始料未及的，这是一个坐落在市中心的即将拆迁的老社区，社区里绝大多数是出租户以及二成以上的空户，访问这些住户连居委会也帮不上忙。于是这整整一个星期时间，我们大部队辗转在其他的几个村，留一两个同学每天在城市社区辛苦地访问。不断的空户、拒访、换样，当我们把其他三个村都扫完了，这个城市社区依然是困难重重。留守是艰辛的，我和队友为了一户受访户从晚上六点多一直蹲守到晚上九点多，依然未能等到受访户。社区的边上就是常熟最繁华的市中心，可这个社区在晚上九点多仍然是整栋楼都被黑暗与死寂包围着。空户、拒访、无人应答，在这个社区，我们洒下了更多的汗水与泪水。

感悟

我知道，这是一次调查而非旅行，不料却是一场真正的心灵的旅行。

在这为期半个月的旅行中，我们85组虽然没有遇到天津组、上海组遇到的那么大阻挠，但我们走过看过经历过，也感悟到了一些激荡心灵的东西。

我们走过城市也看过农村，即使是在经济比较发达的东部沿海地区，城乡差距依然是那么的明显，人口的流动性日趋显著。城市的社区里，出租户越来越多，即使是同一个社区里，也住着形形色色的人：有安享晚年、生活富足的退休老人，有在外拼搏上着夜班的上班族，也有经济困难、努力求生的普通员工。他们同样生活在这一片土地上，但生活的质量却异常悬殊。

不论是城市，还是农村，我们都遇到了拒访，而每一次的拒访都撞击了我们的心灵。曾经遇到一户送牛奶的夫妇，他们凌晨 3 点就开始送牛奶，但工资特别低。我们去访问时，两人无论如何都不接受访问。当我们把他周围的邻居都感化了，却仍旧未能融化他们防备的自卑的心墙。他们一直在强调着：我们真的没有钱，你们不要来探我们的底了。

记得有一户受访户让我尤为感动，抽到的是受访者父亲的名字，但是老爷爷听不懂普通话也不识字，我只能另约时间晚上去访问他的女儿。下午，当我赶到受访户家里时，看到女主人怀疑的眼光，我心里顿时"咯噔"一下，以为又要被拒访了。但是女主人在听完我的解释后毫不犹豫地答应了。在后来的访问中我才知道，女主人小时候得了小儿麻痹，三年前又得了乳腺癌，这些年来一直在和病魔抗争。在访问过程中，我完全没有感受到丝毫她对生命的恐惧与无奈，相反，她的脸上一直挂着淡淡的笑容。她一手抱着小孙女，一边笑着说：我现在很幸福。忘记不了她的阳光与乐观，深深地感染了我，走在回村委的小路上，我觉得那天的晚霞最美。

那半个月，我一直有种感悟：我行走在神州大地上，用脚板丈量着祖国的土地，而行走在每一片土地上的人们，都有着自己的故事、自己的人生需要去谱写。我多么希望未来的人们之间能够少一点猜疑和戒备，多一点信任和关怀，而我是不是正走在这样的路上呢？

积跬步　至千里

文/佚名

2013 年 7 月 9 日—25 日，我与 CHFS 绘图 29 组郭良燕督导及其他 3 名同学，前往山东省青岛市四方区与潍坊市下辖的青州市两地，开展前期绘图抽样工作，历时整整 17 天，圆满完成 5 个社区、3 个村庄的预定任务。绘图员是"数据产业链"的第一关，其信度和效度不仅关系到访员可否到达受访户，更关系到样本选取的代表性。我在进行绘图抽样的同时，也开始沉下心来，观察生活。

出发前，一位上月绘图归来的同学告诉我说，我们干的活儿就是"用脚步去丈量中国的土地"。转眼我也完成收官之战，同样体会到这一点，但又不仅限于此。

记得刚到青岛，闻着咸腥的海风，我看到的是犹如山城重庆般起伏的丘陵和狭窄的街道，听到的是闻所未闻的"岛城"方言，我不自觉地猜想这里的绘图会是一场攻坚战。穿着统一定制的翻领 T-shirt，戴着印有中心标识的小红帽和工作牌，背着双肩包，左手持绘图板，右手握铅笔、橡皮，造型专业、装备齐全的我们，自信满满地出现在某倒闭国企的家属区入口。这里鳞次栉比的老楼使我和搭档每天从清早 8 点便无止境地奔走于相同的街道，无休止地攀爬雷同的楼梯。这种身体上的劳累只是最初的考验，为分图绘制所做的铺垫更加训练人的忍耐力和洞察力。

我在 17 日的日记中写道："昨晚我核查终版分图时，发现重庆南路 82 号这栋建筑被漏画了。虽然在网上查到是商铺，但如果是商住两用，那整个住户清单就要改动，样本也会变。绘图说起来简单，把看到的画下来就得了，实则需要我们对每一幢建筑进行整体观察，确定方位、形状和出入口，对每一条街道相对定位，把握主次、走向和路径，还要留意每层的户型……"

在我看来，评判一张好图的最终标准，在于尽可能涵盖所有住户并能让访员准确找到受访户，因此不应详而杂，而应简而精。之后编制住户清单和抽样列表，也使我旁听"数据分析和商务智能课程"时掌握的 excel 技巧有了用武之地，而没有"书到用时方恨少"的遗憾。

当然，和众多 CHFSer 一样，在为高质量数据库贡献绵薄之力的同时，我亲历了"真实的中国"，实现了自我的成长。在此生第一次抑或是唯一一次到达的山村，村支书说人穷不要紧，但要靠自己打拼，婉拒误工费；围着 2 000 多人的大社区徒步一小时，居委会心宽体胖的大叔拿着崂山矿泉水，不厌其烦地解释居民流动性；同一条河，此岸尚在精耕小麦、玉米，彼岸却已尽是小楼、跑车……记得尹老师说，调查会让我们对这土地爱得更深沉。诚然，对于走过几十遍的社区街道、待过整整一天的深山村落，心里会有一种不舍。但更珍贵的，是这背后"看花开花落，望云卷云舒"的恬淡心态与博大胸怀！

那段酸甜苦辣的日子

文/成艾玲

2013年7月，进入大学后的第一个暑假，正当我发愁怎样度过漫漫两个月的时候，一次偶然的机会，我了解到中国家庭金融调查与研究中心正在招收第二批访员。这是我第一次听说这个机构，顿时打心眼儿里觉得真是"高端大气上档次"。经过相关的查阅，我觉得这是一个挺有意义的项目，值得参加，于是向中心投了一份简历。没想到十几天后，我就接到了到西南财大参加培训的通知。在经过了8天的专业培训后，成功通过考核，被最终确认为访员97组的成员，与其余10个组员前往湖南长沙进行为期一个月的访问。

一跨出火车，双脚站在长沙的土地上，我还以为下错站来到了武汉，只觉得一阵接一阵的热浪迎面扑来，皮肤灼热，呼吸困难，又有一种在高原的错觉，同行的伙伴们都一个劲儿地喊热，不由感慨："还是成都好哇！"拿出手机一查温度，39℃，大伙儿着实被吓得不轻。

高温，只是对我们的一个小小的考验，殊不知更多的困难还在等待着我们。

我们一共抽中了四个街区。第一天，第一个街区，第一户家里没人；第二户不符合受访条件；第三户有门禁进不去；第四户中途拒访……一整天下来，整个组10位访员只成功访问了3户。大概因为是第一天，虽然也很有挫败感，但毕竟还是开工了，这多多少少给了我们受伤的心理一点小小安慰。

在之后的访问中，大家遇到了各种各样的问题，各种各样的受访户。有位老奶奶说我们太没人性了，让她做那么长的问卷，然后就中途拒访了；有位老爷爷说天太热了，让我们等天凉快点再去；有位受访户说她有心脏病，让我们不要打扰她；也有受访户威胁说我们再去他就自杀……

虽说遇到了一些不配合的受访户，比如"表演帝""凉快爷"等，但总归还是"好人"多呐，有很多受访户还是很乐意接受我们的访问的。最无奈莫过于每次遇到有很理解很支持并且很有意愿接受我们访问的人，却又不是被选中的样本。

遗憾的是由于学校开学，我不得不提前离队。但在将近20天的访问工作中，我已收获颇丰。

冒着高温酷暑，穿着汗湿的衣服，背着沉甸甸的背包，拖着一双磨起泡的脚穿梭在城市的大街小巷，累了中午赖在宾馆沙发上靠肩而睡，这些都证实了我还是很能吃苦的嘛。在受访户家门前经常几个小时的蹲守，一次又一次忍受拒访家庭重重的关门声与种种的刁难和不屑甚至是厌恶的表情，回想起来我自己都惊讶于我的耐心与忍耐力。

在这个过程中总有那么多感动的时刻。当一位婆婆将又冰又甜的西瓜递给我的时候，我高兴得都快蹦起来了。当一位阿姨见我们大汗淋漓地出现在她家门前时，立即转身回屋给我们一人拿了一瓶饮料，我和我的小伙伴相视一叹：好人呐！当老爷爷执意给我们冰激凌的时候，心里满满的全是感动啊。

同时也收获了许多快乐。喜欢小伙伴们一起开玩笑互相调侃恶搞的那些时候，喜欢那些记录我们种种窘态的照片，喜欢那些我们一起狼吞虎咽将餐盘一扫而光的日子，喜欢每晚开会大家一起吐槽的时刻，喜欢闲时结伴一起逛街的闲适……

有太多太多想说想表达的，只怪文笔拙笨，在键盘上敲不出我的千般感受，只有一切尽在不言中，牢牢铭记于心。

加入中国家庭金融调查与研究中心的访问队伍，与其他 1 200 多位访员为了一个共同的目标奔赴全国各地，不管是农村还是城市，不管是高山还是峡谷，不管是暴雨还是烈日……我们凭着一股青春的热情与干劲，诠释了一个有组织有归属的团队的意义。于我，这是一段充满酸甜苦辣的日子，一个真正有意义的暑假。享受这个过程，受益这段经历。

外面的世界很精彩

——记 CHFS 之行

文/郭峻彤

刚刚"三下乡"回来，拖着疲惫的身体，即将投入下一个战场，开始的时候还有打退堂鼓的想法，现在想想可以参加 CHFS，真的是一件很幸运的事情！

CHFS 带我们走出了校园，走进了社会，与社会上各色各样的人士进行面对面的交流，这样的交流可比在学校里和老师、同学交流难得多，因为你不知道你将面对的是一个什么样的人，是一个怎样的家庭，这种既兴奋又恐惧的心理一直伴随着我们，每一次的访问都是一个挑战，但我们视挑战为机遇，将它们一一"拿下"！

在访问的过程中，我们了解了普通居民真实的生活状态，了解了他们的所思所想，他们的观点不断冲击着我们已有的价值体系，头脑中的思想和心中的感情不断激荡、翻滚，了解了拥有不同生活经历的人的想法，向拥有丰富阅历的人请教，与身边的队友一起交流每次访问的收获、每天的感想，与同龄人进行辩论，讨论什么是对、什么是错；什么是好、什么是坏。但讨论的结果却是中庸的：诚然，万事万物的产生、发展必有其原因，我们应更多关注它产生的条件而非它造成的后果；更加客观地看待一件事情，不要人云亦云，主动去分析，做出独立的判断；尊重别人的观点，取其精华，弃其糟粕。

这一路上，从上火车开始，我们就是一个团队、一个整体，30 个小时车程说起来很长，但大家在一起，时间很快就过去了。访问的过程中，我们会遇到拒访、排空户、夜间访问等情况，每当这个时候，大家总是能组成小分队，合作完成任务。在我看来，互帮互助是成功完成此次调研活动的推动剂，只有良好的团队氛围才能激发团队成员工作的积极性，才能带来最高的工作效率，才可以在辛苦的工作过程中，体味成长的快乐！

离开大学校园，亲身接触到社会中的人和事，你才发现学校的范围真的太小太小了，可又是在这么小的范围内，却又有那么多的限制。大学校园与社会是两个世界，它们既有联系，也有很多区别，我们不能只局限于其中一个，而要将学校的理论知识与社会中的实际现象相结合，多实践、多思考、多总结。

外面的世界很大很大，我们自己很小很小，我们要学的东西还很多，要走的路还很长，"求知若渴，虚心如愚"，我们一直都在路上，一起加油地走下去！

责任感让我坚持下来

文/谭祥力

我特别喜欢挑战，喜欢追求未知新奇的事物，所以参加这次中国家庭金融调查，最开始可能有好奇的因素在里边。很多朋友都不能理解我的这个选择，但是，一旦我认为对的事就会义无反顾地去做，纵使前方的道路困难重重。

最开始的两天，我们都怀着一种探索心态，认真而又小心翼翼地开展着工作。对于我们这些涉世未深的年轻人来说，每一次入户都是一种自我挑战。看着外边的炎炎烈日，虽有过抱怨，却没有人因此而退缩。

可是，如我所预料的那样，我们会对周围习以为常的事情感到厌倦，新鲜感不会长久。两天的工作后就失去了所谓的新鲜感，我突然意识到自己面临的是一遍又一遍的重复和枯燥，想起还有二十几天同样的工作就很烦躁。可是，只要我们选择了去做一件事，就应该对它负责，因为那也是对自己的人生负责。我深深地感受到了自己身上的使命，我告诉自己，不但不能敷衍以后的工作，而且要更加认真、更加努力地工作，要不断总结前面的经验和教训，才能一步一步走得更好。

责任是一种态度，是每个人与生俱来的使命，它伴随着我们生命的始终。从我们来到人世间，到我们离开这个世界，我们每时每刻都要有责任感：对家庭的责任感、对工作的责任感、对社会的责任感、对生命的责任感等。相反，如果一个人对自己的工作失去了应有的责任感，那他就注定不会成功。正如社会学家戴维斯所说："放弃了自己对社会的责任感，就意味着放弃了自身在这个社会中更好的生存机会。"所以，在厌倦烦躁、汗如雨下的时候，责任感成了我坚持下去的动力。

那种经过按图索骥，跋山涉水成功找到一户的辛酸和喜悦；那种费尽口舌说服一户接受访问的感激和欣喜；那种一字一句问完整个问卷，口干舌燥、声音嘶哑时的成就感，真是令人百感交集。这种经历前所未有，以后也可能不会再有，但它却是我初入社会一个良好的开端，是一笔丰厚的人生财富。

那年夏天　我们在 CHFS 的路上

文/佚名

于指尖拨弄轻舞的似水年华，在岁月行走间彻悟真谛。我们历经坎坷，跋山涉水，行至柳暗花明时，才发现，生活，原来经历过艰辛后，才会离幸福很近。

2013 年的夏天注定是个不平凡的夏天，它给了我们太多的欢笑与喜悦、感动与辛酸。生命中这样的片段并不多见，这个夏天所经历的，注定要伴随我们一生。1 200多名满腔热血的西财学子，肩负着神圣的使命，奔向了全国各地。而我们，众多学子中 9 个素不相识的孩子，以一种奇妙的缘分聚集在了一起，成为第一批访员中唯一的江苏队。

26 个日日夜夜，走访江苏 4 个县市 408 户家庭，这一段路，我们终于咬牙走过来了。有过快乐，有过考验，当然也有过悲伤，有过痛苦，可这有什么关系呢？我们都很年轻，青春正需要这样的磨砺，才能让我们快速地成长，尽情地绽放。

调查中的艰辛

出发前我们抱有种种猜想：我们可能被拒访，可能找不到受访户，可能要一次又一次地去敲别人的门去感动他们。第一天的工作就给了我们一个"下马威"。由于当地协作单位的热情安排，我们被兵分两路，一场声势浩大的"群面"在等着我们，首战就创下了 4 个人访问了 20 户的记录。满怀斗志的我们经过这场"洗劫"之后瞬间都蔫了，高强度的工作让我们疲惫万分。对问卷不熟悉、众多受访户焦急等待，还要保证问卷的质量，让我们压力甚大。即便如此，我们的内心却是喜悦的，这是给我们带来信心与成就感的一天，这是值得纪念的一天。

在寻找受访户的路上，我们遇到的困难并不少。一旦碰到拒访的，基本上不可能再劝说成功，我们只能无奈地选择更换样本。但是更换样本带来的困难更大。当我们拿起地图准确定位，几番折腾，找到新户的地址，却是一个空户在等着我们，一瞬间仿佛经历了被抛向云霄又狠狠坠落到地面的感觉。无奈，只能再次更换，再次寻找。空户！空户！似乎命运在捉弄我们，永远摆脱不了空户的结果。当我们终于成功敲开一扇大门后，挥洒汗水的努力换来了点亮光明的欣喜。

生命的真谛，在于不断的渴求和顽强的斗志。当困难席卷而来时，也许我们会一时落魄，但不能永远趴下，一蹶不振。不管你在失败的边缘有过怎样顽强的挣扎和抵抗，都要相信路始终在自己的脚下，没有过不去的坎，更没有到不了的远方。

还记得阜宁县的那个小区，那天我们艰苦奋战了一天，夜幕降临，30户还差最后一户。一直等到晚上8点半，等到一个"钉子户"，一场路灯下的访问终于华丽开场。所有的言语用尽，苦苦哀求阿姨接受完我们的访问，几次想要放弃，但最终坚持到了最后。那个晚上留给我的是满腿蚊子咬的包和阿姨写满拒绝的笑脸。

调查中的感动

其实，感动很简单，一个眼神、一个微笑、一句问候都可以令人感动。只要你拥有一颗善于接纳感动的心，和一双善于发现感动的眼睛，你就会发现，调查中的感动就像空气一样，无处不在。

最令我们组感动的莫过于高邮某协作单位的小魏了，那个和我们年纪差不多大的哥哥，坚持一户户地带领我们去找。特别是当需要更换样本时，他积极地忙前忙后，帮助我们寻找。38摄氏度的高温天气，他没有叫过一声热，额头上却已经挂满汗珠。还有高港某协作单位的徐经理，他亲自一户一户地打电话联系受访户，劝说他们接受我们的访问。在那个受访户无比分散的城南区，他更是亲自把我们一个一个地送到受访户家中……这样的例子，还有很多很多。正是有了各个协作单位和村委会的大力支持，才让我们的调查得以顺利完成。

调查中的认知

短短的一个月，我们亲身涉足社会，感受江苏这片富饶的土地，面对面与农民交流，聆听他们的心声，了解他们的家庭金融情况。还有什么比这更让人激动的呢？那里的民风淳朴，村民们热情好客，大部分受访户非常配合我们的调查，真实地回答我们的问题。有些叔叔、阿姨真的很可爱，他们甚至会翻出户口本、社保缴费单，以便我们真实地记录。

我们见到了村里豪华的别墅区，也见到了破旧的小平房；我们曾收到很多叔叔、阿姨送的瓜果，也曾被无情地拒绝过；我们有过交谈甚欢、非常顺利的调查，也有过被受访户指着鼻子骂的时候……这一次，我们完全融进了社会这个五味杂陈的大玻璃瓶。

这不仅仅是一次调查，也是我们感受人生百态的时候。人生悲欢离合，生老病死，都或多或少地体现在调查中。调查中让我印象最深刻的问题不是"你家有多少资产"，而是"你现在幸福吗？"这是触及每个人心灵最柔软处的问题。有满脸笑容回答的，那是家庭美满的，孙子孙女考上大学了，儿子女儿很有出息；有面无表情回答的，那是家庭中或多或少有些问题的，也许是经济条件不好，也许是事业不顺利；有两行热泪淌下的，那是刚刚离婚或者丧偶的。触及我心灵的是，幸福，有时真的很简单，不需要很多金钱，有吃有穿有房住，一家人和和美美，膝下儿女承欢，这就够了。冷暖自知，一个脚印蕴含一种感悟，一个笑容填满一种辛酸。心简单，世界就简单，幸福才会生长；心自由，生活就自由，到哪都有快乐。

距离那段日子已经整整一个月了，回想起来，依然心潮澎湃。青春正是需要这样的浇灌，才能开出美丽的花朵。艰苦的磨砺，让青春的梦想更加坚定，让梦想的翅膀更加丰满。也许，当我们白发苍苍时，可以坐在树荫下给孙子孙女们讲述我们调查的故事，那是用来缅怀我们奋斗过的中国家庭金融调查。

七月，我在重庆

文/方媛

从参加访员培训的第一天，我周围坐的全是重庆人开始，我似乎就和重庆结下了不解之缘。我本以为，班上有那么多重庆同学，而云南同学很少，再加上考虑到方言等因素，我自认为会被分到云南组。可是分班结果却出乎我的意料，我和另外 8 位来自重庆的孩子分到了另外一组，目的地自然是重庆。我的重庆之旅就这样开始了。或许不应该把这次行程冠名为"旅"，因为 CHFS 的意义已经超越了普通的旅行。尽管此行充满了汗水甚至是泪水，但我并不后悔，因为一开始以旅行为目的而参加 CHFS 的我收获了比旅行更加弥足珍贵的记忆。

观社会百态

还记得有一天完成了一个村子的 20 户样本后，战友们挤在一辆面包车里一起感受连续不断的超重与失重的同时，还不忘交流心得体会。小强问："参加 CHFS 你们最大的体会是什么？"大家从各种角度发表了见解，比如亲身体会了中国的贫富差距有多么大，很多受访户靠政府的低保度日；受教育程度对一个人生活质量的影响大致是正相关的；问卷中关于婚恋的问题也激发了大家关于自己的恋爱与婚姻的思考；因为亲眼看见了很多家庭因为遭遇天灾人祸而经历的不幸，我更加珍惜现在所拥有的一切……

结束调查回到家以后，我甚至可以从生活中的很多细节联想到问卷中的某些问题，也更愿意关注财经频道，更愿意看新闻了。可以毫不夸张地说，我明显地感觉到自己的思维方式变得更理性、更完整，而这种改变源于 CHFS 对我眼界的拓宽和对社会热点问题的敏感性的提高。

体人情冷暖

每个访员都知道一个地区的拒访率和经济水平是正相关的，不论是在贫困的农户家受到热情的接待，还是在繁华的城市集思广益拿下一个个"钉子户"，似乎每个访员都有那么几个令人动容的小故事。

到农村几乎都是单独行动，正当我庆幸自己所遇到的农户都很热情地配合工作时，我遇到了一个特殊的受访户：他看起来有点神志不清，对于我问的问题几乎不能做出回答。通过村干部，我们了解到这位大叔天生残疾，已经过了应当结婚的年纪却还孤身一人。父母已经去世，他和两条狗为伴，住在一座小山上，靠政府低保和自己种的粮食度日。但当我准备下山，和他道别时，他居然能很有礼貌地说"不客气"。我离开他家没多远，他的狗居然追了上来，还叫个不停，我当时真有种欲哭无泪的感觉，过了两分钟才听到大叔喊："走错了，走错了……"看到他追着我往山下走的样子我觉得好心酸，但更多的是感动。原来他的狗以为他在追小偷，所以凶狠地叫个不停。此时我只能用初中生物老师教的办法：蹲下做捡石头的动作。不得不说，老师教的方法真是管用，恶犬真的被吓到了。

这个故事应该能让我回味很久吧。大叔虽然神志不清，却仍保留着人性的善良。如果他不告诉我走错路了，难说我那天会给督导带来怎样的大麻烦……

相聚是缘

我始终觉得是缘分把我们九个人聚在一起的——我们的年级里都有二：大二、研二、博二；我们队里有小红和小强——他们都是小学课本里的人物；还有椿萍和璐萍——他们高中时是两年的同桌，现在又在相同的学校相同的专业，而且他们的名字里又有同样的字……

这是我所经历过的最优秀的团队之一，大家各有所长，各种小性格聚在一起也显得其乐融融。现在还难以忘怀璐萍和雅婷组成的"金牌访员二人组"，想知道小红学姐帮牛牛打扫卫生时是出于无奈还是心甘情愿，还想到椿萍和小强那间能观赏长江夜景的房间看看，还想和孟芹、督导一起感受深夜对账时账实相等时的喜悦……

我会记得每张脸上流下的汗水和你们晒得黝黑的皮肤，我永远不会忘记这场不同寻常的重庆之旅。

七月流火调查行，热情烈日共浓密

文/赵静

到家几天了。离开温润、柔和的成都，一路上睡着，倒也没觉得什么。一下车，就被上海40摄氏度的高温蒸腾了。艳阳高照，手搭凉篷，抬头只见远处碧蓝的天空托着一朵灿烂到刺眼的大太阳。这一下子使我仿佛回到了一个星期前还在"偶遇"的浙江之行。即使高温，即使假日，这个繁华的城市还在马不停蹄地运转着。正如我们的采访，无论刮风、下雨、打雷，都没有一刻停歇。记不得多少个夜晚是午夜未归，也记不得多少个凌晨就起床去见受访户。

即便是回来后的几天清晨，突然被窗外的亮光吵醒，猛地坐起来，大脑迅速启动，回想着昨天计划的今早要往哪里赶，使劲想着是否有哪个同学今早约了受访户。突然反应过来，现在已经不是在异地的宾馆了，今天没有受访户要约访，没有社区要去跑，没有银行要签单，才又长舒一口气重重地倒下去。终于解放了。

还记得就在几天前，我们还苦于如何解决那几个难搞的"钉子户"；我们还在忧伤于某个无论如何都不放人的社区保安；我们还在惊悸于40多摄氏度的高温暴晒……然而，这一切仿佛梦一般，都已经结束了，而且是完满地结束了！

还在永康的时候，我们觉得这样的日子似乎永远结束不了。联系协助单位、看图识图、进村进户、找社区、被狗追、换样本、报告进度，几乎梦魇般地固化于我们的脑海。然而结果就是：拒访，拒访，还是拒访……

每日疲惫地回到宾馆，累到饭都不想吃。最初的几天去偏远一点儿的农村，没有饭店，访员们就自备干粮和矿泉水，准备就地解决，然而悲哀的是采访中间连吃饭的时间都没有。

多少次，我们顶着大太阳，去村里走街串巷拜访受访户，小伙伴们一句话没说就跟着我走；被受访户 N 次白眼拒绝后，他们没有灰心丧气，反倒过来安慰我，保证自己会更加努力，一定完成访问；多少次，队员们打印资料之前都先提前调一下格式，只为了省出那一张的天价打印费。我不是一个矫情的人，但是他们确实使我感动了。尤其是在经历了采访中的这么多困难，这种温暖着实让人情不自禁。他们给我气馁的心，重新注入了满满的正能量，使我相信和他们为伍，一定能够很好地完成这次任务！

刚刚提到这次旅程是"偶遇"，之所以这么说，是最初的时候并没有想到要参加这个调查的。在我一个研究生"老油条"的眼里，什么调查、实践之类的都是浮云，正儿八经地留校看书才是王道。然而，看周围不少同学都在报名，我也经受不住蛊惑报了访员，想打个酱油，体验下敲开陌生人的门做采访的"奇特"经历。

然而"不巧"的是，最后做了督导。听说被录取的时候，心里顿时忐忑了。不仅要全程负责十来个小组成员近一个月的食宿、安全等问题，更要做好各种联络工作。然而，尽管有心理准备，我也完全没有料到一路调查竟然是如此艰辛，我也没有想到坚持做完所有访问是多么的不易。

我算是一个比较壮实的人，平时爱运动、爱折腾，没事骑车出游、徒步旅行之类的。记得人生中印象最深刻的一次是到西岭雪山的骑游，全程近 200 千米，尽管距离不远，但是中间有不少是上坡路，比较耗费体力，等到归来时，最后几十千米完全没有了力气。当时一边踏月光，一边踏自行车，凭着心中一点残存的信念，木讷而缓慢地做机械运动，始终咬着牙，非常艰难地"爬"回了学校。路上都不敢歇息，不是怕时间不够，而是怕停下来蹲下去就站不起来了！当时我想，世界上再也没有比这个更难坚持、更叫人头疼的事情了。然而，这次调查才叫我见识了什么才需要坚持。

"阿姨，您好，我们是西南财经大学中国家庭金融调查中心的……"

"什么东南西北大学的，去去去，没时间！"

"阿姨，请您听我说完，我们这个调查是……"

"管你们什么调查的，别在这碍我事！"

"阿姨，我们只需要耽误您几分钟……"

"去去去，哪来的孩子？听不懂人话吗！"

"……"

最初遇到这种情况，我和组员们憋足了怨气，小宇宙简直一触就要爆炸，冲动得一塌糊涂，想转身一走了之，跑了不做了算了。然而到后来，发现这种没有追着我们骂、追着我们打的已经算是好的了。按规定，样本又不能随意更换，怎么办？只好搞定！这个阿姨不行，就找她的老公，或者她的孩子，见缝插针，不依不饶，若是你被感动，很好，我们皆大欢喜地做完；若是你被烦得受不了，最后为了尽快摆脱我们而接受调查，也好。总之，完不成决不罢休。我们攒足了最大的耐力，等着他们回心转意；我们用尽了溢美之词，使他们感动接受；我们也放下了所有的身段，渴求理解。

而在此之前，我做梦都想不到我有朝一日能做到这等事，能培养出这等耐心，能长出此等"厚脸皮"。记得之前中心曾发了一条微博说，"这些经历过如此艰难困苦的小伙伴们，以后再到社会中遇到多大的困难都不可能胆怯了，这些小伙伴以后一定能克服所有阻碍而奔向成功"，对此观点我是再赞同不过了。是啊，厚脸皮、勇气、智慧、信念、耐力和体力以及团结的精神，全都具备了，成功不就需要这些东西吗？

这是个充满了"中国家庭金融调查"的暑假，感觉周围几乎所有同学都来参加了此次调查。培训的时候，相熟的人三三两两坐在一起，就像平时上课一样，欢天喜地，谈笑风生。然而两天后，个个都变成了疲惫的可怜虫，一天十多个小时的强化"培训"，已经使我们话都说不出来，唯一有心力做的就是抱怨，抱怨中心老师们的"无情"，抱怨上课的枯燥以及培训内容的繁重。

然而大多数人却忽略了中心的老师们有多辛苦，他们每天从光华校区赶过来，一口气给我们上好几个小时的课；他们不停奔波，复印、发放数以万计的培训资料；他们甚至要负责我们因为加紧培训而无暇顾及的晚饭；在外面采访的时候，中心的老师每天十几个电话来，或关心我们的身体状况，或关注我们工作进展状况，或提醒我们注意天气变化，嘘寒问暖，无微不至，让我们觉得我们是有家可归的孩子，我们是负有光荣的使命的。甚至，在我还在外采访的时候，听说在第二批培训中，我们可爱的佑兰姐因过度劳累而昏倒在培训现场。我想，这个假期我们不是单枪匹马在战斗！我想，这个假期我们收获的不仅仅是采访时的见闻。这使我明白了一个道理、团结，使一切变为可能。正是这个假期近两千名全校师生及工作人员，使两万多个遍及全国各地的样本采访成为可能；正是这些人，使建立全国性的家庭金融微观数据的想法付诸实现！

再次回想过去二十几天的经历，遇到的困苦竟然不那么闹心了，取而代之的是与一群可爱、欢乐的小伙伴们嬉笑怒骂、亲密无间、团结友爱的生活点滴，是渔民出海前虔诚烧香拜佛、打鼓唱戏的质朴与淳厚，是个别银行联络人亲善、热情而周到的接待，是中心进度报道短信传来小组常常领先时的喜悦、激动与自豪。有同学犹豫不决要不要报第二批时，我的答案非常确定："一定要报！这会成为你大学生涯最精彩、辉煌的一笔，你会有意想不到的收获和体验，绝对不虚此行！"

且行且思

文/唐瑞

20 多天的旅程，姑且这样称呼吧，我们一行 8 人，一起走过了孝南区、大悟县、应城市。一路上走走停停，看过了许多风景，也遇见了许多人。

我想我骨子里应该是文艺的，因为我把我们心酸的访问过程表达得如此文艺。

人说且行且思，我以为我们仅仅是行走，缺乏了思考，但是回来许久，静静思考，我们并不仅仅是行走，我们也有思考。犹记得和督导、萍萍、凡凡、茜茜一起在德克士静坐一下午，或者聊天更为适宜，我们聊情感经历，聊未来，聊此次访问的感想，大家表达得不多，但是心中的感触绝对不止这些，有些东西刻到了骨子里，于是我们也不知道怎么用语言表达。也许只有走过了许多地方，看过了许多风景，认识了许多不同的人，我们才能拥有"海纳百川，有容乃大"的心胸，才能拥有"会当凌绝顶，一览众山小"的气势，才会用心去了解这个世界，用眼睛去看遍大好河山。

突然想起了出发的目的，没有太多想法，仅仅因为室友去了便跟着去了，从未想过有如此之大的收获——一群朋友，大家没有钩心斗角；一段旅程，见识了中国不同地方的风采；一次访问，了解了很多不为人知的心酸。总有人把我们当成可以诉苦的对象，毫无保留地倾诉，我们只能默默地听着，最后挥一挥衣袖，什么也无法带走，包括所有的痛楚，包括人们的信任。携朝阳而来，乘清风而去。

在湖北的农村，我们遇到了很多单身居住在泥墙房屋里的老人，他们大多七八十岁，有基本的生活自理能力，他们和子女分开，一个人居住。当访问到他们时，他们基本听不懂所有问题，只能由旁人代答。每次访问完毕给钱的时候，他们都很开心，说感谢我们，我只能无奈地回一句："没有没有，应该是我们感谢你们。"看到他们，再想到自己的父母，满怀心酸。是否只有当某天他们这样不知不觉地去世了，他们的子女才有一种"树欲静而风不止，子欲养而亲不待"的感觉呢？晚上给我妈打电话，聊到这件事情，我妈说这种事情很普遍，毕竟现在如果和老人居住在一起，矛盾会很多，于是大多分开居住。但我想，即便以后分开居住了，当我的爸爸、妈妈年老的时候，我一定会把他们接到一起，让他们共享天伦之乐。至少，我得学会感恩。

不过湖北的路倒是挺好的，至少我们抽中的农村路都很好。"要致富先修路"是正确的，很希望我家这边也能修路。

还有一些人，是我所不喜欢的——他们总是不停地怨天尤人，不停地抱怨低保为什么不到他们家，抱怨没有收入，抱怨访问穷人没有意义，等等。但实际上，他们家住着很不错的房屋，家里面的各种电器也很不错，就算不富至少也不穷。而且我不懂，一个没有收入的家庭是如何在没有负债的情况下开支一家人巨大的日常生活开销的，并且还能供养一到两个孩子读书。这样的人，姑且称之为"装在套子里的人"。这个套子上面是永无止息的抱怨，抱怨际遇，抱怨政府，黑暗阴霾，看不到一点儿希望。其实我真的不懂，怨天尤人能解决什么问题呢？一直的抱怨只会让我们的内心更加黑暗，完全没有未来。古人说："不须计较与安排，领取而今现在。"乐观一点积极向上一点有什么不好呢？我很喜欢这首歌的歌词，送给这群装在套子里面的人——虽然没有天生一样的，但在地球上我们是一样的。尽管痛的哭的没说的，但哪有一路走来都是顺风的。因为我们没有什么不同，天黑时我们仰望同一片星空，没有追逐和付出哪来的成功。谁说我们一定要走别人的路，谁说辉煌背后没有痛苦，只要为了梦想不服输，再苦也不停止脚步⋯⋯

最后，想说我们在一起的日子。一行8人，从7月8日出发到8月4日返校。遇到你们，收获的不仅仅是一段陪伴的日子，更多的是一起交流，一起工作，一起开心，是一段不能忘怀的美好时光。我们总是不停地八卦萍萍、凡凡，其实你们真的很合适，请不要继续骂我八卦。督导和她的无数个同学，真的帮了我们很多忙，尤其是超姐姐。佳佳是八卦的主力军团，茜茜总在不停拍照。胖子和安黎很适合，虽然胖子像猪一样胖，尤其是肚子，但是说真的，感谢你一起工作那么久，总是帮忙。安黎是标准的表面淑女内心"邪恶"的妹子，每次总是一鸣惊人。我一直在说，和你们一起很轻松，仅仅是身体劳累而已，心灵很轻松，也许就像心灵鸡汤一样，在我最需要的时候，温暖我的内心。没有任何的争名夺利，也没有任何的钩心斗角，我们是一个团体，我们是一起的，仅此而已。感谢旅程中所有遇到的人，尤其是你们！

醒在梦里

文/贾凡

坐在回家的 68 路公交车上，看着那些转瞬即逝的光影，头微微发晕。打开箱子，看到带回来的少许资料——"参加中国家庭金融调查的 21 个理由""中国家庭金融调查与研究中心职业道德规范"以及仅剩一份的"致受访户的一封信"和"给受访者的保密承诺"，那一天天的酸甜苦辣好似一瞬间又涌上心头。我习惯于把所有情绪都深深藏起来，所以向来不爱写东西，不过这一次，我一定要留下些文字，哪怕是蜻蜓点水，记流水账。当 10 年、20 年之后再翻出这篇文章，我希望有些事、有些人还能重新浮出脑海。

黑色的 6 月，梦想接连破灭，很多天总沉醉于等别人睡去，一个人醒在梦里。因为醒在梦里，便不会感觉到现实的残酷；醒在梦里，便还可以天真地以为，付出总会有回报；醒在梦里，便还可以诗意地生活着，听一首歌，爱一个人，做一件事；醒在梦里，便可以继续相信我的"精诚所至，金石为开"。不过人总是不如想象中美好。如果你总是醒在梦里，那么你永远看不到蓝天。现在看来我是多么庆幸下了这个决心，在报名截止的最后一天报了这次中国家庭金融调查，又在无数天犹豫后最终确定参加 2013 年 7 月 8 日出发的第一批访员。

微观数据，重中之重

开始时我真的是对中国家庭金融调查知之甚少，随着调查的深入以及自己在网站上的了解，渐渐地对这条路的开创及发展充满了敬仰。从开始甘老师带领团队构建金融家庭数据库，到得到了西财的大力支持，又到得到国家有关部门及中国人民银行、中国农业银行的大力配合，从没有一兵一卒、一针一线，到 2011 年 7—8 月成功在全国访问 8 438 户家庭，再到 2012 年 5 月、12 月中国家庭金融调查与研究中心发布有关中国家庭资产、房产市场、收入分配等方面的研究结论引起社会上的巨大反响。这样耗费大量人力、物力、财力的调查，凭着我们的一颗颗"让中国了解自己，让世界认识中国"的梦想发展壮大，坚持走到现在，着实不易。

孟子有言："天下之本在国，国之本在家。"家庭是社会最基本的行为主体。深入了解家庭金融状况，对于国家宏观金融决策、企业产品规划和家庭投资理财等，都具有十分重要的意义。但对我国来说，有全国代表性家庭层面的数据库依然是一个空白。中国家庭金融调查的意义就在于真实，在于深入；想听的就是老百姓的声音，想了解的就是老百姓的生活，想知道的就是老百姓的感受，以便更好地为制定政策服务，为学术界服务，为老百姓服务。

酷暑饥饿，踏遍每家每户

认识到调查的重要意义，资产、负债、社会保障和保险、收入、支出等微观数据不再显得那么枯燥，访问每一户家庭也不再是应付完成任务，心中平添了许多责任及动力。酷暑、饥饿这些身体上的磨难，也不再是问题。

说到晒太阳，这一个月可真没少晒，每天一出门，孝感的大太阳就高高兴兴地出来欢迎我们。我们这次去访问的孝南、大悟、应城三个县共有 5 个社区、7 个村。比较而言，身体上的折磨主要是在农村，虽没有跋山涉水那么夸张，但是也是靠我们的双脚踏遍每家每户，偶尔碰上村主任的摩托搭一程的时候，那都是无比幸福的事情。

其中印象最深的一次，还是我们访问的最后一个村，那时我们的身心都已经快要疲惫到极限，所以我们都希望那天能尽快完成村里任务，再回到社区进行最后最艰巨的扫尾工作。不过刚搭上去那个村的"的士"，就让我们倍感压力，司机说我们要去的村是当地"很坏"的村，那里的人都蛮横不讲理，不好对付，甚至会为了一块钱杀人。几个小伙伴顿时很惊慌，我虽故作镇静，但心里也做好了最坏的准备。

到了之后，书记很忙，只有一个主任带路。我们的样本分布在各地，我们应该是相互分头行动最远的一次。25 户家庭很多家里都已没人，督导不停地在换样本，我深深地感到可能一天之内很难完成这个村的任务了，不过抱着"不抛弃不放弃"的精神，我们没有怨念，依然都在努力着。我在完成一户之后，其他两户都不在家，就只能一个人蹲在一个连阳光都遮不住的屋檐下等着督导换样，但悲剧的是等一个不在一个，没有办法，我只能到另一个地方找样本。在下午两点的烈日下暴晒，其重无比的黑包负重下一步一个脚印地走了十分钟，中间真的有一段要中暑的感觉，亏我身体够结实挺了过去。到了刘家湾，样本的受访户是位老人，他因为耳背听不见我说话，费尽力气的我只能放弃，只能再求换样。我就坐在旁边一户人家门口的树下，拿出一颗糖、一块沙琪玛吃了起来。中午只喝了点八宝粥，真要扛不住了，看着路中时不时飞驰而过的摩托，心中百感交集，平时的幸福生活现在才体会到有多不易。最终我还是要回到我们集合的地方访问，走路 10 分钟，碰巧遇到一辆公交车，坐了 5 分钟不到就到终点站了，又花了 5 块钱搭了辆摩托才到达了最终的目的地，从 1 点到 5 点 30，整整一下午就只访问了一户，艰辛程度真的达到了顶点。不过最开心的事，莫过于我们组其他人那天都非常给力，最终胜利地在一天内完成了该村的任务。在回城的公交车上，我还是一直按捺不住心中的欣喜。这一天我会记住很久很久。

交流沟通，用真诚打动受访户

相较于农村，访问城乡接合部的社区，难度就要大多了，主要难在受访户的配合上面，其难度甚至不亚于大城市，因为城乡接合部的流动人口多，租门面的多，文化素质较低，经济收入较低，即使我们费尽口舌，他们也很难体会到我们做调查的意义。我们碰到受访户，听得最多的一句就是"不要访我们，换一户访"，每次听到这个理由，我其实心里都是非常生气的，因为他们之所以不接受访问，还是对我们的访问不信任，怀疑我们的动机和目的。但是自己不愿意不想做的事，就坚决推给别人，其自私程度可见一斑。

后来，访问多了，有一点经验了。通过观察，开始只是单纯不同意访问，给我们说出理由的受访户，比如怕信息泄露、实在很忙、看不到我们调查的意义的家庭，我就通过自己的真诚和坚持不懈，最终基本上都能打动他们；但是什么都不听，只是不停地说"你们换一户"的，都是蛮横不讲理的人，最终也基本上只能以换样结束。当然，我们也碰到过非常配合，配合得我们自己都被感动了的人。有一位在技术监督局工作的先生，2011 年接受过我们的调查，这次作为回访调查他。他非常了解我们调查的意义，我们还没有张口就把我们要说的都说了，直接同我们商量预约的时间，弄得我们既激动又感动。还有一位爷爷，非常热情，又拿牛奶又拿水果，调查过程中我们聊天甚是开心，他更是畅所欲言，给我说了很多很多，包括他小时候的艰苦生活，告诫我珍惜现在的大好生活，并希望我能向上反映一下现在的政府政策绝对是好的，但是落实到下面就走了样。下面的贪官实在是坏，贪官不减少，属于老百姓的钱就永远落不到实处。他说 2011 年时就给当时的访员说过这个情况，当时访员说管不了，但是他希望我们起码能反映一下这个情况，说总比不说强。巧的是后来在社区街道上两天都碰到了这个爷爷，都是他先看到我热情地叫我的名字然后攀谈一会，让我感到在这么一个陌生的城市，好像有了一个朋友一样，是那么亲切、幸福。还有一位当兵退伍的先生，无比真诚，先后拿出户口本、技术证、工资条给我们看，这让我们的工资精确度都达到了个位，真是无比感谢这位先生。如果大家都像他这么真诚，我们的数据怎会愁不精确呢？像这样的故事还有不少，我就不一一赘述了。

团队协作，结出友谊之花

我们组一共有 8 个人，我们是一个团队。在这一个月里，我们有笑有哭，有苦有甜，互相配合，同甘共苦，可能收获的只有我们自己最清楚。住宿、吃饭、访问、记账……每一个看似简单的问题，人一多就可能出现问题。我们 8 个人在督导的指导分配下，团结互助，克服了各种困难，胜利地完成了任务并结下了深厚的友谊。

我想，经历过这些的朋友会永远是朋友，共患难才有可能共享乐。永远记着访问最后一户的情景。当时受访户家里密不透风，连个风扇也没有，大家身上汗不停地流，最后汗水流得连眼也睁不开了。当完成访问的一刹那，好像已经忘记了自己，从楼梯上冲下来，背着那么重的包狂跳半米多，仰天长啸，终于可以结束了！不过那欣喜也不过维持了不到半个小时，回去看到了小伙伴们，突然想到这也代表着要跟他们分开了，要跟这段无比难忘的日子分开了。

躺在床上闭上眼睛，感觉好像做了一场梦但突然醒了的感觉，我想永远赖在床上，想永远醒在梦里。

醒在梦里，就能永远记住你们，记住这段岁月，虽每天酷暑难耐，负重远行，但每天钟情于目标，没有犹豫，没有空想，充实快乐。

婧妍、茜茜、王铮、安黎、瑞瑞、利萍、佳佳，在这段日子里面感谢有你们，也正是你们让我更加乐观、坚强，我会永远想你们的。

盛夏七月的成长

文/杨胜寒

读了两年大学，你一直以为剩下的日子也会这么浑浑噩噩地过下去，无非就是读读书，写写作业，发发呆，做做白日梦……没有什么特别，也说不上难过。

没有想到，五月一个说不上慎重的决定，让你在盛夏的七月背起行囊，远赴云南。将近一个月的艰苦跋涉，你在这片西南大地上遇见无数的人，遭遇无数的事，有泪水也有欢笑，有兴奋也有失落。将回忆一点一点细细剥开，原来你收获的，尽是感动。

更重要的是，一个不经意的转身，你邂逅了一个如此宽广壮阔的世界。

所谓困难

其实，等一切尘埃落定后再回头去看，以前经历其中时叫苦叫累的东西真的算不得什么。

绘图员累身，访员累心，这是出发前就早有耳闻的。每天画图到凌晨一两点才可以堪堪收工，早上七点过又得起床，开始奔波的一天。如此反复，除去辗转两地时的行程，每日的生活都是如此。习惯后，竟也不觉得枯燥。

闹铃定得倒是早，你却往往赖在床上不想动，却在快要再度睡着后猛地惊醒，一个鲤鱼打挺坐了起来——"今天还有多少条街要画，要如何如何安排才能按时完成任务"，就这样睡意全无。甚至连续好几个夜晚，你每晚的梦都是在不停地爬楼不停地问人不停地核户。四个人一起出发时，往往要一起打气："今天也要加油！"就这样变得信心满满，好像这么一说所有困难就可以不翼而飞似的。

然后你就和小伙伴一道，背着包戴着小红帽拿着蓝色的画板和一沓纸，在大街上游荡。

画分图时，第一次需要确定草图。画得歪歪扭扭也无所谓，只用把有哪些建筑物和它们的相对位置画好。抓紧白天一切能抓紧的时间把建筑物画完，晚上回到宾馆，大家一起趴到桌上就着不亮的灯光把白天画的用直尺仔细认真地誊好。有时候只誊一遍还不行，随着一次次地行走，图又会出现不同程度的修改，如果画面不小心弄得比

121

较脏了，也要重新誊得干干净净。最多的时候，你誊了不下三遍；而分图最多的时候，你们一起画了八张——宗旨就是"一切以访员为出发点"。为了他们能安心开展第二阶段的调查工作而不必为不准确的图伤脑筋，你们都说，自己辛苦一点也值了。

你一直笑说，画图过程中深深领悟到两句话的深刻含义："劳动人民的智慧是无穷的"和"横看成岭侧成峰"。处于城乡接合部的社区，经常是一条深巷七拐八绕都不见尽头，且自建房占了绝大部分，以为好不容易走完了，拐一个弯，大片的房子在明明有限的土地上艰难地抢着地盘。作为资深标准路痴的你，一边哀叹"这都走到哪里来了"，一边看着不声不响冒出来的一幢幢房子，连撞墙的心都有了。可还是得继续画，在迷宫一样的巷子里钻来钻去不下七八遍，为了搞清它们的结构你还是得画。几天下来，在家乡附近走远一点都能迷路的你，画过的地方闭上眼就能轻松说出每一条街上店铺的名称，甚至比当地人还要熟悉。

你也要不停地和别人打交道，不厌其烦地问每一个路过的人"这一幢房子住了几户人"。有的人会好心地解答，有的人却露出避之唯恐不及的厌恶神色。不是没有过失望，但更多遇到的是意想不到的温暖。经历过无数人的拒绝后，你仍要强撑起笑脸微笑着问向下一个人。一个人不行，那就换另一个可爱的姑娘上，或者大伙儿一起上，拼了命的用听不甚懂的方言和手势告诉他们你们的来意，好使得一个路人真心实意地帮助你。建筑是死的，但住户是活的。很多独门独户的小院经常进不去，就只有一遍一遍地跑；有时候几次问得的数据不一样，还是得一遍又一遍地问。还是有被你们问烦了的人，那几天，那些街道上的人几乎都认得了那几个来搞什么金融调查的娃娃。

一路上你遇到的最大危险大概就是一群一群的猛狗了吧。第一次，和一只泼狗大眼瞪小眼对峙五分钟，它都在拿脚踹土了，差一点就要扑过来；第二次你和同伴被孤零零地堵在走不通的小巷里……到最后，你能很淡定地从一群狂吠的狗中走过，还真是一种进步。

每天最开心的就数晚上八九点天黑后再也看不清建筑物时，结束战斗的大伙儿随便找一家店坐下来吃饭，互相鼓励着"看，我们今天又画完了多少多少，明天要怎样怎样"，随便聊一点开心的事，米线端上桌时的热气氤氲了眉眼，一天的疲累、脚痛、心里受的伤仿佛就被这么轻轻一吹，淡淡地飘远了。宁静的时光往往短暂，吃过晚饭回到宾馆，就又该是新一轮的战斗了。

所谓严谨

既然是规模如此巨大的全国性金融调查，第一手数据准确的重要性不言而喻，这当然需要每一位绘图员的细致和严谨。

好像每次都要在这两个字上折腾好久呢。

在曲靖沾益的玉龙小区时，已经抽了样，核户却发现少绘了四五幢建筑。惊恐之余，还是只有大家一起，挤在附近的小石凳上，重新画建筑、标行走路线、给建筑物编号、重新录入住户清单、再次抽样。四双眼睛都紧盯着电脑屏幕，就怕又出现什么纰漏导致无功而返。每进行下一个步骤时，都要询问几遍"没什么问题吧？确定没什么问题吧"才敢继续往下弄，真是一次就被吓坏了。可你们还是将问题想得过于简单，新一批的清单出来大家分头行动去核户时，又发现以前确定为有人的一家居然是空户。于是，又一次重来。这次是要把所有的再重新走一遍确定一遍之后才敢继续。为了保证样本的准确性，一个数据出错，也绝对不能马虎敷衍。再来一遍，耗费巨大的人力，也只是为了从最基本但最重要的一环上让数据尽可能严谨，让整个调查数据尽可能具有代表性——这是每一个绘图员必须全力做到的职责。

即使如此，还是会有不断的突发状况来折腾大家脆弱的神经。

曲靖还只是序曲，最痛苦的还在大理祥云与丽江永胜。

在大理，你们被当地的特色"小厨房"折腾得人仰马翻。一排房子看过去，以为是住户，四周又着实找不到人询问，不得已默认成一扇门就为一户。而等到核户时脸贴在窗户上使劲瞅，才发现只是用作厨房或杂物间。这样的房子还不止一处，好了，这下又得推翻重画。

这一次，你们没有再像第一次遇到这类问题时那么心浮气躁、唉声叹气，而是默默吞下自己贪图一时便捷的苦果，争取最为切实有效的补救办法。已经晚上十点过了，外面下着大雨，你们还在四处跑，就是为了辨清那些房子到底有没有住人，白天敲不开的门晚上会不会有人。鞋子裤子全打湿了都无所谓，被人大声呵斥着，要求拿出学生证来看，惊得满院子的人都探头在窗子边打量你们也无所谓，因为你们刚刚又知道了之前不清楚的住户情况，只要能拿到最准确的数据，好像所有的苦就真的不算什么。

你知道什么都不能想当然，绝对不能"凭感觉"去判定一样事物。不能问人的时候，整个脸贴在窗上也要努力看得清楚；有人可问时，被拒绝了千百遍也要继续问；小区的住宅楼即使外形很容易分清住了几户人家，也要全都爬一遍；一个细节都绝对不能放过，因为它可能就是样本质量的决定因素。

你自己亲身走了一遭，才发现国家统计局的资料甚至号称准确性非常高的人口普查的数据都那么的不可靠。凡事靠自己，你更加明白了中国家庭金融调查对于全国百姓的意义。

所谓贫穷

你一直生活的家乡虽然只是一个小城，但生活也还过得去。你一直都知道到处都有贫穷存在，而亲眼所见、亲身体会却又是另一番感受。

云南称不上富裕，却有发达的旅游产业和农业产品。让你没有想到的是，就在挨着大理和丽江这两座闻名遐迩的旅游城市的边上，剥去光鲜亮丽的外衣，却还是一片赤贫的土地和一群嗷嗷待哺的饥饿的人。

向看似繁华的城镇主干道外走不到 200 米，就是另一番凋零破败的景象。飞扬的尘土，空旷的土地，零星几座灰白破旧的房子，这不仅仅是来自一地的印象。

甚至闹市区里，临街的漂亮房子再往里走，就又是一排排低矮的平房。狭小逼仄的空间，一侧散发着恶臭的垃圾堆，结了一半蜘蛛网的门窗，堆满杂物的走道，阴暗潮湿的角落……这些东西，一遍又一遍刷新你对"住人的地方"的极限印象。

你曾被一个中年男子当成上面派下来的记者，他拉着你的手不断诉苦，说老百姓什么也没有得到，生活仍旧是老样子。临走时，他叮嘱你一定要把他的意思传达到，一遍又一遍，就怕你给忘了。你拼命地点头，却在转身时心里一阵无力，你也没有任何办法。

画图时你第一次见到所谓的"红灯区"，其实就是一条狭长阴森的巷子。当初你抱着好奇的心理跟着同伴去看，出来后心里却怎么也不是滋味。三四十岁的中年妇女，成群结队，在巷子口或里面等着拉客，浓妆艳抹，穿着暴露鲜艳的衣服，喷着廉价低劣的香水，搔首弄姿，吐着烟圈。间或有骑摩托车的男人过来，听着他们讨价还价，"20""30"的声音不时飘进耳朵。

这一次，你真真切切地看到了最底层人民的生活姿态，虽然你是如此的不愿看到。

你家乡的墙上小广告，最多只会写着"办证"，而在这里，随处可见的是"枪支""迷药""代人复仇"，看得人心惊胆战，如此强烈地感受到社会的恶意。

你在饭桌上听别人闲聊，用谈笑的口吻说某地的什么局长以前有 12 套房子，现在卖了 8 套，赚了多少多少钱。想到之前的经历，心里就堵得慌。

你从丽江坐车到攀枝花，近六个小时的车程，到站时用湿纸巾擦脸，连用三张都擦不干净——脸上全是土。一路上经过的重工业区，烟尘漫天，连云南最美丽的蓝天在那一带也见不到。那条公路据说要修整，还据说要修高速，可几年过去，一点动静都没有，两座城市好像都忘了有这条路的存在。

你不知道这个国家怎么了。

中国的经济是上去了，都跃进世界前二了，可那又能说明什么呢？老百姓真的切实感受到那些实惠了吗？人民的生活水平真的有所提高吗？你不知道准确的答案，但你的眼睛不会欺骗你。

富人越来越富，穷人越来越穷，似乎已经成了中国经济的一个怪圈。

什么时候才没有贪官横行，什么时候所有人的生活水平才能提高，什么时候犯罪才能消失，你不知道答案，你只能在以后，尽自己的所能，让那一天的到来不会太迟。

所谓人心

你一路上遇到了无数的好人，让你们的这段旅途充满了温暖。

你这次如此之深地感受到了当地民风的淳朴和他们对人的一腔善意。

你在公交车上给一个婆婆让座，她一个劲儿地拿苹果让你吃；在小区里核户时，如果碰到刚好有人进门禁，你们使劲冲过去，虽然看起来就是搞推销的样子，他们还会帮你们把门扶住；三点过去吃午饭，饺子煮上来后你们还在讨论，阿姨催着快吃不然饿着了或凉了就不好，下午出发的时候两个背包放在她那儿，很热情地让我们放心，晚上回去取东西时阿姨一家在吃饭，还招呼你们快坐下来吃；前几天开车载你们去各乡镇的一个老师傅，看见漂亮的景色还让我们下车拍照，一路上也在不停地介绍，车上一直欢声笑语；村里的户籍资料没有，他还帮我们出主意想办法，最后有一个村的资料还多亏他的关系。

你遇见了像妈妈一样温暖的刘阿姨，陪着你们一起笑一起闹，她扶着小雪的肩打着伞的背影，你想你怎么也不会忘；风趣幽默的杨叔叔，想尽办法让你吃得好一点，生怕把你们照顾得不好；还有亲切的李姐姐，放弃休息日陪儿子的时间来陪你们去核实住户情况，借着方言的优势帮你们省了许多的时间；儿子和你们一般大的李叔叔，更能理解你们做调查的不易，想尽办法帮助你们……

还有许多的人，许多的事，全都堆在心里，想一想，就觉得温馨。虽然都是一些微不足道的小事，但聚在一起却让人感动得流泪。

在对这个物欲横流的世界越来越失望时，在"人不为己天诛地灭"主导着人们的价值观时，他们让你又一次燃起了对未来的希望。人，其实本性是善良的。所以还是觉得，不管怎么样，不管外界怎么样，不管别人怎么样，一直怀有对别人的一颗善意的心，别人肯定会感受到的。虽然说什么传递温暖传递爱心什么的很俗，但确实就是这样的。

相信你，在收获一份感动的同时，会坚定不移地将这份感动传递下去。

最后的最后，一个月的行程说短不短说长不长，纸笔能记录的，也不过是感受中的小小一角，还有许多的感情，想说出口，却又不知道如何表达才好。

还是那句话，你想对一路走来的同伴说："是有多幸运，一路才能遇见你们?!"

无所不能的惜姐，风趣幽默且不乏自恋的小梅，个子虽小却常让人刮目相看的小雪，任劳任怨的小黑，每一个人，全都要认认真真地刻在心底，想到时，嘴角就会不由自主地微笑。

盛夏七月，一次不经意的转身，你遇见了一个成长过后更好的自己。

追风筝的人

文/孙常丽

从看到招聘启事到投递简历到参加"一面""二面"再到最后被录用，这前后一周左右的时间，孕育出我大学三年中做得最坚决的一个决定。每天五点多钟就爬起来，洗漱后甚至都来不及吃早饭，就急匆匆地去赶校车去老校区参加培训，培训、上课、备考、实习连轴转。即使是每天困到上课不停地瞌睡只能靠咖啡来维持清醒，也没有丝毫的抱怨和想要退缩的念头，抱着自己是在做一项伟大的事业的心态，我的每一天都过得充实而又愉快。

这是我第一份真正意义上的实习工作。

2013年7月5日，踏上远行火车的那一刻，正式拉开了我这次的CHFS之旅。从遍地"黑黄金"的山西大同，到辽阔的内蒙古大草原，再到繁华的国际化大都市上海，我们看到了祖国的大好河山，也看到了繁华背后的无尽心酸。

在山西大同市浑源县，这里有闻名遐迩的五岳之一的北岳恒山，凌空摩崖建筑悬空寺，是国内现存唯一一建于悬崖之上的木结构建筑。只可惜我们在山西开展工作的那几天一直下着雨，没有机会让组员去放松感受一下当地的气息。无论是大同农行过来的司机师傅王叔叔，还是浑源县的村委书记们，都无一不对我们热情真诚。第一次坐上北方传统的吃饭睡觉二合一的床——"炕"，第一次吃上山西的传统民间美食"莜面""烂炖"……我们体验了太多的新鲜的第一次，也感受到了太多的惊喜。

在内蒙古乌兰察布市商都县，待我们如自己孩子般的高叔叔，每天帮我们安排住宿，接送我们去工作，每天还嘱咐食堂给我们做不同样式的合口饭菜，还有朴实的支书们……商都县带给我们太多的感动。临行前告别时，我们每个人都不禁湿了眼眶，那时的自己还说下次访问一定要争取再来内蒙古，一定要再去看高叔叔、刘行长。可谁知，这一绘图就绘了两个月，绘成了"史上绘图时间最长督导员"。

在这一次绘图抽样工作中，我第一次真正感受到了北方人民的热情与豪放。相比之下，在上海的工作就显得异常的不顺利。在繁华的大都市，人与人之间的信任感实在低得让人难以相信，居委会的公关工作进行得尤其不顺利。

每天40多摄氏度的高温，居委会阿姨的百般为难，社区人们的冷嘲热讽，脏乱差的绘图环境，让我们组员几次受挫，心情很是低落。每天奔波于已经有一百多年历史的上海老弄堂之中，见到随地可见的垃圾，随地大小便的人，狭窄陡峭、人一走上去就"吱吱呀呀"作响的木楼梯，黑油烟附着的灶台，会让你恍惚中忘记这是国际大都市上海。要不是这一次调查，我想我们不会感受到真实的上海，感受到每个城市它独一无二的不为外人所知的另一面。

我想每个城市都是多面的，只不过潜意识里自动生成的就是繁华热闹的大上海，似乎已经让我们忘记了即使是再发达的地方也都会有其稍显落后的一面。一边是鳞次栉比的现代化大楼，一边是破旧低矮的棚户区，一墙之隔、一步之遥，就是两种截然不同的生活。

你会羡慕渴望得到这种生活吗？——每天可能都要加班到很晚，第二天睡眼惺忪地起床，也许连早饭都来不及吃，只能拿着前一天晚上买好的牛奶面包就急慌慌地去挤地铁上班。在外人眼里，他们外表光鲜，拿着高工资，享受着完备的便利生活，可谁又能知晓他们内心里承受的压力与重负？每次跟小伙伴们穿梭于这些老弄堂之中绘图，就会感叹一次：我以后绝对不要生活在这样的大都市，过这样的生活。然后他们笑我说：所以你是没有"追求"、没有"梦想"的人。我只能说，每个人的梦想与追求都不同，回到那个生我养我的地方，一份安稳的工作，三两亲友，这就是我的追求与梦想。其实梦想没有大小高低之分，只要是自己最内心深处的想法，并对之付出自己不懈的努力，都值得我们每个人鼓掌赞扬。

这个夏天，我们与中心共同走过一段旅程，收获友谊，收获感动，收获温暖，收获一份独一无二的经历。

我们，一路行走，一路成长。我们是追风筝的人！

A Summer Romance

文/倪珂

认知与了解

早在 2017 年春季期末考试之前，我已经开始思考暑期行程。漫长的两个月，若是不好好安排，浪费的时间量不容小觑。此时我看见了学校官方微信号上一篇主题为"丈量最真实的中国"的推送文章。我得知今年夏天 CHFS 项目将在我校招募 176 名同学，用一个月的时间，进行基层调查，去"丈量"最真实的中国。在这之后，我又通过网络了解了更多关于此项目的详细信息，并对这个项目的意义有了更深入的认知。我发觉这是一个锻炼个人能力的宝贵机会，顿觉不能错过这个机会。

前期准备

作为一个非常严肃严谨的科研项目，意料之中地，大调查的前期准备非常严格、详尽。首先，报名的所有同学都要经过面试，报名督导的同学更是要经过多轮面试和抗压能力培训。我有幸通过面试成为一名访员，才得以真正进入并参与这次的大调查。接着每个访员都要经过为期一周的大调查专业培训并通过测验，这是一个并不简单的过程。我们要学会识图、了解质控、掌握各种沟通技巧、通过安全培训、理解调查问卷，然而这些只是一个合格访员的基本素养。这是高学习强度的一周，然而这一周同时也培养了我们的耐心与坚持。

调研进行

作为全国几百支队伍的其中之一，我所在的南京审计大学访问第 20 组的目的地是即墨，山东省青岛市的一个县级市。我们曾在城镇中走过大街小巷，也在农村里踏过田埂、坐过摩托；那些我们经历过的笑与泪，都将藏在我们的记忆里，在以后不知某个时候——或许是几十年以后，在被想起的时候，在整片模糊的青春中熠熠生辉。

我们的小组共 8 个成员，分成 4 个小队，分别入户进行访问。正是这漫长的访问过程，给了我最深的感触。

我曾看到一对相濡以沫几十年的大爷大妈，通过年轻时的努力工作，在老年才得以有清闲舒适的生活。他俩住着不很精致但很舒适的老房子，门前栽了点瓜果蔬菜，午后无事便去附近的街坊逛逛，有客来访便开一个西瓜，毫不吝啬时间地唠嗑一个下午，喜欢的话，再养一只不需要怎么费心照顾的肥兔子。从他们身上，我看到了饱经风霜后的淡然。

我们也拜访过一个普通的四口之家。二孩政策下，两个孩子似乎成了一个家庭的标配。这边小儿子的午餐喂饭还未收尾，那边大女儿的周末舞蹈班又即将开始。繁琐的工作与家务，让年轻的夫妇分身乏术。他们的焦躁让我们的访问无法顺利进行，好在他们同意了我们下个周末的电话访问，我们松了口气。每一个样本对我们的研究都很重要，即使我们已经习惯了被拒访。

我见了许多许多。我遇见了很富有的人，他拥有很多人想象不到的财富，但他和普通人一样生活，待人平和；我也遇见了生活很艰苦的人，为了看病负债累累，生活甚至失去了基本保障，却仍然对生活、对社会给以温情；我遇见了每天辛勤工作却受到不平等待遇的大叔，对社会现状言辞激愤；我也遇见了头发花白的奶奶，依然常年坚持农地耕作，掰着手指精打细算着每亩地的小麦补贴。社会百态，真的只有去面对，才会了解。

后记·调研归来

调研归来，为了交接数据，我们所有人都得返校。再次走进熟悉的校园，我有一瞬间的恍惚，仿佛什么都没变，又仿佛什么都变了。不变的，我还是那个"百无一用"的书生；然而经过一个月高密度的社会洗礼，我的心理状态与一个月前已截然不同。我不能准确地描述这种变化，它包括但不限于更多的对他人的宽容理解、更多的对自身的探寻、更多的对社会的了解。

中国家庭金融调查的宗旨是"让中国了解自己，让世界认识中国"，很好地说明了大调查的意义——以真实的数据服务科研与政策制定，以真实的数据反映中国的现状。而且，大调查给了大学生个体零距离、多角度接触和认识真实中国的机会，我庆幸自己大一的暑假是如此度过的，因为这样的机会是可遇不可求的。其中的辛酸只有经历过的人才知道，然而这些小小的辛酸，与我在其中的收获相比，似乎也不算什么了。

不要对生活俯首称臣

——成都阴雨绵绵，少年可缓缓归矣

文/邓明珠

生活："吾权天授，众卿平身。"

是天的恩泽，授命于我。千万年来，游走于人群之间，并与其建立微妙的关联。与其说人类生存在社会之中，不如说是我为他们编织了美丽的梦。因为生活是我。我，便是生活。

兴起，随中国家庭金融调查的队伍去到全国 29 个省份看了看世间百态。近日，多地访问队伍都已经到达收尾阶段，可喜可贺。截至 2017 年 8 月 25 日，CHFS 实地访问量已经达到 42 457 户。今年夏天，我看着这群少年卖力地奔走在中国的土地上，以"让中国了解自己，让世界认识中国"为目标，甚是欣慰。

停下脚步细想来，一路上所见所闻。"甚荒唐，乱哄哄你方唱罢我登场，反认他乡是故乡，到头来却尽是为他人作嫁衣裳。"很多人看不透生活，在前进的道路中兜兜转转，到头来多是原地踏步，无所长进。

总有一些人被生活折服。说出口的是怨天尤人、黯然神伤；付出的行动是自暴自弃、捶胸顿足。缺失目标、缺失梦想、缺失疯狂的青春，只是庸庸碌碌地活着，不知道何为疼痛，麻木地与其他生物争夺着空气，尽管那味道几乎令人窒息。我是超乎六界的存在，在洪荒中，嗤笑这类人的无知和懦弱。

我渴望着能有人来打破规则，挑战生活。令我欣慰的是，也有许多人无视束缚，在浓雾中踽踽前行，并成功地征服了我。而我，也有些话想代替那些人告诉大家：人生短暂，活着就要像樱花一样灿烂；即便是放弃，也该果断。你现在的付出，都会是一种沉淀。它们会默默地铺路，只为让你成为更好的人，或许总有讨厌的香蕉皮等着将你绊倒，或许总有虫子在你的耳边聒噪地叫，或许总有突如其来的暴雨阻挡你前行的脚步，或许……

哪有那么多的或许！人生的终点，不是在山水踏尽时，亦不是在生命结束后，而是在放下包袱和恐惧的那一刻。当你开始去思考生命的意义，纵使一生云水漂泊，亦可淡若清风，自在安宁。

当你们看到眼前的桑田就是曾经的沧海，看到如今的世事就是过往的云烟，看到今朝的诀别就是昨天的相聚，其实，这不过都是我将人间的一切幻境双手奉还。黄粱一梦也，梦惊醒，回眸一笑，切勿满目悲怆。

我俯视着大地，却不希望人类仰视我，只有他们不断创造和改变，才能更新我如今一成不变的生活。我渴望，能有不甘平庸的你们给我带来新的能量、新的生活。

切记，请不要对我俯首称臣，我并不善良，说不出"众卿平身"。

风里雨里，家金等你

文/王梦冉

将近 14 个小时的硬座，跨越了从成都到北京 1 800 多千米的距离，也推开了我们关于 2017 年那个夏天的回忆……

"纸上得来终觉浅，绝知此事要躬行"

参加这次实习活动之前，就听说中国家庭金融调查是个很有意义的项目，但具体如何，还得亲自感受了才有体会。

每天和陌生人打交道，说服他们去做一件本不必要的事情，这对我们的说服力就是一大考验。极少数受访户主动配合，理解并支持我们的工作。面对大多数的质疑不信任、忙碌没时间、害怕自己的私人信息泄露等，我们都耐心地解释我们这项调查的意义、签订保密承诺、尊重受访户的闲余时间多次上门拜访，找居委会帮忙……换位思考，对症下药地打消疑虑，晓之以理、动之以情地推销自己，都是我们总结出来的沟通经验。

幸运的时候，每两个人一天可以做三四份短问卷，情况差一些的每天只能完成一份。最糟糕的时候，一天在七八家受访户间来回辗转，这边敲门没有人应答，那边被拒访后还被骂了一顿，另一边甚至被威胁要报警了……真像"哑巴吃了黄连"，面对零的访问量，心灰意冷，一筹莫展。

人生多艰，但有些人会让你相信，原来还是有很多善意存在的！

形形色色的受访户，有些只是惊鸿一瞥，却给我留下至深印象。曾遇到，一位年过八旬的老奶奶，认真地拿笔记下了我们的学校和姓名，并颤颤巍巍地把我们发的宣传纸页收拾好，还说再过两年，如果她还活着，欢迎我们去找她。有位老阿姨，到了她家里，立即换了一件正式的衣服接待我们，打开了空调（她自己在家时并没有开），并给我们斟茶倒水。她说这是待人最基本的礼仪，教我们也要遵守。还有位老乡，非常热情地挽留我们在他家吃饭，最后我们还是抱着"不拿老百姓一针一线"的态度委婉谢绝了。有位婆婆，说她一辈子都在回报社会，从革命年代的各种起义，到和平年代做志愿者，一生救过七个人的性命，可惜时间有限，我们没有能够听她讲完自己的传奇经历。最后一个社区的楼长张阿姨，更是不辞辛苦，主动热心地带我们寻找受访户，并帮我们劝服他们做问卷。遇到她们同龄人还好说一些，但遇到一些桀骜不驯的年轻人，张阿姨也会真诚地说："求您个事儿……这不一群小孩儿嘛，她们也挺不容易，您就配合着填一份问卷吧。"直到打动受访户。

"不经一番寒彻骨，怎得梅花扑鼻香"

访问过程中遇到的困难也是超乎想象的，要解决它们，最关键的两个字就是"坚持"！

经验表明，越靠近农村地区，人们对入户访问的戒备心越弱。本着先易后难的原则，我们第一天就来到了较为偏僻的门头沟区的某个小区。与刘副书记的沟通很顺畅，他们深谙整个工作流程，当即找了居委会里刚好是受访户的两户家庭给我们访问，并给出了最高效易行的方案——居委会把受访户找来，在办公室一天搞定40户。我们当晚回去讨论时，觉得这个效率高到令人难以置信，可能是居委会作弊，拉自己的人充当受访户。于是第二天我们直接与书记接洽，坚定地表明了不怕麻烦，要一户一户上门回访的态度。事实证明我们这样做是对的。书记向我们坦言，上届工作就是这样完成的，并有许多"顶包"的样本（难访的家庭找居委会的工作人员或认识的人顶替）。为了保证样本的随机和质量，我们把这些假样本一户一户地剔除，重新申请新样本，这无疑给我们的调查增加了几乎一倍的难度。居委会的工作人员教导我们要学会做人，学会灵活变通。但我们宁愿被他们鄙夷，也把诚信的原则坚持了下去，最终历经快两周的磨合，完成了这个社区所有的真实样本。

没有想到第一个社区就遭遇了这样的"下马威"，队员们互相打气，鼓励着到后面的社区更高效一点工作。其实这未尝不是一件好事，起初就锻炼了我们与合作方——居委会意见不合时如何谈判，面对他们的假意配合时怎样识别以及保留情面地揭穿，保持建立在工作关系上的友好相处，等等。这些经验果然为后面的社区联系工作提供了诸多便利。

最后几天，眼看离结束的日子越来越近，任务依旧繁多。联系老师得知没有可以支援的队伍，我们只能靠自己。几位小伙伴纷纷将自己的车票改签了，抱着负责任的态度一定要把工作完成！为了最高效的速度，我们拼命地换样，不停地奔走。最后两天，最后十个样本；最后一天，最后六个样本，我们在心里默默地倒计时。然而好比破茧成蝶，越到后面，越是艰难。到了最后一天夜晚，还剩下最后两个样本，苦苦找不到受访户。这时，向来烈日炎炎的北京忽然下起了滂沱大雨。不仅浇湿了衣服鞋袜，也浇灭了我们最后的信心。十点多的夜晚，寂寥无人的街道上，雨水和汗水交织、遗憾和失望缠绕，留下我们不甘的身影。但是，到了这最后一刻，我们仍没有放弃，而是决定其他人先走，另外两个离家近的同学留下来再奋战一天！尽管我们的团队分开了，但心还是连在一起的，也正是凭借着这份坚持，最终完成了所有的任务！

"察己则可以知人，察今则可以知古"

每天七点多起床，在酷暑中奔走一整天，中午没有地方休息，千寻万觅得一片树荫，趴在凳子上或坐在地上，便昏昏而睡。甚至有时到了吃饭的时间还在忙着访问，随便啃些馒头充饥，晚上九十点才披着星月的夜衣，拖着疲惫的身子赶回宾馆。当然也有些美好的瞬间，比如某天在太阳底下午睡醒来，看到一位小伙伴举着伞站在我旁边，内心满满的感动；走在路上无聊时，哼个小调或者欣赏队友的 freestyle；在宾馆里的夜间总结大会，也是薯片、凤爪、可乐、QQ 糖的零食时间；还有在实习期中度过了我难忘的 20 岁生日……

这一个多月以来的实习生活，酸甜苦辣，感受也会因人而异。若要反思经验和教训的话，我们组最大的问题可能就是团队合作的效率不够高。尽管也是每天打卡工作，无周末休息，无旅游放松，然而对比其他组，我们的进度还是拖到了后面。和最后几天奋起直追的状态相比，就可以知道，一个重要的原因是，大多数工作日可以说"我们努力了"，却真的不能说"我们已经尽力了"。还有一个原因是，团队的分工协作不够完善，有的人承担得多一点，有的人任务少一点，就会导致不公甚至不平衡的心理。比如我，在团队中被分配的任务较简单，也没有主动积极地帮助别人分担，在为整个团队的发展建言献策方面也较为欠缺，这些都是需要注意并加以改正的问题。

一个月的时间，很长，又很短；一百多份样本，不多，也不少。正如那句话所说：聚是一团火，散是满天星。我们至少点亮了属于自己的那份光！

七月，当身体和灵魂都在路上

文/卢羽桐

又一次坐上 10 号线，闻着它特有的气味，才感觉真的是回到南京了。闭上眼，总感觉还是在乡间踩着难走的石子路，满头大汗地对着地图找住址。

能参加今年的家庭金融寻访项目，想来是非常有缘分的。因为本身不是西财的学生，正好碰上项目组今年和南京审计大学合作，有惊无险地通过了面试和培训，才真正地成为家金项目的一名访员。

7 月 10 号晚踏上山东青州市的土地，感觉有丝丝微妙，没想到征途这么快就开始了。我们组一共有 6 个社区 161 个样本，包括 3 个农村社区、3 个城镇社区。遵循"农村包围城市""从易至难"的原则，我们先从青州市附近的 3 个农村社区开始访问。为了赶客运站最早一班开往村里的巴士，那一个多星期都是早上六点多起床，睡眼惺忪地赶车，上了车后八个人在车上再眯一会儿。农村地区的人们口音十分浓重，我们这些外地人基本要靠猜，问到涉及数字的问题，还得掰着手指比画来确保记录下正确的数据。访问刚开始时，大家对题目都不熟，操作也比较慢，村里人却没有抱怨长时间的询问，还拿着扇子在旁边安抚焦躁的我们。问到关于金融的问题，一个老奶奶不住地笑着说："奶奶不懂呀，没上过学，听不懂你讲的是什么！"那些地区的受访户，基本都是自给自足的农民，住的屋子自己盖，面积虽大却没什么家具；每天就守着自家的土地，指望今年能是个丰收年。但在我们问及现在过得幸不幸福的时候，却都一致地回答很幸福很满足。这让总是对现实有诸多不满的我陷入思考。

从农村转战到城市后，人们的特质就完全是农村的反面：有文化，但冷漠、戒备心重。我们在来之前做好了心理准备，接连拒访已经是意料之中，但最糟糕时一天 8 人拜访了 20 多户却全被拒于门外，没办法，大白天就回酒店整顿的经历，还是伤了我们的心。艰难的城市访问用实际经历慢慢培养了我们的同理心，从对方角度出发替他人考虑来尽可能地减少带来的麻烦。同时，十几天里厚着脸皮恳求受访户接受访问也让我们这些在象牙塔里待久了的学生不再是一被拒绝就面红耳赤嘴结巴。当然，访问过程中我们也发现了问卷本身存在的一些问题，过多且细的题目是大多数人拒访的原因，以及连年采访让有些受访户产生了被追踪而害怕的感觉。此外，随着年长一辈的老受访户逐渐老去，年轻一代将慢慢成为受访户的中坚群体，但受过教育的年轻人普遍对这种摸底式调查比较反感，觉得有侵犯个人隐私的嫌疑，因此难以跟家金项目建立起长久的合作关系。为了实现长期追踪调查，项目组在问卷设计和稳定受访户关系上还有很多可以完善的地方。

要说这次社会实践过程中最大的感受，那应该是真实感。我所看到的、听到的、问到的、走过的，都很真实。城郊地区尘土飞扬的土路、没有空调的巴士、早早下课在大街上乱跑的小孩、靠政府发放救助金度日的特困户……这才是广大而真实的中国，褪去各种光鲜的增长指数和不断建起的摩天大楼的光环，这，才是真正的中国。贫穷在落后地区依然普遍，九年义务教育读完后孩子还是会辍学去打工养家，重男轻女的思想仍然存在；贫穷和愚昧并没有在经济高速发展的几十年间被完全地从这片土地上抹去。同时，人们的冷漠拒绝、对项目的怀疑、访问中途不耐烦的驱赶、随意地"放鸽子"，也是社会最真实的一面。换作是自己遇到这种采访，估计也会直接甩门拒绝。亲身体验社会冷暖，无疑给在校学生上了珍贵的一堂课。

项目结束后我常常想起那段日子。不同于其他社会实践带来的成就感或解脱感，访问项目还给我一种心安的感觉。我一直疑惑，这种感觉到底从何而来，直到我发现，这是一段目标明确、有同伴有指导的旅程。一个月的访问时间，既避开了暑假的无所事事带来的枯燥，又抓住了机会丰富经历；每个组的访问数量明确，还有督导们在网上和实地保驾护航，一组八人每天只需要考虑访问量，收工回酒店就可以瘫倒。短时间内不用挂念着前途安排，也无须盘算着绩点实习考证，终于能稍微甩掉了点前途未卜带来的心慌感。从都市逃离到农村，每天看着老人坐在村口树下扇扇子乘凉聊天，看家狗躺在路上摇晃尾巴，一抬头就能望到不远处连绵起伏的山脉，心里的慌张不安都慢慢消散在空中。没有无线网络和电脑，夜晚只剩下天上的星星和草间的虫鸣。

时隔一个月再回顾这段经历，不由地感慨记忆真是个靠不住的东西，很多当时觉得可以记上个三五年的小事，仅仅过了几个星期就印象模糊了。七月里的期待、紧张、喜悦、失望和愤怒，隔一段时间再回头看，就只剩淡淡的感觉了。八个人一起走过山路、蹲过家门、啃过大饼后，又重新回到了各自的生活圈。随着项目后续工作逐渐结束，大家也终将各奔东西。但还是，但愿天南地北，各自思量，各自珍重。

我与 CHFS，相约盛夏

文/蒋刘侠

在知了聒噪的季节，遇见你，才发现，春风十里不如你。

——题记

#CHFS#

作为 2017 年 CHFS 项目第二批次的一名访员，我与她之间有太多的故事。

最开始了解到中国家庭金融调查这个项目，是在今年的 3 月份。选择她，一开始只是出于好奇，却没想到，在后来出访的 26 天里，她会给我留下如此多的记忆，我想，这些记忆，将会一直伴随着我成长……

可能由于家在四川，通晓川渝方言的原因，我被分到了 51 组，访问重庆。我们是 7 月 24 号的上午出发的。我还记得那天，出了一点小插曲，我们一行人坐车到成都东站取完票的时候，才发现当时订的是成都北站的票，只能在列车出发的一个小时前，赶赴北站，以至于也没来得及好好吃午饭。几个人将就着吃了一点汉堡，便踏上了去重庆的路。夏天的重庆是出了名的"火炉"，那火辣辣的太阳对我们这样一群刚军训完的孩子也没客气。刚出车门，我便感受到一股扑面而来的热气，灼得我的脸有点疼，脚下，那更是不用说，被烈日烘烤了大半天的地面，踏上一步就能感受到它的温度。后来好不容易打到了车，8 个人挤在两辆小小的出租车里面，才终于得以暂时摆脱火炉的烘烤。说来也特别神奇，在路上，透过玻璃窗，我们看见一道彩虹横跨在前方，似乎触手可及。我想，这也许是一种征兆，预示着，我们的访问之路，也如这天气变化一般，只有经历过风雨，才能迎来美丽的彩虹！

休息了一晚上，我们第二天一早便赶赴我们的第一个样本点——武隆区白马镇，开始了正式的访问。第一次去访问，心情是激动而忐忑的。我去到的第一家，离我们住的那个"农家乐"很远，路也不是很方便。当时我和我的搭档步行去往他家，走了 40 分钟的山路。赶到他家的时候，才被告知受访户不在家，下午才会回来。为了不耽误访问进度，我们在和受访户取得联系并约定好访问时间后，就立即奔赴下一家，万幸回来的时候遇见了一个好心的叔叔，载了我们一程。我访问成功的第一户，是一位很慈祥的老奶奶。由于我本身对问卷还不是特别熟悉，加上老奶奶年纪大了有点耳背，理解能力也不是很强，为了完成那一份问卷，花了将近 4 个小时。尽管如此，我还是觉得成就感满满，回去的路上感觉自己开心得都要飞起来了。在大家的共同努力下，第一个村的 20 个样本，我们组只用了两天的时间就大功告成。

和农村相比，城镇样本的访问就没那么顺利了。到城镇访问的第一家，我就稍微见识了一下什么叫"拒访"。一开始，我们顺利敲开了门，也是一个老婆婆，我心里暗喜。于是，我们开始询问她是不是我们平板电脑上显示的那个受访户。她告诉我们原来这家房子的主人回老家住了，不会回来了，她只是暂时借住在这里。于是我们拨通了平板电脑上的电话，希望可以争取到电访的机会。然而，这时候，那个老婆婆家桌子上的电话却响了，电话显示就是我们的来电，于是我们又向她确认。她却告诉我们那个人回农村老家用不到电话，就把电话留给她了。就在我们半信半疑的时候，从房间内出来了一个小妹妹，我把她拉到一旁悄悄问她，才得知我们面前的这个老婆婆就是我们的受访户。后来我们劝说了半个多小时，又去她家争取了几次。但不管我们怎么努力，她始终不肯接受我们的访问。这是城镇的第一户，也是我遇到拒访的第一户。

后来，陆陆续续访问了许多户，也遇到了一些特别善良热情的爷爷、奶奶和叔叔、阿姨：有给我们煮鸡蛋吃的，也有给我们榨豆浆喝的，还有邀我们吃玉米的，更有甚者，拉着我们留下来吃便饭，实在是盛情难却。有时候访问结束之后，一些受访户还会拉着我们聊家常。在异乡的陌生人家里，我第一次如此真切地感受到了家的温暖，感受到了家人般的关爱。也正是有这样的一群人对我们的信任、理解和支持，我们的访问工作才得以圆满结束，所以，我打心底里感谢他们。

归来的那天一直在车上整理我们组的财务信息，竟没有发觉，列车已经从重庆回到了成都。时间过得太快，仿佛昨天才出发，今天就已经回来了，但是在这将近一个月的时间里，我的成长却是显而易见的：更加自信，更加勇敢，更加独立！

我想，如果要我再做一次选择，我依旧会选择，在 2017 年的盛夏，与家金相遇！

#51 大雄队#

大雄，心地善良，乐于助人，重视友情，正义感十足，我们小组取名"大雄队"，也是寄予了一种美好的期望。

说真的，一开始，我觉得和一群陌生人一起度过一个月是一件特别困难的事。毕竟大家的观念不同、性格不同，生活习惯也不相同，而我又并不是一个十分擅长与陌生人打交道的人，所以，我的心里充满了担忧。后来真正结伴参加家金了，在朝夕相处的过程中，我们才发现彼此是一群特别有趣又可爱的人。和他们并肩走过的这一个月，可能会是我大一生活中最珍贵的回忆了。

一行八人，督导、会计、票据管理员、住宿安排员、饮食规划员、出行规划员、食品采购员，每个人都在用自己的方式，为访问的顺利进行贡献力量。我们拖着行李箱，就像西天取经的师徒，"相依为命"，我们一起走过 2 个区、8 个样本点，完成了 187 户访问。每天晚上必不可少的例会，是大家一起倾诉白天访问轶事的重要时刻，房间内传出的阵阵笑声，那么的纯粹……

归来的深夜，早早地分别，有些人甚至没来得及说再见，只能望着远去的身影，道一声珍重！感谢这样的一群人，陪我走过一段难忘的岁月。

纵然时光匆匆，记忆早已刻成永恒。难忘 CHFS，难忘我 51 组的伙伴们！希望在未来的岁月里，你们都会变得更好！

一段行程：学会生存，感受生活

文／朱振松

"2017，创造奇迹。"临行前默念着这句话，总觉得很浮夸，但是现在回想着家金大调查最后给我们带来了什么，思来想去才发现，原来无论是对个人、对中心、对国家，2017 家庭金融暑期大调查真的创造了奇迹。

2017 年家庭金融调查与研究中心的访问工作几乎和北京的高温预警同时拉开了序幕。从 7 月 10 日晚上到达北京西站，"热浪"就一直伴随着我们走过了这 25 天的访问。北京的七八月着实让我重新体会到了北方的夏天燥热，也终于让我明白了为什么慈禧太后愿意斥巨资修建颐和园用来在夏天避暑。

一个月以来，穿梭在北京的大街小巷，被燥热的天气反复煎熬，蝉的叫声从早上八点开始响彻北京的每个角落，路上车辆的警笛声也被热浪湮没得听不到一丝声响，走在人行道上的人们睁不开眼睛，永远半眯着惺忪的眼睛审视着北京的夏天。

我们的访问工作就在这样的环境里一点点地铺展开。北京是一座梦想中的城市，寄托了无数人的希望，有的人在这里梦想成真，有的人在这里一败涂地。我们也怀揣着小小的憧憬游荡在北京的五环之外，耐心地推进着手中的进度条。

或许随着时间慢慢溜走，我们会忘记具体的一户户人家，但是我们不会忘记的是身为小白的我们第一次敲门时的紧张、第一次成功入户访问时的感激、第一次被拒访时的失落。无论什么事情，开始的第一步总是困难的，而当你适应了它的节奏之后，所有的问题就变成了一种翻来覆去的重叠。

访问自然也有一些别样的插曲。北京磨人的天气配合着不规律的饮食，最终还是拖垮了三位访员。躺在宾馆的床上，头痛到怀疑人生的时候，也在思考来这里经历这些折磨是不是值得，但每次都在得出答案前一秒昏昏睡去。访问期间也来到了北京的农村，感受了村民独特的热情。第一次实际深入农村基层观察民情，千百种滋味混杂着，让人觉得不舒服。

终于在最后一个社区说出了培训时觉得很有趣的那句话："您好，请问您还记得2015 年有一群同样穿着蓝色衣服的大学生对您进行的那次访问吗？我们今年又来啦！"在这个社区碰到了热心的老受访户，碰到了搬家离开社区不愿意被追踪的受访户，换样一批接着一批，成功与拒绝混合着砸向迷离在北京街头的我们，感觉被北京宠幸着同时也被北京遗弃着。见识了新受访户对我们严重的质疑，也目睹了同组的同学直接被受访户数落到泪奔的场面。这是生活给予我们的惊喜，我们只能默默接受。

8月4日，小队被安排去A社区进行扫尾支援工作，清楚地记得这一天的太阳从早上八点的不期而至到晚上六点的恋恋不舍，陪伴了我们在北京的最后一天。中午离开社区办公室的空调房到社区大院取外卖的路上，一度因为刺眼的阳光睁不开双眼，日头毒辣得就像是要把我们永远驱逐出北京城一样。支援工作结束后，返程的路上看到了在北京的最后一次晚霞，阳光把西边的天空渲染得温和平整，红得纯正却不浓烈，是北京对我们最好的送别。

整个大调查访问期间，和社会各阶层的人接触，和各个年龄段的受访户聊天，会让你感受到来自社会各个层面上的压力。在B家园中见识了拆迁户因为政府允诺的"70年大产权房"没有房产证的苦恼，在天通苑见识了上班族规律的一天和老年人生活的自由自在，在西辛力屯村见识了现阶段农业的生产经营模式和依旧亟待解决的农村贫困问题，在清缘里社区见识了阴暗潮湿的北漂地下室生活和四世同堂"蜗居"生活的幸福与辛酸。

家金大调查像是一把利刃插在了"帝都"的心脏上，褪去"帝都"华丽的外表，生活在这里的人们固然有自己的幸福，但也不可否认地有着难言的辛酸。在北京的25天，我见识到了生活在北京的居民的可幸、可敬、可叹。

可幸在于他们生活在北京，享受着全国顶尖的基础设施、教育医疗资源，他们的生活那么靠近他们的梦想，是幸运的；可敬在于生活在"帝都"的北漂一族，他们在恶劣的居住条件下努力在陌生的城市扎根，他们为了自己的梦想在这里摸爬滚打，值得尊敬；可叹在于北京的民生问题仍有一大部分没有得到改善，教育、医疗、环境等都让受访户滔滔不绝地述说着他们的烦恼，身为访员的我们想为他们做一点贡献然而却又那么的力不从心，只能在备注栏里多写几行充满感情的文字。

在北京25天的访问时间中，每天都有新的事情在发生，每天都有突如其来的各种问题等着面对。我突然觉得人生的魅力在这里体现得淋漓尽致，一个个意想不到的意外让人生这种说起来虚无缥缈的东西变得真实。也唯有如此，才会让我们明白生存不是我们的极限，向着生活努力才是我们每个人前进的方向。

突然想到2015年山东高考语文《丝瓜藤与肉豆须》的作文题和我当初"生存之上，生活以下"的立意。感谢家金大调查让我们从学校走向社会基层，懂得人生不只是苟且生存那么简单，真正的生活等着每个人去体悟。

从刚被派出时的懵懂无知、一脸茫然到慢慢成长，最终进化成为可以独当一面、无所畏惧的合格访员，感谢家金大调查教会我的一切。虽然这一个月中受了无数的委屈，心灰意冷无数次，但是回头看之前的经历，都觉得是一种为了成长而必须付出的疼痛。这一段的行程结束了，家金教会我坚持到底不认输的精神会引领我去面对之后一个接一个的挑战。

北京再见，家金后会有期！

因为相信，所以热爱

文/季心悦

信仰，是去相信我们从未看见的，而这种信仰的回报，是看见我们相信的。

——题记

纪德曾经说过：我愿为一切美好的事物燃烧自己的灵魂。

是的，当我被一句"让中国了解自己，让世界认识中国"的热血标题吸引去泰州高港做家庭金融调查的社会实践时，我想我确实是在"为了美好的事物而燃烧自己"。

正午火辣辣的阳光、路人怀疑的眼神、少数受访户的不屑与抱怨，还有团队成员之间的小摩擦，所有的这些矛盾与挫折，曾让我一度想要放弃。

记得最惨的一次，中午12：30骑着公共自行车赶到一个受访户家里，刚访问了3题，才问到其儿子的姓名，受访户就说什么也不愿意回答了。虽然他是出于保护隐私的心理，也算是情有可原，我们如实填写了接触记录并申请了换样。接下来一直到下午17：30，我跟搭档一直冒着能把人晒化的太阳，骑着车去一家一户地寻找受访户。有的家中没人，打电话，"喂，没空"，手机里传来"噼里啪啦"的麻将牌声。有的"喂，您好，请问您是×××吗？"话还没问完，"啪"的一声就被挂了电话。再打过去，"喂"还没说完，又被挂断。就这样，一整个下午我们都在外面骑车、敲门、打电话，却只换来了连着被8户人家拒绝的结果。那个下午真的是，越做越丧气，几乎要蹲到路边哭起来。

但我们始终坚信，事情总会好转起来的。在一次次的拒访中，我们逐渐学会了一些技巧，比如怎么厚着脸皮让人家多听自己说几句，怎么让别人理解我们的做法，尽可能地去帮助别人，用一颗颗真诚的心敲开一户户受访户的门，用我们的热情与辛苦感化他们，让他们真正明白这次调查的意义所在，从心底里愿意接受我们的访问。这是一个艰难的过程，但我们总算是一步步走过来了。

很多人觉得，我们这个调查接触的很多受访者是老人，根本就不清楚家里的情况，有些年轻人就算是了解家里的情况，但是一问到家里的存款、银行卡这些隐私问题时也大多语焉不详，很多数据都不是很可靠，因此一定程度上来说，这个调查其实意义不是很大。但是我觉得，一件事情，你做了不一定立刻就有回报，也有可能你一辈子都看不见它的回报究竟在哪里，但是它总会在某一个方面体现出来，说不定是以你不曾想到的方式。

没有什么事情是真正意义上平白无功的，种瓜得瓜，种豆得豆，日后的果实一定是前日的辛勤劳动得来的，即使你觉得自己不劳而获了，那可能只不过是前人栽树、后人乘凉罢了。

正如奥古斯丁所说，信仰，是去相信我们从未看见的，而这种信仰的回报，是看见我们相信的。

我相信家庭金融项目能从 2011 年坚持到现在，并将继续坚持下去，一定是有理由的，我们的努力不会白费，它总会多多少少带给我们一些什么。

几米说，尽管这个世界破洞百出，但真的不用担心，每个破洞都会找到一个补洞的人。但是，如果我们轻易放弃我们该做的，世界，同样也会放弃我们。

我们用脚步丈量中国的每寸土地。

家金，我们永远在路上！

永不褪色的蓝色记忆

文/刘当午

今年的阳光耀眼如昔，今年的夏天酷热如旧，然而今年的暑期我们却肩负着不同的使命——我们2017年中国家庭金融调查访问第49组的访员来到了重庆，进行为期27天的大学生社会实践活动，重庆也因为我们的到来而拥有了不同的精彩。

我发现不管是一件东西还是一个地方，当你真正爱上它的时候，一定是已经失去或者已经离开它的时候，剩下的只有深深的留恋和美好的回忆。尽管离开重庆才几天，我却不由自主地一直想着那个地方，似乎被定格了，又似乎就那样被封存了。从启程前往到动身离开，仿佛一切都发生在昨天，那么深刻、那么清晰……去见一个人，去听一个故事，去获得一份感动。

我在访问的过程中碰到了形形色色的受访户：有耄耋之年，我对她大声说话她都听不清却始终对我微笑的老婆婆；有炎炎夏日自己舍不得开空调，看到我们来了，请我们进卧室吹空调的朴实大妈；有中途被多个电话催促却依然耐心完成访问的可敬大叔；也有在盛夏午时特意赶来旧住址接受访问还打算请我们吃饭的大爷……

二十几天的旅程，留下了一段段温馨的记忆：有过完全不能理解婆婆口音时的茫然；有一天刷下三户家庭金融调查和两个时间调查样本的喜悦；有带病访问几乎无法坚持时被大妈乐观情绪感染的顽强；有因为炎炎烈日下特意为我们远道赶来的大爷而收获的感动；有听饱经沧桑的大爷发表对基层和国家治理以及百姓民生现状的见解时的思考；有在40℃的温度60°的斜坡上来回寻找受访户时的艰辛……经历过浮生百态，世间疾苦，方知自己今后将去往何方，欲成何事。

受访者中有一位七八岁的小姑娘令我印象深刻。记得那是我们小组来到A区的第一天下午，她和她年逾古稀的婆婆顶着骄阳来到了村委会的办公室接受访问。"婆婆，这么热的天，其实我们可以去您家访问，或者您可以等凉快的时候再来啊，真是辛苦您和小朋友了。"我给这婆孙两人倒了两杯水，让她们坐在风扇风力最大的地方。"可我们只能现在来，刚刚才下地干了活，等下还得去，也不能让你们去地里啊。"小姑娘扑闪着大眼睛，抢在婆婆前面替她说道。这皮肤黝黑却灵动可人的小女孩一下子就赢得了我们的好感。开始家庭追踪样本访问的时候，婆婆那土生土长的重庆话让我的访问举步维艰。闷热的天气本就不好受，每次都要重复多遍还不一定能让婆婆理解更让我感觉吐出的每一个字似乎都在撕裂自己干渴的喉咙。小姑娘刚开始是在旁边接受实践问卷调查的，后来不知是实践问卷调查做完了，还是实在不忍心看我无奈地从一串实在不知所云的重庆话中寻找答案，她便自己跑过来在我和婆婆之间当起了翻译。忘不了她给婆婆解释名词时那涨红了脸的神色，也忘不了她不厌其烦地分别重复我和婆婆的不同语言时那有重庆特色的普通话。十分庆幸能在繁重的工作中遇上这样的小天使，给我们的调查帮了很大的忙。

"位卑未敢忘忧国""哀民生之多艰"，以前读起来没有什么感觉的诗句，在今天看来却十分的有感触。最喜欢的电影《西游·降魔篇》中，还有一句令我印象非常深刻的话："有过痛苦，方知众生痛苦。"身为大学生的我们，现在过的是衣食无忧的生活，对基层老百姓的生活疾苦知之甚少。这次亲身体验让我有了深刻感触，这不但是一次实践，还是一次人生经历，是一生的宝贵财富。

作为当代大学生，也许真实的磨难只是与我们擦肩而过，并没有过度的纠缠。我们中的大多数一直在安逸的环境下生活、学习，很多东西都唾手可得，但是在某个遥远的角落里，却有一些人过着与我们截然不同的生活。山村里，面对知识，孩子们流露出如饥似渴的眼神；面对生活，农民们展现出与烈日暴雨搏斗的精神。谁能不为之震撼、不为之动容呢？此次我们走进山区，是"星星之火，可以燎原"，也是一场心灵的碰撞，我们将关切给予他人，也从他人那里收获感动。

就我个人来说，我也是直到参加了这次活动，流过了不少的汗水，才真真切切地体会到了普通老百姓生活的不容易。柴米油盐酱醋茶，生活与社会远远不是我们能够在课堂上学习和体验到的。这次在中国家庭金融调查中体味和学习到的一切都将是我一生中最珍贵的财富。经历过才会真正懂得，正如陆游的名言"纸上得来终觉浅，绝知此事要躬行"，无悔青春，追梦前行！

"路遥"知马力：督导该有的那些技能

文/邓莎丽

"你叫路遥，那你组员有叫马力的吗？"

初见督导，我便迫不及待地提出这第一个问题。

路遥，"95 后"，南京审计大学金融专硕学生，2019 年中国家庭金融调查（CHFS）南审 4 组的访问督导。

好的联络是成功的前提

作为督导，除了和组员一样进行家庭问卷的访问，路遥还有两个特别的职能：联络和换样。

整个团队进入一个社区访问前，路遥需要提前向相关乡镇领导报备。

"××镇长您好！我是西南财经大学'中国家庭金融调查'项目组委托的大学生调研员，我们将在贵地开展'中国家庭金融调查'项目，预计会在近期前去拜访您……"

发完短信隔半小时，路遥会拿起手机，拨打一个电话过去。

"先发短信是害怕我们的异地手机号被当成营销骗子。而且先短信告知，显得我们更有礼貌嘛。"路遥回答，"我们访问前可是都经过了专门的沟通技巧培训呢。"

无论是跟乡镇还是社区领导打电话，他总是喜欢戴上蓝牙耳机，独自躲在角落里沟通。"你们在旁边看着，我……我会不好意思。"说完他挠挠头，腼腆地笑。

跟访第二天，南审 4 组走进了一个小乡村。也许是因为联络得好，村主任对大家热情有加，自己还全程帮忙协调受访户访问顺序。整个访问井然有序，已完成样本数量"蹭蹭"上涨。

南审 4 组的访问进度一直在河南快得数一数二。

他们平均一天"横扫"一个村。这"顺利"离不开路遥的及时换样。每当组员遇到空户、严厉拒访等问题，都会向身为督导的路遥提交一份换样申请，再由他通过审核，继而将样本返回中国家庭金融调查与研究中心大本营，大本营再根据情况重新下发新样本。

"全国几十只队伍同时开展访问，换样很多，如果我们不及时提醒后台，可能就会等很久。"于是，路遥给南审4组建立了一个微信小群，只要有人换样，立刻在群里告知他，他好在第一时间核实真实性，并及时处理。

"如果我动作慢了，我的组员就得痴痴地等在原地。所以我能做的，就是快一点、再快一点，协助他们获得新样本，展开访问。否则河南这么热，他们……太可怜了。"

做一个被全组"怼"的"知心大哥哥"

河南每日的平均气温高达37℃。拖着快要被"烤焦"的身子，背着装满访问资料的书包，夹杂着入户被拒的糟糕心情，组员们的脾气难免略显暴躁。

尤其是调研开始的头几天，由于联络不到位，导致全员没有后援支撑；由于不熟悉问卷，导致访问时间过长；由于组员性格不合，导致摩擦不断，而且"火气"自然被纷纷发泄到了路遥身上。

他们总是特别喜欢"怼"路遥。"路遥，访问都结束了，你到底有没有给我们订好回去的车啊？""路遥，你找的什么酒店啊，交通太不方便了。""路遥，明天到底什么安排啊？""路遥，你……"

作为被全体组员疯狂批判的"受气包"，路遥反而看得挺开："我年龄比他们大几岁，本来就应该照顾好弟弟妹妹们。我也是第一次当督导，难免有不够周到的地方，他们及时提醒我，才能让我有进步啊。"

每天除了带领团队访问，路遥还充当着"知心大哥哥"的角色。渐渐地，组员们不再怼怼他，开始愿意与他分享心事，交流人生。

"路遥，××刚刚被受访户凶哭了，你去安慰一下。"

"路遥，受访户强行'扣'下了我们，快来救我们。"

除了这些工作类求助信息外，他逐渐收到了一些类似"督导，我最近有个心仪的女生，我该怎么处理这种心情"的生活类求助信息。

"看到这个转变，我其实很开心。虽然很繁琐，但非常感谢大家对我敞开心扉。这也是认可我的一种方式嘛。"路遥显然真的很开心。

各司其职，让所有人发挥比较优势

为了让团队更加和谐，路遥决定让组员们各司其职。

罗雨昂自带语言天赋，无师自通河南话，效率特别高，所以让他多访问少操心其他事；

王溪影是本地人，会方言，就让她多与不会普通话的老人沟通；

王惠君社交好，就让她负责酒店、订车砍价；

沈豫有摄影技能，就让她每天拍照记录访问工作；

倪睿延是为数不多的男同学，就让他多干一些体力活儿；

王筱娴和李曦心态好，就让她俩多充当团队的开心果……

在路遥的带领下，南审4组愈战愈勇，组内关系也越来越融洽。组员李曦偷偷表示："我们现在不怼他了，改成友情调侃了。也是因为他人好，我们才敢。如果真把他当成有代沟的领导，我们反而会跟他客气呢。"

路遥知马力

事实上，路遥的团队里并没有一个叫"马力"的同学。

但"路遥知马力"这句话，却好像是为这个团队量身定制的。

兜兜转转十几天，南审4组在路遥的带领下，攻克了商丘市的8个居委会、村委会，并准备在郑州市开展接下来的访问工作。

这支团队，从刚开始的摩擦、矛盾不断，到访问中后期的默契配合，就如中国家庭金融调查从开始的任重道远，到最后全国四万户样本的成功采集——短期的苦难不算什么，正因为道阻且长，才更加磨炼出团队的意志，才更能体现出调研的不易，也才更加让数据的获取变得弥足珍贵。

"路遥知马力"——路途遥远，方能知晓马儿是否优秀。督导路遥虽然不认识马力，但他知道"路遥知马力"这句名言。

他知道，大浪淘沙，留下的终究是最值得铭记的人和事。而他和他的团队，将在接下来的调研中，继续奋斗在第一线。

贵阳2组之夹缝中坚韧成长

文/廖桥

"感动如数家珍，难过时刻已记不得几个"

常言道，城市是人的缩影。贵州2组的访员们因为暑期大调查这个项目来到了贵阳市，也和生活在这里的人有了许多深入接触。有暖心，也有挫折。

"乐观小天使"杨洋说，她第一天晚上访问的是一对老年夫妻。

"老奶奶刚开门，我们还没和她具体解释中国家庭金融调查是什么，她就赶紧招手让我们先进去坐。"

在访问过程中，杨洋把没多少水的杯子随手放在茶几上，等她再拿起水杯，手感变沉了许多——是老爷爷悄悄倒满的。

访问结束时，杨洋因为怕黑，要等督导上来送误工费时她才敢跟着一起下楼。"那个楼道真的特别黑、特别窄，还只有一侧有楼梯，老爷爷他们家下楼要从这头走到那头，但是他把我落在他们家的水杯给我送下来了。"杨洋说，当时真的很感动，第一份样本就碰见这么好的受访户。

王文妍则说，住在访问小区的基本都是退休老人，样本情况呈两极分化状态。

"有些老人身体还很健康，思路清楚口齿清晰，但有些访问时就比较困难。"和杨洋第一天的暖心经历不同，她与童兰晞的第一次访问困难重重，100道问题里有近30道受访户都说不知道，而且访问进行到一半时，情况突变："他们家奶奶有事，不愿意继续了，我们说另外约时间也被拒绝。"

虽然有难关，但提起印象深刻的受访户时，访员们总是能对感动的回忆如数家珍，沮丧的时刻却不记得几个。

杨洋说她第一天入户的那家，老爷爷回答问卷的时候很认真，每一个问题都是仔细思考后才给出答案。

"我能感觉到老爷爷做问卷的时候，抱着一种想解决问题的心态——不是说他自己的处境困难，而是他想通过做这份问卷，贡献出自己的数据，帮助其他有需要的人。"说这话的时候，小姑娘眼里满是敬佩，声音都比之前铿锵有力。

王文妍也说自己第二天入户访问时，受访户很配合："我们从上午十点过问到接近下午一点，那个叔叔下午还要上班，家里早就把饭做好了，但他坚持先配合我们做完问卷。"

"夹缝里，也有光亮"

"贵州省的政治、经济、文化、科教、交通中心。西南地区沟通珠三角、长三角的交通通信枢纽和物流集散地。全国综合性交通枢纽、国家级大数据产业发展集聚区、呼叫中心与服务外包集聚区、国家循环经济试点城市。"这是维基百科对贵阳市的描述，也是访员们来之前对贵阳市的猜想。

但在来了之后，在不断地入户之后，他们见到了更鲜活的贵阳，接触到了与之前在学校和在家时全然不同的生活，已经迅速成长起来。

访员王文妍是在沿海城市长大的孩子，她坦言，卖早餐的推车、街边的小卖部包括楼房和街道，都与自己熟悉的环境相去甚远。在她以往的人生经历里，去外地基本都是旅游，"而且也不会进居民楼，近距离地融入他们的生活"。来到这里，对她来说是从未有过的体验，也是一段不一样的经历。

一段时间下来，访员们经历了拒访、换样，感受到了在外奔波的辛苦。他们在晚上十点的马路边等过还没完成访问的组员；在白天来来回回从居委会走到这个社区又回那个社区，不到下午三点就已经满了一万步；在过了高峰期的饭店里，抱着书包趴在桌上小憩。尽管有心灵和体力上的双重劳累，但他们不曾气馁。也许正如巡视督导李洪彪所说："现在辛苦一点，以后就知道参加这个项目，对人际交往、抗压能力、承受挫折能力的提升有多大帮助。"

访员们走街串巷，上楼下坡，深入这座城市的神经末梢去探寻真实。他们以前见过繁华，如今目睹逼仄，却亦能在夹缝中坚韧成长，也终将和这里一样，破茧成蝶，向着更好的未来振翅飞去。

每一滴砸在地砖上的汗水，都是明日清晨晶莹的朝露。

勠力克万难，风雨济同舟

文/贾瑞璇

2019 年中国家庭金融调查湖北 6 组来自首都经济贸易大学，由博士生公雪、研究生栗传政和本科生欧阳昆雨、黎凌逸、吴丽霞组成。

"我们组的人姓氏都不常见。"他们笑谈彼此的缘分，对一同经历的美好与艰辛如数家珍。

感动

"上一个社区的书记非常热情，周日特意加班，帮助我们入户，还陪我们直到晚上九点多——最后一个访问结束。"湖北 6 组的督导公雪说，访问过程中，五个社区的工作人员都非常配合，为他们提供了很多便利。这一天的最后一户访了将近三个小时。欧阳昆雨说："八口人，三套房子，两个工商业户。到后面我嗓子实在说不出话来，又有两个人轮换上阵才帮我访完。"

访问的某一天，黎凌逸突然的变化让所有人都吓了一跳："腿上开始起很多红疹子，起初不以为然，没想到愈演愈烈，直至奇痒无比。"第二天早上，胳肢窝和脖颈处也出现了一团团凤凰红，看上去病情十分严重。作为武汉人的欧阳昆雨很快联系了自己的家人，带黎凌逸去了一个半小时车程以外的医院，得知是丘疹和急性荨麻疹两种疹子。"用药之后好了很多，"黎凌逸感动于组员的帮助和关心，只休息了半天就继续投入到访问工作中，"也算没有太拖小组的后腿"。

"很多老人就真的把我们当成他们的孙子孙女来看待，给我们喝水、吃西瓜，"栗传政谈起访问中的点滴感动，说遇到了很多有责任心的老人，"因为我们会问到很多有数值的题嘛，有的老人是新受访户，就说要从今年开始记账，这样的话我们 2021 年去访问的时候就能提供准确的数字。"

"我们的访问开局不太顺利，"公雪回忆起访问初期大家都不太熟练时的各种艰难，"第一站 A 村，只有老年人还留在村里，其余的人都搬家了，我们展开了艰难的追访工作。第二个社区居委会能帮助的有限，空户很多，也进行得十分艰难"。

在第二个社区时，吴丽霞跟随公雪一起去"扫街"："我跟学姐（公雪）一整天都在外面撑着伞走，到处找受访户，没能敲开一家。"逼近40摄氏度的高温让吴丽霞不堪重负——中暑了，还差一点晕在路上。公雪拿出常备的藿香正气液，但没有吸管，只能"硬生生撬开"瓶盖给她喝。

公雪提到，第四个社区抽中的样本楼层都比较高，但是只有定时开放的电梯，大部分时间访员还是要自己爬楼，受访户不在家的情况又时常出现，才下七楼，却上八楼，访员们纷纷感慨：雄关漫道真如铁，而今迈步从头越。栗传政也说："很多年龄较大的受访户非常配合工作，愿意到居委会接受访问，但想到年逾七旬的老人爬十层楼梯，心中真的不忍。这种情况下，我们宁愿自己爬楼，上门访问。"

感恩

身为组里唯一的湖北人，欧阳昆雨经常会帮助组员："武汉方言里面数字五和六的发音比较像，我陪访的时候听到就会告诉他们（访员）。"她把陪访过程中经常听到的访员容易听错的方言总结起来，让大家多注意。她还会带着全组人一起去吃正宗地道的武汉早餐，给艰辛的访问过程增添更多乐趣。

吴丽霞某次访问一个老爷爷时，得到了一个"路人"大叔的帮助："那个老爷爷耳朵不太好，因为我声音比较低，即使大声讲，这个老爷爷也听不太清，然后这个大叔看到我蛮吃力，就过来帮忙，对着老爷爷的耳朵大声讲，帮我传达。"

虽然被保安大叔"请"出小区很多次，也被拒绝了很多次，但栗传政一直对他们很感恩："保安大叔职责所在，有的受访户中途拒访，我觉得都很正常。有的时候就换位思考，我觉得受访户能接受我们的访问已经很了不起了。"无论面对恶语相加还是善意接受，他都会说"我理解""谢谢您""麻烦您了"，对访问过程中的一切见闻心怀感激。

感慨

"有的受访户家庭可能物质条件上并不很富裕，但精神生活是富足的，他们能够感受到生活中的点滴幸福，对未来也充满信心。"栗传政做家庭问卷时收获了很多感动。

已经是研究生的他平时经常用到这些微观数据："经历过这个调研之后才会对数据中出现的问题有所了解，比如有的地方为什么是空值、什么样的数据足够可靠。"栗传政还提到了有个体维度的家庭追踪调查面板数据："用的时候不觉得，不当家不知柴米贵，不调研不知面板贵，来调研以后会发现做面板数据真的很难，追踪一个家庭三五年，看他们几年间的变化，这非常难得，是非常了不起的研究。"

公雪作为督导，也看到了组员们的更多成长："我们组最小的是 2000 年出生的，但大家完全不娇气，对待问卷非常认真，每天访问完回来，一定要把问卷再检查一遍，把备注修改到没有错别字，再回传，力争做到尽善尽美。"整个访问过程，组里的五个人都或多或少有过生病——发烧、中暑甚至荨麻疹，但是组员们"生病了也只是短暂休息一下，稍有好转立马投入战斗"，这些细节，公雪都看在眼里。她感谢每一个组员的努力和付出，也感慨家金给每个人带来的收获——通过调研，对数据有了更深刻的认识，对数据背后的故事有了更直接的了解，接触到了很多之前不了解的家庭现实，同时也收获了所有人同甘共苦的珍贵的一个月。

"下次大调查你还会来吗？"

"我会来啊。"栗传政毫不犹豫地开口。欧阳昆雨和黎凌逸表示："如果他（栗传政）下次还来的话，我们也来。"

虽然有各种艰辛，但栗传政乐此不疲："我觉得出来锻炼锻炼还挺好的，只要有积极乐观的心态，在哪里都可以度过美好的暑假。"

五个人一起度过的这个暑假，意义非凡，一定会留在每个人心中，成为人生最美好的回忆。

山城"蓝精灵"

——CHFS 重庆跟访篇

文/邓莎丽

"在那山的那边

江的那边

有一群蓝精灵

他们乐观又聪明

他们坚韧又勇敢"

——题记

8 月 7 日，36℃。

8 月 8 日，35℃。

8 月 9 日，38℃。

……

每一天，山城重庆都像一座大火炉，散发着源源不断的热量。

在山城深处，活跃着一群可爱的"蓝精灵"。他们衣着蓝色队服，身背蓝色书包，头戴蓝色帽子，穿梭在清晨的阳光下，出没于深夜的灯光中。

他们是 2019 年中国家庭金融调查（CHFS）重庆地区的访员，也是长江师范学院的大学生。

每天，他们带着平板电脑，寻找着既定受访户，用心采集数十个家庭宝贵的数据，以期为中国经济金融问题的学术研究和政策出台提供数据支撑，做出微小贡献。

叫你一声，你会答应吗

"蓝精灵"王娜是访问 6 组的督导。在接受电话采访时，她这样说道："印象最深的是刚开始访问那几天，我们找不到受访户。"

山城道路的崎岖可谓名副其实，曾因几个地图 APP 纷纷放弃语音导航，还上过微博热搜。的确，看着地图，王娜和她的搭档李莉娜时常感到不知所措。

那一次，她俩迷失在一个村里，"站在田坎上，完全打不到方道（重庆话：找不到方向）……"为了尽快找到受访户，她俩绝望地一路走，一路深情呼唤："张荣贵（化名）叔叔，你在哪里嘛？你快出来啊～～"

不知走了多久，一名中年男士从田地里走出来问道："你们找张荣贵爪子（重庆话：干啥）？"烈日下，王娜像看到了救星一般，赶紧介绍道："叔叔您好，我们是中国家庭金融调查的访员，来这里做一个公益项目……"一番详细解释后，见叔叔若有所思，王娜再次提出请叔叔带她们去寻找受访户。没想到叔叔突然说："我就是张荣贵。你们有什么问题，问吧。"

这从天而降的幸福，让王娜二人雀跃起来。"靠我们深情呼唤名字，喊出来的受访户——这种结识是一种怎样的缘分啊！而且叔叔很配合我们，顿时感觉之前爬坡上坎走的那些弯路都没有白走！"王娜回忆起来还是很激动。

遇见未知

"爬坡上坎"的确是山城的一大特色。放眼望去，建在山腰的楼房数不胜数。访问 5 组"蓝精灵"的样本在城市社区，社区建在山坡上，所以他们每天都在与山路和高楼做斗争。

除了道阻，他们在入户访问时还将面临未知的受访户们。"蓝精灵"孙相玲就曾表示："第一次敲门前，我要深呼吸三口。"

有时候运气好，在楼下蹲守门禁的时候刚好遇到老受访户开门，三言两语就热情地邀请他们"到屋头坐哈儿（重庆方言：去家里坐坐）"。这时候的蓝精灵们会激动地连声道谢。

但并非所有时候运气都爆棚。"今天的一天可以用'等待'两个字总结。"疲倦地瘫在小区休息椅上的张琼说。的确，等待并不是放松休闲，等待也心累，因为你不知道下一秒将会发生什么。"我最长等了两天才'开张'，那个心情啊，一言难尽。"所谓"开张"，就是这组访员戏称的成功入户访问。

事实上，等待一个受访户的心情，也是遇见未知的自己。对未来抱有期待，把受访户当成诗和远方，寻找未知也就变得美丽起来。

一壶水，八碗面

一壶开水可以泡几碗面？访问 3 组的"蓝精灵"最有资格回答。

那一天中午，他们在村里的访问暂告一段落，大家纷纷掏出方便面准备快速充饥。万万没想到，全村突然停电，只有小卖部还剩一壶开水。于是，桌子成为"擂台"，这头是一只小小的水壶，那头却是"浩浩荡荡"排出的八大碗方便面。

本以为他们遇到这种小概率事件会情绪低落，怨声载道，可他们却不约而同地选择了团结，像击鼓传花一样，每人分一点水，然后传给下一个小伙伴。就这样，硬生生地用一壶开水泡好了八碗面。

"泡面条件虽然清苦，但至少所有访员都吃上了午饭。"重庆的巡视督导冯惠笑着说，"其实这也是'团建'的一种方式。有时候'同甘'体现不了什么，'共苦'才更加深刻。"

把困难当做考验

不错，访问征程总是变着花样给这群蓝精灵送来"惊吓"：被村里看家大狗"恐吓"，被城里神秘人士威胁报警……但他们总能凭借着一份天然的乐观，化"惊吓"为"惊喜"：谈到大黑狗的凶猛，他们眉飞色舞地现场教学如何防狗；说起在炎热的天气里跋涉，他们立马笑称"正好减肥了"；问找不到路怎么办，他们就相视一笑调侃着"人间正道是沧桑"……

"当你把征程中的绊脚石当成人生必经的考验，一切困难就都迎刃而解了。"这不，清晨伊始，太阳初升，这群身经百战、不畏艰难的蓝精灵们，又迈着轻快的步伐从住宿地点分散开来，一支看不见的歌也随之升腾，洒落在他们身后：

"在那山的那边

江的那边

有一群蓝精灵

他们活泼又聪明

他们坚韧又勇敢

他们乐观开朗

出入在那

山间的高楼里

他们善良团结

相互都关心

哦，可爱的蓝精灵

哦，可爱的蓝精灵

他们齐心协力

开动脑筋

找到了受访户

他们采集问卷

快乐多欢欣"

写给妈妈的一封信

文/王岩煜

亲爱的妈妈：

见字如面。我想您了。

一个月在外面奔波工作，自己没有照顾好自己，让您担心了。上次您来电话焦急地问我感冒好了吗，我却因为正在访问而挂断了您的电话，对不起啊。我按照您给我的药单认真地买了药，一样不落，我一定会很快康复的。我也会记得，天热不要喝冰水，晚上天黑尽量不要单独出门，您放心。

女儿是已经长大的雏鸟，一定会学着自己飞行。

妈妈，我交到了很多好朋友呢。

我们一起做家庭金融调查，每天同吃同睡，同起同卧，相处得很好。我没有和小伙伴闹矛盾，您放心。他们很照顾我的，同组的男生每次都会在高铁上帮我放行李，一屋的女孩子晚上经常和我聊天。访问的时候，我们都在一起，有苦一起扛，有甜一起享，去偏僻的小村庄我们结伴而行，住繁华的大都市我们一起琢磨怎么才能省钱，衣、食、住、行都商量着来。被人拒于门外甚至恶言相向也是时常发生的事，每天晚上十点多才能吃晚饭也成了惯例。

虽然辛苦，但用脚步丈量祖国的一片片土地，我感觉到了一种神圣的使命感，我和我的小伙伴们在做一件有意义的事。就算有时候受了委屈，我们也会一起咬着牙努力证明自己。有这群朋友在身边，所有的苦和累都比蜜甜。

这次调查研究，我见识了世界的广阔。去村里访问，我走了很多泥泞的小路，看到了很多尽管家庭条件不是很好但仍然努力生活的人。

我们访问到一户老奶奶，她和老伴两个人勉力抚养他们的四个孙子孙女，他们老两口靠着退休工资，上要奉养 90 多岁的老母亲，下还要拉扯四个孩子。可就算这样，他们也坚持供孩子们上学，有三个孩子已经上了大学。他们坚信知识就能改变命运。

我还见过一户因为病魔侵袭而在短时间内被掏空家底的家庭，现在他们还是选择不放弃，有病就治，一家人互相扶持着走下去。

世人皆苦，每个人的生活都有不可言说的隐痛。现世安稳的我又有什么资格说人生艰难呢？

在繁华的大都市里，每个人都行色匆匆。但在访问过程中，他们都愿意慢下来配合我们的调查，一字一句都细心斟酌。

我们在访问过程中还收到了很多次受访户的"投喂"，香蕉、西瓜、茶水等都和着受访户的关心一同吞下。本是陌生人，因为家庭金融调查建立的情谊难能可贵。本来半小时前还在烈日炎炎下敲门入户，半小时后就在别人家里和他们聊天，不得不感叹人和人之间缘分的奇妙。

家庭金融是一个家庭的核心，全国的广大受访户愿意对我们这群初出茅庐的大学生敞开心扉，我真的很感激。人与人之间的信任其实并不稀缺，妈妈，我一路走来，感受到的都是有温度的相处和笑容。世间处处有真情。

在外面一切都好，就是有点想您和爸爸。你们俩也要照顾好自己哦，我马上就回来了。

祝：

平安喜乐

万事胜意

您的女儿　王岩煜

敬上

学会想家

文/张倩倩

正在午睡的访员张同学被连续的微信消息提示音吵醒了。他从早上一直忙到下午两点多，还约了受访户下午五点做问卷，走进居委会提供的临时休息室，没吃午饭倒头就睡。睡得正香被中断，耐着性子爬起来翻看消息，本以为他看完消息下一秒会倒头接着补觉，不料他盯着屏幕发了一会儿呆，说了一句："我想家了。"

"我不太喜欢旅游，没怎么出过远门。"张同学坦白说，"这次到内蒙古做中国家庭金融调查算是离家最远的一次了。家在重庆嘛，上大学在成都也不远。"虽然离家很近，但是他也只有寒暑假才回去，要么是回家迟而到校早，要么有时候暑假直接就不回家了。

"我是不怎么想家的人，甚至有些害怕回家，因为我妈，反正回去待不了多久就会大吵一架，我懒得跟她吵，也不想听她吵。"张同学的眼神暗了下去。张同学的母亲性子比较急，从小到大，他最怕的就是他妈妈，甚至有些"讨厌"他妈妈。一些很小的错误，或者称不上是错误，别人家的妈妈都没当回事，但是在他母亲那里，他都会挨骂甚至挨打。"有时候兴高采烈给她分享事情或者苦恼，她要么不理我，要么挑一个奇怪的点来骂我。我们有很多观念会有分歧，我希望跟她好好交流，表达我的诉求，但是她不会听，只是固执地坚持并且要求我按她那样做，免不了又是对我一顿数落。"张同学很苦恼，"所以我越来越不愿意跟她交流。"

随着年龄的增长，张同学逐渐能理解他母亲的想法，能理解她是为了自己孩子好，只是不会表达而已，虽然不至于像小时候一样对她有怨气，但是依然害怕他母亲："她有时候骂我，给我一种她肯定没想到我们以后还是要再见面的感觉，为什么就不能好好说话呢？非要用一种令人难堪难受的方式。"张同学眼里泛起泪光。

吵醒张同学午休的微信消息来自他们家的微信群聊，里面他妈妈发了一张自己在花盆里培育的豆芽的照片，他在北京工作的姐姐夸赞："哇，看起来好棒，放凉面里一定好吃。"他妈妈回复："你们回来嘛，回来我做给你们吃。要是你们都离我近一点就好了。"正是这句话让张同学一下子有些想哭："这应该是她第一次直接表达对我和我姐的思念吧。有种被爱着的感觉，虽然之前我也知道她爱我，但是这种感觉不是她给的，而是我要自己去找，她之前的方式和语言给我更多的是伤害。"张同学心情很复杂，"就这么一下，戳中了我心里柔软的地方，这种温情正是我在我严厉急躁的妈妈身上一直期待的。"

"就出来做家金，前些日子也有想家的情绪。说是想家，其实不如说是对安逸日子的渴求吧。"张同学说，那段时间遇到的都是新受访户，工作进行得十分艰难，被各种拒访，被村民误解，每天都要大量换样。

内蒙古太阳很毒，晒得人昏昏沉沉，午睡到正酣就得爬起来继续工作，初来的新鲜感也消失殆尽，那段时间就有些想家。不过是想要在家里吹着空调，吃着冰西瓜，看看剧，听听歌，在自己的房间里困了就睡，天天睡到自然醒该多好，因为苦而想家里的甜。

张同学很庆幸自己参与了中国家庭金融调查。对实践能力的锻炼是一方面，更多的是"通过家金接触到了很多人，有失去了孩子的年迈父母亲，有因孩子沉迷网游而痛心疾首的中年夫妇，有跟爷爷奶奶居住在一起却很思念父母亲的留守儿童"。"除了问卷调查的问题外，我们也会聊聊其他的，听他们分享那些事、那些经历，给我很多触动，一直在思考自己家庭关系的一些问题，感慨自己拥有父母陪伴的幸运。"

这次的想家对张同学来说是真正的想家了："我想爸爸妈妈了，比起待在家里的安逸，我现在更想见到他们，跟他们待在一起。"

张同学这个组参与中国家庭金融调查为期将近一个月。访员们带着家人的思念和问候与家人分离一个月，一个月的时间足以让双方沉淀，慢慢剥开内心的情感与情绪去观察。家金把访员送到社会前线，在形形色色的人和事情的碰撞中一次次成长，学会想家是一次和解，一次温情的释放；学会想家，想的是家里的生活，更想的是家里的人。

致一个月前的自己

文/廖桥

致一个月前的我：

展信佳。

当你收到这封信的时候，我应该已经快结束在家金的日子了，而你可能还在犹豫是否要参加这个项目。其实我也不能很肯定地告诉你，去或者不去，但也许我可以和你聊聊这一个月的故事。

我去了4个农村样本点、4个城市样本点——你会很惊讶吧，以前只有过年和暑假才回乡下的我，这次一下走了四个村子。每一个村子都有各自的特点，但说起来的话，农村样本的困难之处大体都是那几样——方言、老年人耳背、访问环境不好、山路难走，等等。

这些我都体会过，也真切地见到了农村人的生活。我知道了所谓"贫穷"是有多穷，知道了一斤米最高卖什么价格，知道了大多数农村人一年到头会做些什么，知道了他们会因为什么而欠钱，知道了他们眼里"生活"这两个字到底是什么。

如果是你来回答这些问题，你会写什么呢？我想，你大概会说："贫穷……就是收入没那么高，生活条件差，想生存下来需要克服更多困难吧？"而后面的问题，你一概不知。

你所理解的贫穷，真的只是字面上一个轻浅的概念，一种写在字典上或者其他资料里、被印刷出来给你读的概念——我没有认为你的理解不对的意思，我只是想告诉你，在这个月里，我亲眼看到了很多无法用一个词就简单概括的东西。

每每面对那些真实，我总是心里一沉。

但后来，当我去了社区样本，我反而很怀念农村——我怀念他们的热情，怀念他们的真诚和质朴，怀念他们相信生活会通过自己的努力变好的认真。在农村时，其实入户并不难，访问并不难，方言和走路也是客观障碍。但在社区样本，入户真的很难。我有过一上午敲八户没有一家入户成功的经历，即便入户成功，中途被拒访的概率也比农村高。教育提高了他们对个人信息的重视程度是好事，但随之而来的信任壁垒，需要我花很多很多努力去消除。

"我是看你们学生这么热的天在外面蹲着不容易，才请你们进来吹吹空调喝杯水，但我不会接受你们的访问的。"

"同学，你们一直在这里敲门，又一直喊那么大声，挺打扰我们的，要不你们去其他地方敲门吧。"

......

不被理解的时候，我真的很难受。"你们这个项目有什么意义？""你们这个问卷太细了，我不想回答，我觉得它在获取我的个人隐私。"这些话会让我怀疑，我参加家金，不仅没有为社会带来任何有建设性的东西，反而带来了不好的影响。但这么多的拒访，这么多的冷言冷语，还有不被信任——你能相信我竟然坚持下来了吗？那个以前在家里听两句训就拉下脸来，觉得受了委屈就会哭的我，现在竟然能够一遍又一遍地用笑脸和"您"去面对冷漠，一遍遍地解释家金这个项目的意义和对他们会有的帮助。

我想，这里面肯定有组员相互鼓励的因素在——我知道你之前从没体验过和六七个人在外面一起奔波一个月，也很难想象这样一个用时这么长的社会实践项目。但我希望你相信，这真的是一段很奇妙的经历。大家都是同龄人，没有家长和老师带着引着，都在跌跌撞撞地融入社会。会经历很多"第一次"，会见到很多之前没有注意过的真实，会了解到我们国家最细枝末节的根系构成了怎样一个生态群体。

我接触过很质朴的农民，也因为一些人甘于安稳不愿为更美好的生活去拼搏奋斗产生过怒其不争的情绪；我碰见过因为这样那样的原因而难以访问的社区居民，也经历过不敢也无法回应他人期待的无能为力；我知道了历史书上的"落后思想"会给一个个体带来怎样的不幸和悲剧，我见到了一些宏观政策落在具体的人身上带来的差异。

我的工作是收集数据，我无法告诉你这份数据如何有意义、会怎样为学术研究和政策制定提供依据，但我知道，它会对你产生的影响远比你想象的要多。

我仿佛在问卷里走过了很多人的前半生，走过了中国这几十年的缩影。

如果现在你问我，要不要选择这样的一个月，我会告诉你——

你要睁开眼，去看看世界。

一个月后的你

2019 年 8 月 23 日

仲夏·味道

文/白雪

社会就像万花筒，手握无数碎片，转出五彩缤纷、璀璨炫目，却也没忘雕出枯枝败叶。生活就像五味瓶，苦的是伤痛，咸的是感触，辣的是坚强，甜的是幸福。

平凡的生活，一年四季。夏天，本该是收获清新甜美的季节，但 2013 年的仲夏，注定不平凡。

仲夏·苦

"天将降大任于斯人也，必先苦其心志，劳其筋骨，饿其体肤，空乏其身，行拂乱其所为，所以动心忍性，曾益其所不能。"

8 月 8 日，第一天的调查开始。既紧张又激动地迎来了自己的第一位受访户——一位 80 多岁的老大爷。

"大爷，您好，我们是西南财经大学的大学生，从成都赶来的，利用暑假做一个中国家庭金融调查，希望能真实了解一下咱普通老百姓的保险、保障、医疗等家庭经济的相关情况……"

一通介绍完，发现大爷完全没有反应，以为自己说得太快了，于是放缓语速又来了一遍，但是大爷依旧没反应。也许是声音还不够大？于是提高分贝又来了一次，结果还是没反应。一时间完全没了方向，不知道该怎么突破。突然一转念，大爷可能听不懂普通话！搭档是外地的，根本不会方言，情况紧急，只有硬着头皮跟大爷沟通了。幸亏自己小时候还学过几句当地的方言，试着大声说了几句，大爷终于听得懂了！接下来的两个小时进行得异常艰难，蹩脚的方言、超大的音量、方言版专业的名词解释，一个一个的挑战接踵而至。随着问卷的一步步深入，更大的状况出现了，家里最了解财务状况的是大爷的儿子而并非大爷本人！这就意味着问卷里很多的数据不准确，很大一部分数据大爷自己都不清楚，致使问卷调研无法继续进行。怎么办？问卷调研已经持续了两个小时，这对于一个 80 多岁的老人来说已经非常煎熬了。但真不想就这么白白浪费了一份问卷。为了保证访问的质量，我和队友当即决定对大爷外出工作的儿子进行电话访问。几经辗转得到了大爷儿子的电话，庆幸的是他非常配合。于是拖着自己已经冒烟的嗓子在信号非常不稳定的电话里念问卷。信号弱了，听不见了，又重新复述，没信号了，挂了又打。终于，在第 3 个半小时的时候，最后一道题做完了。长舒一口气，队友说："你可真行，3 个小时愣是没喝一口水。访问的人没渴，我都喝完一瓶水了！"其实不是不渴，只是高度紧张忘了喝。

第一户，访得荡气回肠。第一户，生疏的技巧出了不少麻烦。第一户，很知足，为自己不曾想过放弃的坚持。第一户，只是个开始。

这样类似曲折的访问每天都在上演。每天都这样像战士一样奋斗着，奔波着，忙碌着，紧张着，疲惫着，也充实着，快乐着，幸福着。一群人，为了同一个目标，苦中作乐。

仲夏·咸

"今天会很残酷，明天会很残酷，后天会很美好，但大部分人会死在明天晚上。"

8 月 14 日，去新社区的一天，早早起床，在社区门口等了足足一个小时。因为人手不够，只能一人一组在社区阿姨的带领下入户。5 栋楼爬上爬下，连敲 9 户，只有一户预约，其余均无人应答。

第 10 户，也是所有样本里的第一个平房户。

一扇生锈的红色铁门半敞开着，门上的对联有气无力地耷拉着，一位头发花白的老爷爷坐在不足两平方米的院子里，时而抬头望望天空，时而久久凝望偶尔有人经过的小路。见我们过来，大爷热情地招呼我们进屋。院子很小，进去一个人已显得拥挤不堪。因为患有严重的疾病，爷爷的腰上固定着厚厚的护腰垫，一直大口大口喘着粗气，根本动弹不得。于是，70 多岁的奶奶就成了爷爷生命里最坚实的拐棍。奶奶告诉我，爷爷以这样的姿态观望门外的世界已经有十年。整整十年时间，3 600 多个日日夜夜，院子上方一平方米的天空就是他的全世界。我不知道爷爷每天仰望天空的时候在想什么，只觉得幸好每一天的天空都不一样，幸好还有太阳，还有白云，还有月亮，还有满天的繁星，虽然遥远，却也成了爷爷生命里最亲密的伴儿。突然间我希望，天空真是阴晴不定的，至少饱经沧桑的一颗心不会倦怠，至少有那么一天，绚烂的天空上会有家乡的烙印，会有童年的幻影。带着一双红了的眼眶，我默默离开了爷爷家，坐在旁边胡同的一块石头上写着访员观察。我无力改变什么，只能在心里祈祷，希望这一平方米的天空可以一直绚烂地绽放，直到生命回归故里。

8 月 16 日，奔波了一早上，5 户继续无人应答，2 户拒访，于是我向新换样的那家平房进发。绕过弯弯曲曲的小道，穿过密密麻麻排列的房屋，几经周折才找到受访户。破败的房屋，倒塌的土墙，不堪一击的生锈铁皮门，一排一排低矮的平房与周围拔地而起的高楼形成鲜明的对比。胡同里，杂草遍地，敲了许久门一直没人应，邻居家的爷爷、奶奶听到声响后出门告诉我们说隔壁是新搬来的，在这儿打工，白天一直不在。多次确认之后，这户人家并不符合我们的样本要求，无奈只得换样。也许是听到了我们的谈话，一下围上来好几个爷爷、奶奶。对于我们的到来，他们又惊又喜，很乐意跟我们聊天。老人们告诉我们：他们房背后正在修建的住房，本该是他们的拆迁安置房，现在已全部以商品房高价出售，未来，他们一无所知，也不敢有任何奢求。聊天中得知，他们都不是本地人，都是 20 世纪 50 年代响应国家政策支援大西北的，他们中有的来自东北，有的来自江苏，有的来自山东……背井离乡，从此扎根。在问到家乡亲人的时候，他们眼里流露出掩饰不住的伤感："都入土了。人老了，孩子都有自己的事儿要干，自己也回不去了，就埋在这儿了……"没了亲人，家乡也成了地理名词，再也回不去的童年幻影，模模糊糊的亲人印象。耐心地听完他们的诉说，我们也只能默默离开。回头，他们仍旧站在那里，微笑着朝我们招手再见："有空常来玩儿啊！"我高声答应着，却再也不敢回头。

阳光下，一群为国家修了一辈子房屋的异乡老人，佝偻的身影，雪白的银丝，互相搀扶的老伴儿，诉说着半个多世纪的风雨飘摇，脑海里那句"给别人修了一辈子房子，到头来就给自己盖了这间破房子"一直在耳边萦绕。

他们当年也曾是热血男儿啊，背负着祖国和人民的理想，投入大西北的建设，背井离乡，任劳任怨一辈子，我不知道，要是没了他们，现在的中国会是什么样？可他们又像是被遗忘了的工厂，曾经的辉煌已被岁月的沧桑掩盖。

当天晚上访完一户已是 9 点，还剩最后一家新受访户，我想去碰碰运气。借着路灯昏黄的光，一直走到小巷的尽头。路边，一位大叔正在整理着捡来的树枝，整整齐齐地码放成堆。待我说明了来意后，大叔急切地问："为什么不调查我们啊？是嫌我们太穷了吗？"我们急忙解释，也跟他聊起天来。大叔告诉我们他们是从河南来打工的，为了供孩子上学，在这里卖菜挣些零钱，每天早上不到四点就起床。大叔还很主动地邀请我们参观他的房子。尽管我们心里已经有所准备，但看到他的家，还是被震惊了。推开破烂的门，院子里坑坑洼洼，拉开厨房昏暗的白炽灯，锅里盛着今晚的晚饭——一锅没有丁点油水的青菜汤，厨房的地上散落着乱七八糟的柴火，一扇用塑料糊住的窗户。推开所谓卧室的门，一张单人床铺着早已辨不出来颜色的床单，旁边一把没了弹簧的沙发椅接着一张板凳拼成了另一张床。房子里最值钱的那排沙发，大叔告诉我是他从建筑工地上捡来的。提到在新加坡工作的大女儿，老两口眼里掩饰不住的骄傲，而说到正在读初三的儿子，大叔像个孩子一样问我们："你们的爸爸怎么跟你们相处的啊？我这儿子现在不听我话，不好好学习，我不知道该怎么跟他交流……"恍惚间，突然想起了自己的爸爸，小心翼翼地关怀着自己，不动声色地流露着大爱，多少年，一如既往。突然明白了，我们眼里的卖菜大叔，不只是家里的顶梁柱，更是一位父亲啊！一位平凡、勤劳、伟大的父亲，一个数千万中国父亲的缩影，一个承载着大爱的平凡人！

像这样咸咸的味道，我们每天都在品尝。

对于我们的到来，他们似乎满怀欣喜，眼神、语气无不热切地期盼着未来可能的奇迹，但他们越是这样，我们自己反而越不确定，生怕渺小的自己会带给他们更多失望。微不足道的人儿，辛苦地生活在自己的世界，一个人一个故事。

妈妈曾经告诉我：世界上需要同情的人太多，一个人根本同情不过来。一个人，的确太渺小，像只小鸟，只能望洋兴叹。但一群人，一个民族，绝不会渺小，无数只精卫，填海易如反掌。

仲夏·辣

苦难有如乌云，远远望去但见墨黑一片，然而身临其下时不过是灰色而已。

8月20日，离最后结束的日子只有四天了。

早上和队友去敲一户阿姨家，之前已经去踩过点的队友说："阿姨已经拒访两次了，去的时候和善些，注意着点。"上楼，门上的留言条已躺在地上，踩出一个脚印。敲门，看到猫眼里有人影闪过，但是门迟迟不开。继续敲门，一边敲，一边解释。本以为这次会有希望，结果没想到等待我们的却是一阵狂风暴雨。猛然间，阿姨似乎用尽所有力气开了门，站在门边的我措手不及，一下被门把手撞出老远。掀开门，阿姨指着我们的鼻子叫我们滚，再不走就以扰民为由报警。我一下子就被这突如其来的阵势吓懵了，呆呆地站在旁边一句话也说不出来。更让我震惊的是，阿姨旁边站着跟我们年纪相仿的女儿，她静静地观看完了整场表演。本想趁着阿姨火气降下来的时候再解释一番，但已不知道从哪儿说起，没了头绪。事故以阿姨摔门而去告终。

灰头土脸地下了楼才觉得胳膊疼，一看，好家伙，被门"吃"掉了一层皮。但是很奇怪，对于阿姨的夺门而出，我并不觉得愤怒。心里被这样的声音一层一层激荡着：也许是家里有什么特殊情况呢？也许确实是我们做得不到位打扰到人家生活了呢？也或许我刚才应该再跟她好好解释解释的，说不定就成功了呢？因为这样的想法，队友说我简直就是个奇葩。对此，我欣然接受。

很多事情，换位思考，似乎真的就海阔天空了。换位思考好比一颗智慧树，以宽容为根，以感恩为干，以谦虚为枝，以反省为叶。或者，我还应该感谢阿姨，至少告诉我，下一次敲门之后就不要站在开门的方向上了。

这样的经历虽不多，但一次足以让人成长颇多。无数次的拒访，不等你讲完就摔掉的门禁电话，像防小偷一样在猫眼里左右闪躲的眼睛，只开一道小小的门缝三言两语叫你马上离开的态度，被撕成碎片的留言条赤裸裸地展现在自己面前……面对这些，我失望过，伤心过，但也感谢这些不美好的美好经历，给我机会让我成长，至少我不再害怕拒绝，美好需要持之以恒的耕耘和付出。

一道门，一道防线，社会的不诚信给每个人上了一把心锁，把我们牢牢困在里面。打不开社会的防盗锁，为何不试着打开心灵的枷锁？充满爱的世界需要一颗透明的玻璃心。

仲夏·甜

幸福本是不可能被全部描写出来的，但它能被体会到，体会越深就越难以描写，因为真正的幸福不是一些事实的汇集，而是一种状态的持续。

时空里，每个人都平凡而卑微地生活着，在自己的世界里小心翼翼，生怕走错一步路，但因为亲情，因为爱情，因为友情，我们又敢爱敢恨，敢做敢当，一个更广阔的天空因为它的点缀而分外温馨。

原本，我不相信陌生人可以带给自己温暖，但这一次，我坚信不疑。

记得刚工作回来，顾不上吃饭就接受我们两个小时访问的大叔。认真的他为了提供给我们最准确最完整的信息和数字，翻出了家里的户口本、身份证、医保卡、银行存折、电话单，翻箱倒柜，为没能找到买电视的收据、不能提供给我们准确数字而一个劲儿向我们道歉的农村打工大叔。

记得见我啃馒头随手就拿起自己摊上西红柿，用衣服认真擦过后递给我的农村卖菜阿姨。

记得白班夜班两头倒的叔叔，在见到我们两次留言条后主动给我们打电话，专门请了假从单位赶来，顾不得吃饭，接受了我们的访问，而后又匆匆回去上班。

记得没有板凳时专门搬来两块砖为我垫成板凳，又怕太阳下的砖块太热特意铺了好几层塑料纸的农村大姐。

记得为了帮我们找受访户，不顾腿上伤病帮我们四处打听的东北奶奶，尽管生活艰辛，依旧从容乐观、笑容满面的奶奶。

记得我们不吃东西就不接受我们访问的大叔。

记得一家 5 口挤在 40 平方米屋内的爷爷、奶奶，哭着给我们讲述生活的艰辛，但在临走前又装了满满一袋子油饼给我们，让我们在路上充饥。

记得因为时间问题没能接受我们访问而深感抱歉，认真回复我们留言条的受访户。

记得千叮咛万嘱咐我们哪栋楼安全哪栋楼不安全，让我们灵活筛选受访户、千万注意自身安全的叔叔。

记得每天在同一时间等我们出现的小妹妹，记得她包在卫生纸里托搭档送给我的巧克力，记得她送给我她自己制作的剪贴画，还有一支我也搞不清楚用意的蓝色衣帽夹和黄色塑料戒指。

记得太多的感动和惊喜。

原本，我也不确信毫无关系的人因为某种目的聚集在一起会不会真的有永久的感动，但这一次，我绝对坚信不疑。

记得紧紧抱着因为落选而哭得稀里哗啦的我的姐大，一个每天全队最晚一个睡觉的姐大，一个带领我们四处碰壁的姐大，一个拐了脚还带伤入户的姐大；记得每一张留言条绝不含糊的智航；记得爱打抱不平、敢爱敢恨的华哥；记得为了争取一个受访阿姨，劝说她半个多小时的超儿，一个长着一张王祖蓝式笑脸的超儿；记得可爱、认真的莹大，一个接到任务立刻精力充沛的莹大；记得绝对认真负责每一套问卷每一道题的畅畅；记得认真负责的会计小妹儿玥大；记得主动帮忙分发资料的越小，一个可以和任何大叔级别的受访户谈天说地的越小。

记得 2013 年 8 月 21 日，小矮人和王子带给公主的 19 岁华诞，第一次在"猪八戒背媳妇"的铃声中开始的生日，第一次不在家的生日，第一次在手机手电和矿泉水瓶组合的水光下度过的生日，第一次 9 个人一起许愿的生日，永生难忘。

记得 108 组"一零八，一路发，碾碎他们"的屌丝口号。

记得 2013 年仲夏，一个关于公主、王子和七个小矮人的点滴。

同一片天空下，不同的人，不同的人生，不同的故事，欢乐，泪水，惊喜，痛苦，贫穷，富裕，五味杂陈，同时上演。原本以为我们生活在天堂，尽管不十全十美，却也光芒四射，谁曾想，天堂也有光芒照不到的地方。

感谢这次调查，让我了解了一个真实的社会，也让我认识了一个更坚强勇敢的自己，还有那么多的感动与自豪。

在这个习以为常的世界里，我们习惯了自欺欺人，习惯了忽视微小的幸福，习惯了一切理所当然，习惯了一切就应顺风顺水。无奈，现实有那么多的不完美，抱怨解决不了问题，偶然也总是随意出现。怀着一颗平常的心，感恩的心，奋斗的心，坚持的心，未来就在脚下！

忆家金，上海

——灯火阑珊背后的另一面

文/韦沅呈

　　"知乎"上有人说：来到西财，最不可或缺的实践活动便是一次"大调查之旅"。带着对"大调查"的好奇参加，满载"大调查"的收获而归，我真真切切体会到了"大调查"这一活动的魅力。我从未后悔，且心怀感恩，被分配到上海更是让我倍感幸运。

　　我不是第一次去上海，但这一次的上海之行让我看到了一名普通游客看不到的东西。没有黄浦江外滩的华灯初上，没有东方明珠的闪耀辉煌，没有金茂大厦、环球金融中心的繁华富贵……一座城市除了它向世人展示的繁华的一面，也会有普通的、艰辛的、努力生活的一面，那是灯火阑珊背后的另一面，也是不为人知的一面。我从家金之行认识到了后者，看到了一段更真实的上海生活。

　　我们调查访问的三个抽样点都很有意思，分别是宅基地住房、拆迁还建房和国家公租房。应了那句"一方水土养一方人"吧，三个社区的人群完全不同。下面咱们一一道来。

　　第一个宅基地住房的样本点是个"名义上的村子"。因为这个村子并不是给人传统意义上的耕作劳动的安居所，村里并没有耕地，三分之二的原住民已经搬走，将宅子划分成房间租给到附近电子厂打工的外地人；剩下的本地村民在宅基地上起了小二层，倔强地承担着不断增加的三四代人口的重量。村里的房屋毫无规则地紧密排列着，连村委会也分不清哪里是三队、五队，也分不清什么张家宅、褚家宅，我们小队只好自己下到村里去找无名无姓的受访户，行走在乡间小路上，没有田园之感，唯有太阳的炙烤。但每当我们敲开一扇房门，这种疲惫也就不算什么了，那铁门背后的故事是我们最好的解乏良药。

　　在这其中，我印象最深的是一位1996年生的大哥，他读完初中无学可上便漂来上海打工，老家里守着几亩耕地，在外的一切全要靠自己。他去年本来有一份能拿到5 000块月薪加"三险"的工作，只因过年时家里有急事，回来后便把它丢了，现在只能拿不到 3 000 块的月薪。住在没有网络的十几平方米的出租房，他每月还得省吃俭用尽量补贴家里。他对目前的生活倒也知足，只是不满意当前的教育问题，因为家庭的缘故自己初中念完以后无学可上，不能靠知识找工作，只能来大城市卖力气。"都不容易，谢谢啊！"签完误工费签收单后，他这样这样说道，眼角浮现出和这个年纪不相称的沧桑。

第二个访问点是以拆迁还建房为主的居民区。这是个以本地人居住为主的小区，是 20 世纪七八十年代村子里拆迁获得的动迁房，因为是整村集体拆迁，居委会和邻里之间的关系相当融洽，因此我们的访问工作也轻松了许多。建筑结构是一梯三户六层楼，使用面积均为 47 平方米。这里的大爷告诉我："在上海不要说几室几厅，好多人会难过。"后来查了查上海的房型，原来是因为房屋居住面积大都很小，谈不上几室几厅。这里的好多人都给我留下了极为深刻的印象：有女儿 30 岁脑瘫在家仍感恩社会福利保障并乐观生活的大婶，有留着中心三次访问的明信片、生活幸福的 90 岁老夫妻，有孩子在班里名列前茅、谈到教育问题就咨询起西南财经大学来的地铁检票员阿姨，有家庭月收入近十万元、也非常了解大学生社会调研处境的医生姐姐，有儿女双双在海外生活、谈起食品安全问题就开始给我上课三个多小时仍意犹未尽还想继续拉呱的老大爷……每一扇门的背后都是一种别样的人生，每次推开门都能看到另一个世界。我不能明确地说出这些给我留下深刻印象的人具体教给了我什么，但我敢肯定的是，自己的灵魂被一次次敲击了。

第三个访问点就到了国家公租房的小社区。这是三个访问点之中贫富差异最明显的一个。一边是著名的旅游景点豫园，一边是破旧的村落，一条街的界限将二者清楚地分开。这里的房屋构造就更加"奇特"了，说实话，若不是亲眼所见，我不会相信这是在上海：大多数房屋都是一层平房，平房内没有隔墙，一个房子便是一间屋子，若有分割需求则用帘布隔开，好多人家里睡折叠床或上下铺，厕所与厨房则用塑料壳或金属壳搭建在自己家的平房之外，不算面积，这样也节省空间。这个村子的人口以老年人为主。我曾碰上一位提前退休导致养老金和医保不足的大爷，他说"家里现在除了房子，什么都没有"。而这套房子等拆迁到他已经是第三代，父亲和大哥都去世了，不知道什么时候才能把房子拆掉拿点补贴……世事多艰，这可印证了那句话"穷得只剩房子了"。百姓们等着政府拆迁还建拿补偿，可政府又哪里来的钱拆迁还建还给补偿呢？后来查了查，中国政府的负债率约为 36.7%，政府的钱是纳税人缴的，政府钱不够了也需要举债。所以说呀，不应该太依靠谁，谁都不易，两只拳头两只脚，这年头还得多靠自己打拼。

我从未后悔选择了家金，更感幸运被分到了上海。读万卷书，行万里路，家金无疑就是一个行路的地方。在访问过程中，我看到了上海灯火阑珊背后满目疮痍的一面，挤着到中国金融中心的早高峰地铁，车上既有拿着手机回复英文邮件的高级白领，也有啃着面包、衣着朴素的大爷大妈……这是一个飞速发展的时代，这是一个社会分层明显的时代，这是一个机会相对均等的时代，这是一个有穷有富但人们能和平安全生活的时代，对我们而言，这就是一个最好的时代。

这是家金给我的对社会的一个微观见证。这些见证，更连同上海访问 70 组 8 名同学共事的日子，会深深地刻在我的血液里，足够了！我心怀感恩。

陌生到相亲，需要一段"家金"

文/张潇予

逼仄的楼道，昏暗的灯光，让他们对这个陌生的城市充满紧张。

紧闭的铁门，沉默的行人，更让他们心里多了份被拒访的压力。

贵州访问2组刚来贵阳后就把所有需要访问的社区转了一遍。他们发现，很多社区楼梯错杂，垃圾一团团堆积在走廊里，蜘蛛网占据了墙角，一些门遍布灰尘，如同很多年没人住过一样。到了夜晚，一片漆黑，摸着墙寻一遍，也找不到声控灯。访员们用开玩笑的方式给自己壮胆："好像香港电影里的鬼屋啊。"

踩点结束的这天晚上，似乎有种"魔力"充斥着贵州2组所居住的宾馆：林露做了个梦，这晚她一直在填写问卷，但不知道为何，问卷无穷无尽，她的访问工具在梦里陪伴了她一整夜；童兰晞则梦到自己不停地拜访，她敲了一户人家的防盗门，又来到另一家防盗门前，敲门，再敲门，循环往复……这个晚上，她敲了几十次门。

未知感"先行一步"，在正式调查前弥漫于整个小组。然而，惊喜与温暖"紧随其后"，拨开了路途的迷雾，成为"引路人"和"陪伴者"。

（一）

贵州2组的督导黄宜思带着访员们怀着忐忑的心来到即将入户的第一个社区，当向居委会工作人员说明来意后，他们迅速地被邀请进会议室。访员们坐在会议室的圆桌旁，居委会的工作人员则坐在另一边。不了解的人若路过会议室，还以为两方人员在进行什么"重要会晤"。

居委会主任带着工作人员拿出了一沓档案袋，根据黄宜思提供的受访户抽样名单一位一位寻找。"他在第41号区域，这家住在第59号区域……""他们家去年已经搬走了，新地址离这里有十多千米。"几位社区阿姨还提前给访员打起了"预防针"："这位居民平时就很少参与我们的街道活动，这次也很有可能拒访，你们要做好心理准备。"

居委会主任把所有的受访户按照区域分配给五位社区负责人，让五位阿姨分别带领访员入户。

短暂会议结束，访员王文妍跟着带领她们入户的居委会阿姨走向第一户人家，走了没两步，王文妍发现一直走在前面的阿姨走路有点跛。询问之下，得知阿姨前几天左脚崴过，走平地还好，一旦上下楼梯就有些不适。她赶紧道声感谢，一路上下楼梯时，都并行扶着阿姨。

居委会阿姨的带路让"入户成功"剧情以倍速抵达满格状态，八位访员在这天都顺利访问了自己的第一个样本。

（二）

这是谢馨第一次作为主访员填写问卷。她从书包中拿出访问平板电脑，一板一眼地对受访户说道："您好，我们是西南财经大学的大学生，我们现在要对您进行……""你们是西南财经大学的？我去过，在温江四号线的尾巴嘛。你们是来做问卷调查的吗？我知道你们的项目，我也是学财经的……"谢馨紧绷的脸舒缓下来，连忙笑着点头。

谢馨想象过她的第一个问卷访问过程是什么样子的，她有点担心受访户不配合回答，又有点担心受访户不理解问题而自己又阐述不清。事实上，刚刚访问过的每一个问题都让她更放松了。

当她问道："您妻子每年工作几天？"对面的中年人突然起身回到卧室，很快又出来，手中拿了一个计算器："每个月和每个月的情况不一样，这个要仔细算算，正常工作月 22 天，节假日……算出来了，同学你填这个，325 天。"

访问间隙，中年人的母亲走了过来。这位年近 80 的老人观察了一会儿两位访员，问道："是前年的两个女孩来了吗？我记得，也是这个衣服，也是两个小姑娘。"得到否定答案后，老人转身走进厨房，"哦，不是啊，不是前年的两个小姑娘了……"

厨房的香气从 12 点开始飘散，抽油烟机的声响停后，老人又回到自己的房间。访问的问答声一直没有停下来，客厅的餐桌一直没有打开，受访的中年人也一直没有催促的语言。直到下午两点，谢馨收起了设备，反复向受访户一家道谢后才离开。

（三）

晚上九点半的贵阳城区丝毫没有入夜的"自觉"，街边一家冰粉摊陆陆续续"迎着"食客。

冰粉摊主扣上了盖子，递给客人一份红糖冰粉，扭着头问站在旁边的女孩："上一个问题是什么？你再说一遍。"

李阳和谢馨已经在这家冰粉摊旁站了四个小时了。在这段时间内，她们用每个"红糖冰粉"和"水果冰粉"的间隙问摊主阿姨十几道问题。从五点半到现在，李阳的平板电脑提示她，她已经"成功接触"样本 22 次，并提醒她还需"下次继续"访问第 23 次。在此期间，阿姨还教了几遍李阳冰粉的制作方法，并在自己回家取制作材料时让李阳帮忙盯摊。

贵阳市的天空随着这份"马拉松"问卷从明媚变成墨黑，七口之家所带来的越来越长的问卷让两位访员禁不住身体和心理的疲惫，谢馨没有头绪地四处张望着。

就在这时，她看到督导黄宜思抱着一个大西瓜从街角向她们走来，而贵阳 2 组的其他访员全部跟在他身后。黄宜思把西瓜分给访员们和受访户，挑了一个最大的递给李阳："来，给你个大点的西瓜。"

访员们站在街边等待这户样本访问结束，他们中很多人穿着九分裤或是阔腿裤，一群群蚊子围着他们的脚踝进行"美餐"。王文妍拿出花露水，蹲下身，绕着队友们蹲走了一圈，把花露水喷在他们的脚踝上。

访问已经进行到夜晚十点半了，一个顾客来到摊前要了十碗冰粉、三碗绿豆汤，而这时问卷还剩多道题目，摊主阿姨表现得很不耐烦。两位访员只好预约了第二天晚上的时间，打算再当一晚的冰粉摊伙计。

几天的相处让访员们不只是表面认识，而是真正相知。

"我初见王文妍时以为她是那种玩 hip-hop 的酷酷女孩。""我一开始觉得她是精致的小仙女。""我曾以为她很高冷呢。"但现在，她们这样说："文妍很细心，很温暖。"

杨洋是个个子小小的女生，看起来腼腆内向，但面对受访户和居委会时却有极好的表达能力，当她弯眸一笑和身边人讲话时，没有人好意思拒绝。大家一起吃饭时，她会观察着每个人，一遍遍把别的伙伴没有吃到的菜搬到他们的桌子上。

"他是研究生，比我们大很多，一开始也不知道他能不能跟我们玩到一起。"但如今童兰晞这样评价他们的督导："他真的很像一个大哥哥，很照顾我们，怎么跟他开玩笑都没事。"

这段贵阳之路带给他们的未知从没有消失，但面对下一个未知，他们将更有勇气面对。这份勇气，是尽职的居委会、善意的受访者给予的，更是他们肩臂相挽给彼此的一份底气。

"您好，我们是中国家庭金融调查……"

——记 CHFS 山东滨州分队工作生活中的点点滴滴

文/张路

调查完成，忙里偷闲坐了 20 多个小时的硬座回到家里，却又发现无事可做，原来相较于上了六七年学的成都，对家乡的记忆，尚不如刚刚跑了十多天的滨州和朋友们那一张张年轻的面孔来得鲜活。

不过说到心得，我怕是已经过了抒情的年纪，正经文章也好久没写，索性老老实实提纲式地写下几条自己所谓的经验，看看有没有些许的价值。毕竟我们的项目还要持续地做下去，我们这拨算是开路者的人也有必要留下一些东西。

我们必须对人性的善良有信心

入户调查的困难是可想而知的，不要说深圳的同学连续几天的零记录，在天津某位女同学被一家三口"围攻"，某些受访户的"死硬"……如此等等，不一而足。但我们自己扪心自问，如果是自己的家庭受到这样的访问要求，就一定会毫无阻碍地接受吗？恐怕很多人的回答是否定的，那我们又如何能苛求受访户呢？在访问过程中，我所遇到的最无法反驳的拒绝理由是："作为一个公民，我有权拒绝你的访问。"这句话完全正确，毫无瑕疵。在整个受访过程中，我们有求于受访户，这并不会因为我们这个项目所带有的半官方背景和一定数额的误工费而发生改变。

这一切只意味着一点，我们必须在心中将自己放低，谦卑（但不失尊严地）向受访户提出访问的要求。如果遭到拒绝，那么要么继续努力，要么转换策略，反正我们又没有期望第一次就成功。这样的心态有两个好处：第一，对内我们可以更坦然地消化被拒而产生的某些挫折感。第二，对外我们在每次和受访户接触的时候，能怀有一颗感恩的心来沟通，相信我，受访户能感受出来。

那么怎么说对人性的善良有信心呢？我在之前的日志中也有写到，我们不可避免地承担着当今中国社会人与人之间极端不信任的社会成本，然而这种不信任毕竟不是绝对的，在我们的坚持下，坚冰总会被部分融化，有的人可能会从不完全信息和信号发送等方面寻找解释，可是我宁可从人性的善出发。我们一次次地叩响房门，一封封手写的留言条，人们会想到什么？中年人会想到他们在外地求学的子女，刚刚毕业或者就业的年轻人会想起他们的同窗，老年人会想到他们的孙辈……最终他们会打开那扇紧闭的房门，也会打开自己的心门。也正因为这样，我认为在培训的时候我们不仅要进行一种"成功教育"——认为入户是理所应当的，更应当强调对受访户的尊重。

陌生人的敲门

文/佚名

根据中国家庭金融调查 2011 年的数据，在对所有抽中样本的入户访问过程中，总体拒访率为 11.6%，城市也仅为 16%，比国外同类调查的拒访率要低得多。很多人看到后或许觉得中国家庭金融调查并不算困难，入户访问也是一件容易的事。然而事实并非如此，没有访员的努力与坚持，拒访率绝不止这个数。

难以敲开的门

近日，中国家庭金融调查在重庆的两组访员普遍反映：即使冒着 35 摄氏度以上高温，每天早出晚归，还是难以完成既定的访问任务，甚至与受访者的接触都很困难。"我害怕的不是经过一番介绍之后被拒绝，而是根本敲不开受访户的门，连机会都没有。"第 N 组一位访员如是说。做了充分的准备，拥有高素质的访员，挑选了合适的时机，为什么受访户还是不愿意开门接纳他们呢？

主要原因还是普遍存在于受访户心中的成见：外人进门没好事，社会调查没意义。第 N 组一位访员为了敲开受访户家的门，苦等了一下午，主人回来后并未让她进去，她就站在外面读"参加中国家庭金融调查的 21 条理由"。她说："受访户不给我机会，我想感动她。结果和我同去的组员被感动了，那扇门却依然紧闭着。"没办法再等下去的时候，她写下满满一页纸的留言贴在受访户家门上。第二天再去，得到的留言回复只有短短的四个字"请勿打扰"。"我感动天感动地就是感动不了她。"这位女生略带自嘲地说。"其实她要坚持拒绝到底，我也没有办法，但是她误会我们了，认为我们即使标榜着做调查，实际上还是以窥探她的隐私为自己谋利为目的。所以我要当面把误会解释清楚。"对陌生人的过于防备，对上门推销等职业的偏见，加上公众普遍认为的社会调查大多没有意义给入户访问带来了困扰。

对社会治安没信心，缺乏安全感，致使很多受访者不敢开门接纳陌生人。同为第 N 组成员的一位男生，接连几次遭到拒访。有一次他敲了门，一对老年夫妇把门打开一条缝，只是看了一眼就把门关上，无论如何不让他进去。"后来我才知道，他们并不单是对我的不信任，而是对于整个有伤害能力的年轻男性群体的不信任和害怕。"

还有一次他在一位受访户的家门口等到买菜回来的年轻妈妈和她的小孩，"这位母亲不相信我说的每一句话，其实我也能理解。要是我真是坏人，他们的防备是对的。"社会本身的复杂，加上性质恶劣的安全事件频发，很多人都是"宁肯冤枉三千，不肯相信一个"，何况他们是处于弱势地位，对不法侵害毫无还手之力的老人、妇女和儿童呢？正是安全感的缺乏，让他们拒绝一切登门造访的陌生人。该访员说："如果不是这次调查，我也不知道一些人对于社会的恐惧到了这种程度。"

认为自己只是普通人，和社会调查毫无关系，让很多受访户急于把自己排除在外。重庆第 N1 组的一位女生在说起自己的经历时也很苦闷。"很多受访户看不到这项调查的意义，他们认为这纯粹是一种打扰。"对于不感兴趣又看不到好处的事情，任访员说得再有意义，很多人还是不会做的。"我去的第三次，屋里女主人大声说：'我拒绝接受采访，你们走吧。'其实我们都很尊重受访户，我们礼貌地敲门、礼貌地问候和介绍，从来都是和颜悦色的。"自我保护是每个人的权利，调查本身并不涉及对权利的侵害。相反地，拒绝接受访问，让自己的声音得不到表达，才是放弃了自己的权利。任何人都不应该把自己排除在社会之外，也没有一个群体或是一个人对社会调查是无足轻重的。有一位拒绝接受访问的老伯说："我又老又穷，没有文化，调查我有什么用！"也许正是这种拒绝，把生活在社会底层的人的声音屏蔽在了公众或者决策者的耳目之外。中国家庭金融调查作为一项学术研究，很大程度上正是想通过无数双眼睛来了解中国真正的国情，同时作为传声筒让决策者听到各个阶层人民的声音。

"我们还会回来的"

尽管频频遭遇拒绝，也有苦闷、灰心的时候，但访员们没有放弃争取每一位受访者。"要是在以前，遭遇一次拒绝，我可能就不会再坚持了，可是在这里，我想坚持下去。"一位访员说。有时候成功完成一户样本遇到的困难远超过我们的想象，并不是按部就班、细致详尽地问完长达两个多小时的问卷那么简单。通常访员们会先去相关部门了解情况，若他们不能提供帮助，他们就自己一家一户地去敲门；敲门不应，就坐在地上等；等不到人，就写留言条，倒引来了街坊邻居的围观。访员们就利用这个机会，一来向街坊邻居介绍自己，二来宣传中国家庭金融调查。

为了让一位拒绝过 3 次的受访户"回心转意"，7 月 12 日下午 7 点，第 N1 组 4 名成员向一位受访户家进发。他家住在半山腰，需要沿着山间盘旋的小道走上好几十分钟才能到。访员们个个汗如雨下，刚到这户人家家门口就开始介绍。不管他们说什么，屋主人只是一句话"我不接受访问"。"他通常不露面，我们就在他家门前跟前来围观的街坊邻居聊天。当然我们说的是这项调查的意义以及这位受访户的独特性和对于我们调查的重要性。"对于这一切，受访户依然无动于衷，访员们临走之前用一句"老伯，我们还会再来的"当作告别。

很难预计经过几次，这位"顽强"的老伯才会打开大门接受访问。但访员们一旦坚持了这项工作，就有一种不撞南墙不回头的精神。"我们做的事情是公益的，即使是 5 次、6 次，甚至更多次，我们也要访下来。拒绝访问的人大多有共同特征，如果放弃，那么这一部分人在我们的调查中就被忽略了，调查结果的意义也就不大了。"访员中的一位男生说。

值得庆幸的是：经过访员们不断地登门造访，晓之以理，动之以情，大多数受访户最终还是接受了访问。很多受访户在完成问卷以后对访员说："真的是看在你们诚心诚意的份上，我才答应的。"而对于访员而言，经历了这个百折不挠的过程，很多困难就都微不足道了。这样才有了中国家庭金融调查在城市 16% 的低拒访率。

入户访问该向何处去

中国家庭金融调查两年前取得的成功很大程度上依靠了访员们的坚持，这群年轻的大学生有着满腔的热情，但也经历了千辛万苦。入户访问还得做下去，否则中国家庭金融方面数据的空白得不到填补，这在学术研究上是一大缺陷，不仅对政府决策的科学性无益，甚至对社会现实的了解都不能够全面。

然而我们不希望真正利国利民的调查研究都走得那么辛苦，如果社会对于入户访问的接纳度大大提高，调查工作会好做得多。以下几个方面是值得努力的：首先是加强宣传。公众通常会相信所熟知的事物。学术研究既然要为公众服务，就要让公众知情。通过电视、广播、报纸、网络等媒体传播是一方面，另一方面还要加强对相关部门的宣传，利用和民众联系密切的组织的资源，可以通过他们和民众进行接触。再者是让公众受益于研究的成果。一项调查研究只有服务于大众才能获得长久支持。就拿中国家庭金融调查的研究成果来说，公众从中了解现实，学者从中获得数据进行研究，决策者从中找到制定政策的依据……这无一不是利国利民的事情。最后是尊重受访者，保护他们的信息安全。谁都不愿意热心参与了调查，结果信息被泄露惹了麻烦。调查研究要获取的是数据，而不是隐私。要想做好调查，首先得解决参与者的后顾之忧。中国家庭金融调查的相关措施值得借鉴：一是设计严密的问卷系统，二是对访员进行严格培训，三是相关人员签署保密协议。

学术研究可以促进社会进步，中国家庭金融调查的意义也许已经不限于获得数据以填补中国国情的空白了。入户访问的现状也许会通过这一批大学生访员得到改变，而这正是消除偏见，建立人与人之间信任关系，提高公众对社会事务参与度的起点。

但愿两年以后这些访员们再来的时候，或者是任何一项有意义的调查研究选择入户访问的时候，更多的人愿意敞开门接纳他们。

这个暑假：宜家金，宜见你

——专访巡视督导谢雨心

文/侯兰红

刚下火车，我们一行人拖着四个硕大的行李箱在车站附近转悠了好久，才终于坐上了厦门的双层巴士，驱车赶往预定的酒店。暑气未散的夜晚，公交车站旁苍白的路灯尽心尽力地扮演着月光。车在公路上飞驰，两旁的高楼大厦全部被甩到后面，慢慢交织成一张迷离的网。直到晚上九点多钟，我们才抵达了酒店。

我们前脚刚踏进酒店，巡视督导谢雨心后脚便出现在酒店大厅，身后跟着一群刚扫完最后几个受访户的访员。一天的忙碌下来，访员们早已疲惫不堪，几乎所有访员都是一个表情：两道眉毛死气沉沉地耷拉着，活像八点二十的挂钟。

陪伴是最长情的告白

谢雨心是安徽、江浙、福建这一块的巡视督导，虽然他也只是大学刚刚毕业，但访员们都习惯性称他"谢老师"。简单的寒暄之后，得知我们要对访员们做一个简单的采访，他便领着我们去了酒店餐厅，并说服访员尽量配合一下我们的工作。当我们问及访员对巡视督导谢雨心的印象时，访员们立刻笑作一团，再不是最初那副苦大仇深的模样。嗯，我怎么看，都觉得他们的关系像是相识多年的好友，而不是仅仅相处几天的"师生"。

"他就是来陪我们聊天的。"一位访员这样形容谢雨心的工作，其他访员也嬉笑着附和，气氛一下子变得轻快起来。

访问尾声将至，谈到归期，访员们心里五味杂陈，既盼着早些回家，又舍不得一路相陪的像大哥哥一样的巡视督导。尽管只相处了几天，访员们和他的关系却已经是十分融洽了。临近别离，酒店餐厅的灯光却暖得不像话，拍了一张比心的合影过后，也算是为这段短暂的相遇画上了一个小小的句点。

九月份"金砖会议"的召开，使得厦门的一大批不规范酒店被关闭，当地的酒店住宿价格也顿时水涨船高。由于事先不了解这边的规定，原本打算四个人挤一间房的我们被"一间房只能住两个人"的规定浇了一盆凉水，从头到脚。于是，我们被迫在酒店大厅逗留，一边想着到何处安顿，一边计算着怎样才能不超预算。得知我们窘境的他，先是陪着我们一起想办法解决，后来还提出把酒店房间让给我们住，自己可以去外面的网咖将就一晚。在我们极力推脱并表示可以想办法解决问题的情况下，他最后只好妥协。

巡视督导谢雨心的随和让我们对第二天的专访顿生信心。第二天上午，我们在酒店附近的水吧里开始了我们的访问。

两年后，重逢家金

作为西财今年新设的巡视督导，谢雨心的很多工作都是在实际操作中才慢慢摸索到了其中的真谛。除了负责除西财以外几所高校的前期培训，还要在负责的几个城市到处跑，帮助督导管理队伍，陪着访员入户访问，充当访员的心灵导师……走的地方越多，该做的也就越多，肩上的职责也就越多。"有时候就在某一瞬间，突然就 get 到了自己的新技能。"谈到家金，谢雨心坦言，自己从未后悔过。2015 年就作为督导带着访员前往北京攻坚的他，与家金的缘分早已不是参与者和实践项目之间那么简单。

"第一次参与，只是单纯地想充实一下自己的暑假生活。我深知家金是怎样的一个重大项目，我觉得值得再来一次。即使这次不是以巡视督导的身份，我也想以一个访员的身份再参加一次。"两种身份的转换、两次不同的体验，使他更加清楚这个项目的意义所在。

家金于他而言，不仅仅是去一个以前不了解的地方、在访问的过程中了解当地的风土人情和自然文化、去体验当下最现实的生活，更是让自己对某些事物的认知不单单停留在一串串数字的表象上，而是通过自己亲身的了解去发现背后的真相。

在厦门带队伍的那几天，也是最紧凑的日子，协调社区、跟随入户、沟通质控……连续两天安排都是满满当当的，他却乐在其中。"当时最大的期待就是，入户一定要成功成功成功，早点访问结束，然后带访员们回去好好歇息。"他连续用了三个成功，其中的迫切不言而明。

最怕一笔拂去深深意

文／田齐月

当大部分参与调查的人员包括报道小分队还在路上奔波、计算着回家的日子的时候，我发现群里出现了一些不太和谐的声音。

是什么群不需细说，但可以肯定的是，群里有相当多的同学都参与了暑期的大调查。或许是调查中受到了一些挫折，负面情绪影响了大多数同学。不过仔细想想，每天花近十个小时在小区内，敲着一扇扇不同的门，忐忑地想象着受访户的态度，遭遇过四处碰壁甚至破口大骂，对于初出茅庐的大学生来说，确实是一个不小的挑战。

接着，大家都爆出了自己的经历：保安大叔微笑着听完介绍然后把我们拎了出去；街道没有通知企业，每天都在联系街道直到要离开的时候；被受访户像面对传销一样用质疑的语气询问；晒出一身"健康完美"的肤色，甚至比军训的时候还黑……

突然想到前几天在微博上引起了热烈讨论的一个广安调查组。居委会大妈为证明访员身份叫来了片警，有网友质疑自愿受访变成了强制威胁，许多评论甚至已经上升到了人身攻击的程度。虽然许多小伙伴站出来道出了这次调查的收获，但对于此次调查意义的思考无疑已经展开得更远。

我们为什么不待在家里陪父母、吹空调、吃西瓜？为什么不去找一个能为自己的简历添上有力的一笔的实习？为什么不和男朋友（女朋友）出去看看这世界？而在最终，选择了家庭金融调查？

诚然，调查有它的局限性——可能有很多爱钻研的人都会提出一些问题：问卷设计是否合理；这种最原始的调查方式的背后又蕴含了多少访员们的辛酸和血泪；数据录入时是否会有一些误差……但这些并不影响发起这个调查的初衷。我们想为中国的微观经济研究提供真实的数据，想在这个过程中慢慢了解变得越来越复杂的中国。在这个过程中，我们怕自己做得不够好，怕任何一个地方出了纰漏，但更害怕的是，人们的不愿倾听和不理解、人们的拒之门外和一棍子打死。我们做的可能在这个时代并不算什么，但那是我们所能做到的全部。

最怕是云层散去，

最怕是难安风雨，

最怕是一笔拂去深深意。

我们的访员正是因为这一份情怀和勇气才站到了受访户面前。他们相信，有冷漠就有热情，有拒绝就有接受，有些事总需要有人做下去。正如广安组的微博中所说："一路上我遇到更多的不是拒绝，而是许许多多受访户在倾诉后的笑容，是他们语重心长的'这个项目真的很好，能够听取我们的声音，你们一定要把它继续做下去'。"

大数据，微情怀

——访 CHFS 天津组督导缪祥华

文/邓莎丽

缪祥华，西南财经大学统计学院 2014 级研究生，中国家庭金融调查天津访问 5 组督导。他带领的组于 7 月 15 日到达天津开展工作。7 月 18 日，我们乘地铁来到天津滨海新区，终于在居委会门前见到了这位约了很久的督导。

"天津是中国最大的农村？NO。"

"你怎么看待天津这座城市？"

缪祥华想也没想："我同学说，天津是'中国最大的农村'，因为很多地区都是小平房。"顿了顿，他又讲道："但我并不这么认为。天津是座大城市，它有着每座大城市都有的铁皮面具，人情冷漠。"

说着，缪祥华给我们讲述了这样一个故事：

在他们走访的老受访户中，有一户连续拜访了三次才接受访问。而第三次访问进行到一半时，这家的年轻人回来了，看见调查员们，开口就对老人喊道："你这不是引狼入室吗?！"说着就把调查员们赶了出来。

据了解，在 CHFS 问卷里有一道题："您对陌生人的信任程度是多少？"答案有"完全信任""比较信任""信任""比较不信任""完全不信任"五个选项。而在缪祥华的印象中，这个区域过半的人选择了"比较不信任"和"完全不信任"两个选项。

"天津的都市有一种让人无法接近的气息。这里的人对居委会的信服度并不高。相比于我在云南农村的老家，天津这座城市对陌生人的完全不信任深深刺痛了我。"

"做微观经济研究的人，都有一种数据情怀"

聊到参加中国家庭金融调查的原因，缪祥华说："记得中国家庭金融调查与研究中心谭继军老师说过，做微观经济研究的人，都有一种数据情怀。我是学统计的，现在和导师在合作研究有关'西部地区的新型城镇化与产业转移互动'的课题，我就想亲自体验一次收集数据的过程。"

缪祥华对他的组员要求严格，他告诉访员"要有职业操守"，6次拒访换样一次都不能少。记得有一份问卷里出了一个细节性的错误，而中心质控部的电话打不通，缪祥华本着对样本每一个数据负责的态度和精神，硬是苦等了三天，在中心处理完错误数据后才继续进行访问。

其实每天晚上，中国家庭金融调查访问各小组都会在微信群里上报自己组访问了多少户。相比于其他地区，天津组访问成功的家庭算不上多，但是缪祥华却好像并不着急。大家都说他乐观，他却说，只是自己为了保证数据质量而"不要脸"而已。

正聊着，他突然红了眼睛，哽咽起来。平静下来后，他略带羞涩地解释道："刚刚想起了我的组员们。我对他们那么严厉，他们遇到拒访心情不好，我也没有给他们太多安慰。因为我觉得这是他们应该经历的人生。但即使这样，他们还是那么支持我，这和天津的冷漠形成鲜明对比。是他们给我鼓励，让我很感动。"

除了情怀，也为经历

缪祥华介绍说，自己参加项目，最能打动他的是人。"去认识某些人，去另外的地方看看。"缪祥华坦言，遇到拒访时也曾经很沮丧，想过放弃，但一想到放弃后没有退路，也就只能硬着头皮上。

人生需要的是一种经历，到不同的地方，看不同的风景，见识不同的人，体察不同的民俗。

参加中国家庭金融调查，除了情怀，也为经历。

调查之路：如果一切都不以情怀为名

文/张旭

7月13日20:20，高铁G310在历经12个小时后准时驶入北京，下车前看到的最后一条热门微博话题是"北京有多热"，于是这个城市迎接访员们的第一份礼物是扑面而来的40℃高温。这是夏日入伏的第一天，也是CHFS北京2组、绘图30组以及北方报道小分队到达北京的第一天。

"物价高，经费不足就省呗"

物价高是在北京的每一个调研组都必须面对的问题，在二环内东城区访问的同学们遇到的第一个头痛问题就是房价。督导董冬慧为此想破了脑袋："住近点能够节省交通时间多访问几户，但是酒店实在是太贵了。"好不容易找到了酒店——两个人挤一间大床房，没有窗户，但是没有办法。好景不长，到达北京的第二天，之前好不容易找好的饭店因为客人增多而临时加价。听到这个消息，督导的第一反应就是："天啦，预算超了！"董冬慧在心里算了一笔账：三个房间超预算60元，一个礼拜就是420元，机动费1 000元，只够住两个礼拜了。在这样的情况下，大家一商量还是咬牙住了："周围的更贵，这已经是最便宜的了。只能在餐费上省一些，也没有别的办法。"

北京不仅有寸土寸金的土地，还有高昂的人工费用——餐费上的开销并不比住宿少多少。令绘图30组印象最深刻的一次是在点餐前，督导彭倩郑重地向组员说道："今天咱们只点3个菜。"一位组员回想起这句话的时候，依旧颇有感触："督导当时说完这句话的时候，我眼睛就湿了，一下子觉得很委屈。"但当时督导还是狠下心来只点了3个菜。到后来的时候，督导才讲出自己的顾虑："后面绘图是在朝阳区，比通州物价更高，前面省一些后面才可能不会那么艰苦。"

面对高昂的食宿费用，CMES绘图17组的访员们找到了一个好办法——短租房。然而短租一套靠近目标社区、适合7个人的房子又谈何容易。经过对各家租房、旅行网站上的认真比较和为时两天的实地看房，他们才终于找到了既不超预算，住宿条件又能稍好些的房子。小厨娘陈欣怡负责烧菜，几个同学一起帮忙，大家自给自足，清扫屋子买米买菜都自己来。短租房里的生活成本低、质量高，虽然日子过得节俭，但7个人还是住出了家的感觉。

"天气是不可抗力，但工作不能停"

北京绘图30组的第一站是通州，这个地处北京、河北、天津交接地带的地区在7月因正式成为北京市行政副中心这个"新身份"而广受热议，《南方周末》发表了《当"北京"搬离北京》的文章。然而对于组员来说，40℃的高温却并不像它的地理位置一样偏离，而是同北京市中心一样真实地存在着。这个小组4个组员的任务量是通州区及朝阳区的6个社区，平均一个社区的绘图工作量大概是60多个单元，这个小组在进入北京的头两天就完成了一个社区，"连中心的老师都说我们的行动很高效"，督导彭情骄傲地说道。然而这样的高效却来之不易，这个小组每天准时7点钟起床准备，到达目的地大约是8点半。对绘图员们来说，工作需要不断地行走，消耗大量能量。40℃的高温下，往往工作不到2个小时就已经全身湿透了。组员万子仰说："爬上爬下，走的都是重复的路，但是没有办法，只能尽量早些起、尽快干以避开中午最热的时间。"

中午的高温天气对CHFS北京访问2组同样是一大挑战，肯德基是小组的集散地。由于访问区周边比较荒凉，组员裴乃千和队友一连几天都在这里吃午餐——"吃得我都快吐了，但只有这儿有空调啊！"较远小区的访问同学中午完成访问吃完午餐也会赶到这里，只为能吹一会儿空调。匆匆谈论一下遇到的情况，便迅速被早已到来的困倦侵袭，不到2分钟，几个人便能趴在桌子上睡着。对他们来讲，中午能在肯德基里趴着睡一会儿已经是很值得开心的事儿了。

当然，不只是高温，暴雨的随时降临也让每一位队员防不胜防。为拍出北京城的夜景，报道小分队不知不觉走到了北京零点后的大街上，天桥看下去的光影斑驳，夜景拍摄中的小分队有万丈豪情……然而一场突如其来的大雨打断了一切，长安街上瞬间激流成河。由于持续的高温天气让人难以料想到这种情况，组内只有一半的人带了伞，瞬时的大雨将4位队员冲刷成了落汤鸡。当队员们冒着大雨狼狈地赶回宾馆时，一场急雨刚好结束，然而督导却因此生病，发起了高烧。第二天深夜，在同行队员都以为督导已经入睡的时候，由她负责的小视频却令人毫无防备地出现在微博里——就算是带着病，每天的工作依然正常运转。

"能完成工作，一切都是值得的"

出发之前，在CHFS绘图组员万子仰的想象当中，绘图组应该是不会遇到拒访的，于是在面对突然而来的质问时，这个大二男生一下子懵了。在第二个社区进行绘图时，已经与居委会联系好的两个队员拿着钥匙准备进入社区。第一次开社区门，两位同学笨手笨脚，半天没打开门。小区的一位老奶奶不明情况，大声冲他们嚷："你们两个哪儿来的啊？干嘛开我们小区门?!"回想起来，万子仰只觉得有意思："我一下子就不知道该答什么了，主要是没想到有这种情况。"然而，在两位同学礼貌地说明了来意并让居委会给老奶奶解释了之后，老奶奶却笑着说："我一开始不知道你们是干什么的，你们大学生搞这种活动我还是很喜欢的。"随后这位老奶奶还热心肠地帮两位同学开了门。另一位同学也回忆起来："当时觉得能被别人理解，心里特别感动。"

与此相比，东城区访问小组要稍幸运一些。在街道进行访问时，正巧样本户奶奶是我校20世纪50年代校友，一见面就十分热情，说了好多遍"我以前就是四川财经学院的"。在访问中，两位老人家有问必答。由于两位老人年纪较大，许多问题都得重复1~2遍，随着光线越来越暗，眼看到了吃晚饭的时间。爷爷、奶奶不仅没有嫌累，反而一直询问访员是不是累了，老奶奶更是送来水果给大家解渴。访问结束后，样本户坚持不收50块钱误工费。奶奶嘴里一直念着："奶奶不收这钱，你们这么累，自己买点水果吃吧。"一天的访问结束后，这句话是对访员们远大于工资和晚餐的慰藉。"听到奶奶这么说，我觉得我们遇见的那些困难都不算事儿。"访员裴乃千颇有感触地说。

接下来，北京CHFS访问2组将转战东单附近的小区进行访问，CHFS绘图30组将在朝阳区继续4个社区的绘图工作，CMES绘图17组及北方报道小分队也将转战河北继续自己的工作。

列车缓缓离开北京。他们的故事，一直在继续。

天津？天津！

——CHFS 天津访问 5 组随访手记

文/吴开元

再次到天津之前，对这座城市的原始记忆和最初印象，都来源于两年前的大调查：社区接洽不顺、拒访现象严重，直接导致了访问困难、进度迟缓，让天津成了所有 CHFSer（"中心人"）心中的一座"伤痛之城"。

带着难以言说的复杂心情，以及对天津的好奇和疑问，两年后，我们又一次踏上了这座北方重镇、渤海津门。两年后的访问，依然艰难又缓慢：不仅是因为新增了针对小微企业的中国小微企业调查（CMES），更因为需要完成大幅扩充样本之后的中国家庭金融调查（CHFS）。

而这一切，都浓缩在天津访问 5 组日复一日的访问行程中。

尽管来之前大家就对传说中天津访问"十户九拒，一户匿迹"的情况有了心理准备，但其困难程度仍然大大超出了督导和访员的心理预期。访员刘泓苦笑着告诉我们："如果天津的访问是游戏的一个大型副本，那么它的难度无疑是炼狱级的。"即使倾全组之力，从熟悉、容易的老样本入手，整整四天，从晨曦到黄昏，马不停蹄，队员们也仅仅完成了不到十户家庭的数据收集。

"老样本的拒绝，对我们而言确实很受打击。由于不理解带来的防备和猜疑，以及信任的缺失，有时候挺让人沮丧的。"督导缪祥华如是说，动情处声音沙哑、眼眶发红。

好在情况并没有差到无以复加，前期中心和社区的顺利对接，起到了类似"雪中送炭"的作用。一位最初断然拒绝的受访户，在居委会的沟通和访员们的真诚打动下，几经周折，最终同意接受访问。

"你看呐，精诚所至，金石为开。"另一位访员王子辉"咕咚"灌下一口水，仰起头，笑着对我们说。

访问时间约在 18 日下午三点，地点在社区居委会的会议室。5 组的访员们早早来到社区，全队决定留下两位访员等待受访户，其余队员统一再"刷"一遍楼。所谓"刷楼"，是访问组中使用的"黑话"，意思是集中对一个社区内尚未接受访问的样本，沟通联系、上门拜访，以征求受访户同意。

然而，这一趟并不顺利，即使有居委会工作人员的带领和帮助，他们还是毫无收获。剩下的样本户，有联系不上的，有坚决拒绝的，有无法沟通的，有功败垂成的，甚至有一户人家对访问人员横眉冷对、破口大骂。"阵仗有点大，我们已经习惯了。"督导缪祥华一边安慰队员，一边对我们解释，冷静中略带着对内心情感波动的克制。

返回社区居委会，已将近四点，约好的访问正在进行——两位队员分工明确、配合娴熟，一问一答紧凑顺畅。这让整支访问队伍松了口气——至少这意味着，今天并不会颗粒无收、毫无战果。

好事成双。就在大家垂头丧气，准备结束今天的"战斗"时，事情突然出现了转机。访员张芊临时决定再给一位久久联系不上的老访户打一个电话，而这次电话居然顺利接通了。一阵沟通之后，对方答应接受访问。顾不得休息，张芊开始了电话访问。

当面访和电话访问都结束的时候，已经下午五点半了。一天，一支队伍，完成两户访问，这样的在其他地区微不足道的成绩，在天津实属不易。"今天下午算很顺利了，但愿以后也能如此。"督导缪祥华轻叹了一口气，目光放空到远方。

当我们离开社区的时候，夕阳已然西挂。天气不热，有微风，但沉闷，让人觉得有些透不过气来。心中那个问号——对于天津，这座 CHFSer 口口相传的"钉子户城市"的种种不真切的疑问，已经慢慢转变成一个叹号，就如同访问 5 组督导的那一声轻叹一样，包含万千。

——"天津？天津！"

象牙塔外的苦与甜

——记 CMES 预调查访问 6 组

文/张旭

年代久远的车站保留着最古朴的建筑风格，在河北省晋州市火车站，木质的窗框雕刻着时代的印记，绿色的墙壁宣告着自己诞生的年月。7 月 18 日，一行穿着粉色上衣、拖着行李的 12 位同学带着满满的斗志和热情闯入这座城市，与古老破旧的街道形成了强烈的反差——这是刚结束了天津的预调查工作转战晋州的 CMES 预调查访问第六组。

这支由 6 名研究生和 6 名本科生组成的队伍里，有分别来自四川、吉林、内蒙古、河南等几个省区的同学。在这次小微企业预调查中，大家从四面八方聚集到一起。离开学校这座象牙塔，几位同学以新的方式聚集在一起，收获不一样的经历和感悟，体验各种各样的风土人情。

苦：数据背后流不完的汗水

"我觉得我们在天津能够在 3 天内结束访问全靠队员们，他们每个人都很拼。"督导马宣为自己能遇见优秀的队员而欣慰。然而访问在最初却并不是那么顺利，在天津访问的第一天，组员张鹏就遇到了难题。在样本小区进行小微企业调查时，由于前期过程中出现了一些纰漏，到达实地时许多小微企业其实并没有实际负责人在管理。访问当天上午，张鹏一直在小区内打转，见到路人就询问手上记录的地址，来回足足转了两个多小时："一直在走，找不到样本自己也很急，完全没有时间休息。"回想起这段经历，张鹏心情依旧很糟糕。

这段时间里，访问队员们需要克服被拒访带来的心理压力，也需要忍受物价上涨以及长久的奔波。在天津的访问区在万达广场附近，消费较高，一起吃饭花销较大。为节省经费，几个人都是单独在周围社区的小馆子里随便吃一些。一次，队员关益达与伙伴两个人吃饱准备离开时，突然看到另外两个队员走进来，急忙大叫："服务员，先别收盘子！"然后笑嘻嘻地看着后面两个队友将自己剩下的半盘菜接着吃掉。

白天结束之后，每天晚上预调查队员还要进行总结收尾工作：讨论问卷中问题跳转是否存在不合理情况，问题设计敏感度是否合适，如何改进才能降低受访户中途拒访的比率……几个人商量完之后，督导通过给中心打电话或者发工作报告的形式反馈回中心，为之后的正式调查做好一切准备。"没有一天能在12点之前躺倒在床上。"两位督导同时说道。

甜：访问途中化不开的浓情

在天津的3天里，这组队员共完成了20个小微企业样本的访问工作，最多一天一个小组能访问3家小微企业，在见识到各种各样拒访情况的同时，也能感受到城市中的人情冷暖。冯晨曦在访问一家类似"大玩家"的小微企业时，看到其人力部门负责人与企业经理都比队员们大不了几岁。一见面，经理便对着两个队员热情地说："你们是在做比赛么？我以前做比赛问问题的时候碰过好多壁，这次一定得好好配合配合你们。"在访问中，两位像哥哥一样的负责人对待每一个问题都十分认真，有的问题甚至自己计算好几分钟。答到最后一个问题时，经理忽然猛一抬头，对队员说："啊，我想起来有一个数字算得不准确，你倒回去我重新算算。"想起这件事，组员冯晨曦颇有感触："当听到他这么说的时候，我觉得我干了一天，能遇见这么一位受访户是多么的幸运啊！"在访问全部结束之后，经理还请几位小队员在自家店里打了一会儿保龄球。

进入晋州，当地合作单位的一位主任和相关乡镇负责人更是照顾几个学生。在联系乡镇上的小微企业时，他们不嫌麻烦地帮同学们核实具体企业地理信息和联系方式，早上上班时将几位同学从市里开车接到调查乡镇小樵镇和桃园镇，并为他们联系了乡镇上的职工食堂……"我们等这边的样本工作结束了，还向学校申请来这样的乡镇上进行调查。简直太幸福了。"在这里，几个同学心里都觉得暖洋洋的。

参加过2013年家庭金融调查的徐红宇同学这样形容自己参与活动的目的："今年是小微企业访问的第一年，我也想挑战一下自己，尝试一些新的东西。"而如今，在一个多星期的历练之后，队员们的影子与当初自己希望的样子渐渐重合。队员关益达说："通过这次小微企业调查，我见到了不同的人，听到了他们很多的故事和经历，如今我觉得这个世界远比我们想象的广阔得多，这是我收获最深的一点。"

请相信，你所走过的每一步都意义非凡

文/张旭

李荣浩轻摇滚式的"power to go"唱得铿锵有力，用其歌名《行走的力量》描述2015年行走在全国各地的绘图员再形象不过。从河北省转战太原市，跟随着 CMES 绘图 20 组的脚步，我真正见到了绘图员如何用双脚丈量中国大地的生活。

"我还是第一次来到长江以北。"这是我在太原市跟随组员绘图时，督导母舜告诉我的。从出发两个星期到现在，这个研究生大男孩儿此时已经晒出了小麦色皮肤，脚上也走出了好几个泡。这是这个分组进行绘图的第三个社区，在此之前他们已经在太原市进行了两个街道的绘图工作。

早上八点半，督导母舜已经吃过早餐在酒店楼下等待着组员，集合后彼此交流了一下各自的工作任务，就两两一队出发了。母舜一队从酒店走到当地街道办事处大约1千米，这是离酒店最近的一个街区。另外一位队员在这段路上一边行走一边吃着早餐。他们此行是去街道办找一位联系好的主任，希望他能够提供街区小微企业的相关信息。

这个社区是他们在太原市负责绘图的三个社区里较大的一个社区。首先向当地街区居委会了解实际情况是他们通过前几天的工作总结出来的经验。母舜告诉我们，这组刚到太原时，由于没有办法拿到数据，他们只能进行"扫街"工作，一遍遍的行走让队里好几个女生吃不消；而拿到数据之后，却又遇到了因为数据与实际情况不符等原因造成的到达目的地却找不到企业等情况。小组在总结了这些情况之后，找到了一个好方法：先去找当地社区了解需要调查的企业数量和大致地理位置等情况，再进行实地访问。在这样的方法下，小组的工作效率提高了很多。任务进行到后期，大家对绘图工作已经驾轻就熟了。

到达社区之后，母舜与队友径直去找了负责的一位主任，说明来意之后，主任给两位同学画了一幅简要的街区地图，并招呼一位工作人员带着两个同学跑一趟。"在居民区里找企业比起在一栋大楼里面跑要难很多，因为企业之间都离得较远。有工作人员帮忙，这算幸运。没有工作人员帮忙，就需要自己边走边找了。"听到有工作人员能带自己去，我看到母舜脸上一下子就露出了喜悦的神情。果然，在绘图过程当中，一会儿要攀爬侧边楼梯进入 2 楼访问企业，一会儿又要下到地下室去向这里的印刷厂负责人了解相关情况。熟悉这里的社区工作人员边带路边对我们讲："这些地方，不带你们来你们根本找不到。"

相比于访问工作，绘图工作显得更加的重复——没有与企业的深入攀谈，只有不断的行走和简单的询问。跟随着母舜的一天里，似乎 80% 的时间都在行走，从一家企业到另一家企业，很多都是重复的路，一条巷子拐来拐去，总让人觉得行走变得漫长而繁重。而作为第一年的小微绘图，没有老访户，没有更多的前些年的情况可以借鉴，小微绘图员们只能通过脚下走的一步步路来摸索前行，不断积累经验。在此刻，在太原，看着前面的绘图员们不断地行走，我忽然感觉到那些散布在全国各地的无数个绘图小队员们都正在用自己的双脚踏出一条道路，为了后面访员的顺利访问而披荆斩棘，为了一个个真实而客观的数据而尽可能最大地贡献出自己的力量。

"一个人要活得像一支队伍。"行走在中国大地上，我们的每一次迈步都掷地有声。在这条路上，面对一切困难，只要斗志依旧，便注定会义不容辞地奔赴。

酷暑中的冷与热

文/吴开元

抵达上海的时候，正是这座城市最闷热的季节。热浪夹在灿烂的阳光中，带着一股子黏腻的湿气，沉闷地笼罩在整个城市的上空。从清爽干净到大汗淋漓，也许只有几步路的距离。

在这样"路上行人欲断魂"的桑拿天里，长途跋涉之后，我们在嘉定区的一个社区里，终于找到了正在进行"攻坚作战"的中国家庭金融调查（CHFS）上海访问10组。

炎热的天气显然对访问10组造成了不小的困难和阻碍。我们刚刚遇到他们，就看见组内的男生扶着一名女生从社区外回来——高温酷暑，任务艰巨，顶着烈日奔波，走街串巷的辛劳，终于击垮了这位勤勤恳恳的女访员。可即使如此，刚刚滴注完两瓶药水，她就急匆匆地赶回来。"轻伤不下火线，我不能拖累整体进度，我还能继续奋战。"她这样对我们说道，眼神中带着坚毅与笃定。

伴随着糟糕天气的，还有不太顺利的访问过程。虽然访问10组的任务目标都是曾经接受过家庭金融调查访问的老受访户，可情况依然没有预想中那么乐观。"拒访现象还是很严重的，很多老受访户最初还是配合的，调查、回访次数多了，就觉得我们屡次三番骚扰他们，于是就不再继续配合我们的访问工作了。"访问10组的督导邓益面对我们，说出了自己的分析和猜测。

拒绝访问的现象，远远不止老受访户的"翻脸"这一种情况。两年前还在社区的受访户，现在却根本无法取得联系，曾经的居所也已经换了主人——这是"目标失联"；白云苍狗，2013年还十分配合、支持调查的老受访户已经故去，这是"受访户过世"——看似不平常的情况，在这个老年人占比超过75%、老龄化十分严重的社区，显得特别普遍。

"拒访的发生，我们没有办法阻止。我们只能尽自己最大的努力，减少不必要的更换样本。"督导邓益擦了一把额头上冒出的汗，轻叹一声，"都说上海的调查访问难做，难于上青天，以前不大相信，现在算是切身体验了。"

"正是经历了这些艰辛，所以我们特别感谢那些积极配合我们调查访问的老受访户。有些人有多陌生，就有另外一些人有多温暖。"邓益话锋一转，言语间带着深深的谢意。

有人冷酷地拒访，就一定有人暖心地配合。从到达申城开始工作以来，访问 10 组也遇到了不少这样默默支持、全力配合的受访户。有力排众议、说服全家接受访问的女学生，有听闻消息、第一时间赶到居委会接受采访的阿姨，有认真严谨、拿出家中存折账本比对的老爷爷，更有已经不在社区居住、约好时间后专程开车前来接受访问的中年大叔……他们不仅给予访问 10 组最真实的数据，更将坚实的信任、默默的支持传递到每一位访员的心间。

上海的三伏天，是一年中最难熬的时节，热气蒸腾。整个城市化身为一只炽红的烘烤机，昼夜轰鸣。访问 10 组继续奋战在这座国际大都市的街头巷尾、路边檐下，即使困难重重，也不曾停歇——哪怕只是为了那些"萍水相逢"的善意与关心。

老城市，新方法

文/吴开元

上海这座城市，昼与夜的交替鲜明又模糊。八点没到，阳光已经亮得晃眼，繁茂的法国梧桐树上，知了叫得放肆又喧嚣。马路上车流与人流交汇，匆匆忙忙、熙熙攘攘，无论昼夜，这座老城的繁华都一如往常。

九点刚过，路面上就蒸腾起热气，刷了沥青的马路像化掉的巧克力。从凉爽的地铁2号线，到浦东新区暴晒的桑拿天，衣衫上满是汗水的我们，终于在祝桥空港工业园区找到了正在进行绘图工作的中国小微企业调查（CMES）上海绘图15组。

"这天气太热了。"督导荆灵擦着额头上的汗珠，略带歉意地对我们说，"这种天气让你们跟随我们一起工作，真是不好意思。"全然不顾汗水已经湿透了他后背。

艳阳天下的祝桥空港工业园区，空旷又广袤。虽然平地已经拔起规整的崭新的楼宇，但更多的土地上是看起来略显陈旧的工业园区，以及长满杂草的拆迁之后的空余。跟随着CMES上海绘图15组的步伐，穿梭在园区里，恍然之间就会有新与旧强烈对比带来的冲击。

"我们到这里来已经有一段时间了，刚开始可能就是照搬培训时候学会的方法，特别不顺利。后来我们群策群力，根据实际改进了绘图步骤和沟通技巧，就变得顺利多了。"问起绘图工作的开展情况，绘图员周智超这么向我们说道。

困难来自企业的配合不甚积极。地处上海这个中国改革前沿城市，又是未来国际航运中心建设的腹地，入住祝桥空港工业园区的企业，自然成了各类"鱼龙混杂"的调查调研活动的优质目标。"大多数企业最开始都是认真接待并积极配合的，无奈各类调查太多，质量又良莠不齐，有些甚至是借着调查的名头来推销。久而久之，园区内的大多数企业对调查调研都不太待见了。"督导荆灵向我们解释道。

在最初一个上午的工作中，绘图15组遭到了"毁灭性"的信心打击。跑了十家企业，其中九家直接拒绝，还有一家勉强答应，但提出需要另外约时间。"当时一看我们穿着统一的制服，又说是调研访问，人家直接拒绝了，没有片刻的犹豫，也不给我们解释的机会。"即使事情已经过去了十几天，督导王国荣回忆起当时的情景，言语中仍然有一丝苦涩。

接下来的接洽，也进行得很不顺利，甚至有部分企业的保安直接拦下了绘图员，不由分说。工作陷入了一个困境。"那时候，我们每个人都感到压力前所未有的大——因为这种情况是以前不曾出现过的，"王国荣停顿了一下，"这条路走不下去，所以只能换条路走，摸石头过河了。"

企业不喜欢统一制服，那就便服出行；企业不待见调查调研，那就以学生社会实践的名义开展；企业保安刻意为难，那就联系工业园区管委会，让他们帮助打开第一道"关卡"……打破既定程序，创新绘图流程，贴合空港实际，一切都是为了绘图工作的顺利进行。

功夫不负有心人，策略的改变得到了惊喜的反馈，拒访现象明显减少，甚至有几家企业十分配合，给予了我们大量详实的企业信息。"大概调整了三四天，对症下药，之后绘图工作开展起来就顺利了很多。大概是因为我们接地气了吧。"绘图员周智超半开玩笑半认真地说道。

路子对了，再接再厉，一定能换来顺风顺水。不到 20 天，CMES 上海绘图 15 组就已经完成了最低目标——当然，组内人人都是"拼命三郎"，面对酷暑抑或高楼，他们从没有喊过一声苦。

"我们从不满足于底线，我们想往顶峰冲刺。"绘图 15 组这样向我们说。在上海这座繁华的都市里，在汗水与泪水交织的这个盛夏里，他们留下的，不仅仅是一份又一份细致又宝贵的数据和图例。

阳光灿烂的日子

文/吴开元

尽管我们对高温橙色预警早已有了心理准备，可当我们背起行囊集合出发之后，南京酷热的天气还是给了我们一个"当头棒喝"。聒噪的蝉声，冒着腾腾热气的路面，灼烧每一寸裸露皮肤的艳阳——在烈日下空旷的南京街道上跋涉，每一步都是"步履维艰"。

就在这种南京人视之为一年中最难熬的"三伏日，桑拿天"里，我们头顶灼灼的朝阳，在秦淮区仙霞社区里，遇见了正在攻坚的中国家庭金融调查南京访问第7组。

刚一进社区工作站的大门，就看见了聚在一起、忙忙碌碌的 CHFS 访问 7 组的访员：有的在平板上统计数据，有的在汇集拒访户的基本信息，有的在跟社区接洽寻求帮助，有的在逐一给拒访户打电话争取他们的同意……狭小的空间里，虽然很拥挤，工作却开展得井然有序。

"20 多天的磨炼，我们组已经形成了详细、高效的分工运转机制。"访问第 7 组督导马乾坤对我们这样说道，"可即使我们本领通天，也抵不过受访户的一声拒绝。"

仙霞社区的复杂情况和高拒访率，是 CHFS 访问第 7 组抵达南京之后遇到的最大困难。虽然并不是 2015 年新增的抽样社区，但仙霞社区的现实情况还是给访问第 7 组出了一道莫大的难题：社区工作站的影响力有限，不能给访问工作提供有力的支持；虽然访问样本都是老受访户，但是拒访现象十分普遍，大大超出了访员的预估。

"最开始进驻仙霞社区的时候，接触老受访户们，基本上是十家九拒。"问起拒访的基本情况，马乾坤回忆道，"即使到现在，十八般功夫用尽，我们的拒访率仍旧高达六成左右，算是我们开始访问之后拒访的峰值了。这在南京的地界上，可能要空前绝后了。"谈到仙霞社区的拒访，马乾坤还不忘来一句黑色幽默。

现实比冷幽默更加残酷——仙霞社区工作站蜗居在旧式居民楼的一楼，不到 20 平方米的空间，既是所有社区工作人员的办公地点，同时也是社区接受咨询、提供服务的公共场所，根本没有富余的空间可以支援给访问 7 组，所以访问 7 组的大部分工作，都得在工作站外大树下的石凳旁进行。

盛夏酷暑，南京白天室外的温度从没有下过 38 摄氏度，可这丝毫不能阻挠访问 7 组的工作决心。围在石凳旁，打开平板、拿出手机、铺好白纸，尽管蚊虫猖獗，不到五分钟就浑身红肿、奇痒无比，可他们依旧专注于眼前的访问工作，一户一户地艰难推进着，不曾有一丝松懈。

"虽然仙霞社区比我想象中要困难很多，但只要大家齐心协力，用热情和真诚去打动受访户，我们就一定能拿下它！"督导马乾坤在工作之余，这样向我们表态，眼神中满是坚毅与执着。

南京高温橙色预警的极端天气下，CHFS 访问第 7 组的访员们，一个个都汗湿衣背，全身湿透，仿佛刚捞出来的"落汤鸡"。可他们一如既往，很少抱怨，很少松懈。

阳光灿烂的日子里，即使有再多的艰难险阻，可希望和乐观，却一直如影随形。

行走在辽河流域

——CHFS 沈阳访问 61 组跟访随记

文/张旭

北方的土地无论何时都带有一种厚重感，无论是盛大的风雪抑或是焦灼的烈日，总是透露出一股糙汉子劲儿。没有湿漉漉的空气，没有层叠的阴云，整个天空透亮得一尘不染。在沈阳澄澈的清晨中遇见 CHFS 访问 61 组，清新的淡蓝色队服在行色匆匆的行人中显得格外醒目。

"我是一个特腼腆的男生，参加家庭金融调查其实也是想要锻炼一下自己，不然连女朋友都找不到了。"闲聊之时，被问到为什么要报名参加中国家庭金融调查时，队员李超前笑着开玩笑。在大家眼里，戴着一副黑框眼镜、说话声音不大、无聊时安静地逗着猫咪、独自悄悄把受访户扔掉的留言条塞到包里的他是一位有些小内向的男生。然而，在沈阳并不算太长的几天里，这位腼腆男孩在不知不觉中慢慢发生着变化。

CHFS 访问 61 组一共有 8 个社区的访问任务，于是大家商量着先从 4 个老样本社区开始访起，"老样本难度比较小，大家可以先熟悉一下。"督导考虑得十分细致，希望访问能够由易到难，免得大家一开始就受挫。然而，4 个老样本社区却没有预料中的简单。"大部分情况下，第一次敲门基本上都会被拒绝。"这是在访问第三天，队员周雨辰告诉我们的。访问中，敲门、贴留言条、再敲门……不断地解释来意，再三确认保密，希望受访者能够感受到自己的真诚。虽然再敲门提高了大家的访问量，但这样的战术也依旧不是一帆风顺的。

在进行第一个社区的访问工作时，三次敲门让两位队员心中十分忐忑，"虽然嘴上说的是再试一试就好，但是心里却真的特别希望受访户能够接受我们的访问请求"。然而，当第三次敲门依旧被拒时，一位女生终于压制不住多日来受挫的低落心情，瞬间流出了眼泪。大家在安慰她的同时，开始总结团队屡被拒访的原因，从谁的敲门方式不对，到谁的语气不够委婉，大家坐在一起都一一地摆了出来。"面对面交谈、语气要再委婉一些、被拒时态度也要好，为第二次敲门做准备……"队员们在本子上记下的这些字也已经深深地刻在心头。总结完原因，讨论出的策略帮助不小，许多受访户也感受到了队员们的真诚态度，终于打开了紧闭的大门。

"其实许多受访户只是对陌生人有一种排斥心理，但如果能够真诚地同他们解释，他们就会打开心中的防线。"周雨辰对第二次敲门后访问成功的一位阿姨印象深刻。这位阿姨家境一般，丈夫和孩子都有残疾，家里仅仅凭借着阿姨自己微薄的工资和政府的补助金度日。但这样的生活却并没有让她消沉悲观，反而积极投身残疾人公益事业，在社区里热心帮助有残疾的孩子。"在访问过程当中，我能够感受到阿姨笑容中的乐观。"访问结束之后，阿姨还送给她自己亲手编织的小兔子，希望他们再到自己家做客。"如果阿姨拒访之后我们就放弃了，我可能就不知道平凡人中这样的故事了，也了解不到这么善良乐观的人了。"周雨辰说。

"虽然现在我还做不到被拒访之后心情特别平静，还是会伤心；但或许在以后，我就能够更加坦然地接受拒访，冷静地寻找解决办法了。"在这一段路途中，李超前笑容中的腼腆渐渐褪去，多了些坚毅，也多了些成熟。他们是定点发出的无数射线里的一段，每一段射线都是一个故事，每一个落点都激起一片片水花，层层荡漾在这片广袤的辽河流域。

于无声处听惊雷，CHFS 在路上

文/赖盈莹

"将近一个月的奔波，辗转于两个不同的城市，遇到形形色色的人群，经历了各种各样的事件，CHFS，今年夏天，我们为之奋斗。"

CHFS 陕西访问 146 组在这个夏天有了太多珍贵的回忆。访问的路上，他们没有退缩，没有害怕，集体思考，努力完成。

俗话说得好，万事开头难。4 支小分队分头行动，但 146 组的第一次尝试就惨遭拒访。"看到队友垂头丧气的样子，心里不是滋味。"一遍遍地登门拜访，一遍遍地在外等待，一遍遍地坚持。太阳刺眼，饥饿难耐，忍住所有的不适，只为了让受访户们打开那扇紧闭的铁门。

虽然初次调查一定会遇到很多挫折，但是他们似乎更愿意苦中作乐，积极面对。"智斗红衣男子，与他纠缠甚欢，无奈他心中一横，拒不受访。下午不在，门口坐等。待他回家，一队员上前，询问拒访原因，亦被骂回。无奈换样，成功完成。"以古文呈现的访问故事让小分队眼前一亮，同时，字里行间的艰辛也让我们感动。

"听说下雨天，CHFS 与队员更配哟。"有位访员打趣着说。

"无情的雨，轻轻地把我打醒。"大雨将至黄昏夜，被拒访的三个队员站在门外，一边讲解着调查目的，一边又期待着叔叔回心转意。不久，雨开始"滴滴答答"地下起来，过了一会又马上转为大雨。即便这样，队员们还是守在门口。也许被访员们的执着所打动，叔叔终于让他们进了门，他们也成功地完成了任务。

坚持，坚持，再坚持，报道小分队看到了 146 组的勇敢。

与此同时，将心比心，在访问过程中，他们也收获了感动。82 岁的耄耋老人没有子女的照顾，独自生活；正值壮年的离异男士为了孩子，即便下岗，也要出去打零工，以维持生计；中年夫妻曾受迫害，说着自己的家族史。看到他们给出的数据，一直生活在象牙塔里的我们也感慨万千。这些都是看得见的感动，让更多行走在路上的访员们，感到一丝辛酸，也有一丝动容。

"CHFS 让我们意识到了，在中国，城镇与乡村的差异，这不仅仅是思想观念的区别，更是文化层次的差异。换言之，既让我们感受到了底层群众生活的不易，又让我们明白了生存之道。想要过得更好，首先要让自己变得更强。"访员们和小分队交流说，"总而言之，CHFS 对于我们绝不仅仅是一次调查，它让原本互不认识的我们，通过这次调查，增进了友谊，培养了良好的默契，增强了自身的集体荣誉感。"

于无声处听惊雷，146 组的访员们对于今后的调查斗志昂扬："CHFS 还很年轻，也许还不被很多人了解，但一步一步走来，我们用脚步丈量的，是土地，是数据，是经历，更是人生。我们，依然在路上。"

心怀梦想，脚踏实地

文/杨茜瑶

如果一定要我概括一下此次参加家庭金融调查的感受，我想，应该是：

> 让我怎样感谢你，
>
> 当我走向你的时候，
>
> 我原想撷取一枚红叶，
>
> 你却给了我整个枫林。

作为西财的一名学子，若是连江湖闻名的中国家庭金融调查都没参加过，想来还是多少有些遗憾的。这便是初衷。于是带着"世界那么大，我想去看看"的简单愿望，坐上了开往北京的火车。

近 32 个小时的坐火车经历并不能说是愉快的。不过和小伙伴们一起也觉得并不那么难熬。大家起初的兴奋感很快就被旅途的劳顿消磨了不少。而在古都这样寸土寸金之地找不到不超出住宿补贴金额的宾馆更是雪上加霜。幸好有给力的督导托熟人提前预订好了宾馆，我们才得以安心入住。

然而，困难才刚刚开始。第二天，我们满怀期待地想要大展身手，却接连被泼冷水。样本名单的第一个社区的负责人并不认可中心提供的文件，几番沟通也以失败告终。其他社区的情况也是如此。初来乍到，古都就给了我们一个下马威。不过，我们也想尽自己的努力，看看能做出什么成果。在等待联络工作的过程中，同组的小伙伴分别去样本社区走边界，核实地图，标出房产中介，搜集了一切可以获得的信息。至少 30 摄氏度的气温，在烈日下，我们一步一步绕着社区的栅栏用脚步丈量社区边界，核对着每栋楼和地图上的信息，有时候还要面临走冤枉路的风险。虽然最后的成果只是地图上的一些标志和几张表格信息的填写，但看似如此简单的事情也需要实地调查很久才能获得需要的信息。这也让我们初步体会了社会调查工作的不易。

随着联络工作的进展，我们终于有了任务。大家又重新燃起热情。拖着行李转公交车、步行，几经辗转终于到达了北京郊区某县城。抽样、排空、再次抽样、再次确认是否空户，当书本上的理论被我们真正运用到实践当中时，内心的满足感是那种考试得到高分所无法比拟的，同时也愈发发觉熟练掌握计算机操作和专业领域理论知识的必要性。

而北京的另外一个区的社区让我们得以一窥不为人知的古都。虽然之前也多少有所耳闻，"再发达的城市也有贫困的地方"，但是当我真正看到时，还是有点吃惊。那是传说中的筒子楼，每一层共用洗手间和厨房，每层有十来家住户，楼道里十分黑暗和压抑。样本社区空置率极高，目之所及多是老人，偶见小孩。据说，年轻人只有在冬天天气寒冷时，才会偶尔回到这个社区——毕竟这里的供暖还是不错的。一位老人告诉我们这些的时候，他眼神里是无尽的空洞和失落。

还有一位老人向我们反映：你们学生可没少来调查。我不知道是不是因为流于形式的调查过于泛滥，或是调查过程中的一些误会，或者是其他什么原因，招致了部分被调查者的反感。不过，这也给我们一个启示：调查不应是仅仅流于形式的模式化操作，也不应仅仅是为了完成某项课题或是获得论文相关数据而调查，而应该是怀着想要真正了解被调查群体所面临的问题和困难的热忱，并致力于为解决他们的问题做出努力，这才是社会调查的真正意义和所能发挥的价值吧。

"让中国了解自己，让世界认识中国。"现在我对这句话有了更加具体和深层的认识。只有真正深入到大街小巷、家家户户当中，了解他们的吃、穿、住、行、用，了解他们的生活方式，他们的苦恼烦忧，他们的快乐幸福，才会对我们生活的国家有更清晰的了解，也才能更好地为祖国的腾飞而贡献自己的力量。

这次家庭金融调查，还让我有幸结识了几位小伙伴，从他们身上学到了许多，也收获了十分珍贵的友谊。和社会各行各业的多种渠道的接触，也锻炼了我的社交沟通技能，丰富了我的社会经验。此外，还赚到了一点劳务费，自然是几多欣喜。

总之，此次金融调查于我可谓大有裨益。在体悟了生活之不易、感受了世间之真情之后，我更加想要秉承孜孜以求的态度，传承经世济民的情怀。心怀梦想，脚踏实地，终会抵达开满鲜花的世界。

一路向北的远行

文/沐凡

回忆是个残忍的过程，因为写这篇感想，被迫去重温那 28 个参与调查的日子，勾起那么多回忆和感慨，满心都是怀念和不舍，不知道是应该感谢还是应该痛恨，抛开五味瓶般的心绪，是应该留点文字以缅怀那些本就不该忘却的岁月。

太多的人不理解我为什么当初要选择小微企业调查，抛开高大上的理由，也许坦诚来说就是安利动员大会上的脑子"一发热""一冲动"。当被问到为这样的冲动是否后悔，答案只有"从未后悔"。也许种种困难会带来一丝半点的麻烦和怨言，但是我们每个 CMESer 选择不忘初心，青春无悔，在磨砺中痛并快乐着，收获了太多人生独一无二的体验，值得一生去珍惜、去铭记。

被安排到古都不知道是阴差阳错还是命运使然，拥有在上海生活过 1 年、安徽生活 12 年的经历，没有被安排到上海或安徽组带给我一点点小小的失落。这一点点小小的情绪迅速被对未知征程的期待收编，从那一刻起，便暗下决心，去那个向往的土地，留下不平凡的回忆。梦一般的征程，从凌晨出门深夜到站的火车开始。从这一天起，我们便开始了用双脚丈量中国政治经济文化中心的道路。

对于北京的调研，我们早已做好了最坏的打算，然而几天的工作下来，现实告诉我们，最坏的打算也许还是想得太天真了。我们并不能得到协作单位的帮助，拿不到街道和社区的介绍信，连试图索要企业名单都被街道工作人员称为"犯法"的事，各种被拒和驱赶，误解和抵触也接踵而至。这时的我们，在现实的考验下，学着去接受、去面对、去挑战这些不得不面对的困难。坚持下去的动力，也许就是在北京生存下去，顺利完成任务。

"生存"，这个词也许真的很夸张，但是在物价飞涨的古都，对于带着艰巨的任务又处处不顺，住过地下室、蹲在路边啃过烧饼的我们而言，生存确实是遇见困难心中一片黑暗时闪闪发光的那颗希望之星。好吧，也许我真的夸张了，不过这一段求生之路，也让我们看到了太多生活的艰辛，亲身去感受去体会北漂的日子。我们调研街道在西四环边上和五环的位置，这里有着国际高尔夫球场和豪宅小区，也有非常破败的贫民窟。五环，一个神奇的地方，住着北京最有钱和最贫穷的人。这里，有着很多不起眼用棚子堆起来的出租房，里面的租客来自全国各地，他们或饱经沧桑或踌躇满志，他们心里，都有一个激励并感动着自己的伟大蓝图。不只是这里，在北京其他角落，甚至一个个地铁站和地下室，都有太多怀着梦想坚持了多少个日日夜夜的追梦者。街头乐手和酒吧驻唱豪迈中透着苍凉的歌声，诉说着多少年少轻狂的梦和经历过多少风刀霜剑后不变的心。

　　在北京有无数不起眼的故事，无数不为人知的传奇与感动。梦想、机遇与残酷的竞争和困苦的生活相交织，这样的生活体验，不知道还有多少人会经历。北漂所需要的勿忘初心和百折不挠、隐忍和坚定，也是我们调研过程中所必不可少的，我们也在一天天的日子里，越来越觉得是这个城市中的一分子，渺小，却有着独立的人格和梦想，也有着对这个城市的共同的复杂情感。去过很多大城市，我不敢说我喜欢大城市，甚至过去对上海这类的拥挤不堪的顶级大都市有着一份反感，现在见过接触过体验过，才对无数漂泊青年的大都市梦有了新的理解。

　　北京之行，总结一下。除去和队友们日益深厚至今不舍的革命友谊，百折不挠和勇于面对的精神品质，口才提升脸皮变厚更抗打击之外，在这种难得的生活体验中收获的对超级大都市生存的感悟和对梦想的思考，也是一种难得的值得铭记的思考。

　　二十多天的北京之行之后，我们迎来的是临时改变调研计划支援抚顺，意外的东北之行为这次的征程增色不少。来到了所谓辽宁第三个城市煤都抚顺，这座老工业区的重要城市并没有想象中的繁华，外表的高楼林立却掩藏不了其中败絮。狭窄的街道、罕见的红绿灯、闲置的大厦、倒闭的商场，诉说着岁月的沧桑，和这个老牌的城市应有的形象格格不入。看来国家振兴东北老工业区的政策确实迫在眉睫，十分必要。在转型十字路口的抚顺和沈阳虽然有点老气横秋，却也饱含着希望。我相信，下一次与抚顺相遇，我和它，都是更好的。抚顺的调研任务相对顺利不少，东北之旅这趟一路向北的远行，收获更多的还是在走向衰落的城市中生活的体验与感悟，去倾听昔盛今衰的老抚顺心里最真实的声音，那无奈的诉说和不甘的决心。

　　旅途结束，还没来得及享受胜利的凯歌，就面对了猝不及防却终究难免的离别，28天的情谊在每个日日夜夜中不经意间悄无声息地建立，也许知道分离的那一刻，我们才意识到自己多么不舍得那些朝夕相伴的战友，甚至不舍得那个在烈日下厚着脸皮鼓起勇气敲开一个个企业大门的时光。坐在回家的横贯祖国东西两端的火车上，经常独行的我第一次感觉到一个人的旅途变得如此寂静，也许是习惯了那段一起坐在长途火车上彼此陪伴度过的时光，习惯了那份欢笑和吵闹。也许有人会觉得，习惯之后的失去，不如未曾拥有。但我不会，我会永远感谢命运能赐给我这么一段宝贵的时光，这段有着9个可爱的战友陪伴走过这么多风风雨雨的美好时光，我会用一生去铭记。

　　一路向北，感谢一路你我同行。愿未来追梦的路，与君共勉，不负青春韶华，在彼此短暂的生命中，留下值得铭记的感动和精彩。

"你们在哪访问？""在平行世界。"

文/刘婧雯

"我看公众号上的内容常常一笑而过。那和我们的真实访问离得太远。"一位深圳的访员苦笑道。

如果你是 CHFS 的忠实粉丝，那你一定看过公众号上如何描述各地机智勤恳的访员们用蹲守、留言条等一系列方式晓之以理、动之以情地说服受访户接受访问。

但对于深圳组的访员来说，公众号里访问的情景，和他们所亲历的，犹如平行世界的存在。

（一）

今天，我们不讲这座城市的美丽，也不讲它的弊病，我们只讲一讲为什么在深圳的访问如此艰难。

"来了就是深圳人。"深圳的发展离不开无数"外地人"的建设，短短三十几载，深圳已寸土寸金。和北京、上海、广州的城市格局不同，深圳没有北京、上海的那些胡同、巷子与弄堂，没有广州浓厚的广式风情，它宽阔的马路两边是极好的绿化，到处是高楼和广场而鲜有平房。

被前辈们浪里淘金的故事吸引而来的小青年一茬接着一茬，要么在创业浪潮里拼命搏杀，要么就给人打工。赶上趟的人能在科技高新区混得一份体面的工作，也有沦为黑户打黑工从此背井离乡的惨痛故事在发生着。2015 年暴涨的房价，更使这座城市开始像收割机一样收割起想要闯出一片天地的年轻人，来支撑起这座城市的"硅谷"梦想。

这座年轻的城市里到处是年轻人，可是像深圳包容他们一样包容访员的人绝不是多数。

"在深圳难以打'感情牌'，面对底层劳动者我们连解释的机会都没有。"

深圳有一类房源，叫做"农民房"，这些房子是原来的村民在自己村镇的集体土地上盖的房子，这些房子从打地基的那一天开始，就是为了出租给外地务工人员的。由农民房汇聚而成的片区在周围商品房的包围下成了"城中村"。土地的成本极低，却汇聚了很大一部分外来人口。房子的楼间距极近，甚至相邻两栋楼的同层住户打开窗户伸出手，就能握手。"在这样的楼中间走，不得不提防高空抛物。"一位险些被砸的访员说道。

H 村是在深圳对"城中村"整治后留下来的比较有名的一个"城中村"，被著名的东门闹市裹挟，位于深圳开发最早的罗湖区。"村里"密密麻麻排列着 200 余栋高楼，而村外却对比鲜明地矗立着用来商务办公的写字楼。大量经济承受能力较低的打工者不得不选择挤在这 200 栋楼里安身。社区里人员流动性极高，可能两个月就要换掉一批住户。访员们很难联系到之前的受访户，常要面临一次次的换样。

楼里的环境很差，但租金并不便宜。每月一两千的租金对于从事低端行业的外来务工人员来说已经算高昂。"城中村"里的住户们不得不为生活拼命，并对一切他们认为有可能伤害到其利益的人、事、物保持警惕。"偶尔有受访户愿意接受访问，但其家人就会突然出来阻止，对我们骂骂咧咧，因为觉得我们是来查户口或者骗钱的。"这些人对社区管理者同样不信任。

日子虽然过得紧巴巴，但总有人保持幸福感。访员们曾访到一户居民，7 口人（户主、父母、兄嫂及其一对儿女）挤在一处二三十平方米的小隔间里，妹妹为了避嫌只能用帘子隔出 2 平方米的地方来。但当被问到对现在生活的满意度时，他们并没有太多抱怨。也许是天性乐观，也许，是因为他们从未感受过大众眼里的"优质"生活。

"租户不相信我们，也没有时间理我们。"打工者们大多从事不需要太多专业技巧的服务行业，有开小商铺的，白天不在家，回到家就已是深夜；从事娱乐、按摩行业的大多晚上出去工作，白天就在家补觉，更是不给访员机会……29 组的访员们在摸索出受访户的生活规律后不得不配合他们的作息时间来出访。

像这类居住在"城中村"的受访户还有很多，大多受教育程度低，在深圳的快节奏下又无法保持如农村居民般的淳朴大方。他们对于访员们留下的千字留言，要么视而不见，要么无法理解。接受访问的受访户也容易中途拒访。

我们可以将之理解为：人对于自己认知范围以外的事物的抗拒——这是一群还在为生计而着急奔波的人，拒访的根本原因在于他们对金融概念的完全陌生而导致的逃避。即使访员对大调查的意义进行再多解释，他们一旦将其和"金融""股票""理财"联想起来以后，就会觉得访员们是骗子在圈钱。在他们眼中，满足眼前温饱已是难事，何以奢谈其他？若要他们理解"做一份问卷获得 50 元误工费"相比现有的经济收入程度是否值当，或者理解"这是一次能够为大家谋福祉的调查"无异于是在"鸡同鸭讲"。

（二）

"能联系上访户全靠运气，联系上了时间却对不上。"

挨着体育馆的一个小区是在中小学和幼儿园旁的学区房。它的中心包围的三层矮房挤满了大大小小四五十个青少年培训机构。深圳的经济发展迅速，但教育远远没有跟上来，因此人们更加崇尚"知识就是力量"，即使均价涨至 90 000 元/平方米、月租金达到 7 000—9 000 元，根据小区管理员的介绍，"学区房"小区的入住率仍高得可怕。但满满当当的入住率并不会为访员创造更多进入受访户家中的机会。

"能在这儿买得起房子的人一般都不会只有这一套房啦。"一位住户说。访员们一直在小区等到天黑后的八九点钟，仍没发现目标受访户家中亮起灯来。这不是偶尔的一次工作，访员们需要一连观察很多天，来判断受访户是否仍在此居住。

在长时间的蹲守和向邻居询问情况后他们发现，相当一部分住户只是为了让小孩平时上学更方便才住到这儿来，寒暑假便会住到更舒适的地方去，且现在正值暑期，带孩子外出旅行的住户数不胜数。而在家中的受访户，青年人白天外出，而晚上又要照顾孩子休息；老年人由于身体原因难以接受长时间的访问，这使得访问进度停滞不前。

（三）

"素质高的人群更能理解我们，但会以各种理由婉拒。"

"高端小区严格的门禁和安保是非常大的障碍。"碰到配合的居委会，访员们还能被顺利带入楼中，如果连居委会都对访员们不予理睬，就只能依靠中心的老师来出面调解。

顺利进楼后，访员们要面对的是一批经济状况极好的受访户，对于很多事业有成、分秒必争的受访户来说，小小的一笔误工费根本无法弥补他们的时间成本。如何争取他们对"大调查利国利民"的认同感是重中之重。

"还有一部分人会十分礼貌地接待我们，听我们说完一切，然后委婉地拒绝我们。"受访户会很担心自己的隐私被泄露。"我们十八般武艺全用上也很难让他们放下对要'打探'自己财富的人的戒备。"

但偶尔也有了解金融相关知识的受访户会和访员们就问卷进行交流。"我们想和受访户们多做一些交流，不要让人觉得我们仅仅是为了完成调查任务。"但是迫于时间压力，这种"双赢"的机会很少。

　　"有些曾经接受过访问的高级知识分子会质问我们为什么他们没看见之前大调查的成果。"受访户更愿意接受有意义的调查，但也希望能早些看见社会效益。30组督导何敏睿智地向中心申请了一批调查的资料和论文集来回馈受访户。

　　"渔村附近没有合适的酒店，我们蹲守到晚上十一点后要徒步七八千米回宾馆。"

　　深圳27组的访员们在深圳最偏远的南澳的一个社区有访问任务，海风的吹拂也减轻不了他们访问的焦虑。社区里分散着多个"小渔村"，考虑到受访户的特殊作息时间，他们不得不将工作持续到深夜然后徒步七八千米回宾馆。

　　而他们要访问的另一个社区在相隔较远的南山区，扫尾工作的时候一个组6个人就得分开来同时攻坚，曾经最晚的时候，深夜12点多才做完一组难得的访问预约，再回去休息。

　　这仅仅是深圳数个社区的缩影，真实的访问难度远高于我的文字所能描述。

　　在高新科技园区，矗立着腾讯大厦等多座互联网公司的写字楼。每座写字楼里都有上万的年轻人们。炎热的夏天，很多人穿着一条大裤衩，更随意的就穿一双洗澡拖鞋就出门了。讲究一点的也许会穿件衬衫，再加上一个放得了电脑的双肩背包。

　　这样宽松的氛围吸引了很多青年。但变幻莫测的风口所带来的工作压力、高企的房价带来的经济压力都可能是压死这些年轻人的最后一根稻草，让他们在承受一段时间紧绷的工作状态后选择离开。

　　在这个平行的世界，一千个白手起家的年轻人们有着一千种自己的难处，也就有了访员们被拒绝的一千个理由。能自由享受生活的，只是少数人的状况和多数人的追求。

　　"不上班时我最喜欢做的事情是睡觉。"一位在腾讯工作的小姐姐透露说，"如果是我被抽中为受访户，我也会拒访。如果有空，我兴许能抽出五分钟或者十分钟来帮助你们。如果太长就算了。"

　　这大概可以解释，为什么在深圳这座年轻的城市里，拒访率如此之高。

　　"从来深圳的第一天，我就知道访问有多么艰难。"但访员们仍坚守下来"一户一户地做"，也很少有时间去感受这座城市。"我们真的很想替第三批来的同学多做几户。"督导何敏在夜色中小声说道。

　　在准备离开深圳的那天晚上，在人潮汹涌的地铁站里，我隐约看见一位穿着蓝色衣服的女孩从身边走过。几秒之后，我坚定地跑回去拉住她："同学，你也是家金的访员吗？"

　　这种街头相遇，是艰难访问中的幸事。

家金，照耀整个夏天

文/赵楚楚

这个心情和天气一样火热的夏天，因为有了"中国家庭金融调查"而有了不一样的色彩。当宣传片里讲到"让中国了解自己，让世界认识中国"的口号时，当结业典礼上甘犁教授嘱托我们"安全第一"时，当家金第二批参与者喊出"2017，创造奇迹"时，我感受到选择家金带给我的使命感和责任感，坚定地认同做家金的访员是件有意义且必须做好的事。

一行十人在银川的第一个村开工了。万事开头难，村委会工作人员一开始并不乐意帮忙，大家尽力解释不断争取，甚至上升到我们的访问是为了给国家制定政策做参考而有助于在 2020 年全面建成小康社会这样"高大上"的层面，才终于约到两天后在村卫生室由村委协助联系一部分受访户。之后的一天，我们两人一组分别去了剩下的五个村和社区，和村委会、居委会沟通交涉，对村委会态度和村子基本生活情况做到心中有数，也摸清了到各个村和社区的路线，为之后的访问做了很好的铺垫。

万事开头难，也难在第一个受访户。我们访到了一个身体状况不是很好的老奶奶。由于对问卷不太熟悉且事先没有给受访户讲明"规矩"，我们的访问从上午进行到了下午，奶奶一边回答一边诉苦，我们亲历了"一个问题一个故事"的情况，用七个小时结束了第一次访问。虽然花的时间长，但我们确实亲身感受到了一个普通老百姓晚年生活的不易，年事已高而儿女自顾不暇，疾病缠身而医疗条件不足，生活艰苦却没有养老保险……我们深知，这只是千千万万普通农民的一个缩影，了解他们的故事，收集最真实的数据，就是我们努力的目标。

一次访问，不仅仅是一份问卷、几张单子，对我们这些访员来说，实地入户访问给了我们一个接触不同的人、了解他们的人生的机会，那些数据因为有了故事和喜怒哀乐而变得鲜活。我见过有房有车工作稳定的公务员，也见过租房挤公交车在异乡谋生的保洁员；我听过村民对村委会办事态度的不满和抱怨，也听过住户对居委会的真心认可和称赞；我见过有退休金、有孝顺的儿女、安享晚年、其乐融融的爷爷、奶奶，也见过身患残疾却独自生活在小出租屋的国有企业退休干部；我尝过受访户盛情难却的西瓜，也吃过受访户不接受访问不听解释的"闭门羹"；我访过刚满 16 岁的高中生，也访过 70 多岁的爷爷、奶奶；我访过不识字、听不懂问题的家庭妇女，也访过北大毕业、有想法有格局的退休教授；我得到过受访户"你们大学生出来也不容易"的理解，也受到过受访户拍我们的学生证和工作证留作证据的怀疑……我们对这个社会真实情况的了解一点点增多，也在倾听他们不同的选择中体会不同人生的意义，他们不一定选择了最好的生活，却活出了自己的样子。阅人，知人，当鉴自身。我想，在我自己面对更多选择时，会有更坚定的方向。

这一路，所见颇多，所感颇深。在蓝天白云如加了滤镜一般好看的十字街头，在有空调、沙发供我们休息的村委办公室，在凉风习习、夜色无边的宽敞马路，我都收获着银川这座城市送来的美好与感动。相较于其他组来说，银川确实以善意和友好使我们得以顺利完成访问，受到拒访和质疑的委屈无奈早已随风而去，而那份感动和感恩却会永留心底，成为代表银川、代表家金的温暖的符号。

这一路，所做颇多，所获颇丰。当和搭档完成手中的访问量时，当尽力说服一个受访户接受访问时，当一次次爬楼敲门终于见到受访户时，所有的努力和辛苦都值得。经过一次一次的攻坚克难，我们不仅获得了圆满结束访问的成功，也收获了面对任何问题不畏惧的勇气、遇到问题解决问题的坦然和瞄准目标坚持下去的毅力。同时，我们也结识了一群工作起来认真卖力、待人真诚善良的优秀伙伴，这个团结一致、互相关心鼓励的小团体是访问中最坚实的后盾和最令人安心的归属，也是今后人生中可靠的朋友。

家金，这个夏天，不虚此行。

我的心曾感动七次

文/田冰洁

第一次，当它本可谦卑逃避时，却故作坚强骄傲。

那应该是第一次访问被拒绝，在农村，奶奶宁愿坐在树荫下同别的老太太谈天也不愿意接受我们的访问。她说："你以为我们不知道你们干嘛的吗？打着大学生的幌子来这坑我们村里人。这些都是隐私，知道吗？你这样做是违法的，小姑娘，别不学好……"奶奶"义正辞严"的话差点把我说蒙了，脑袋一转，立刻反击："奶奶，我们都是有学生证的，可以给您看。就算您不信，我们还有咱们居委会的介绍信。我们全国四万户家庭，两千多大学生，就算是骗子也没有这么大规模，您可以让您家上网的人搜一下我们衣服上的名字——中国家庭金融调查。况且咱们这个村也不是第一次来，您可以问问那些接受我们访问的老受访户们，看他们的隐私有没有被泄露。我们千里迢迢过来就是想为咱们中国的发展做点贡献，来看看咱们老百姓到底生活得怎么样，能不能全面建成小康社会。这是我们大学生的荣幸和责任。"万幸的是，奶奶终于接受了访问，完成后还非要留我们吃饭。这时，我不禁想起甘犁教授那天说的，鼓足勇气，放下面子去做，总会成功的。

第二次，当它在空虚受挫时，战友用温情来填充。

从农村转战城市，受访户的拒绝态度一时难以接受，我开始懈怠、犯困、逃避。可是敏锐的战友怎么会看不出来呢？那天我们一无所获之后，"头儿"带着我们去吃饭。其实他可能承受的更多吧，居委会冷漠抵触到我们都进不去，也不知道"头儿"进去之后有没有被刁难，可是他还是兴冲冲地带我们去吃热腾腾的火锅，一如这山东热情的天气。席间，他一直说尽情吐槽，比惨未必不是好事，自嘲使人进步。俗话说，"饱腹带来愉悦感"，那饭后吐槽就能把愉悦感提升几个梯度。大吐苦水之后确实舒坦了很多，"头儿"便开始了解救拒访大讨论。没想到战友们那么优秀，三十六计七十二变，一场吐槽大会变成了解决问题大讨论，这就是柳暗花明又一村吧。感谢战友的鼓励和扶持，一路上有你，很幸运！

第三次，在困难和容易之间，它选择了困难。

明显能感觉到战友今天有点力不从心，水土不服已经让她瘦了好多，又赶上生理期，面色苍白，一米七的大个子都可以穿 S 号了，可她还是想多访问几家。作为战友，我想为她做点什么。就近找到了愿意接受访问的好人家，紧接着别的战友们都把自己手上可以做的距离近的样本留着，剩下的人穿过大马路去寻找受访户。这一天是最充实最开心的日子，因为战友情谊，所以迎难而上。

第四次，它犯了错，从不找借口。

质控部传过来的信息显示着各个组的问卷问题，仔细看过觉得自己的访问也存在类似的问题。"头儿"晚上开会的时候把纠错作为重点，提醒大家要认真对待自己手中的样本，实事求是。跌倒不可怕，怕的是再次跌倒，发现问题就去改正，连访问终端都需要不断更新，更何况面对复杂多变情况的我们呢？

第五次，它自由不羁，却不悖原则和底线。

找了很久才找到的 427 号受访户，大人不在家，只有刚经历过高考的女儿，小姑娘很热情地配合着我们。过了一会儿，她的父亲回来了，红红的脸像是经常喝醉酒，没等我们和他说完就把我们轰出去，一脸严肃地说："现在把这些东西删掉，立刻！马上！"小姑娘被吓得不敢说话，却在关门前挤出一个微笑。

心有不甘的我们开始写留言条，太阳正毒，挥汗如雨，写完夹在门缝里就走了。晚上收到小姑娘偷偷发来的短信，先是一番道歉，又解释了下家里的情况。最后换了一户和蔼的中年夫妇接受访问。大家理解不了我们行动的意义，自然要据理力争；但倘若碰到榆木脑袋，倒不如各自退让。

第六次，当它欣赏一些高尚的灵魂时。

很有幸访问到了一户退休老干部家庭——爷爷、奶奶身体都好，生活也不错，每天乐呵呵的。最重要的是他们夫妻俩每天都会去马路上当志愿者指挥交通，无论风吹日晒雨淋。他们也深谙我们此次调查活动的重要意义，抽出时间来接受我们的访问，很是心疼我们。"只要人人都献出一点爱，世界将变成美好的人间"，这就是这句话的真实体现吧。

第七次，当它厕身于生活的污泥中，"横眉冷对千夫指，俯首甘为孺子牛"。

访问农村的时候，问及村干部腐败问题，大家都会先看看周围有没有人在，再决定说还是不说。他们不识字，文化程度也相对低，对待腐败也只能骂上两句。见此状，我们决定帮他们一把，我们一起写了十几封投诉信，投到县里。我们能力有限，但一定要伸出援助之手。

一个月的朝夕相处，吃苦，熬难，暴雨天蹚过水，高温预警顶过烈日，快餐店酣睡，公交车补觉，笑笑闹闹，遇见你们真好！

这一年　我们望着星空

文/邓莎丽

5月始，9月终；从气候渐暖，到天气微凉。辗转4个月，因为中国家庭金融调查（CHFS）项目，我先后去了重庆、海南、河南、河北、黑龙江、内蒙古、吉林和辽宁几个地方。

从祖国的最南端到最北端，从西部到东部，我终于印证了同学们那些略带羡慕的调侃——"你这神出鬼没，是走遍中国的节奏啊"。

其实，除了2007年奔赴西欧演出了一次、2011年因为CHFS到山东访问了一次，我也算是没有迈出过四川省的人。所以，这一次长时间的出差，带给我的收获和成长远远大于周转的劳累。

星空·玄镜·重庆印象

重庆的道路很奇葩，第一天就让我们见识了什么叫晕头转向。

天空下着小雨，我们一行人撑着伞走着走着，突然发现脚下的柏油路不见了，取而代之的是一座天桥。我们连忙对照图纸，打开卫星地图，居然发现图文与实际不符！研究了好半天，问了路人甲、乙、丙、丁，最后得出结论：也许是卫星地图拍摄的时候这座桥还没建成，它拍摄的是桥下的路。于是，我们开始想办法下桥。然而，眼看着桥下车水马龙，我们却找不到下去的路！难怪恒姐会说："近在咫尺却远在天涯，敢问路在何方？"

重庆的高楼成功继承了重庆道路的奇葩。

临街楼房没有门牌号，居委会给我们的清单上赫然写着的"烟雨堡88号"在实际中根本找不到！我们来来回回几乎把这片区域走了10次……

这里的楼少则八九层，多则几十层，而那些十几层的楼多半没有电梯！这可苦了我们这些绘图员，要用脚一步一步爬楼排除空户。

重庆的高楼密密麻麻，楼道修得很窄。为了节约时间，我们常常分头行动。一个人打着手电筒，走在狭窄的楼梯通道里，听到耳边呼呼的风声、自己的喘气声和脚步的回音，神经时刻紧绷着，生怕楼道里突然窜出个人来。不知是不是个人感受：每次一口气从几十楼冲下一楼，见到小伙伴们从其他楼出来，有种冰火里重见天日的解脱。

重庆的乡间小路很崎岖。车不断颠簸，我们不仅上下左右磕碰，前后位移也是司空见惯的。亚雪说："人飘在空中才是常态。"坤坤补充："我的手机是摇一摇切歌，这一路，我就没有听过一首完整的歌。"

总结起来，在重庆绘制抽样地图真的很伤神。风刀霜剑、雨打雪欺，各种高架桥，各种找不到下桥的路，各种找不到社区边界，各种长街没有门牌号，各种小区没有名字。我们也常常一上午爬将近200层楼，暴雨过后回到宾馆趴在床上绘地图、列住户清单；因为抽样小镇太遥远，临时决定夜宿鬼城龙头寨。没有电脑做账、录样本清单，没有洗漱用品换洗衣物，和衣而睡后早上六点依旧起床去爬大山，然后在赫然看到山里村民杀野狗时，在微博里写下"深山老林算什么？野狗算什么？野蛇算什么？没有打狗棒算什么？没人带路算什么？我们都是强妹纸"给自己壮胆。

当然，我们也遇到了热心的移动公司员工。在得知我和淑婷要从乡里回丰都县城时，邀我们坐他们的车一同回去。一路上他们还要跑业务，于是淑婷笑称："我们不仅要绘图，还要兼职移动业务。"我就不停地"咯咯"笑着，反倒弄得车上的叔叔们挺不好意思。最终回到县城时，司机叔叔把他领导送回公司，然后对领导说："你们上楼去吧，我把她俩送回皇都酒店。"我看到连他们领导也愣住了。多耿直的重庆人啊！

重庆的金融办很配合，办事也很给力，所以，终究是欢乐时光多于苦楚记忆。

我们的运气颇好，在某村委会各种忽悠我们、对我们嗤之以鼻后，我们居然抽样抽到武隆著名景点天生三桥景区里的一户人家。村委会人员带着我们免费进入景区，我们还幸运地拾得了一只"纯天然无污染"的小螃蟹。

还有那天，协作单位吴哥哥请我们看的张艺谋导演的大型实景剧《印象·武隆》也十分精彩。进入《印象·武隆》演出场地，要先经过一条"时光隧道"，隧道两边有投影仪在交错放映着幻灯片，右边是美丽的山水风景，左边是河边纤夫拉纤图。行走在长长的隧道中，图片氤氲黑白，时光交错古今。

还记得露天大坝的看台上，光影里印出的那一片虚幻的繁星，好像是上帝的玄镜投下的一束希望。萤火虫就在头顶飞舞，山上清冷的空气，让我们6个队员紧紧依偎在一起。

望着虚无缥缈的星空，我突然有一种感动：历史的天空，还有什么比这古迹年华更让人念念不忘？还有什么能牵引着我们，梦里梦外反反复复地去找寻？

一直庆幸我们组有威武霸气的督导唐恒姐，还有搞笑的坤坤、爬楼达人淑婷、首见就很亲切的亚雪、被我们戏称为"强妹纸"的强哥……

有种友情，说"谢谢"太过矫情。于是，我只记得那一晚望着星空，和你们在一起。

星空·青墨·琼州印象

说起海南，好像是很多人都向往的地方，我也不例外。所以，当欣姐问我愿不愿意独立带队去海南时，我一口答应了下来。接着是连续两天的加班到晚上 9 点过，在办公室里下载卫星地图、收集资料、订火车票、联系组员……两天后，我们出发了。

在海南，我体验了各种"第一次"。

第一次独立带队。虽然这次组员不多：做事总是一丝不苟的浪浪、很有主见的君君、很优秀的喜欢尝试新事物的男男、有着独特口音的彪哥，但我还是有点紧张，好像身上的担子更重了。不仅要跟协作单位的工作人员联系，要安排组员的衣、食、住、行，最重要的是心中要有绘图进程的整体规划。这一次，因为 CHFS 研究中心总体工作进度要求，从重庆回成都才三天，我马上就坐上了开往海南的火车。我们出发得很急，甚至没有时间在成都坐等海南接待银行的联系方式。我是在火车上的最后一天才等到协作单位的电话，与对方沟通好，总算松了一口气。

第一次遇到了一个比城乡接合部还城乡接合部的某社区。它房屋间的道路长得像二叉树，还有无数死胡同。要画 1 500 多个方向乱七八糟的"麻将块"，这意味着我们的绘图员都必须是活体指南针啊！我们常常在绘图的时候边走边想：向左走还是向右走？就这样几天几遍一直走，晴天雨天没有停过，我们努力选择、努力记忆……

第一次遇到那样热情的行长。不仅从早餐请到晚餐，放心让我自己开他们的车，在我一个人去村里抽样时全程陪同，帮我用海南话介绍我们的项目，甚至还带我们去逸龙湾看海、踩沙滩、望星空……

那是我见过的最美的星空之一。天已经完全黑了，我们走在沙滩上，海水伴着潮声漫过脚踝，眼望海平面，海天相接的尽头有闪烁的灯光。苍穹很低矮，抬头是满天繁星。四周除了"哗哗"的海浪声，就只剩远处沙滩上似有似无的欢笑，夹杂着篝火的青烟，斜斜地随了风飘向更远的地方。

那天的黑夜有一种包容一切的深沉，而闪烁的星光仿佛跳动的精灵，恰到好处地给黑夜的单调点染上了一层活泼。我突然好想伸出手，去触摸那几十、几百、几千滴看似近在咫尺的星之光芒，然而，还来不及触碰，心情就早早沉溺于这一片没有一丝破绽的青墨，只剩下一阵经久不息的柔软的感动。

还有第一次坐火车过琼州海峡，第一次遇到"贝碧嘉"热带风暴，第一次吃正宗抱罗粉、清补凉、文昌鸡等特色小吃……这许许多多的"第一次"，都连同那天深邃的星空，在我心中留下了永远不可磨灭的印记。

星空·秋雾·豫、冀印象

从海南回来不到一个星期，我又带着新的组员出发去河南、河北绘图了。

这一次的路途很曲折。几十个小时的路程，我们订了 6 号的硬座，又因为想早点完成工作，退票重新买了 5 号的硬座；结果班车晚点 5 小时，我们被滞留在成都东客站；因为晚点，提前订的从武汉到信阳的高铁坐不了，我们排长队改签；谁知改签无效，只能再次退票；好不容易买到新的票，20 分钟后就要开车，我们拖着行李、提着大包小包、一路插队一路说"对不起"，甚至有队员幻听到我们的车已经停止检票！就这样，一行人在候车室里狂奔……最终，我们的车却晚点了……

我们的首站是信阳。据协作单位接待我们的主任说，信阳由"固守初衷，便得始终"得名。于是，我们更坚定了我们的初衷，一定要把图画好，给后续前来访问的同学减轻负担。

初到信阳固始县的第一天，主任给我们接风。吃饭时他们居然让我坐上座！这算我遇到的最高规格的酒宴了。席间，我也对北方风土人情有了一定了解。

我们要描绘的第一个社区是坐落在城乡接合部的让我们画了十张分图的巨型社区，又是二叉树分布的道路，画图、核户都让人眼泪汪汪！后来，为了赶最早一班去南阳的车，我们几个女生不惜核户到晚上 9 点！眼前都是漆黑的巷子、乱飞的蚊虫、狂野的狗吠和一个神经不太正常的人一直吃着手指头望着我们……我们只能大声说话给自己壮胆，用手机微弱的光给自己照亮……而第二天凌晨 4：30，我们又起床作核户收尾工作。等 6：30 我们结束核户凯旋时，宾馆早餐时间都还没到……想起前一天定起床闹钟时，手机显示还有 3 小时 55 分钟闹钟响，瞬间好心酸……

我们也遇到过令人哭笑不得的故事：丁丁和美卉在一条小河边来回走边界，路边乘凉的人都围过来问他们："你们怎么又来了？前段时间有十几个人来画过图呢。"丁丁只好苦笑着说："其实都是我俩，只不过走的次数多了点儿而已。"

河南的绘图工作结束后，美卉、华华、被我们笑称为"少爷"的少岩、会计丁丁、圆圆和我，六个人一路向北，前往河北石家庄绘图。看着火车窗外渐行渐远的路灯，听着汪峰的《北京北京》，有种北漂的感觉。

在石家庄，我们遇到了最难缠的传说中出过日本间谍的社区。联系了几个协作单位、各大校友，甚至连 2011 年在 CHFS 中心工作过的柴老师也专程赶来帮忙了。我们的队员更是五访社区，最终用真诚感动了社区主任，为我们获得了绘图核户的机会。

记得工作告一段落，要返回成都的前一天，我和队员们一身轻松地去超市购买回程食物。路上我忍不住想抬头看一看北方的星空与南方有什么不同。

河南、河北的夜幕下，星星虽然不多，却总有一颗特别明亮的北极星，就像秋雾里的光，冲破黑暗的禁锢给我们希望，让我们在黑暗中核户时不再那么彷徨；给我们方向，指引着我们前进的道路。

星空·光明泪·黑龙江、内蒙古印象

从石家庄回成都，我在西财柳林校区参加了 3 天的访员培训。临行前和队员们聚餐，碰杯时我脑海中突然浮现出一句话：踏平坎坷成大道，历经艰险又出发。

在历经 50 多个小时的车程后，我们终于在深夜到达黑龙江齐齐哈尔的龙江县。

第一天晚上，我们有幸看到了双彩虹，这让我们开心固执地认为那是上帝在苍穹中微笑着鼓励我们。

这次带队，我主要负责出纳、采购和更换样本。龙江县的指定访问社区就在我们住所周围。我在宾馆换样的间隙，只要撩开窗帘俯视，就可以看到队员们三三两两地散布在社区周围，于门禁处蹲守、和社区保安交涉、相互告知进度……

还记得那个七夕，因为龙江天象大变，我们遗憾地没能看到英仙座流星雨；还记得那个七夕，我们只能和受访户有个约会。

而坐火车到内蒙古后，我们访问到一个富人区，工作进度十分缓慢，大家只能互相安慰。因为组员中有一位被我们称作"海爷"的同学，于是大家总会在一起高吼苏打绿的"海爷，海爷，我知道你才是这世界上无与伦比的美丽"。也只有这样，这种齐心协力的酣畅，才抚平了一点点访问带来的疲惫，让我们第二天满血复活，去挑战未知的困难。

我们访问 81 组的最后一站是内蒙古兴安盟的索伦镇。这里天高地远，景色十分优美，但条件却很艰苦：没有出租车，没有三轮车，甚至连摩托车都没有。我们十余个队员只能雇了两辆村里的"板板车"，遇到路途颠簸，就不断有人从车上掉下来……

还有那个只讲蒙古语的满都拉图嘎查，13℃ 的气温，没有带长袖的我们淋着冰雨、嘴唇发白、牙齿打架、满身鸡皮疙瘩，眼泪都要被冻出来了，还随时有踩着泥泞推汽车的危险！

然而，正如一首歌所唱的：每一颗眼泪，是一万道光，最昏暗的地方也变得明亮。正是这些一起经历的煎熬，让队员们更加团结更加友爱。

临走的那一天很是不舍，想起和大家一起的日子，那些浸润了西瓜甜味的空气和满含着歌声的夜晚，要我们用怎样的微笑去忘记？就将这最后的索伦之夜，镌刻成十年后泛黄的回忆，献给内蒙古最美丽的月儿。

黑龙江和内蒙古的夜空美丽得让人窒息。它不似重庆星空的虚拟，也不像海南星空的闪烁，更与河南、河北具有指引意义的北极星不同。黑龙江和内蒙古的夜空总是星星点点，猛抬头的时候似乎看不到星星，但每当我静下心来仔细观察，总会发现那些不太明亮、抢眼的星星也在默默地装扮着这个夜晚。仰望得越久，找到的星星就越多，最后，我才惊喜地发现这片隐匿于城市中的壮丽星河。

很喜欢组员张鹤写过的一句话："所谓的柳暗花明不过是一个简单的转身，所谓的难舍难分仅仅为一个不经意的回眸。"它很像我 2011 年参加 CHFS 的回忆："人生如戏，但依旧，梦一般。"梦醒时分，虽有恍如隔世的惆怅，但迷离中也升腾着一段厚重的友情。海爷、瑞瑞、飞飞、户户、璇儿、畔畔、鹤儿、昊子、君霞姐，你们都是我的亲人。有些东西没有经历过，就没有发言权。这种类似亲情的友情，支撑着我们前行，引领着我们成长与成熟。

也许现在还不到"古今多少事，都付笑谈中"的时候，离别，是为了更好的重逢。我们终会在成都，相聚。

星空·烟花·吉、辽印象

到吉林长春和辽宁沈阳访问攻坚，是我们原本没有想到的结局。

黑龙江、内蒙古样本访问快结束时，我正式接到通知去长春农安县支援攻坚。长春很冷，每天晚上没有长袖的我们都只能互相依偎着走在回宾馆的路上。

就这样每天冻着，到最后一天我终于"成功"地冷得发高烧了。晚上 10 点，君霞姐陪我去县医院。这里条件艰苦，没有打针的药水，医生给我开了 2.5 元的退烧药就打发我回宾馆了。

第二天，我还在宾馆时，又接到中心的通知，我们组还要去辽宁沈阳支援！于是，当天深夜，我和君霞姐、海爷、昊子，又坐着火车硬座辗转去了沈阳皇姑区。

凌晨 4 点到沈阳，我们住在了一片废墟里。每天 5 点过，方圆 2 米内就开始"呼呼砰砰"地拆房，发出原子弹爆炸一样的巨响。我们只好早早起床，开始新一天的访问工作。而沈阳的天黑得也很早，晚上 7 点半再去访问时，就有受访户很不耐烦地冲我们凶道："三更半夜的，敲什么门啊！"我们只好放弃了在大晚上进行访问的念头。

这次沈阳的支援好像烟花一样短暂，却迸发出永恒的灿烂。记得昊子曾经写道："合围，沈阳。"不错的，当我看到"合围"两个字时，当我得知全国各地完成任务的小分队都来沈阳集合时，我感受到了一种团队的力量。CHFS 中心是一个大家庭，我们都不是独自在战斗。合围，沈阳。我们在一起。

我们住的地方位于沈阳市中心，污染较大，再加上市区奢靡的霓虹灯，让夜空的星星更加稀少，这一点倒很像成都，有种家乡的感觉。

我们的归途并不顺利，可谓是"人在囧途"。因为买不到票，我们从沈阳辗转到北京，再到西安，最后回成都。一路上，历经了生病、追行李、追火车等各种坎坷。还记得在西安，最后一分钟火车就要开了，我一个人背着书包，左手拖着自己的行李箱，右手拖着惜姐的行李箱在站台上狂奔！听到火车鸣笛，凌乱得已经到了扛着行李横跨轨道、见到火车门就恳求列车员开门妄图上车的地步了。幸运的是，我们终于在车门关上的瞬间冲上了 K1363。

从 7 月初出发，到 9 月中旬回归，整个访问过程不是不辛苦，只是选择从苦难中汲取经验，最终记在脑海里的，却还是那些美好的事。因为只有这样，在工作结束之后回忆起来，才会心生细水长流的温暖，对不对？

从曾经懵懂的只顾自己埋头访问的访员，到如今学着果断决策、团结组员的督导，CHFS 带给我的力量是那么强大，CHFS 陪我走过的路是那么厚重，我看着它羽翼渐丰，我体味着它炽热的光芒。

> 这一年我们望着星空，
> 有那么多灿烂的梦；
> 就算未来的未来，从没想过；
> 至少这段回忆会永久，
> 像不变星空，陪着我。

我知道，当故事失去美梦，当美梦失去线索，但我们一定不会失去联络。
在这一片无言无语星空下，悄悄许一个心愿，道一句珍重。

惜离别，希重逢。

那一年我们望着星空。
这一年，当我望着星空。

轻轻呢喃——
如果再经历一次绘图、访问，
如果还是和你们在一起，
如果你们还在的时候，
会不会伸出手，拥抱我？

调查实录篇：砥砺强国志

项目以理论指导调查，科研融入调查。项目实施"教师指导＋硕博带队＋本科生全程参与＋多校联盟"的运行模式，参与项目的指导教师687人次，带队研究生2 613人次。分解落实调研任务，全程精准指导调研，以调研现实问题回归理论教学，习学结合，深化学生对理论知识的融通应用，培养学生综合的问题解决能力。项目鼓励学生根据调研内容开展数据分析和学术研究，鼓励学生积极参与教师的科研项目、课题。2011年以来，学生撰写本科毕业论文2 400余篇、硕士论文1 133篇、博士论文176篇，参与研究形成3 969项科研成果。

本篇内容为学生走访实地后，对社会现状的切实体会。

北京双拼

文/刘婧雯

京师是它，北平是它，帝都是它，首府是它。到处好玩，到处热闹，到处有声有色。有人说这座城，不管死亡，不管祸患，不管困苦，闷头前进着，可是，它污浊，它美丽，它衰老，它活泼，它杂乱，它安闲，它可爱，它是伟大的北京。

——化自老舍先生的《骆驼祥子》

今年7月，各地区比以往都热，北京也久旱未雨，像这座城市的发展与争议一样火热。

背景：人口增长双下降，经济实力综合强

北京市统计局、国家统计局北京调查总队发布的《北京市2016年国民经济和社会发展统计公报》显示，2016年北京人口调控效果继续显现：随着疏解非首都功能各项措施的推进，北京市常住人口的增速、增量继续实现双下降。2016年末北京市常住人口为2 172.9万人，比上年末增加2.4万人，增长0.1%，增量比上年减少16.5万人，增速比上年回落0.8个百分点。

与此同时，北京市经济综合实力在增强，北京市的结构调整持续推进，服务型经济特征更加稳固。去年北京市第三产业增加值占全市地区生产总值的比重首度超过八成，达80.3%。其中，金融、信息、科技等优势行业发挥了重要支撑作用，增速均快于全市经济增速，占全市经济的比重合计为36.3%，比上年继续提高，对经济增长的贡献率合计超过一半。

"北京人"冤枉

来京之前，受网络文化传播影响，我们常下意识地给"北京人"贴标签，碰见北京的同学会不自觉联想其家庭背景、家里有几套房、分了多少拆迁款。

来京之后，我们发现除了房价，物价并没有想象中那么高，也确实有一批靠房产发家的幸运儿。一位青年受访户就直言不讳，说自己家人过去5万元购置的房产，现

在的价值早已升至千万，自己做点小生意，图个自由。二三十年来的城市升级改造，让北京彻彻底底地改头换面，也使抓住机遇的人一夜暴富，因拆迁分了不止一套房的也大有人在。没抓住的人却要和他们一道承担外人对北京人的"土豪"印象。

"我这套房子确实是值大几百万，可是我就这一套房子，自己要住啊，卖了我住桥洞底下吗？"有受访户向我们埋怨。

实际上，有房低薪的现象很多。有一位受访户，家就住二环胡同，可谓是皇城根下，家中五代也都是京籍，从其家中装潢来看其家境并没有我们想象中好，反倒朴素陈旧。"像我们这样有房的老北京，就拿一份基本工资，如果没有大问题还好，一般吃穿不愁。但我们并不属于过得滋润的那种人。"也有经营有道的人，会把市区的房子或学区的房子出租，自己主动搬至郊区以赚取差价。

有位家住五环的受访户向我们描述："从前我认为出了二环就不叫北京了，现在呢，都有五环了。本地北京人不容易啊，大量人涌入北京，北京又要规划升级，我们就这样被从市中心挤出来了。"我们在许多社区进行访问时，关于拆迁的大红标语像拆迁衍生出来的各种问题一样刺目而常见。北京有大半地区都能见到拆迁的影子，胡同拆了，牌楼拆了，团城也开始拆了，老北京们，人还在北京却起了乡愁。对于一部分受访户而言，拆迁问题是禁忌，有的分了一大笔钱和房子，却闹得家庭不和，有的不满意拆迁结果而心生怨气。

在北京，最能体会什么叫贫富差距悬殊，什么叫人生百态。很多人习以为常地以一个水平来代表全体，给人扣地域的帽子。在北京这样最复杂的地方，不管是本地人还是外地人，都最先明白什么是人外有人，最先学会沉潜与谦卑。

逃离北上广

跟随北京组访员访问，我们见过这座繁华都市的 B 面。

早上 6 点到 9 点、晚上 5 点到 8 点，都是这座城市地上地下最拥挤的时刻。对于像我们一样经济能力有限的人来说，地铁还是主要的交通工具。即使地下再挤，乘地铁也要比乘车快，而北京地铁也"不负众望"地达到日均流量千万人次的水平。

北京的地铁修建得早，又受文物、地形等诸多因素限制，在设计和布局上都显得"与众不同"。最令人印象深刻的是全部的换乘时间加起来可能比搭乘地铁的时间还长。"漫长"的进站过程，最适合观察形形色色、嬉笑怒骂的人群，而各站里又数北京西站最有故事，五湖四海的口音在狭长的地铁通道里交织起伏，有拖着行李箱吐槽换乘时间太长还没有电梯的，有戴着耳机头也不抬的，有和旁人交头接耳地讨论孩子入学和买房子的……

但多亏了这地铁，原来只有两环的北京扩大到三环、四环、五环才有底气。上班族们在地铁上就看完了一日份的影视剧，他们在二环内上班，住在地铁线的最远端。

租房是"北漂"们无法回避的话题。偏远地区的房屋有许多已是墙面斑驳、周遭脏乱差，但租金仍凭借着在北京的地界水涨船高。访问过程中，一些租户往往拒访严重，对暂住证、房产问题敏感而谨慎。北京近年来开展了"疏解整治促提升"专项行动，我们在访问过程中也发现很多社区样本中的地下室住户大多已经搬离，地下空间和群租房整治让一些"北漂"放弃了坚守或是转向更高的房租。

房价"感人"，政策"赶人"，北京在经历阵痛，到处是建筑工地的环境并不宜居。自媒体们叫嚣着"在北京，有2 000万人在假装生活"，又"善意地"替在"北上广"这些竞争极为激烈的城市的人们编织了一句口号"逃离北上广"，就连受访户也对着一群尚显稚嫩的大学生访员说，"你们别来了，在北京根本买不起房"。

与此同时，还有成都、武汉、长沙等众多二线城市纷纷推出落户、住房补贴等政策以争抢人才。相比于上海等地，北京大学生留京率相对较低且的确有所下降。

扎根北京

"为什么还要留在北京？""留在这里，才有希望。"

我们在北京，亲身感受到北京被众人诟病的一面，也被这座城市的光芒吸引。它的光芒，不仅仅是夜晚时"繁弦急管"的三里屯和车水马龙的CBD。

今年北京市高考状元、北京二中的熊轩昂同学以690分获得北京市文科状元，他在接受采访时说，农村地区的孩子越来越难考上好的大学，他之所以取得高分，跟自己良好的家庭环境有关，北京大城市得天独厚的教育资源为他提供了农村地区考生所没有的条件和捷径。这样的话击中了很多人的内心，我们无法否认原生环境对人的影响。国人的"新三大件"——教育、医疗、住房都是令北京备受青睐的主要因素。

北京作为古都，比新兴的大型城市多出好几分文化氛围，其教育资源、文化资源、医疗资源都无出其右。路过三甲等大型医院，车辆水泄不通；某知名中学旁，暑期游学大巴络绎不绝；丰富的剧场和展览、名气颇盛的文化娱乐场所百花齐放；乌泱泱的旅行团一波又一波地涌入北京城各个古老而肃穆的历史文化景点。为了替下一代获取最优质的教育资源，这座城市的人拼命努力，即使有本地户口，也并不意味着上好学校就轻而易举，这就进一步催生了高房价。

北京作为现代化大都会，无数所谓北京本地人和外地人呕心沥血地长期建设才有了其经济、文化的高速发展，以及其政治中心的优势地位让有梦想的人在这里看到了无限的可能，才使得在高企的房价吞噬了一批人才的梦想与生活的情况下仍然有那么多全国各地乃至全球的人才慕名而来。

"反差""融合""荒诞""吞噬"成了北京的关键词，却恰是它的魅力之所在。大家吐槽北京的堵车、高房价，也一边享受着便捷的城市生活与北京作为国际化大都市所拥有的顶尖资源。

过去来北京时，我只看见北京有长城，有故宫博物院，有清华、北大。而通过家金大调查再来北京，我看到的是北京人民的各色真实生活。有房的人意气风发、气定神闲，不管是房价疯涨还是停滞不前，他们都有好好生活的筹码，他们眼中的北京是衣、食、住、行样样都优。没房的人为生计而奔波，看见的是柴、米、油、盐什么都贵。

繁华是真的，繁华之下的不堪也是真的，这两者交织才构成了这座城市真正的样子。

人都是趋利避害的动物，一座城市好与不好，人民会用脚步做出选择。北京作为首都，正是因为有它得天独厚的优势才吸引了这么多人来到北京。现在的北京，正经历着更新与升级，周边城区的建设为其疏解了"非首都"功能，户籍制度在限制人口的增长。对比全世界的超大型城市，比如纽约、伦敦、东京等，其人口变化也经历着爆发式增长→回调→稳定增长的过程，城市辐射和联动区域也在增加。只要北京还具有相比于其他城市的绝对优势，就会一直吸引人们来这里打拼，并努力创造奇迹。

很难有人能妄谈出一个完整的北京印象。但此刻我想说的是，你大骂着"在北京太难过"要回去舒服的家乡时，不知有多少人正野心勃勃地想要在北京安下家来。逃离还是坚守大城市只是众多生活选择的一种，逃离的人不要再鼓吹自己有多无奈与明智，留下挣扎的人也不要后悔。正如中国家庭金融调查中的一句口号"你怎样，中国就怎样"，我们看到的、经历的就是真实的中国，我们对国家、对城市满怀希望，才能有动力艰苦奋斗。与其一味埋怨都市烦恼，不如留下更多的希望，给后来的人也好，给下一代也好，给北京，也给中国更多正面积极的希望。

"你渴望的离开，只是无处停摆。"

后记

北京是首善之区，但也最为鱼龙混杂，因此访员们在北京访问的难度很大。大都市的高楼带来了人与人之间的疏离感与极低的信任度，干热的天气更令人身心俱疲，但仍有许多温柔善良、厚道大方的受访户在某一时刻感动了访员和我们。不仅仅是北京，还有深圳等和北京情况类似的地区的访员，工作都十分艰苦。中国家庭金融调查与研究，是漫长的打基础过程，诚如北京组访员所说："即使遗留问题再多，我们也要为 2019 年的同学铺好路。"做好每一个细节，就是在进一步提升我们的大调查，我们愿用真诚融化坚冰，用绵薄之力来促进一个城市到一个国家的进步。

留言条背后不得不说的事

文/姚彤

7月18日早上9点左右，我们来到北京市某区，见到了正在进行扫尾工作的第4组访员。他们负责的小区对面有一个公园，其中一个访员正蹲在地上给受访户写留言条，红色的横纹信笺纸上密密麻麻，末尾还留下了自己的姓名和联系方式。

写完留言条往受访户家走的过程中，访员告诉我们：工作日许多受访户不在家，只能通过这种方式传达讯息；有时遇到委婉拒访的情况，留言条更是受访户态度的软化剂——当她们把留言条小心翼翼地塞进受访户的门缝里时，也同时把一份真诚和坚持传递了出去。

这些手写的留言条根据受访户情况的不同，形式上也会做出相应的调整。对中年人，要晓之以理、动之以情；对上了年龄的大爷、大妈，字迹要大而清晰，更要解释清楚家庭金融调查的意义，消除大爷、大妈的戒备心理。她们组就有一位叫张晓星的访员写过多达三页的留言条。为了这千字留言条背后的故事，我们决定见见这位访员。

当天早上一直在飘细雨，等到十点多钟，这场雨终于酣畅淋漓地下了起来。晓星原本在村委会，她急匆匆赶过来时帽子已经湿透了。我们在小区内的凉亭里坐定，听她讲述这家受访户的情况。

"我们去了这家三次，家里倒是有人，但他们一直不肯应答。我们觉得人家只要没当面拒绝我们，就还有争取的机会。如果他们能了解我们这个调查，说不定就愿意接受访问了。"隔着门不好说话，晓星便坐在楼梯上写下了这张字条，满满当当的三页纸上阐明了选择这家受访的原因、更换样本的不易以及中心后续提供的保障等。贴好留言条后，为避免打扰受访户，她们特地等到晚上才去门前查看，当发现留言条已经不见了时，访员们便清楚受访户已经接收到了她们的信息。

访员们满怀着希望再次敲门，却依然没有得到回应。然而她们并不气馁，晓星甚至已经开始着手写第二张字条了。幸好字条还没写完，受访户就已经主动联系了她们，表示愿意接受访问。"我当时接到电话的时候，真的非常感动，除了不停地说'谢谢叔叔'也不知道该怎么表达了。"晓星回想起当时的场景，不禁露出了笑容。

受访户每一次的接纳对访员来说都无比重要，不管经历了多少次拒访，只要有一家受访户表达出善意，对访员们来说就像"吃了蜜一样甜"。疲乏而单调的调查过程中，正是受访户们的零星善意让访员有了坚持下去的动力，也让他们以更加饱满的热情和认真负责的态度投入到访问中去。对这户的访问结束后，晓星又编写了短信再次向他们表示感谢。

从拒访到接受，从不耐烦到高度配合，留言条的作用确实不容小觑。当天下午，一家被贴了留言条的受访户就答应接受访问。跟随着访员付璇和晓星，我们来到受访户家中，目睹了访问的整个过程。

访员们穿着鞋套进入受访户家中，受访户起先以为这次调查只是很普通的社会实践，但访员们对受访户回答模糊的问题总是礼貌地追问，但凡涉及数字的地方更是力求精确，有时甚至会拿出计算器来现场计算，这种严谨而专业的态度渐渐感染了他，访问后期的效果明显比之前好了很多。访问过程中，受访户也了解到访员们工作的辛苦，访问结束时还屡屡要求她们带上水解渴，尽管访员并没有接受，但受访户的关心却令她们感激非常。

7月18日只是调查工作中平常不过的一天，北京第4组访员也只是众多访员中的一支小小队伍。但通过这一瞥剪影，我们看到的是清秀工整的字迹后一颗颗赤诚的心灵，是形式多变的字条后访员们的智慧与变通，是"屡战屡败，屡败屡战"后的坚韧与顽强，是认真负责后的担当与追求，是青年人身上特有的热血与激情，流光熠熠，神采飞扬。

深圳

——移民城市的面孔

文/姚彤

改革开放的窗口、制度创新的试验田、国际化大都市，经济腾飞，科创俱佳，繁华拥挤……有无数个词可以描绘深圳。她是一个奇迹，是万千梦想的集合地，她是一个美妙的愿景，也是吞吐着青春、消耗着血汗的城市怪兽。

2016 年末，深圳的常住人口为 1 190.84 万，户籍人口仅为 404.8 万，如此严重的人口倒挂现象彰显着其强大的吸引力和包容度。东北、华北、西南……站在地铁车厢里，你的耳旁是全国各地的口音，一节小小的车厢就是这个移民城市的缩影。

来了就是深圳人

走在深圳街头，时常看见"来了就是深圳人"的宣传标语。这个年轻的城市就像一个慷慨而热情的主人，雄厚的经济基础和政治资源是她的宅邸，大把的机遇是她的佳肴，绚烂的街景是她的美酒，她自信满满地敞开胸怀，喜迎八方客。

这个踌躇满志的城市需要源源不断的新鲜血液来保持活力，需要一大批踏实肯干的建设者来成就"深圳速度"。与同为一线城市的北京、上海、广州相比，2016 年末深圳常住人口的增长率最高，达到了 4.7%。究其原因，一是因为北京和上海的常住人口早已突破 2 000 万，城市容纳能力已趋近饱和，而深圳的常住人口基数是四地中最小的，其发展空间和前景不言而喻；二是因为深圳市政府大力推行的人才引进计划与宽松的落户政策。

在知识经济时代，发展依靠创新驱动，拥有了人才就掌握了发展的命脉。深圳市政府深谙此道，2017 年深圳的人才引进政策进行了全面的改革创新，人才引进申办流程的优化、申办材料的简化以及人才引进属地化服务的加强无一不在释放着示好信号。

具体来看，全日制大专以上应届毕业生可直接引进，而且在专业、院校、指标、申办方式等方面均无限制；至于在职人员，则进一步放宽了年轻化、专业化、高技能人才的引进条件。对于紧缺急需人才，深圳市政府更是大开方便之门，即使不符合引进条件的人员，也可根据自身实际情况，通过公安部门的居住社保入户（深圳今年新增的入户渠道）、投资纳税入户、随迁入户等多途径申请入户。

种种有力举措使得深圳引进的人才数量持续增长，2017 上半年共接收毕业生 5.2 万人，同比增长 56%；引进在职人才 5 万人，同比增长 26.9%。这无疑为深圳建成创新型和国际化大都市打下了坚实的基础。

同为"深圳人"

深圳多人来车往、川流不息的宽阔道路，道路两旁植满了富有亚热带特色的王棕树，也矗立着呈集团状的高楼大厦，夜幕降临之时，整个城市灯火辉煌，所谓的钢铁森林也可以如此绚丽多姿。然而气派的高楼最易让人感到压抑，因为被楼顶圈住的那一方天空总是迫近又狭隘，但深圳的高楼除外——高楼周边总有一些"城中村"将蓝天从高楼环绕中解放出来，它们斑驳、破旧、危险，与现代化的大都市格格不入，但它们却又真实地存在着，成为无数外来务工人员的栖身之所。

深圳 29 组访员就负责了一个"城中村"的调查工作。这个小区楼栋之间只有不到一米的距离，狭窄到难以让两人并排通过。二三十平方米的房间被分割成 6 到 8 个床位，不同床铺之间的分界线就是一道简陋的布帘，缺少阳光照射的房间阴暗又潮湿——这些打工者们从白日的蓝天下走过，从奢华的建筑下走过，从西装革履的人群中走过，他们为这个精美的城市奉献青春、播洒汗水，但这不足 5 平方米的空间却是他们在这个城市的所有。

深圳市对新引进入户的人才发放租房和生活补贴，补贴标准达到了本科 15 000 元/人、硕士 25 000 元/人、博士 30 000 元/人。不同于高学历人才，这些外来务工者们承担着这个城市最苦最累的工作，可他们的生存却只能倚靠自己微薄的薪水。访员们说，居住在这里的人们往往要工作到凌晨，白天他们去访问的时候，受访户正在补觉。黑白颠倒、昼夜不分，这个城市不眠的夜晚后是他们惺忪的眼与疲惫的身躯。

高房价倒逼人员流出

据统计，2017 年 7 月深圳新建商品住宅成交均价为 54 446 元/平方米，自 2016 年 10 月至今持续 10 连跌。即便房价总体来看呈下降趋势，但这种小幅度的降低对于缓解高房价而言无异于杯水车薪，在深圳拥有一间房子对大多数年轻人来说仍是个奢望。

　　来到深圳 30 组访员工作的社区，我们对房价畸高有了更深刻的认识。该小区的房屋都是 20 世纪 80 年代末修建而成的，外观较为破旧，小区内的基础设施也并不十分完善。房屋 1~6 层尚有单元之分，格局还算规整，但 6 层以上已经贯通成一条长长的走廊，户与户之间间隔极小，远远望去，整栋楼就像密度骇人的鸽子笼，令人眩晕。尽管房屋条件并不出色，但由于其位于重点中学附近，租金每月接近 1 万元，售价更是飙升到 9 万多元一平方米。

　　中国人对房子有着特殊情结，我们定义里的"家"往往以一套属于自己的房子为载体，房价不仅是幸福度的衡量标准，也是外来人员选择落户的重要考量因素。有数据显示，高房价倒逼着一部分人群离开深圳，随着年龄增长，迫于成家立业的压力，他们会选择流出一线城市，转而去房价较低的二三线城市。尽管这部分人员的流失远少于人员的流入，但既然"来了就是深圳人"，为什么这座城市只收容他们的拼搏与奋斗，却不能让他们在这里有一个家？

后记

　　作为一个移民城市，深圳有着两副面孔。一面是大力接纳与城市化，另一面则是缺少统筹与两极分化，表现出发展中国家大城市的典型特征，这与其建设国际化城市的目标相去甚远。因此，在一个十分有限的空间里，如何创造出更具有综合性和更富有人情味的城市，应该成为深圳考虑规划的问题。

曾记否？到湘楚看小微企业，百舸争流

文/邓莎丽

潇湘一见，小微企业鹰击长空，鱼翔浅底；

芙蓉一别，问苍茫大地，谁主沉浮？

——题记

初识长沙，赤子丹心

5月23日，我们6位小微企业先锋访员从天府之国出发，坐火车前往湘楚文化发源地湖南，为首轮中国小微企业调查收集数据。

刚出长沙车站，天气尚凉爽，红色根据地的气息扑面而来。拖着行李，我们一路背诵着"独立寒秋，湘江北去，橘子洲头"，一边感受着革命先锋的豪迈之气，心想我们也是创新性的首轮调查，真希望得到湖南乃至全国小微企业主的支持，也为以后更多小微企业的生存与发展贡献我们绵薄的力量。

安顿下来，第二天我们就开始正式访问了。

"您好，我们是中国小微企业调查员……"

来到受访企业主的办公室，我们拿出准备好的证件和资料，怀着紧张的心情介绍项目："您好，我们是中国小微企业调查员……"

作为参加过多次中国家庭金融调查的工作人员，我深切地感受到中国小微企业调查（CMES）和中国家庭金融调查（CHFS）的不同，我们不再是到受访户家里访问，而是在上班时间去单位邀约企业主。因此，小微企业调查最大的困难来自两类拒访：一是刚接触到企业前台就被告知"老板不在""老板不会接受访问"；二是见到了企业老板，却因对方太忙，没有时间接受访问。我们一边被拒，一边总结经验，比如在企业主抱怨问卷太长时告诉他们"因为您的公司做得很好，有借鉴意义，所以我们想多了解一下，向您学习""您已经做了80%，很快就结束了""马上您就会觉得后面的问题好好玩哦"，以此增加互动感，减少拒访率。

有时，被拒后我们也会自娱自乐、互相安慰。记得走访的其中一个企业在一幢叫"碧云天"的大楼里，我们拜访的时候他们刚好全公司去了杭州开会，于是刚告别企业，我们就齐声背诵"碧云天，黄花地，西风紧，北雁南飞"，来驱散内心的失落。

访问中虽然有拒访，却也有那么多支持我们、耐心配合我们的人：

感谢优秀企业主易大哥，虽然在我们拜访了三次后才接受访问，途中却给我们提出了颇多中肯意见，还给我们讲他对这个社会的认识。

感谢某公司行政兼财务的"苹果阿姨"，因为问卷太长，中途休息了好几次，甚至饿了出去吃了个苹果，却依然坚持做完了问卷。

感谢超级给力的小马哥，我专访的第一位企业主，给我分享他的人生经历，讲述他的创业故事，描绘他的企业发展蓝图。

感谢日本留学归来的李叔叔，访问结束后偶遇，突然萌萌地挥动胳膊对我们喊了一声："加油！"

感谢给我们唱歌、表演节目，还留我们在公司吃家常饭的黄阿姨，以及受访到晚上6点半，还帮我们预约公司老总第二天接受专访的周叔叔……

真诚感谢你们，是你们给我们继续把项目做下去的勇气。

鹰击长空的小微企业

长沙的小微企业发展生机勃勃。我们的访问样本基本集中在三幢大楼里，每幢大楼都有密密麻麻几十家企业。走访中，我们发现很多小微企业办公室里员工不多，老板也经常不在，大家都在外面跑业务。而很多企业"最近的竞争者"甚至就在隔壁，市场争夺可谓异常激烈。

然而即便如此，这些企业仍然在政府政策的大力支持下欣欣向荣地成长着。制造业、零售业、批发业、软件信息服务业、建筑业……各行业如雨后春笋般争先恐后地开枝散叶。更值得称赞的是，它们麻雀虽小，却五脏俱全。它们有较为健全的生产经营模式、研发和创新体系，且十分注重员工职业技能培训，有较为清晰的财务管理，让人不禁想起毛主席的那句"鹰击长空，鱼翔浅底，万类霜天竞自由"。

相信不久的将来，在国家的进一步扶持下，小微企业定会逐渐变成一批造福社会的生力军。

恰同学少年

我们待在长沙的这段时间，长沙的雾霾挺严重。但即使它也不能阻碍我们前进的脚步。我们的访问其实也很枯燥。每天背着沉重的书包，绕过川流不息的车队，不停地上楼下楼，用中心为我们提供的 Pad 与小微企业主进行问答。长长的小微企业问卷，漫长的访问过程……我们会因为一些受访户凶巴巴地拒访而失望难过，会因为某个老板幽默的婉拒而暗地里吐槽，更会因为那些企业主友好的配合访问而心花怒放。

回首在长沙的几天，我们 6 人先锋队充分发扬永不言弃的精神，互帮互助，结下了深厚友情。踏上回成都的火车时，心里竟有些不舍。

梦里不知身是客，芙蓉一别几时归？在长沙走访的日子，像是一杯红酒，把淡淡的记忆散发在空气里，又带着一丝丝醉意，揉进我们每一个访员的心。

我不会忘记，在这里看小微企业百舸争流；我不会忘记，我们在这曲水流觞里的韶华。

问苍茫大地，谁主沉浮？

凤城宁静的夏天

——银川印象

文/刘新

> 我是银川成长的见证，
> 银川也是我成长的见证，
> 我是在银川受伤的，
> 但也是在银川痊愈的。
>
> ——张贤亮《灵与肉》

对于银川的深刻印象，正是因为作家张贤亮和这片黄土地的故事，那时的银川一片荒凉，带给他的只有难以承受的苦难和对一个知识分子来说难言的空虚。然而，当你真正踏上这片土地，梦想照进现实，沙漠、平原、山川在湛蓝的天空下，黄河水浩浩荡荡穿过市区；市区的街道非常安静，随处可见回族、西夏、蒙古等多元文化交融的历史与发展时，你才真正感受到这个世界的有序复杂性是一种多么令人感动的美。

"塞上江南"与凤城明珠

宁夏自古以来就是南接中原，西通西域，北连大漠，各民族南来北往频繁的地区，既有边塞大漠的雄奇，又有江南水乡的秀美，享有"塞上江南"的美誉。都说"天下黄河，唯富宁夏"。火车从成都一路北上，穿越大巴山、秦岭，途经黄河，广袤辽阔的宁夏平原方才显现。当你翻山越岭，置身于无边无际的苍茫，"塞上江南"是足以令人迷失的，难怪那只"拣尽寒枝不肯栖"的凤凰愿长居于此，化身成这"九曲黄河闪闪银光，河套平原一马平川"的明珠凤城。位于宁夏与内蒙古交界处的贺兰山给了这座城市生机和渴望，这道天然屏障不仅阻挡了寒流和风沙，还赐予这里的人坚毅的品格。山的那头似乎总有着无限的美好，吸引着这里的人向外界不断探索，同时又保有对自身文化的敬畏。如此天然的诱惑力给了这片黄土地周而复始、无穷无尽的生命力。

多元文化的宁静氛围

张贤亮无疑是银川文化的一个标志，他用作品中的人性和肉欲来化解那个时代的苦难，他用"镇北堡西部影城"完成了当代银川的立体转型。这是一个作家扎根于斯成长于斯的血色浪漫，也是一个人和一座城的艰涩而温柔的故事。他的故事总让我想起台湾作家詹宏志，他们都兼具作家的灵气与商人的智慧，没有太多的高屋建瓴的讨论，只是用文学来承载自己和这个时代，同时又在实干中改变现状。这些努力对于一个城市的发展而言是难能可贵的，或许在万千楼宇之间能够保住一点点乡愁。

然而银川还有太多的其他故事，新的旧的，不同民族的，相互交融的，保有自己特色的文化多样性，只要你在银川的街头走一走，这一切都将带给你跨越时空的奇妙体验。南关清真寺、鼓楼、南门楼都是历史给这座城市的特殊记忆，错综复杂的建筑却不会让人感觉怪异，初来感受到的那种无论在街道上，还是在公共汽车上的安静气氛，或许正是这些文化和谐共处带来的舒适感，也或许正如加拿大学者雅各布斯在《美国大城市的死与生》中提到的"人们决意要护卫基本的隐私，而同时又希望能与周围的人有不同程度的接触，一个好的城市能够在这两者之间获得令人惊奇的平衡"，正是这种文化差异性带给人与人之间合适的距离感，以及银川令人艳羡的宁静氛围。

特色经济和发展希望

俗话说"靠山吃山，靠水吃水"，银川亦充分发挥了自己的地理优势，发展特色的塞上江南农业，同时又借力丰富的历史文化资源和多变的地貌环境发展旅游业。

除此之外，"一带一路"倡议的提出，更是给了宁夏新的发展机会。宁夏是草原丝绸之路的关口，加之与阿拉伯国家的战略合作，借由中阿博览会之机，宁夏政府大力推进中阿金融合作，促进人民币国际化以及中国的能源安全。银川作为省会城市发展非常迅速。

房地产市场大刀阔斧，异常宽阔的马路、繁华的商业广场形成了新城区金凤区焕然一新的城市面貌，与老城区形成了强烈对比。老人在这里扎根，新人远走高飞，斗转星移，贺兰山仍旧岿然不动，黄河水依旧奔流不息。跟访过程中，有受访户对自己的现状表示非常满意，也对银川的未来充满希望，同时也有受访户觉得现在的银川已经忘了扎根于此奉献一生的人。由于城市发展带来的诸多矛盾虽不如北京、上海、广州等大城市那么尖锐，但仍然会在某些时刻隐隐作痛。

人们行走于一个城市，往往只能简单地窥见它的外表，这也正是我国现在许多城市特别注重整体外在形象的原因。但这远比公开的丑陋和混乱恶劣，它带着一副虚伪面具，假装秩序井然，其实质是视而不见或压抑正在挣扎中的并要求给予关注的真实的秩序。访员们时常因为受访户迁居至其他大城市而换样，儿女在一线城市追求梦想的留守老人也时常向访员们倾吐孤独。正是因为家庭金融大调查，让我们有机会深入一个城市，穿过它光滑亮白的皮肤看到它的内在肌理，以及生活在巨大发展阴影里的它的人民。

梅·萨藤在《独居日记》里写道："我们只拥有我们自己，我们只拥有我们所给予的，但前提是我们献出了自己内心的一切。"家庭金融调查之所以要更为深入地开展，访员们之所以在被多次拒访之后仍然坚持，就是因为生活是我们自己的，说出我们内心的渴望，才能看见一个真正的中国以及我们在阵痛过后的无限希望。

张贤亮说，"他爱这里的一切，连同它的瑕疵，就像他爱自己的生活，包括过去的痛苦一样"，面对这样的银川，贺兰山下的这片土地，我们跟随大调查的脚步，拥抱此刻的中国。

我从平原走来

途经大地的动脉

一眼即能穿越群山

静止中踏遍荒漠

颠颠簸簸地存在

重复着辗转反侧

我深爱这世界的复杂性

她有着上帝一般的秩序和我久别重逢的心跳

谁的明天没有太阳

谁的前方不是未来

我踏着心脏跨过山河

拥抱你及一切

盛开在这塞上江南

那一片明亮的蓝

无数的声音像一曲花儿

难言的沟通细密的数据

深入人与人之间的血脉

贺兰山下的人间烟火

你们站立的地方就是中国

迟暮之暮

——侧记华北乡村

文/张潇予　田齐月

最难忘记为乡景，莫名亲近是乡人

车行田间时，恰逢一位放羊人手持羊鞭赶着十多只羊走来，羊身布满黑土，很是"大条"，羊群过去，路上偶或看见几粒羊粪球儿；未进村口时，出租车在干燥而累积黄土的地面快速行驶，带起轻尘漫天；车驻村头，按照农历日期安排的集市正在热热闹闹进行，花布摊儿上小买卖正谈着，小老板拿着黄色的米尺丈量手中粉底儿红花的新床单；步行进了村中，白墙红字的标语一定是最"时鲜"的话题，今年写的是"防治大气污染 保卫蓝天白云"；又到了村中的小十字路口，七八位七八十岁的老头坐在马扎儿上聚着闲唠；进了村支部的破旧房屋，屋内正墙挂着新中国成立以来各位领袖的画像，画像布满灰尘，可见年岁。

这个普通的华北小村庄，足以让一位久在外地求学之人想起自己的华北老家和幼年时光，想起调皮时把圆鼓鼓的羊粪蛋儿一个个踩扁，想起自己的姥姥挎着用一条条硬塑料编织的菜篮子"仪式"般地赶集和逛庙会，想起姥爷坐在自家门口一个废弃的圆柱石磨上，想起当年墙上的标语——"只生一个孩子好"。

去了点儿北京的儿化音，加上几分硬气的重音，就是保定大部分农村的方言。乡音难忘，乡景亦是。

你的新城，我的旧土

访问刚开始进行，问到徐大爷的孙子孙女时，大爷就略带腼腆地笑着对我们说："他们应该就是新闻上说的留守儿童吧？"大爷的儿子和儿媳都在北京打工，一年之中鲜少有回来的时候，他们现在住的小平房有一间屋子大部分时间都锁着，这就是常年漂泊在外的儿子和儿媳的房间。

谈到儿子和儿媳的生活，大爷只能说是一知半解。有些问题问到儿子及儿媳的工资和开销，大爷给出了一个大概数字。但问及具体房租多少、买衣服以及吃饭消费多少时，大爷就不得而知了。"我知道他们也辛苦，但很多事情我也确实不懂。儿子从很小的时候就出去打工了，断断续续有回来几年，待的时间都不长。在北京混，人生地不熟，我能不担心么？但有什么用呢？不在外面打工难道回来种地么？种地能养活几个人？"大爷提到，孩子在大城市待久了，可能也不愿意回来。而自己，已经在这片土地上生活了大半辈子，也无心再去改变自己的生活，可能接下来的唯一作用就是每天出去耕有限的地，再照顾照顾孙子孙女。

说起自己的心愿时，大爷表示最希望儿子回家过年时能多待点时间，然后就是等孙子孙女长大后，上学的问题能够更好地解决。他看着墙上贴着的儿子和儿媳的照片，笑着说："等哪天看着孙子和孙媳妇的照片也摆在一起，我死都可以瞑目了。"

相似背景下的细微家庭金融差距

李大爷今早五点去收拾自家蔬菜地，十点刚刚回家，接受了我们的问卷调查。一对老夫妻、两位孙辈，构成了这户家庭的主要成员。

同样是一对老夫妻、一双孙子孙女，我们下午访问的陈大爷家有着极其相似的成员背景。但随着问卷的层层追问，我们看到了两个家庭生活水平的细微差距和同一地域两位老人不同的经济生活态度。

以小观大，仅从孙辈的教育支出上我们可以一窥两个家庭的收入水平。经过对问卷和数据的初步处理，李家孙女一年的全部教育支出为 1 000 元，而陈家孙子仅是半年游泳学习费就是 400 元，同时，虽然地处乡下，但小男孩的学习用品中仍有学习机、点读机的身影。

主要的原因，其实就在于儿女的生活和收入水平。李家的青年一辈们分家到外村，大多也是务农。陈家的儿女们大多在外务工，陈大爷闲聊时透露，自己关于网上银行的知识还是从儿子打电话谈生意时得知的。

在对近期政策的认知上，李大爷基本上不了解最近一年的国家政策，而陈大爷简单知晓"单独二孩"等普及性较强的政策。同时，陈大爷对公民权利、政治生活的热情更高一些，也有一定的自我见解和自我意识，面对一些新鲜的名词，较为乐意去询问，而李大爷更愿意用"不清楚不了解"来回答问题。

近些年，在发达的城市地区，我们喜欢用"拼爹"一词来解释一种"另类的"甚至不良的竞争现象。而不可否认，在仍然以基础农业生产作为村民收入主要来源的农村地区，"拼儿"是再正常不过的现象。子代的差异作用于父代，使本来看似十分细微的差距慢慢演变成巨大的鸿沟，老年人们的生活也因此而从量变到质变。

被夹在城乡之间的"夹心层"

文/徐丽鹤

世人所一直关注的是城乡之间的差距问题，首要的便是"三农"问题。然而，被夹在城市和农村之间的城郊却是被忽略的。他们有着城市的户口，住在城市边缘的平房中，却享受不到城镇居民的待遇；他们拥有土地，实际的耕地面积仅是真正农民的几十分之一。他们既不是所谓的"城里人"，也不是"农村人"，他们就是夹在城乡之间的"夹心层"。

"夹心层"又被称为"菜农"。因为居住在城市郊区，离市中心只有十几分钟的车程，卖菜很方便，而且自己仅有几分田地，不能像拥有大面积土地的农民那样，可以种植粮食作物，这几分菜地也是家里面的收入来源之一，所以被形象地称为"菜农"。

除了利用家中的几分菜地来贴补家用外，"夹心层"家中的主要收入靠在城里打点零工。几乎每户家庭每天都会有人闲暇在家，其中不乏 30~40 岁、风华正茂、别有一番贡献的壮劳力。这对我们调研队而言，无疑是一件非常好的事情，因为每一次入户，都有人，而且都能成功。在吉林队的调研样本中，有三个这样的社区，每个社区的 25~30 户样本的访问，都可以在一天内完成，而且拒访户、空户的现象非常少，几乎为 0。在兴奋之余，我倒吸一口冷气，因为这种成功的背后显示了"夹心层"的辛酸。第一，社区里存在着一定数量的剩余劳动力。在访员们入户访问之时，我坐在树荫下乘凉，总会有一群人围过来和我聊天。我就问他们为什么会有这么多闲暇时间。他们会苦笑着意味深长地说："孩子，你还在上学，不懂啊，待在家里不是什么好事情啊！"其实，他们想去工作，但是没有工作；他们想去种地，但是没有地可种。这就是中国城市化进程带来的副作用，征用了郊区大面积土地，把原来拥有很多土地的农民变成"城里人"，却提供不了足够的工作岗位，加上他们大多数没有什么文化和技术，找工作就很困难。第二，当我们提及会给 50 元误工费时，他们就喜笑颜开，非常配合我们的工作。这 50 元钱对"夹心层"而言，还是比较可观的，足以抵上卖三天菜所赚到的钱。每访问完一户时，受访户都会非常地感谢我们，把田间的水果摘得满满一袋子送给我们。第三，他们长期处于被社会所忽略的地方，除了我们这次调研，几乎所有活动貌似和他们都不相关。在这样的地方，我们都不需要社区工作人员带路，社区本身对他们而言，是陌生的，或者是敌对的，他们带路反而会起到反向效果，尤其是马上要拆迁的地方。我们的到来，或多或少地给予了他们精神上的帮助和关心。

在吉林这样四季分明的地方，土地只能用来种一季。所以菜农们想办法扩大生产、增加收入的办法就是"扣大棚"。但是没有相关的技术，粗糙的以塑料布和木板支撑起来的大棚，存在很多问题，会增加很多成本，常常入不敷出。在冬天零下二十几摄氏度的天气里，在大棚内搭建火炉，煤的消耗量很大，而且很不安全，塑料布非常容易被烤焦，一旦被烧坏，整块地的菜就会一夜之间被冻死。在酷暑的夏天，塑料大棚里的温度达到 45 摄氏度左右，去里面摘菜仅能待上 1 个小时，对人的健康损害特别严重。所以这些人每天是早晨 3 点钟起床摘菜，因为此时温度还比较低，4 点左右拿到早市中去卖，8 点左右就回家休息了。和早市类似的还有夜市。在吉林会有这样两个市场提供交易。这两个市场本身的定位就是菜农、果农。早餐店，夜宵店等摆着地摊和买者直接交易，东西比较新鲜，价格又比较便宜，而且城管不会来盘查，相当于这两个市场是被默许的不规则市场。

"夹心层"不仅收入低，而且居住的环境也非常差。首先是住房面积很小，每家的居住面积也就 40~50 平方米。其次，各家各户挨得比较近，特别拥挤。有的社区都是弯曲的小路，骑自行车的话，对面来人就会被夹在那过不去。这里的胡同比迷宫还要没有规则，大部分是死胡同，如果记错一个胡同，进去之后，出来的可能性就太小了。所以面对此种情况，只有把样本分给方向感比较好、体力较好的男生们，因为不仅要识路，还要能够走很多路。把女生分到住楼的社区去。我们队又只有三个男生，所以他们真是被我害惨了，呵呵。不过，我还是一直跟着男生去找受访户。但有的时候，楼房的住户，拒访和空户比较多，我就只有跑回去给女生们换样本，幸好我认路的本事被现实逼得比较强了。在做完访问回宾馆的途中，一个走路比较多的男队员说我："鹤姐，你有男人一般的方向感。"另一个说："错了，你还不知道吧，鹤姐其实是男人。"虽然心里有一些气愤，但是我能感受到这是他们对我工作的一种肯定。此外，令我感动的是，我们队其他 5 个女队员，她们做完自己的样本，就急忙跑到平房这边来陪同男队员，不计辛苦，不计酬劳。这也是我们这支队伍最大的收获之一，体会到了什么是团结的力量。我们在这个地方只不过待一天，最多两天，都觉得很辛苦，长期住在这个地方的人呢？他们每天都在面对这样的环境，他们会是什么感受呢？最后，这些地方的环境实在是太恶劣了。种菜的缘故，每家都要积攒天然肥料：猪粪、羊粪、牛粪、驴粪、马粪、鸡粪、鸭粪、人粪……漫天的苍蝇在"嗡嗡"

飞舞。我们每走过一个地方，都会激起一番"波浪"；我们只要挥一挥手，绝对能带走几个；我们只要张开嘴，就能品尝苍蝇的滋味。这是苍蝇的根据地，四平梨树树检社区。提到天然肥料，在我们访问的途中，还有一个小插曲。在梨树县，我们要到喇嘛店村去访问。结束20户的访问工作后，大家坐在车里睡觉，忽然，美梦中多了一番滋味，持续的"飘香"一直萦绕在我的鼻前。醒来一看，哇，好大一个载粪车啊，就在我们车的前头，边走边漏……这可苦了宝山哥新买不到半年的私家车（宝山：全名王宝山，吉林省梨树县农村信用社的主任）。车的轮胎上全沾满了鸡粪，那味道，真是回味起来还想呕吐。他去洗车时，店主都在问他："您这是去哪了啊?"还好这个生意人比较厚道，没多收他钱。事情还在继续。第二天去金山村，比较顺当。第三天，去贾杂铺村回来的路上，哇塞，遇到了猪粪车……我不禁思考，天天生活在这里的人们，他们的身体还健康吗? 难道就没有人受不了，站出来改善一下吗?

比这些还悲惨的事情不在此。我们到了白城洮南的一个社区，实际的住户为1 000多户，不到3 000人，居然统计出来2 000多户，人口翻了一倍，还都有名有姓，每家地图还被印在了统计局的人口普查的资料上。我拿着样本，看着地图，因为在公墓的旁边，不敢让队员单独行动，所以带着几个人和社区姐姐一起找受访户。走了一上午，我来到一个土坡前，走了上去，然后就绝望了：前面是一片玉米地和水坑，根本不存在地图上所谓的样本。天啊，这些房子和人呢? 难道在公墓里面? 想着想着，一身鸡皮疙瘩就出来了。经过询问，才知道，原来这种情况被称为"挂号户"，就是只有户口在这，人也不在，房子也不在，那么他们是谁? 姓名是公安局给的，房子是被虚拟的。估计只有统计局才知道。经过排查，我们的基础抽样的100户中，实际存在的只有不到30户，也就是说这个社区70%左右的人口并不住在这个社区，没人知道他们在哪里。幸好社区的书记特别配合，和我们讲了实话，又把他们实际的户籍卡拿给我们，让我们重新抽样，才得以完成这个社区的工作。实际上，我们在磐石，在梨树，都会或多或少听到说有这样的情况，存在虚拟人口，但我们遇到不多。但到了洮南，却发现，原来是这么严重，被虚拟的家庭超过实际人口的1倍之多，按照我们的抽样统计，那就是70%是虚拟人口，这样算下来，中国真的有13亿人口吗? 为什么要这样做? 社区也只是按照上级的指示来完成任务。他们一听人口普查，都会笑而不答。几经询问，发现关键的原因在于为了维护城市的地位。城市的规模现在都用人口来定标准，如果达不到标准，市会被降为县，县会被降为乡或镇。一旦被降级，财政预算等一系列涉及钱的问题就会被减少。而这个故事最容易发生在"夹心层"的地方，因为这里人口流动大，拆迁时而发生，即使被发现，也容易解释，就是迁走了。另外，这个地方人杂，经济条件差，矛盾比较多，没有人愿意过问郊区人民的生活，他们一直处于被社会忽略的地位。

这次的入户调查，我们队的样本包括：农村、城市中心社区、城市郊区的"夹心层"。给我感触最深的就是"夹心层"人民的生活，相对于其他两个样本而言，他们的生活是最艰难的。对"夹心层"而言，唯一的出路，就是等着政府拆迁，拆迁对他们而言充满机遇，一是能够住在环境比较好的房子里，二是房子的价值会体现出来，不然他们现在居住的平房根本不值多少钱，甚至没有人买。然而，拆迁对他们而言又是挑战，因为没人能知道拆迁的补偿是否公平、公正、透明。

在这里，呼吁一下社会，可以投放一些关注到"夹心层"身上，因为，他们的问题不比"三农"问题少，他们的问题不比城乡差距问题小。

风入四月后，风住？风散？

——雄安新区实记

文/张潇予

导语：4月1日，中央设立雄安新区的政策携着许多"风"进入三县（安新、容城、雄县）——炒房风、旅游风、投资风……四个月后，三县究竟有何变化？风住？风散？曾经那些因政策而"蠢蠢欲动"的心脏们如今跳动的速度如何？中国家庭金融中心北部报道小分队来到雄安新区三县之一——安新县，跳出平面的新闻、研究、报道，感受亲历的力量。

安新县城里有两种文字是4月1号之后才能看见的。

一是县城中尚未建成小区的墙上写了"停工"两个大字。政策颁布之后，县城中所有的建设项目都停止了，被要求等待政府统一规划，各类沙石、水泥厂也因此纷纷停业。

二是墙上随处可见的宣传语"千年大计 只争朝夕 国家大事 必做于细"，它时刻提醒着站在这片土地上的人们，脚下这片土地不一般。

"下岗失业"？

在安新县，不得不提一群人——摩的司机。在这个出租车并不常见的县城，摩的是普通外地人行走与感受安新县的第一渠道。有"想法"的摩的司机在各个外地客车的必经路口等待着，企图拉上三两游客去往各村码头或者饭庄，也额外赚上一笔提成。

摩的师傅小李曾是福建的机器维修工人。四年前，他回到家乡，在一个鞋厂主管设备修理。在被问到每个月的工资时，他给出了一个令人惊讶的答案——不到两万。

李师傅的工资，在此县，绝对属于"鹤立鸡群"。"多水域，少耕地"的自然环境让安新人民以渔业为主要产业，这种"靠天收"的经济来源让安新县几乎成为保定东部最贫穷的县。改革开放之后，制鞋业成为农民们的另一生活来源。他们或直接参与鞋业制造，或像李师傅一样间接从这个方面谋生。

然而，李师傅刚刚"下岗失业"。

由于雄安新区需要承担分散"非首都"职能的特殊责任，其水环境受到极大重视，而目前安新县的制鞋工厂在一定程度上造成了水污染。七月末，李师傅所工作的鞋厂被关停了，一份"高薪"收入短期内没有了。

为了打造雄安新区的生态环境，不止三县的产业做出了让步，作为白洋淀所流之水海河的上游地区——保定市也有了规划。一位保定市区的市政人员透露，2017 年，保定市将大幅度调整地方 GDP 的目标，不再要求经济发展速度，并一步步地清理污染工业。这不同于以往 GDP 与"绿水青山"的"交易"，这是一次"反向交易"。

李师傅往往先将游客载到白洋淀景区门口，然后极力"诱导"："景区里也没什么好玩的，你们要是想玩纯自然的景观，跟我去我们村吧。"游客们大多在景区附近询问价格，犹豫不决。这期间，李师傅一直在旁边等着，极有耐心，很想多挣一单生意。

八年前，白洋淀景区只有白洋淀大观园一处收取门票的地方。如今，这个景区已形成了完善的商业化体系。在景区中，进入、划船、参观游玩小景点，每一个步骤都需几十的票价，一个三口之家，如果想游览完大部分景观，需要 1 000 元左右。白洋淀景区外有一个长度 100 多米的停车场，一个普通周一的日子，停车场里车停得满满的，很难找到空位。

"人心惶惶"？

像李师傅这样的摩的师傅还有很多，一波接着一波的外地人在这个县城游览，好奇地询问他们各种问题。他们开车之余，不忘半扭着头，大声"答疑解惑"，他们把自己当成了某种程度上的"新区发言人"。

老刘师傅说出了这里一部分百姓的心声。

我们在乘刘师傅的摩的去附近的码头时感慨道："据说已经有央企入驻雄安？"刘师傅说话很快很急："得了吧，人家大企业，要我们老头儿老婆儿干嘛！我们这里的厂子还给关了呢！"

"唉，像师父您就不用着急，开个三轮，一直有生意。"

"三轮十月一号就取缔，说是扰乱交通秩序，出过车祸。"

"那你们的房子和地该值钱了？"

"屁，又不让卖。"

"以后你们县的基础设施肯定有改善，您看这老路多难走。"

"一方水土养一方人，我们之前这路也挺好。"

"以后政府征用你们的地，会给你们补贴的。"

"说起这个就乱得慌，这还不谈钱，人心惶惶啊。"末了，刘师傅低了几度声音，微微叹了口气，笑了笑，"嘿，谁知道呢，再走着瞧吧。"

刘师傅告诉我们，前一段时间，村主任召集了村中二三十岁的青年开会，宣布了一项政府的政策——免费给青年上课。这些课程，包括计算机、厨师、理发等，他的儿子也参加了培训。

如今，雄安新区正在规划和论证中，它将会大量需要和吸引哪一类型人才在于它将分担首都的哪一部分或是哪几部分职能。而已经确定的是，未来人口的流入，一定需要大量基础服务型人才，这便是这些技能类课程的意义所在。

水体污染？

码头边有几个老头在偷着拉客，随着老渔民，我们有幸见识了最原始而破旧的木船，也见到了一个更全面的白洋淀。

白洋淀由 143 个淀组成，周围有几十个村庄，它的面积极大，是华北地区最大的淡水湖；有的河道蜿蜒，河村相间。房屋临河的居民在自家门前的河中备一只小船，甚至不用走陆路进出村中，"北方水乡"，名不虚传。

河边的村民由于环保意识较差和设施不完善等原因，会把生活用水、生活垃圾排入（倒入）河中。在景区之外的白洋淀，尤其是两旁有村庄的淀中，我们看到了大量的废弃塑料袋等垃圾，成片的藻类植物占据河面，"绿色河道"让渔民驶过的船只大大减速。

但这样的河道占少数，河流一旦流出村庄，进入开阔的湖面，瞬间由绿变清。顺畅的船只驶过湖面，船尾划出接连不断的三角涟漪。开阔的湖面上，到处是茂盛而杂乱的芦苇丛，置身这个拥有错综复杂自然环境之地，终于体会到了当年日军向雁翎队低头的必然。

下午时分，捕鱼、采莲子、捉河蚌、捕蛤，渔民们的活动仍然进行着，什么都没有打扰他们作为一个"水上人"的本分与工作。

水域拥有较强的自净能力，白洋淀的水污染远未到不可救药的程度。地广人稀和较强的环境承载力正是白洋淀水域及周围村县的特点，也是三县进入中央规划视野的缘由之一。

"漏网"的机会主义者？

除了未停渔事的渔民，休业另谋的村民，也有外地人见证了安新县的变化。

小田是青岛人，在保定市区读大学，他每天在安新县和保定市区之间往返，他在安新县城的道馆里教授跆拳道，已有三年。

三年前，小田刚进道馆时，老板让他有机会的话买套安新县的房子，小田没钱，也没在意，只是看着原本不是安新人的老板一套接着一套地买房子。如今小田想起老板的建议，只道老板"功力太深"："他跟我说，2013 年有位国家级别的领导人来安新县视察，之后新闻联播却没有报道，他觉得这件事情很不简单啊。"

像小田的老板这样有洞察力、判断力"很不简单"的人不少。今年过年前后，三县突然冻结户口流转，这让周边的县和保定市区的人们"嗅到"了机会，有不少非正式的房屋买卖交易在 4 月 1 日之前完成了。

由于三县的房屋买卖无法进行，房屋资产无法估计，但拥有三县房屋的居民已经享受到了实惠。越来越多的规划者、开拓者、先行者等常住人口的进入，让一套房子的房租从原本 1 000 元上涨到了 4 500 元。

曾经对"北京副中心——通州"的规划和对"政治副中心——保定"的宣传，如今看来都像是为"雄安新区""挡刀"。4 月 1 日，政策"从天而降"，当"机会"进入全国人民的视野，便再也不是百姓心中的那个"机会"了。

小田没有把握"大机会"，却也享受到了"小福利"，他在安新县一天有 180 元的工资，比保定市区 100 元的工资还多。

他切身体会到了雄安新区人民的自豪感。上跆拳道课的学生家长问他是哪里人，小田回答是青岛，这位家长拍拍小田的肩："青岛啊？嗯，青岛也不错。"

这是四个月后的雄安新区，在它表象的变化中普通人还无法看到"千年大计"的影子，它仍是那么具有神秘感，充满未知性，让人们忍不住畅想，四年后、四十年后，它又该是何种模样。

印象内蒙古

文/思荣夫

2017 年中国家庭金融调查，我有幸成为访问第 23 组访员，完成了对内蒙古自治区包头和呼和浩特两个城市共 147 户的访问调研，让我对家乡有了新的了解和认识。

此次访问给我一个比较直观的感受，就是"一个城市的短板从一定程度上决定了人们对它的印象"。尤其在我越深入一个城市中"人迹罕至"的社区时，这种感觉就越强烈。

我们访问的第一站包头市 X 镇的 A 社区，由于 20 世纪末国企改革导致一大批国企职工下岗，一部分职工就被安置在这个社区。我们在到达实地以后发现，这个社区虽然是城镇社区，但位置偏僻，条件较差，基本的硬件设施都不具备或者数量很少。比如垃圾回收点，只有楼房附近设置了两个，很多住在平房的住户需要走很远才能扔垃圾。在对受访户的访问中，他们也表现出对基础设施不完善的不满，以及由此引发的对当地政府关于基础设施建设以及卫生方面服务水平的不满。

而在对 B 村进行访问时，我们发现这个村受到环境污染问题的影响比较大。记得在 B 乡下属的 C 村访问一个农民工时，他讲到村南边的土地被某某集团承包了，而某某集团的工程导致环境污染比较严重，风大的时候整个村子都被煤渣覆盖着，之前的水井也无法使用，因为地下水已经被污染了，只能打更深的井以寻找干净的饮用水。

"你们年年都来，我们家的生活质量也没有什么提高，我们配合访问还有什么用？"在访问中经常被这样问，我难以回答。

相对于包头，呼和浩特的"短板"显然就高了很多，我们在对呼和浩特两个农村社区 D 村和 E 村进行访问时发现，这两个村附近也有新入驻的工厂，但工厂附近绿化比较好，空气质量也没有显著的下降，很多村民都可以去附近的工厂打工，解决了很多人的就业问题。工厂入驻征地给村民的补贴也比较高，D 村补贴约为一亩68 000元，E 村补贴约为一亩 12 万元。企业的入驻带动了周边经济的发展，也没有影响周围村民的生活，可谓一举两得。

而这两个村自身的建设发展也搞得很不错，这两年进行的农村危房改造，让很多村民从破旧危险的土房搬进了宽敞安全的砖房中，而村民只需要承担小部分费用，大部分费用都是由当地政府承担的。在对村民的生活服务上，E村的村委会做得也比较不错，在访问中我们发现村民基本上都不知道自己每年交多少医疗保险和养老保险，原因是村委会每年都为村民缴纳这部分费用；村委会还集体在市里给村民买了楼房，村民在农闲时间就可以到城市里面享受更加舒适的生活。村子里面的公共厕所、体育文化等基础设施也都比较齐全，可以满足村民的生活需要。我们在访问中发现，关于政府提供的基本公共服务等题的答案都是"满意"或者"特别满意"，鲜有"不太满意"或者"非常不满意"的。

包头市，蒙语为"包克图"，意为"有鹿的地方"，草原鹿城也被认为是内蒙古城市建设规划最好的城市，我们在休息日去城里进行游览时也发现包头的城市建设确实很不错：宽阔的马路，高档的商业区和住宅区，便利的公共交通，还有民族韵味很浓郁的城中草原赛罕塔拉。但我们访问的四个社区都存在着不同程度的问题，有些与包头现代化城市的面貌格格不入。我想，一个城市只有把存在的问题不断解决才能算是真正的进步，而不是好的越好，差的越差。在这方面，"青城"呼和浩特做得就好很多，近些年对"城中村"的不断改造让很多村民脱贫致富，各种基础设施也不断完善。郭家营村距离我们住的地方约23千米，但因为有直达的公交车，让我们的访问费用节省了不少，连接公路的路面质量较前几年有了很大改善。村民在访问中都表示现在对生活非常满意，生活质量比几年前有了比较大的提高。

一个城市的建设既要把"面子"做好，也要把"里子"做好，不但要建设城市的核心地区，也要照顾城市的边缘地区，当一个城市"被遗忘的角落"越来越少，才是真正的发展和进步。内蒙古作为边远少数民族聚居区，不但要面对传统的环境保护问题，也面临着贫富差距问题。怎样在发展过程中保护好脆弱的自然环境，怎样在发展过程中照顾到所有人尤其是弱势群体，这都是我们应该思考的问题，也是家金调查数据之后需要研究的问题。这次调研也激励了我，认识到家乡现在还存在不少问题。我们要不断努力奋斗，为了内蒙古更加美好的明天而贡献自己的一分力量。

"东北边城"延吉：当我一步步迈向你

文/张潇予

"犹抱琵琶半遮面"的你

双脚刚刚离了火车，踏上延吉的土地，首先感受到冷风四起。抬眼，正前方，一行朝鲜语，表达着欢迎与祝福。四周望去，延吉火车站中有许多朝鲜族姑娘的雕像。这是一个还未出站就展示出了浓浓地方特色的城市。

走向站口的长长通道里，与一般城市宣传本市的自然风光、名胜古迹、旅游景点不同，这里的展牌上歌颂着社会主义，宣传着社会主义核心价值观，呈现着民族团结的氛围。

走出车站口的一霎，你会更直观地感受延吉的别致。你的眼前第一景，不是高楼大厦，不是金融中心，不是在建工程，不是特色小吃，不是立体道路，是山，是低矮而绵延的山。暗云低低浮在空中，冷风虽不刺骨，却格外有力量，由于没有过多建筑物陪衬，那些山丘仿佛很近实则很远，这一切环抱了这个火车站，给外地人一种神秘之感。

山上有一排字，前半段是朝鲜语，后半段是汉语——"全面建成小康社会"。这里的大街小巷，全部都写有两种语言，横平竖直的汉字和律动优美的朝鲜字前前后后出现，互为搭档，给人们方便的提醒。

从延吉西站来到附近的镇上，一路平房矮楼，道路因车辆稀少而显得宽阔，天空因建筑物矮小而显得低沉。我们与延吉，刚刚相遇十余分钟，却让人忍不住想探访这个东北的边城。

你的面纱，我何时可以揭开？

民族融合、美丽优雅的你

延吉市是吉林省延边朝鲜族自治州的首府，在这个县级市，朝鲜族占到总人口的50%以上。

吉林4组的访员们接触到了大量的朝鲜族家庭，他们提到，朝鲜族是一个极热情的民族，也是一个格外团结的民族。

行走在社区中，我们会看到三三两两的美丽妇人坐在石桌旁，说着朝鲜语，也许是在唠家常。她们手中拨弄整理着辣椒、茄子、白菜，准备让这些蔬菜接受阳光的"拥抱"和盐、醋等滋味调料的"洗礼"。由于东北地区冬季严寒，蔬菜稀有，智慧的人们便想出了通过制作"泡菜"来保存蔬菜的方法。如今，冰箱、冰柜等可以保鲜食物的方法十分实用，可千百年来的口味已经养成，成为喉舌与味蕾最亲密的伙伴。

朝鲜族家庭尤为干净整洁，木质的地板，不见一丝尘土。访员们甚至担心鞋套弄脏了木质地板，便脱下鞋，直接穿着袜子进入受访户的家中。

这里的妇女们把自己打扮得美丽而得体。曾接触过这样一位受访户，已是六七十岁的年纪，也没有富贵的家境，却画着精致的眉毛，耳环、项链、右手的手表、左手无名指上的戒指，一样不少。妇人微卷的头发上别着个藏蓝色的头花，身着一套符合身份又上下身相配的服饰。这种对生活、对自己认真而向上的态度让人无比敬重。

独在异乡为客、常叹归根之处的你

许多受访户对我们说，这里的物价太高了。

在饭店中点一份最常见的朝鲜冷面，需要十多元钱，这对于一个四线城市来说，确实会让收入较少的人有很大压力。

一位社区主任向我们透露，他们居委会的基层人员一个月的工资是 1 500 元左右，这样的工资和物价有些不匹配。

高物价存在的理由便是一定程度的高消费。在这里，有大量适龄劳动人口去往韩国务工，当他们手握从另一个国度赚取的血汗钱归国时，变成了这个地区小有财富之人，因而在一定程度上拉动了当地的物价。因为有和韩国较为相通的语言，许多朝鲜族中青年常年去往韩国务工。其中，大部分从事服务类行业，也有少量高端人才。一位延吉市的访员告诉我们，她的朝鲜族同学中，有近80%的同学的家长在韩国务工。

这种情况无疑给访员的访问工作带来了巨大的难度。"这里很多房子平时都是空户，户主去韩国务工了，根本找不到人，只有特定节假日才有人居住。"

也有延吉青年一年待在韩国，省吃俭用，赚取生活费用，另一年就在延吉家乡休息整顿。"没有人永远留在韩国，走了多久，都会回来，这里有他们的家人，这里是他们的家乡。"这是我们所听到的。是啊，这是家啊，这种归属感是难以言说更难以替代的。

经济高速发展、独具特色风情的你

到了市区里，我们才知道，位于市区周边的延吉西火车站附近的景象远远不可概括这个城市的面貌。

古老而美丽的布尔哈通河穿梭于这个城市。农耕时期，河水冲刷沉淀，勾勒了延吉盆地的轮廓，赠予人们赖以生存的粮食——优质水稻。如今，布尔哈通河描摹着延吉市的眉眼，赋予了它白日的波澜和夜色的雅致。

延吉大桥跨河而建，连接南北，静观这个城市居民的喜怒哀乐。夜晚，桥北的广场上，十余组"广场舞队伍"各有"领地"，齐舞"争妍"；桥南的广场上，几位少年齐声演奏着延边朝鲜族自治州最为盛行的朝鲜族乐器——奚琴。明明都是不大的年纪，却也微摇身躯，甚是沉醉的样子。岸南岸北，乐声并行，却互不相扰，一派和乐景象。

"参花街""爱丹路"，延吉市有许多有趣而富于特色的街道名称，街道旁的楼房虽未高耸林立，却也灯光耀眼。一条街道，楼房外墙闪亮的光线整齐笔直，俨然是精心规划过的。一些社区的外墙上闪烁着巨大的朝鲜族儿童灯画——丢沙包的儿童、转圆圈的儿童、射箭的男子、跳舞的姑娘……

这时的延吉，终于充分舞出了"吉林省城市排名仅次于长春市和吉林市"的身姿，也展示了"综合经济实力在全国少数民族自治州首府中名列前茅"的骄傲。

就这样从西南走到了东北，这里离中国家庭金融调查中心所在地——成都3 000多千米。祖国竟是那么辽阔，千山万水，拥有 56 个民族。CHFSers 在这个夏天，遇见了百态之人，历经了千样之事。延吉，这里每天都给我一些惊喜，我的双脚向她一步步迈进，双手却永远画不出她的全貌。她在我心中，纯洁而干净，面对这个东北边城的热情和这里的边城人对美好生活的追求，第一次，我自愧不如。

保定，感知中国社会的温度

文/沈相锦

回顾这次在保定为期一个月的家庭金融调查，我不得不说，这是一次令人心中五味杂陈的精神洗礼。我拙劣的文字功底难以完整而深刻地表述这其中的辛酸、甜蜜、艰辛、感动的滋味，那些未亲自参与这个项目的人也很难切身体会到其中的情感。但是，从我们组的调查经历中，您可以管中窥豹，感知到整个中国社会的温度。

去年暑假，我曾在泸州叙永县海力村——一个偏僻闭塞到不通公路的小山村支教，虽然那里物质条件、教育条件非常落后，但和天真朴实的孩子相处，和热情善良的村民交谈，呼吸着清新的空气，晚上还可以看到划过天际的流星。那样欣赏着怡人的山山水水的日子，真是一段美好时光。我是抱着这种回忆去参加这个调查项目的。虽然我明白调查可能会遇到挑战，但所遇到挑战的困难程度还是有一点超出我的预期。

重要的第一步：取得合作单位和村/居委会的配合

7月9日，我们第12组初到保定。我们的调查范围有城市小区、"城中村"、农村、城乡接合部。每到一个大地方，我们首先都会和当地的合作单位（中国人民银行或中国农业银行）的联络人联系。联络人的认识水平和配合程度非常关键，如果他们觉得这一工作和他们自身关系不大，敷衍了事，将会直接影响到我们下一步工作的执行力。接下来，我们会通过联络人联系到具体的村/居委会，最后在村/居委会负责人的支持下开展调查工作。虽然我们耐心地向每个地方的负责人讲解我们这个项目如何的高端大气上档次，如何地结合当地特点，对当地发展有什么帮助，如何严格地保密，并向他们充分表达感谢之意和给予物质报酬，但可惜的是，在不同地方，当地负责人的态度反差是极大的。有的负责人相当热情，比如在雄县将台社区、曲阳县滨河社区和多数农村，他们有的亲自率队入户，劝说受访户接受访问，这很大程度地降低了拒绝访问的概率。有的社区工作者甚至拒绝他们应得的报酬，认为这是他们应尽的社会责任。这类人以男性为主，也是一个很有意思的现象。遇到这些充满公益心的人，我们都会感动万分，工作开展得愉快而顺利。然而，有的负责人，特别是部分城市社区，则以"忙"作为理由，对我们拖延、敷衍、推脱，真实原因可能是嫌麻烦或认为我们的访问没有意义。有一个特别的例子：有位受访户曾致电居委会核实我们的信息，居委会的阿姨竟然说"你愿接受访问就接受"，让我们感到前期对这个居委会所做的工作多少有些白费功夫。

入户访问：酸甜苦辣，种种滋味

我们访问中面对的主要挑战是空户、爽约、拒访。空户主要集中在一些老旧单位楼或城乡接合部，那里人口流动性大、租房户多。对于非空户，我们首先联系到受访者，核实其信息；接下来，我们会询问对方是否有时间，如果对方说现在没时间，我们会尝试预约一个时间。然而受访户也未必遵守预约的时间，爽约或者一再爽约最后拒访是常有的事，所以，我们访员要有充分的耐性。在我自己的访问案例中，就有一户找理由爽约了我2次。最后一次，我在受访户家单元楼门口从晚上7点半苦苦等到10点，终于等到受访户归来，而对方也不好意思再找别的理由拒绝我的访问了。

接受访问的原因总是相似的，而拒访各有各的动机。"没有时间""不懂""怕泄露隐私"是所谓的常见理由。在城市，我们最喜欢访问的就是老两口退休在家的、子女已经成家立业的这种家庭，因为幸福的老人总是愿意和你分享他们的快乐。

在访问中，拒访率与贫富水平确实有一定关系。比如南市区红阳社区等较为高档的社区，受访户戒备心很强，拒访率较高，我们被一部分受访户赶出来很多次。有的富人即使接受访问也对房产、存款、收入等信息有大量隐瞒，有个受访者甚至要求搜身，检查我们有没有携带摄像头、录音设备之类的物品，还有一个受访者甚至威胁"要找人"。我们的访问还引发了一些家庭矛盾（当然不排除这是一个扮红脸一个扮黑脸）。有一个搞个体经营的家庭，妻子很配合访问，而丈夫则在一旁强硬地打断和不断地施压，导致我们的访问最终流产。还有个案例：我们敲开受访户的门（家里明显有几个人在），是一个孩子开的。我们请他去叫一下家长，结果孩子进去以后，竟然出来说自己的家人都不在，真是让人哭笑不得。

当然，拒访率也未必完全和贫富水平相关。也有很热情的富户和很冷淡的穷人。这还要看个人认识水平和其他具体情况。比如说有个官员家庭在网上查看了我们项目的介绍后深受感动，非常理解我们的调查，主动致电约时间接受访问，并拒绝我们的酬金。一位老板级别的受访者亲自开车，把我们接到所在单位接受访问。有的受访者家庭状况和我们自身比较相似，还和我们热烈讨论财经话题和大学生话题。这些案例都令我们感到非常的开心和欣慰，不禁感叹这个社会还是有不少好人。

也有部分穷人，在自己明显有时间的情况下也不接受访问，这其中的原因让人唏嘘不已。比如有个老奶奶，她和她老伴住在一个非常阴森老旧的职工宿舍里，家庭条件非常不起眼，子女工作条件也不好。我们对其进行了长达一个半小时"动之以情、晓之以理"的说服，强调了我们项目的保密性（有国家层面的支持，有居委会的担保）和重要性（对她这种困难家庭长期来说会带来什么帮助），甚至和我一道去访问的女生都当着她的面哭了起来，而老奶奶也充分理解了我们大学生做这个调查的不容易，可她最后还是拒绝了我们。因为她说过去多次上当受骗，已经不愿意再相信外人。这位老奶奶封闭了自己的心灵，彻底关闭了向社会敞开的信任之窗，多少让人感到辛酸和无奈。

在农村的调查访问也会碰到拒访，但比城市要少得多。因为农村贫富差距虽也悬殊，但是富的毕竟是少数。他们对我们 50 元的酬金还是很感激的，有的村民甚至争着想让我们去访问，我们还需要向他们解释我们抽样的随机性。另外农村人防备心理相对弱一些，空闲时间也比较多，只要"投其所好"，当地村干部一般还是比较好说话的（有一个村支书是"毛粉"，办公室里都挂有毛泽东的画像，我们就和其大谈毛主席的丰功伟绩）。

农村的调查对我们的考验主要是身体方面和语言方面。身体方面主要是指我们要不断忍受盛夏户外高温的暴晒，因为农村的路很不好找，非常容易迷路，而村干部也不可能全程一直都领着我们，他们只是把我们带到地方为止。同时村里吃饭问题不是很好解决，超市里面有不少都是过期食品，而我们也不好意思在村民家里吃东西（虽然有不少好心的村民愿意留我们吃饭）。另外，有些上了年纪的人说的土话很难听懂，造成了语言交流障碍。

每天经过这样的紧张忙碌的访问，最开心的时光就是我们全组成员坐在一起，大家交流访问心得，一起吐槽部分拒访者的蛮不讲理（有位受访者这样说我们的一位女访员：现在骗子特别多，特别是女骗子），一起感慨那些纷繁的社会现象，一起分享成功入户的喜悦。我们组前期因为任务重，条件艰苦加上内部的沟通不畅、考虑不周，还曾爆发过一次小小的团队危机，但后来大家都敞开心扉把真心话一吐为快，使得矛盾得到了很好的调节和释放。经过一个月的共同战斗，在完成任务的同时，大家也收获了珍贵的友情和宝贵的人生经历。

另外关于此次调查的问卷设计，我希望未来中心能对部分问题加以整合，问题太多了的话，想让受访户到后期保证调查访问的质量就比较困难了。

访问现象观察：我们这个社会还缺点什么？

这次调查访问所观察到的某些社会群体和社会现象真的让我心情沉重。

我在保定访问的第一户，也是我所有访问中所用时间最长的一户，用时3个多小时。受访者向我详细描述了他心中对未来悲观中带有一丝希望的心境。这位受访户居住在北唐胡同的一个"城中村"，位于保定市闹市区，经营着一个非常破旧的摩托车修理店，但几乎没有生意。民间借贷断断续续欠了10余万元，债主找人打他，他在亲戚朋友、当地居委会的帮助下才得以保证安全。黑暗漏水的小屋内有一个因雨水渗漏而不能正常使用的20世纪的小电视。访问就在一张小床上侧着进行。受访者的妻子生病长期在家，受访者自己身体也不好，儿子30多岁了，没工作、没娶妻。目前受访者唯一的期盼就是将来党和政府能让儿子拥有一套廉租房，能够成家立业。

城市贫民窟（"城中村"）是近年来的热点话题。城市户口的贫民在某种程度上过着比农村贫民更加艰难的生活，因为他们没有赖以维持生计的土地。而如何使这些高楼大厦阴影下的食不果腹的人们过上有尊严的生活，这是我们政府必须面对的难题。

这是我在保定市北沟头村访问的一户农转非家庭（没有土地）。她家四世同堂，靠着一些纯体力的临时工作勉强维持家里的开销。然而她不肯接受我给她的50元酬金，她认为这是为国家尽义务。谈到党和政府，她真的很感激改革开放给了他们自谋生计的机会。谈到自己正在上高中文科的二儿子将来想上财经院校的问题，我向她建议将来可以申请助学金，这是国家给你的，是应得的，可是她却说不愿意给国家添麻烦。这位妈妈眼中透着乐观，享受着家庭和谐带来的欢乐，对社会现状没有丝毫怨言，还在为国家着想。这个例子还让我想起了在曲阳县店上村见到的一位独居的穿着破烂的退伍军人，他饱含热泪地向我们说着"党和国家还一直记着他"，心中充满了对政府的感激。

上面这段我所举的两个例子真的让我感到震惊和感动。在现在这个时代，竟然还有生活如此穷困潦倒却对社会现实没有任何怨言的人存在！而更难能可贵的是，他们还具备这个社会目前正普遍缺乏的公共精神。

曲阳县杨砂侯村，是以一个雕刻相关产业为支柱的村落，经济情况相对富有。但是这里不少人在50岁以后会患上某些特定疾病，可以说是前50年努力赚钱、后50年看病花钱。他们的工作环境没有任何防护，与一些材料直接接触。同时，村里许多地方的垃圾堆叠成山，却没有人来及时处理，让人触目惊心。垃圾问题其实也是我们这次保定农村调查中发现的通病。

持续发展是提了很多年的国策了。时间会证明以牺牲人的健康和赖以生存的环境为特征的经济发展是没有前途的。而现在想改变这种状况为时还不晚。

城市"冷漠"凸显信任危机

文/佚名

"目前，中国社会的总体信任进一步下降，已经跌破 60 分的信任底线。人际不信任进一步扩大，只有不到一半的被调查者认为社会上大多数人可信，只有两到三成被调查者信任陌生人。"中国社会科学院社会学研究所的蓝皮书发布后，引起了不小的反响。

现今社会是一个陌生人与熟人交织融合的社会。一方面，我们不敢相信陌生人，不与陌生人说话，不与陌生人来往；另一方面，我们深信熟人好办事，圈子里的才是朋友。犹如蹒跚学步的孩子终有一天需离开父母，独自去面对陌生的世界，从熟人社会迈入陌生人社会，这是中国社会发展必然要经历的转型阶段，是个人生活半径加大、社会化程度提高的重要标志。

走进陌生人社会不是坏事而是好事，而对于陌生人怀有警惕性，也是正常而健康的心理防御反应，而当前值得警惕和审视的问题在于，由于城市外来人员的增多和社区居民的异质性增强，迫使社区居民对日常生活中的"他者"采取"防卫过当"的心理反应，对社区居民的交往造成了严重的困扰和阻碍，也不利于崭新社会形态的高效发展。

在农村，有着熟人社会的天然舞台。在血缘、亲缘、地缘关系的主宰下，社会互动从来都不匮乏。不论是在乡里田间，还是在房前屋后，抑或是在井边阴凉处和村口槐树下，人们谈天说地、说媒拉纤，自然和谐的互动在不经意之间就进行着。而每一次随意良性的社会互动，都会增加彼此之间的熟稔程度和社会信任。

有时候，访员在农村进行调研时，"零拒访""一天扫荡一个村""受访户排队接受访问"的神话能够成为现实。这是因为它植根于一个熟人社区之中，通过农村里德高望重的领导或者长者带领入户，往往能得到村民的高度信任。用一位受访户的话来说："都是熟人，乡里乡亲的，没人占这个便宜。"质朴的语言，却道出了问题的关键：在熟人社会，社会信任从来都不缺乏。

而在城市，随着城市化进程的加快以及社会阶层的不断分化，城市社区类型开始发生了显著分化与重组，出现了街道社区、单位社区和商品楼社区三种基本类型的社区。这几种社区居民的社会经济地位差异明显，各社区的内部人际关系也呈现出不同的特点。

许多人在同一个社区生活，却从事着不同的工作，又没有血缘的维系，交往意愿很淡薄，一个社区就嬗变为一个小型的"陌生人社会"。过去"路不拾遗、夜不闭户"的场景也不常见，一扇扇坚不可摧的防盗门和一个个无情的"猫眼"，在无形之中拉开了居民心与心之间的距离。彼此之间素不相识，即使认识了，也仅仅是混个"脸熟"，可谓"比邻若天涯"。一旦在社区里"狭路相逢"，要么一脸茫然地擦肩而过，要么客套地嘘寒问暖之后便各自匆匆离开。邻里之间互动的匮乏，一方面让社区这个平台失去原有的功能，另一方面也让"各人自扫门前雪，莫管他家瓦上霜"成为一种常态，"老死不相往来"的剧情也不断上演，习惯性的封闭和保护性的排斥就成为一种策略，社会信任也就变得愈发的稀薄。

相比于农村，访员们在长沙和南宁等富人区的调研进度相对缓慢。即使居委会或物业负责人带领入户，也得不到受访户的信任。这让访员体会到，在这种人际交往缺乏的社区里，伴随着政府职能的转变，社区居委会等社区管理者的多元功能逐渐弱化，这也使得居民游离于社区互动之外，从而导致社区内的联系减弱，居民缺乏安全感与归属感，人际关系逐渐疏远。

从拒访户的拒访理由中，我们也读懂了他们的苦衷。我们看到，无论农村或者城市，人际交往中的不诚信、商家对消费者利益的侵害、服务机构的言行不一、经济往来中的欺诈、扶老人却被诈骗等现象，社会秩序在一定程度和一定层面的失范、陌生人在各种场合的抹黑之举，都在消耗着人们对于人际关系的信任感，而冷漠和防范的心理却被不断强化。

也正因为这样，人们也渐渐养成快递来了不敢开门、查水表的不让入户、买牛奶一定要看清保质期和商标才埋单、普查员不得不出示居委会的同意书、买肉时总要用手按按看有没有注水、买菜时习惯性地检查小贩的秤、公交车上紧紧拽着背包的习惯，也学会了冷眼看人和随时戒备的姿态。

如何来修复人际信任，构建陌生人值得信任的大环境？首先必须从规范整个社会秩序做起，必须从规范每个人、每个群体、每个组织的言行做起。而这治愈人际冷漠的秘诀，便是完善国家的法治环境。

就像有位访员在日记本里写下的心声一样："我们不是社会的苍蝇，不是搞传销卖保险，更不是象牙塔里的孩子，我们不怕'110'，不怕放恶狗，我们怕的是，双眼对视时的冷漠和不信任的拒绝。这是一个由衷地渴望真诚而又被欲望和诱惑充斥的时代。我们只是希望，多点温暖，少点偏见；多点信任，少点抱怨。"

我们期待着在阳光灿烂的大街上与陌生人相遇，惴惴不安的担忧被自然放下，和善而坦然地相逢一笑，没有虚假，只有真诚。我们也期待着这个社会在发展的同时，社会的信任度总能更好，而不是倒退。熟人社区越来越多，社会信任也越来越厚重。

地下的日子

——北京地下室纪实

文/佚名

一条狭窄的通道伸向地下，一只昏暗的白炽灯泡在斑驳的顶上亮着。从阳光灿烂的地面上进去，迎面而来的就是潮湿且混杂着各种气味的空气。这里是北京北护城河边的一个地下室社区，附属于一幢 20 多层高楼的这里，与楼上是截然不同的两个世界。

留不下的是北京

这个地下室总共有 500 余平方米的面积，在挂满了洗好的衣服的走廊两边，大大小小开辟出了 50 个房间。这里住满了来自湖北、四川、山东、山西、河南等省的来京务工人员，长期住在这里的他们，大多数干着卖菜、卖早点、商场导购员和家政服务员的工作。

"基本都是 20~40 多岁的人。"这里的管理大姐向我们介绍道。每天的晚 10 点和早 8 点是这里出入的高峰，上早晚班的人们在这个时间段里集中出入，除此之外，这里可谓是相当安静。"基本不是在外面上班就是在里面睡觉，平时这里很少有闲人。"

但是在暑假，此时此地的这里就变成了孩子们的地盘。穿着球衣的小男孩在追着足球，而年纪更小的孩子则一直在楼梯上跑上跑下。对于一年只在春节时回一次家的家长们来说，暑假是难得的和孩子们相聚的时光。

"大多数这里的住户不可能负担把小孩带到北京来上学的开销。北京的各项开支都这么贵，"管理大姐说，"而且北京的教学体系和老家的又不一样，上到初中后因为户口的原因又不能参加中考，还是得回家考试。曾经有个小孩子在北京上到了五年级，最后还是回家去了。"关于户口，她无奈地说："那些一个月拿一两万的都不一定能拿到北京户口，像我们这种一个月才拿两三千的，想都不用想啊！"

10 平方米的房间里，除了床和电视，几乎就再也摆不下什么，居住在这里的住户早已习惯了使用公共卫浴间的日子。一个月五六百元一间的租金，对于这些月入

3 000元左右的人来说，几乎是唯一可以在北京落脚的选择。"楼上（的房子）要两三千一个月呢，我们哪住得起。"一位租户叹道。

回不去的是家乡

既然北京的生活如此艰难，那又为什么一定要留在这里呢？大多数人给出的答案是工作机会多。"工资比老家多是一个方面，更重要的是北京的机会多，尤其是女的好找工作，文化程度不高的可以去干个商场的导购，比在老家拿的钱要多些。"一位受访户说，"生活在这里的人基本都是为了赚钱，哪有什么梦想。大多数人就是为了赚点钱然后回家买房子，这应该算是目标吧，不是梦想。"

"谈梦想？撑的！"一位光膀的大汉甩下这么一句话，转身就出了门。

在制造工厂从沿海转向内地的过程中，有越来越多的务工者选择在家门口工作。来自山西的大姐说老家也有很多年轻人去了太原的电子厂工作，尤其是富士康。"但是来北京还是更有吸引力一些，毕竟大城市机会多，年轻人也喜欢出来闯闯，像我就住在这里都6年了。"

"不要小看地下室啊，那些个杨坤啊许巍啊都是从地下室走出去的明星啊！"管理室的大叔对这些当年的北漂青年相当熟悉。"但在这个地下室里住的人都很普通，十年八年地都住在这里，就是过日子嘛。"他点起一根烟，慢慢地说道。

你幸福吗

——关于经济转型的思考

文/陈思欣

转眼间，我们结束 19 天的调查访问工作回到家已经好几天了，这段时间我又仔细回想了过去 19 天的点点滴滴，回味着其中的辛酸得失，其中既有从受访户那得到的感动，有团队工作时互相鼓励、一路搀扶的温暖，也有实地调查之后对于农村经济现状的一些思考。这十几天中带给我的很多东西或许要用今后几年甚至更长的时间来消化。

我们这次调查的地点在南部边陲广西壮族自治区。出发之前，向同行的当地同学询问广西的经济状况，得到的却是这样几句抱怨：广西的经济一直不大好，经济实力一直在全国中下游水平徘徊。但随着近年来政策的逐渐倾斜，这个被遗忘的农业大省终于迎来了属于自己的春天。这个以山水、农业以及独特的民族风情为我们所知的省份也正在面临着一个经济的转折点。

我们访问 59 组 10 位组员于 8 月 5 日到达广西。按照系统抽样的结果，我们走访了接近 200 户形形色色被随机抽中的城乡居民，了解他们的家庭金融情况。

问卷中的一道问题给了我心灵强烈的冲击，那道题正是当年被网友吐槽千百遍的问题：你幸福吗。在很多人看来，我们正处于一个幸福感普遍很低的时代，问这个问题实在没有太大的必要。但当我把这个问题抛给一位残疾老人的时候，他却毫不犹豫地回答："我很幸福。"他的理由很简单：子孙健康且孝顺。说实话，在我接触的 20 来个受访户中，认为自己幸福的人并不多，而且都是那些我认为经济条件并不是特别理想的人。每当我听到有人回答自己幸福的时候，都会抑制不住内心的冲动去追问他们感到幸福的原因，可每次得到的答案却都是那么简单而朴素，以至于我们绝大多数的人都可以拥有或正拥有着。我开始重新审视自己的幸福观。如果从我们宏观的层面去看这个问题，一个国家居民普遍的幸福感可以从一个侧面反映这个国家政策的成效如何；但从微观的角度看，一个人的幸福感却可以反映出他对自己的认识和认可程度。在这个普遍追求物质享受的时代，我们逐渐忽略了自己的精神世界，以至于我们在汲汲渴求中已经忘了当初自己是为了什么而追求，又究竟是为了追求什么。我们可以有一千个一万个理由来说自己并不幸福，但感觉幸福却只需要一个理由，关键就看我们如何来定义幸福。

当然，作为金融专业的学生，这次实地调查也给了我不少专业方面的启迪。几道风险偏好题的调查结果让我对投资学有了一个全新的认识。如果抛开非金融的一些因素，资本的运行不正是资金以利率的形式在不同的风险偏好者之间流动吗？处于资金链开端的农业工作人员很多都是风险厌恶者，他们大多不愿意承担任何风险，从事着一亩三分地的耕种，获取着最微薄的利润，他们将钱存入银行，完成着资本的最初积累。随着资金链的上移，资本到了低风险偏好者的手中，他们一般是工薪阶层。他们拥有着更多的资本，倾向于相对安稳的生活，在将钱用于储蓄的同时也会进行一些低风险的投资，比如购买少量股票、基金、债券等，资本在他们手中一般可以有少量的增值。而资金链的顶端是高风险的偏好者，对高额利润的追求使他们往往敢于承担风险，他们可以支付二三分甚至更高的利息向高风险厌恶者举债，去投资那些风险与商机并存的项目。他们可能会一夜暴富也可能会在顷刻间倾家荡产。温州地区疯狂的民间借贷便是高风险偏好者进行资本运作的结果。

不过，最让我感兴趣的是广西地区农田的利用问题。此次深入农村地区，我们很少看见年轻人。即便是那些极少数仍留守家乡的年轻人，很多也有过外出打工的经历。在这样一个人口流动量如此巨大的社会，很多农村地区的人早已抛弃了安土重迁的传统观念，外出打工成为新一代农村人的第一选择。在经济市场化的大背景下，那几亩农田对于年轻人早已失去了吸引力。现在坚守在农村的很多都是丧失了再学习能力的中老年人，他们凭借着祖祖辈辈流传下的经验延续着古老的生产方式，在缺乏先进机械工具的情况下进行着低生产率的劳作。但他们的这一套农业生产经验正在失去继承人，中国传统的农耕文化面临着土崩瓦解，一种新型的农业生产经营方式——土地流转正在悄然兴起。这种方式在不改变家庭承包制度的基础上通过租赁、入股等将土地集中起来进行规模化、集约化的生产经营，实现农业由传统向现代转型。这种方式同时也很好地解决了人多地少、生产力（率）低下的问题。但这种方式并非万能的，随着生产方式的改变，这种大规模种植带来的一些问题也随之而来，一些地方土地流转失败反映出的补贴不到位、管理不规范、大规模种植造成地区作物相对过剩等问题值得我们好好地去分析总结。在这样一个机遇与挑战并存的转型期，如何因地制宜地将这种转变带来的摩擦性损失降到最低，平稳实现农村经济由传统到现代化的过渡，值得我们也值得每一个地方政府花力气去研究。当然，以我现在的能力讨论这个问题实在显得有些幼稚，以后还需要通过更多的实践与学习来探索这方面的问题。

总而言之，这次调查访问带给了我很多很多的东西，它让第一次走出校园的我真正有机会去实实在在地感知社会、了解社会。这次行程中每到一个新的地方，我都喜欢将手放在那充满泥土气息的土地上，感觉这样我就能感受到大地脉搏最真实的跳动，从而摆脱那种长久以来从象牙塔中眺望天空的缥缈感。这 19 天中，我们访问 59 组的同伴们用双脚丈量着那片有着深厚底蕴的土地，用双手来记录下一个个平凡家庭的点点滴滴，我们在辛劳与汗水中享受着那种奋斗带来的幸福感与成就感。CHFS，我们在前进。广西，我们来过！

一境之隔两重天

——城市化形态下的贫富差距

文/佚名

《2010 年中国家庭金融调查报告》指出，中国的基尼系数为 0.61，城市内部的基尼系数为 0.56，农村内部的基尼系数为 0.60，早已超过 0.4 的国际警戒线，这些数字反映了中国收入不平等、两极分化严重的现状。

上海某街头，突然冒出许多外乡的少年，在车水马龙的间隙里，用乞求的眼神向宝马车主兜售商品；北京某工地，操着外地口音的农民工，脚下的烟头火星还没灭，已转身投入辛苦的高空作业中；深圳某高档小区的门口，外乡的中年人因为年龄过大和体力不支，为了生计当了保安，过着作息时间颠倒的生活……这些熟悉的场景或许会让我们有种错觉：中国最大的收入不均是在城市与农村之间。

然而，这次中国家庭金融调查的访员们，深入长沙市以及南昌市中心的几个社区，通过问卷和观察，体会到了城市化形态下的城市内部的贫富差距。尽管"天价写字楼"和"老城区老房子"之间往往仅有一墙之隔或一路之隔，但"有钱人"和"低收入群体"居住区域的界定和划分已经越来越分明和固化，由此带来的一系列社会问题也日益显现，诸如社会人情冷漠、邻里关系等现实问题。

社区布局下的贫富差距：社区成贫富分化的"楚河汉界"

在笔者所走访的长沙市某社区，马路一边的某大厦高档社区和繁华商业区里居住的是拥有多套自有房产的"有钱人"，进进出出开着名牌豪华车，而仅一路之隔的老房子里却挤满了城市低收入人群和外来流动人口，起早贪黑，为着生计日夜奔波。

受访户王爷爷 70 来岁，一家两口在 60 平方米的房子里居住了 12 年。在昏暗的灯光下，记者看到，狭小逼仄的空间里用彩条布和木板隔成客厅和卧室，卧室里堆满了爷爷顺手捡回来的废品。尽管现在居住条件艰苦，但是回忆起当初分房时，王爷爷还是很骄傲的。他说，这个房子是单位分的，刚退休那会，300 块钱还能养家糊口，现在物价上涨得厉害，一家人只能靠他一个月 1 300 元退休金紧紧巴巴地过日子。

"像我这样的在这片社区里属于普通收入人员。"李爷爷叹惜道，"之前的老邻居大多搬走了，现在主要是流动的租户，治安也变差了，偷东西抢劫的很多。"

当笔者问及是否与仅隔一条街的高档社区有联络时，王爷爷无奈地说："我只能望着他们，因为钱的差异也不可能联系。"笔者也通过社区居委会负责人介绍得知，这两片相邻居民区的孩子是不太可能在一起玩耍、上学的。在城市化的趋势下，开发商会通过社区围墙、隔离带或者马路把高档楼盘与低档居住区"有意识地"进行隔离，这在客观上使不同的社会阶层呈现固化状态，不同人群之间的沟通越来越少，这也使得贫富差距悬殊背景下的社会问题越来越严重。

理清思路：老城区社会发展的问题与展望

老城区，是一座有着一定历史的城市的重要组成部分或中心区域，有着经济、社会、文化、生态的综合复杂特征。因此，老城区的发展要分为两个方面：一是对老城区的修复、改造已经完成；二是对老城区经济、社会、文化、生态的改造工程正在进行。

老城区无法与城市发展相协调。由于发展早，其产业结构一般优于整个城市的平均水平。第三产业所占比例最高，其次是第二产业，一些老城区根本没有第一产业。但是也由于历史原因，其发展没有得到有效的、符合所在城市社会整体发展要求的规划、协调，导致其与所在城市的其他社区无法形成良性互动。例如笔者所走访的南昌市某社区，垃圾系统缺乏有计划的运行、供电管线乱拉乱扯、道路狭窄导致公共交通难以有效运行、街边商贩缺乏管理等问题，都深深制约着该社区的发展，以致该社区与一街之隔的新社区有着"两重天"的差别。

老城区的人口流失问题日趋严重。老城区往往有着空间狭窄、人口密度大的特征，其所存在的许多问题成为人们"逃离老城区"的驱动力，反而导致老城区越来越成为一座"空城"。在长沙市某社区的一栋20世纪80年代的居民楼中，因为人们纷纷选择去别的新建社区购房定居，这里三层以上的几乎所有的房间已成为出租房，又由于该居民楼相当破旧，很少有人会考虑出租或者购买这里的房产，结果导致房产持有者的尴尬境地：既无法出租，又无法变卖，只有等着政府征地来获得补偿。到了晚上，这座楼也只有几盏灯光亮起，对比其昔日人多时儿童嬉戏、老人悠闲唠嗑的温馨场面，让人扼腕叹息。而现在，流动人口作为房屋租客长期占据老城区，导致社区治安混乱、就业率下降、社区凝聚力不强等问题。

老城区的人口老化问题明显。老城区的主要建筑都可以追溯到20世纪六七十年代，甚至更早，所以很多居民都是国营企业或者集体企业的老员工，他们的子女大多在城市新区买房就业生活，导致老城区鲜有年轻人的影子。随着时间的推移，这些老人的养老问题变得更加棘手，有的社区建立了养老中心，而有的社区发放额外养老补贴，都只能在一定程度上起到作用，再加上老城区的医疗、娱乐设施不足，让老年人不得不到很远的地方才能得到这些服务。

针对老城区的发展规划，绝不能走极端路线：既不能完全放任不管，也不可完全推倒重建。运用科学的方法，使老社区重现昨日的神采，是建设和谐城市的要求，也是当地政府为当地百姓谋求福祉的体现。

规划先行，合理分配。科学有效的城市规划对于一座城市的长久发展有着决定性的作用，因此，在规划中更需要谨慎的态度、公平的思考，以及整个社会的参与：专业人员的科学思考，专家学者的热心建议，居民大众的意见，政府的公正决策。在社区中提供尽可能多的各种层次的住宅类型，既能满足居民的生产生活需求，又能满足居民相互交流的需要。合理分配各种行业的用地，使老城区既能符合居住要求，又可以满足旅游业、商业及其他服务业的需求。

完善功能，丰富生活。在老城区发展中，各个行业形成立体化的网络，相互补充，相互促进，实现多赢。既可以吸引劳动力回流，又可以提高社区就业率等。开展多种多样的社区活动，广场舞、小型比赛、展览等丰富的方法可供选择，这样可以使居民增强凝聚力和归属感。

发展交通，配套合理。交通问题是老城区的一大难。老城区人口密集，车辆众多，路网密集，道路狭窄，可供改造的空间不足，制约着其交通系统的发展。因此，公共交通成为老城区实现交通跨越式发展的一个窗口。有效联系、衔接、配合的区域内和区域外公共交通系统，地铁、轻轨、普通公交车的换乘枢纽，停车场等配套设施都是发展交通的关键。

生态发展，人文自然。老城区的生态系统包括了以老建筑、历史古迹为代表的人文生态和以公园、广场、绿地为代表的自然生态。循环经济，立体绿化，唤起公众参与绿化的积极性，都可以有效建设社区自然生态。而人文生态，更需要的是深度挖掘，将其中的文化内涵发掘出来，在保护中进行改造，是合理发展人文生态的好方法。

城市化固然是社会发展"翻天覆地"的一个过程，但在这个过程中，如何踏踏实实地处理城市内部各部分之间的矛盾、缩小其中差距，这个问题深深拷问着城市里的每一个人。

北京：看见真实的你

文/徐可欣

北京，五朝古都，千载名城。右拥太行，左揽渤海，是中国首都、华夏心脏。中国的时间，某种意义上是依据北京的时间而转动的——天安门坐落于北京的中轴线上，当那里的五星红旗升起的时候，东方的太阳才真正升起。日落日升多少次循环往复，北京冷眼俯瞰无数的人们向它走去。

2019 年暑期，中国家庭金融调查项目再次启动，来自全国的访员从西南财经大学和其他合作高校出发，向北京、天津、四川、上海、黑龙江……全国各地奔去，其中，派往北京市的有中国家庭金融调查 15 个组、中国住房调查 24 个组，共计 39 组访员，数目是其他省市的数倍，密度空前。

家金为什么如此重视北京？有句话说："皇城脚下没有新鲜事。"按理，汇聚了如此之多的目光，被记录于数不胜数的纪录片中，被记载于汗牛充栋的研究报告、调查报告中，北京应当是赤裸裸地展现在人们面前了。别说是天子脚下的老北京人，就是随便哪个小区的老爷爷，也能对北京的情况说出个七七八八。但是，我们仍不惜耗费人力物力，派遣访员一户户访问，而不担心所得到的数据最终成为第一声呐喊后的冗长回音。

纸上得来终觉浅

我们谈到北京时，会想到什么？它是历史名城，无数的名胜古迹坐落其中；也是发达的现代都市，诸多人造建筑巧夺天工。宏伟的故宫坐落在北京的中心，巍巍天坛俯瞰亘古不变的风景，鸟巢见证崛起的历史，胡同记录沧桑的岁月……这些知名的景点是北京一件件光鲜亮丽的外衣，作为名片被展现给我们。

然而，北京的另一面隐藏在它的外表之下。簋街位于东直门内，东起二环路东直门立交桥西段，西到交道口东大街东端，是京城美食集中展示的一个绝好场所。诸多餐馆装修时尚，游人如织，生意火爆。从簋街东转，走入民安小区，就走进了另一个世界——胡同的入口。自行车车篮里随意堆放着毛巾、手套等杂物，狮子狗在门前不断吠叫，小孩子光着屁股嬉戏打闹，地面坑坑洼洼，残留着没有蒸发完的空调水和腐臭的淤泥。

"我以前挺羡慕北京人，喜欢北京的胡同文化，还幻想过有一间在北京胡同里的房子。"一位北京的访员告诉我们。她曾经访问过一家住在胡同里的受访户，一家三口人挤在不过15平方米的小房子里，胡同又老又旧，水电设施都不完善。访问过程中了解到的他们的情况实在是令她感到震撼。

"当时，那一家人是很不配合的，"该访员继续说道，"他们说'我为什么要把我的信息透露给你？我已经住得这么憋屈了，你还要我怎么样？你们说会收集数据，这么几十年了，你们能帮我们改变现状吗？胡同的脏乱差你们能解决吗？'胡同和我想象中的情况完全不一样。"

访员们在敲门入户时，总是会这样自我介绍："叔叔、阿姨，你们好，我们是来自××大学出来做社会实践的大学生，这是我们的项目介绍，这是居委会的证明……"我们自身尚且需要其他东西来证明自己的身份时，如何以自己的一隅之见概括一个城市？

绝知此事要躬行

北京房产调查16组的李瑞洁是民族社会学专业的研究生。"民族社会学会涉及一个东西，就是民族志，它的调查周期是12个月。也就是说，只有经历了一个地方所有的生产活动、日常生活，才算是了解了这个地方，才算是有了一点点资格写作民族志。"

旅行的游人匆匆而来又匆匆而去，其所作所为无非就是吃喝玩乐。旅游，就仅仅是旅游而已，所见到的一直是一个城市光鲜亮丽的一面，并不了解城市居民的真实生活。在北京居住了快一个月，从西城区到顺义再到三环外，见过北京各种各样的居民，李瑞洁才能说对北京有了些了解。

无论是在北京的何处，访员们无一不是在一个月的时间里用自己的双脚丈量过北京的土地，探访过北京的人们。有繁华，有落寞；有和蔼，有冷漠，但这些都是我们所见到的真实的北京，而非展现在报纸新闻上支离破碎的浮光掠影。直面北京的一个月并不是旅行，却一定会成为访员们不可或缺的人生记忆。

北京，全市土地面积16 410平方千米，拥有2 000万常住人口，中国第一大城市，中国社会的真实缩影。一个人再匆忙也无法在短短一个月中将它走遍，因此我们才需要39个小组、无数名访员、督导共同完成家金的调查项目，从每个人的访问中，从每一份得到的数据中，看到一个真实的北京，让中国了解自己。

行走在山西南部

文/赵雪丹

CHFS 之行，一走就走了一个月。

从 26 个小时的硬座，到挤下 8 人 8 箱行李的五人座面包车，再到时长 12 个小时、车内温度 39℃ 的绿皮火车；从社区环境良好的大城市，到需要翻山越岭才能到达的小乡村；从舒适安逸的二层小楼，到高踞山顶的土窑洞。一个月的时间，一组 8 个人到最后还遭受了折损，尽管跌跌撞撞、头破血流，我们还是将从财大带出来的这份责任完完整整地送回了家。

对于任何一组来说，CHFS 之路必定都充满着各种艰辛，有血有泪。但是我想说，访问 9 组经历的一定不比其他组少。

由于所有样本村距离住地的车程都有一个多小时，并且每天必须要保证一个村样本的完成，所以为了赶时间，小伙伴们从没有安排过时间吃午饭，都是前一天准备好干粮以充饥。但是由于天气炎热，人都没有食欲，大家往往都在完成一天的访问任务之后才吃些东西；一些较大的村子受访户间的距离可能有好几里路，小伙伴们在三十六七摄氏度的高温下，顶着炎炎烈日一步一步走过去。

下雨的时候，赶上受访户所在的位置是车辆无法到达的山顶，大家就一脚深一脚浅地踩着稀泥爬上去；城镇社区没有社区人员带领，遭遇强硬拒访，被摔门，被推搡，被打"110"，被受访户指着鼻子骂"滚"；我们的工作进行到最后一个县的途中，一名组员因身体原因离队，一名组员因家中至亲去世离队，使得队员们压力陡增，在这种形势分外严峻的情况下，两名组员又开始发起高烧……这些五味杂陈的记忆在这短短的一个月里如恒河沙数，但是现在回过头来看，最难忘的还是对受访户们的记忆。

我们的受访户，有离退休老干部、下岗职工、外来务工人员、个体户等，其中，我接触最多、印象最为深刻的还是农民：土窑里的农民、砖窑里的农民、出去打工的农民、"五保户"农民……平日里对农民生活一知半解的我们一下子走到了他们身边，用一份问卷完整地了解到了他们生活的方方面面。家里地少又没有外出打工的很多受访户，家庭年收入不过几千块钱！相较于收入低的问题，更让人揪心的是农村老年人的养老问题。访了这么多户，我们发现空巢老人比比皆是，最好的有着一个月55块钱的养老金。我们不禁陷入了深深的沉思：这55块钱能保障什么呢？一场小病就能轻易地让没有劳动能力的老人们失去保障。但是面对着这群对于国家充满着期望与信任的老人们，我们又说不出什么。

通过这次的走访，农村孩子的教育问题也进入了我们的视野。大多数中年受访户的受教育程度是小学、初中，20岁左右的年轻人也多是初中毕业就出去打工赚钱了。农村人口的教育问题着实值得思考，少数供孩子上到大学的农村家庭也多是负债累累。在访问到一个培养了北大女儿的家庭的时候，看到全家人省吃俭用，勒紧裤腰带过日子的样子，我们的心情十分复杂。

中国社会的种种现状，坐在教室里永远看不到；中国家庭的种种情况，光看数据永远分析不透；中国的收入分配不均的现实，听着新闻永远感受不深刻。唯有走出校园，走进家庭，才能触摸到中国、读懂中国。

如今，我坐在台灯下提笔记下这些"打马而过"的时光，忽然间想起了那天中午老乡端过来一碗"掐疙瘩"的场景，想起了大黄狗趴在腿边陪同我对老乡进行访问的日子，想起了一个爷爷认真地跟我说"我手机信号不好，你们回访的电话我接不到，我给你们打过去吧"的温馨话语……这些感动都随着我们访完最后一户后把陷进泥里的面包车推出来时汽车的轰鸣声而轰然远去，成为我们人生一段永远难忘的回忆。

让中国了解自己　让世界认识中国

文/刘鹏

作为一名西南财经大学的学子，我有幸成为 2013 年中国家庭金融调查的一员。同时，从报名参加中国家庭金融调查的那一刻起，我也认识到了自己身上肩负的重任，在内心深处，也暗暗下定决心，为中国家庭金融调查奋斗不息。

历经一周的培训，我开始从一个对于社会调查一无所知的孩童逐渐蜕变为一个全面掌握社会调查知识的专业访员，只待明日战场上的考验，披荆斩棘，我辈所向无敌；大显身手，方显英雄本色。

一场严酷的考试筛选过后，终于开始了实地的中国家庭金融调查之旅。我有幸被分配到了第 75 组，与惜姐、大哥，还有一群英雄豪杰，一同前往内蒙古自治区开始我们的征程。简单的整理过后，伴随着火车的汽笛声，我们踏上了北上的列车。一路上的欢声笑语，是我们对于中国家庭金融调查充满自信的表现；一路上的豪言壮语，是我们对于中国家庭金融调查重重困难的挑战。

这是一座中国北方重镇，悠久的历史正如这片肥沃的土地养育人民的时间一样长，热情好客的主人诉说着淳朴的民风，"风吹草低见牛羊"的美景令每个来此的游人流连忘返。这便是我们此次中国家庭金融调查内蒙古访问之旅的第一站——内蒙古自治区包头市。为期一周的访问，一百有余的受访户，我们在这里吹响了第 75 组中国家庭金融调查访问的号角，征战沙场，尽管伤痕累累，依旧披荆斩棘；尽管身心疲惫，依旧义无反顾。在这片蔚蓝色的天空下，我们将所学知识尽展无余，最初青涩的访问技巧随着时间的流逝而变得应用自如，一点就破的薄脸皮在一声声的关门声中逐渐厚实起来，不知所措的话语也在无情的实践中鱼贯而出。内蒙古自治区包头市的访问，是我们这个团队的第一炮，也是我人生中新的第一炮，它开启了我人生中新的篇章，我骄傲！

美丽的乌兰察布市是我们团队的第二站，战绩卓越的我们又身怀丰富的经验，乌兰察布市的访问自然是如鱼得水。每日 20 户有余的战绩自然是不在话下。当然，质量永远是第一位的。不消五天，我们便结束了对乌兰察布市 85 户的访问，成功开启了对内蒙古自治区首府呼和浩特市的访问之旅。

也许是我们之前太顺利了，所以老天要故意给我们一点挫折，让我们在实践中学会不止那么一点点。呼和浩特市的访问异常艰辛，高耸入云的大楼压得人喘不过气来，社区保安显得异常敬业，就连呼和浩特市农村的大狼狗也是异常的凶猛。数天下来，访员们伤痕累累，战果却是屈指可数，队员们的雄心壮志在一次次铁将军的打击下消失殆尽。幸好，我们有惜姐和大哥，本来就一天从早忙到晚的他们，不停地为我们打气加油，在我们休息的时候还在不停地联系各方人马，为我们的访问开辟道路；惜姐的眼圈黑了，大哥的腰瘦了，一幕幕映射在我们的心中，再次激发起了我们的斗志：不畏艰辛，背起行囊，向着最坚硬的顽石进发，一次次被拒，一次次再按响门铃，屡战屡败，屡败屡战。也许是我们的坚持感动了上天，在日复一日的攻坚中，呼和浩特市的拒访户数量逐渐下降，直至为零。

为期一月的内蒙古访问之旅终于告一段落，也许我们的团队完成得不是最早的，也许我们的团队完成得不是最多的，也许我们的团队遇见的受访户不是最困难的……也许有着太多的也许，但是，毋庸置疑的是，我们团队的每一个人，每一个访员，在这一个月里，每一天都在尽力去做，去访问，去为中国家庭金融调查奋斗不息。

谈及此次中国家庭金融调查的收获，相信每个访员都有不同的感受。体验社会的千姿百态、感受民生的酸甜苦辣、结成并肩战斗的友谊是我此次最大的收获。谈及访问时的艰辛，相信每一个访员都有说不尽的故事，发生在每个访员身上的访问故事数也数不尽。谈及之前老师教的、同学间互相学习到的、课本上看见的访问技巧，都是以往实践经验得到的，实用性不言而喻。至于我的访问技巧，就简简单单的两个字：心诚。

心诚则正，心诚则不惧，心诚则不拒！用诚心去融化受访户与访员之间的坚冰，用诚心去打破受访户与访员之间的隔阂，用诚心去建立受访户与访员之间沟通的桥梁。我们的一举一动，一言一笑，不仅仅体现的是我们个人的素质，也是我们西南财经大学形象的集中表现，更是我们当代大学生整体水平的映射。一举，叩开受访户的大门；一动，走进受访户的家门；一言，建立访问的桥梁；一笑，收获受访户内心最真实的话语。

时光荏苒，岁月蹉跎。2013 年的中国家庭金融调查内蒙古访问之旅已经结束了，但是，中国家庭金融调查依旧在继续，还有更多的人在为它而不懈努力，还有更多的人在为它而不懈奋斗，因为他们和我们一样，在内心深处有着一个共同的目标：中国家庭金融调查，让中国了解自己，让世界认识中国。

城乡视角下的家庭理财观

文/蓝宁欣

中部报道小分队跟随重庆、武汉、孝感、南昌、衡阳各地的访员队伍，接触了几十户鲜活的家庭样本。高新区与贫困县、大城市与小山村、工业园与农耕场……不同的地理区域催生出巨大的经济色差，而这种经济色差，又塑造出迥然有别的家庭理财思路和财富配置观念。

曾有读者对我们说："你们的书生气太重了。中国各阶层的理财意识刚刚被唤醒，特别是社会底层人民，你和他们讨论理财问题，无异于'鸡同鸭讲'。"我承认，在这十几天的跟访过程中，有的农村老人连"经济"是个啥意思都不知道，有的城市年轻人即使被问到最简单的利率计算题也回答不上来，有些股民的经济知识捉襟见肘，却不惜押上几十万元重仓买一只股票……大多数受访户谈及"家庭金融"话题时的反应都让我们真切地感受到：大部分中国家庭的理财观念还处于蹒跚起步阶段。

然而，"蹒跚起步"并不意味着"整齐划一"，不同的家庭处于不同的财富阶段，知识结构也不尽相同，他们在财富配置过程中遇到的问题也存在着各自鲜明的特征，而这恰恰是最有意思的部分。本文将选取"农村"和"城市"两个视角，结合实地走访经历和中心发布的数据，做出自己的分析。

一、农村视角

众所周知，中国人的储蓄率奇高，在访问之前，我们对典型中国家庭金融状况的想象便是"家中存放少量的现金、银行活期账户的小部分流动资金以及定期账户里的大部分存款"，这样的想象已经描述了一个较为厌恶风险、缺乏理财安排的家庭，因为它在证券、保险等其他金融资产方面的存量接近空白。

然而，通过对中部地区某些农村以及城乡接合部的走访，我们发现，比上面那个假设更原始的家庭金融模式其实仍大量存在。这些家庭的成员往往收入微薄，除去日常开支之后，结余甚少。他们习惯把钱留在身边，以供日常花销，或是将少量的闲置资金放进活期账户，以应对不时之需。"定期存款"对于他们来说是一个奢侈的概念。

杨大姐和丈夫住在武汉城郊的一间破旧老房子里，她自己没有工作，丈夫全年给不同的老板打零工，"就是看天吃饭，有赚就赚，没赚只能闲在家里。"访员问她："您家银行卡上有多少活期余额？有多少定期存款？"杨大姐乐了："银行？我们从来不和银行打交道。银行卡就是用来发工资的，现在物价这么高，工资勉强应付每天的生活费，哪里还有什么结余？"后来，当访员问到电话诈骗等问题时，杨大姐又笑了："诈骗倒是很多的，但是我们这种穷人家，哪有钱给人骗哟！"

我们在这一带城乡接合部走访的过程中，遇到许多像杨大姐丈夫那样的"零工族"，有人以开"面的"为生，有人做家电修理，有人在路边摆摊补鞋，有人在工地上干体力活……他们的月收入在 2 000 元左右，月支出也几乎达到人均 1 500 元，每个人手上的银行卡不会超过 2 张，境况较好的家庭有 2 万~5 万元的活期余额，多数没有定期存款。后来，我们走访了几个农村，情况也大体类似。

谈及经济、金融，他们大多数人都会摇摇头，说："不关注。""您家有股票账户吗？""听说过，但是我们哪有钱玩这个嘛！也没得兴趣。"而当访员再次追问"您家买过基金、债券或是……"时，大多数人都会不耐烦地打断，摆摆手说："没兴趣，没兴趣，我们村里人搞不懂这些东西。"

我们采访过一个 30 多岁的农村受访户，她和丈夫前些年去外省开店，赚了些钱，现在车子和房子都有了，家境还不错。然而，他们家也都把钱放在了活期账户里，没有定期存款，没有买证券或商业保险，没有理财产品。"我们农村里的人，哪里懂这些东西？还是安心做点小本买卖吧。"她坦言自己在投资时愿意"承担一定风险"，然而对于金融投资的风险，却是疏远与抗拒的。

农村中的许多人甚至青年人，都认为"金融"是自己难以负担也难以搞懂的一种高级游戏，这样淡薄的理财意识归咎于他们狭窄的视野和几乎为零的金融素养，更本质的原因大概还是贫弱的经济实力。据《中国家庭金融调查报告》相关数据，我国城镇家庭和农村家庭的收入分别为 71 546 元/年和 27 606 元/年。而城市家庭金融资产平均为 11.20 万元，中位数为 1.65 万元；农村家庭金融资产平均为 3.10 万元，中位数为 3 000 元。可见城乡家庭收入悬殊的背后，也是金融资产分布的严重不均。见图 1 和图 2。

	均值	中位数
城镇	71 546	27 200
农村	27 606	10 000
合计	52 087	17 615

图 1　家庭收入分布（单位：元）

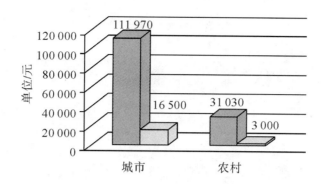

图 2　家庭金融资产

当一个城市家庭的资产因为合理的金融投资而连年稳定增长的时候，另一个农村家庭却还在担心自己的财富积累速度跑不赢一路狂飙的通货膨胀率，两个家庭天差地别的金融观和理财意识无形加剧了当下的"城乡二元"。进一步而言，金融是社会资源配置的纽带，家庭是社会的细胞，农村家庭的金融行为极大地影响着农村社会的资源配置效率。当大多数村民选择疏远、抗拒或者逃避"家庭金融"时，这其实意味着他们对于金融手段是不了解、不信任的，这种怀疑不仅限于家庭财富规划，甚至扩大到了农业、工商业生产经营等层面（与调查结果一致），对提高整个农村社会的生产效率、缩小城乡差距都构成了障碍。

二、城市视角

前段提到了一个假设，即"一个城市家庭的资产因为合理的金融投资而连年稳定增长"，虽然这个假设并非事实，然而确实是相较于农村而言的大概率事件。

在江西南昌，我们走访了大量城市样本，有机会接触到更多 50 岁以下、收入可观的受访户。他们当中的大部分人听说过股票、基金、债券、保险等金融产品，他们当中虽然不乏厌恶风险、偏爱储蓄者，但仍然有相当一部分受访户愿意将闲余资金配置在股票、基金等金融产品上。

根据中国家庭金融调查中心数据，中国家庭所具有的金融资产中，银行存款比例最高，为 57.75%；现金其次，占 17.93%；股票第三，占 15.45%；基金为 4.09%；银行理财产品占 2.43%。这与我们在走访过程中的直观感受非常一致：大部分受访户除了存钱，最常见的理财手段就是买股票了，而在"基金""债券"等其他金融产品上配置较少。而且，受 2014 年下半年掀起的这波牛市影响，"股票"的占比估计还会增加。具体如图 3 所示。

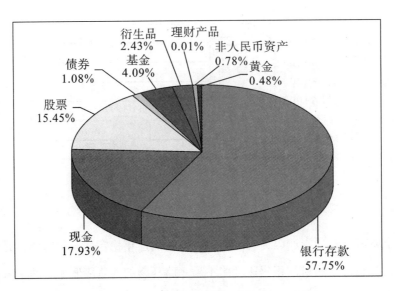

图3　家庭金融资产配置

一位访员去某社区访问，那一带的房子都低矮破旧，唯独一栋楼房耸立其间，显得很高档。她按着楼层找到受访户住址，敲门进去，发现里面住着一位不到30岁的年轻男子。不访不知道，一访吓一跳。"您大概通过炒股获得多少年利润？"这个28岁的年轻男子缓缓伸出五个手指头。"5万？""不，是投入500万元，后来翻了5倍。"他毕业于某中专院校的会计专业，金融知识相当丰富，访问期间眉飞色舞地评论了"注册制改革""T+0制度""沪港通开闸""一人一户制度放开"等政策对股市的影响，最后还坚决拒绝了访员给的50元误工费，说："我的钱已经赚够了，这点钱你们拿去买点吃的吧！"

然而，在报道小分队目前遇到的股民中，只有这一位凭借炒股积累了大量财富，其余的大多是小散户。有一位从事行政工作、年收入3万元左右的先生，坦言自己没有什么经济知识，属于低风险偏好，家中也只有5万元定期存款，却仍然在2014年股市火爆之时开了户，经过前段时间的暴跌和调整，4万元本金缩水到了2万元。这样的受访户不在少数，他们大多在股市里配置了5 000元到5万元的资金，最初赚了不少，然而现在也基本跌回到本金以下，极少数割肉离场的还能保住一些盈余。见图4。

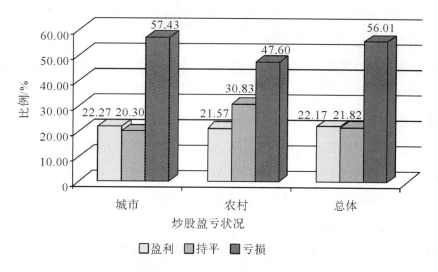

图4 炒股盈亏状况及其中蕴含的"二八法则"

在与受访户面对面交流的过程中，我们真切地感觉到他们身上存在诸多共性：文化程度偏低、经济素养不高、抱怨股市不透明、怀疑上市公司披露的信息……然而，他们还是心甘情愿地参与这场全民狂热的牛市，怀着"赌一把"的心理，幻想得到满意的投机结果。

从前，对待这个众所周知的现象，我们会感慨"价值投资理念"在中国大地的消亡和沦丧，然而这次，我们更为真切的感受是：我国居民的财富配置方式都太过单一，极度缺乏多样化理财的意识和渠道。在炒股的受访户当中，许多人不了解"基金""债券"以及其他理财途径，即使有所了解，也坦言"没有更多的钱去买"或者"不懂这些东西、没兴趣"——在他们的潜意识里，"股市"才是最有希望"用钱生钱"的投机场所，而金融投资的理念，看起来并没有深入大众的内心。见图5。

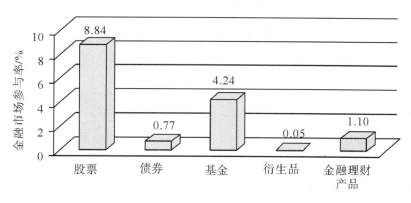

图5 金融市场参与率

我国金融市场不发达，债券及衍生品市场发展滞后，金融产品品种较少，这些原因共同导致大部分家庭的理财结构单一、落后。受访户曾频频将访员当成推销理财产品的骗子，足见他们对于当前的金融产品是多么的不信任，而那些产品本身又是多么的不值得信任！

值得一提的是，在走访的过程中，我们欣喜地发现，互联网理财作为一种新型理财方式，已经在民间掀起一股不小的风潮。许多受访户都在余额宝里存放了几千元，虽然最初是因为网购时支付便捷，并未形成"理财""投资"等明确的目的，但是这实际上意味着互联网理财产品已经以它简便、透明的优势，在民间打开了广阔的渠道，国民沉睡已久的理财意识已经在被"宝宝们"、P2P 等互联网理财方式渐渐唤醒。随着线上金融产品的创新开发以及内部风控制度的加强，互联网理财能否弥补当前金融体系的缺陷，满足中国家庭更为多样化、小而精的理财需求呢？从受访户们津津乐道的神情里，我们看出来这是大有希望的。

三、结语

通过这十几天的走访，我们深刻地感受到，制约"行为"的首要因素是"观念"，制约"观念"的首要因素是"环境和视野"。一个在农村待了一辈子、很少和银行打交道的老伯，对于"理财"甚至"金融"就是完全生疏、抗拒以及逃避的，因为他周围的人也是这样；而一个在落后金融环境里待了很久、除了股票外一无所知的城里人，他对于"理财"的看法多半也是"骗子圈钱的工具"，或是自己难以驾驭的高级游戏，因为他周围的所有人都是这个理念。

中华民族是一个极富社会性、爱随大流的民族，集体的无意识会直接造就个体的刻板印象，这就进一步抑制了人们去做勇敢的尝试，也阻碍了体制内的创新。完善当前的金融体系，消除这个民族对金融投资理财的抗拒，从而发挥"金融"在高效配置社会资源中的作用，不亚于一场任重道远的文艺复兴运动。

家庭"无"金融

文/蓝宁欣

15 平方米的房间，挤满了老杨在这儿的大部分固定资产：不到 20 英寸（约 50.8 厘米）的老式电视，只够小范围制冷的空调，粘着旧报纸的桌、椅、床、柜……还有裤袋里那个年初刚买、不到 500 块钱的手机。

房间是由老杨造纸厂的雇主租下来供他临时居住的，如果自己付房租，每个月得要 125 元。对于这个窄小阴暗的房间，老杨目前仅有居住权，而且是得随时无条件搬走、极为临时的居住权。

老杨的"小房间"位于重庆沙坪坝的郊区，这一带漫山遍野都是家具厂、木材厂、造纸厂。工厂老板们雇用了大量临时工，他们或是住在老杨那个离工厂不远的村子里，或是蜗居在厂房内部的宿舍中。街道 93 号的木材厂里，二楼洗衣粉的香气混合着工用热油罐头的漆味儿，几个五六岁的小男孩从漫天扬尘的卡车前飞奔而过。

由于村民大多为临时工和租客，用老杨的话说，"老板哪天不高兴，你就得卷铺盖走人"，因此当地的人口流动性极高，同一栋楼里的人常常互不认识，并不像普通的村庄邻居那样亲密。

常年寡淡的生活使老杨显得本分老实，他的目光始终沉默又温顺地盯着地板，我们问一句，他答一句，并不像酒桌上略有资历的男人喜欢滔滔不绝地扯遍社会人生。他总是念叨："我已经是 50 多岁的人了，也没几个钱，对未来还能有什么要求呢？"我们问他有没有打算过买房，如果能买，想买多少面积的房子，他露出无比惊异的神色，似乎这件事和自己八竿子打不着。但迫于我们的追问，他只得迟疑地说："那就买六七十平方米的吧，每平方米最好是两三千块。"

而谈到"股票""基金""网上银行""余额宝"等词语，他头也不抬，忙不迭地摆手，说："那都是电视上的事情，我搞不懂，也没有钱去搞。"他唯一的金融资产就是半辈子积蓄下来的 8 万元银行存款。"银行的服务真是好啊，把钱存到哪个银行我都很满意。"老杨谈到"政府"和"银行"的时候，都会笑得特别舒心，他将这二者看成整个社会最值得信任的部门。

据老杨说，他、老伴、女婿全是没有签过劳动合同的临时工，"五险一金"不敢奢谈，且收入微薄，年末几乎没有补贴，"老板心情好了最多请大家吃一顿饭"；他的女儿虽然是线缆厂的正式工，也只有2 400元的月工资。他认为自己是穷人，对风险也就愈发厌恶，从未萌生过开店做买卖、发家致富的念头，自然也就没有银行贷款或是向亲友借款的经历。在他的观念里，"负债"似乎是一个略带贬义的词汇。

而事实上，老杨并非一穷二白，他在老家还有一间100多平方米的老房子。按常理说，中国人强调"安土重迁"，略有闲钱就会把老家的房子好好整修一番，或是在原地盖上一栋新房。然而，对于自己的老房子，老杨却苦笑道："都快垮了，有什么好翻新的？而且我也没挣几个钱，应付现在的生活开支都不容易。"他将老房子视作鸡肋，对于老家那块七分田也便不放在心上，只是让别人在上面种点粮食，不至于长太多杂草。这位飘零他乡的农民工过着简陋却自由的生活，对土地和故乡的依恋，并不如父辈那样深厚。

老伴儿远在家乡打工，女儿已经成家，老杨一个人领着3 000元/月的工资，日子过得清贫却不窘迫，也勉强能够应对搬迁的风险。因此，当被问及"你幸福吗"这个问题时，他显得很知足："小时候没得吃、没得穿，现在真算是幸福了。"

与城市中那些挤破脑袋赚钱，想在儿女成家之前为他们挣上一套房的拼命爹娘比起来，老杨确实轻松多了，他深知自己目前的经济实力有限，对未来的赚钱能力也不抱太大希望，很自然地摊手说："买房子完全是他们下一代的事。"

他认为自己无法给予儿女太多经济上的支援，也不奢求晚年能从儿女那里获得什么，"养老啊，完全靠不到子女，他们自己都没什么钱。"然而，他和老伴又因为收入有限，没有购买任何养老保险，医疗方面也只被动地参加了农村新型医疗合作保险，账户上有几十块钱余额，保障额度有限。

仅凭银行里的8万块存款和退休前积攒的微薄积蓄，他和老伴儿能抵御日渐衰老、健康状况变差带来的风险吗？事实上，老杨已经55岁了，却还在12个月马不停蹄地工作，收入勉强满足现阶段的吃穿用度，根本无暇顾及"养老"这个问题。

陈志武教授在《金融的逻辑》中谈到，家庭金融是一种避险安排。一般而言，对未来稍有规划、收入较为稳定的家庭，都会将一部分资金配置在保险、年金产品上，保证自己在退休之后获得持续收入，规避衰老和疾病的风险。然而老杨并没有多余的资金，来为家庭做这种金融安排。而以他目前的理财意识和金融知识，也不愿意把银行里的8万块存款拿出来，配置到其他回报略高的理财计划里去，哪怕是银行理财产品。资产增值的速度低于衰老风险加剧的速度，这本身又是一层风险。

陈教授还认为，在传统的中国农业社会里，人们彼此结成紧密的社会关系网络，在劳动能力旺盛时抚育子女、救济亲友，以期望自己年老后获得子女的赡养、患病时获得亲友的接济，即"子女亲友"是人格化的保险、年金等金融避险产品。然而，作为一个飘零他乡的农民工，老杨声称自己"和亲戚早已不怎么来往"，在打工区域附近也鲜有熟人（该区域人口流动性极高），与子女也保持着较为独立的经济关系（老杨认为"养儿防老"这个观念极为不靠谱）。弱化的社会关系，看似为他省下了一笔高额的"人情债"，却也预示着他的"亲友避险工具"面临着失灵的风险。

和我们聊了许久，老杨想起厨房的火该关了。他推开房门，厨房桌上的半串紫葡萄、一小碟油炸花生米，还有门边的三个啤酒瓶露了出来，它们在夕阳的映照下闪闪发光，显得很有生活味儿。这个独居的男人没打算买房，不考虑养老，预算内也没有大笔的人情开销，一个人的日子过得清贫却知足，"金融"对他而言，似乎是多余的。只是当他捧起4岁孙子的照片，心中泛起一丝暖意的时候，眼神又会不由自主地茫然起来——小孙子未来的路还很长，而他的思绪和目光，似乎从未绵延到这么远。

永不消逝的老北京味儿

文/张旭

对很多年轻人来讲，古都北京是一切理想和梦的温床，永不疲惫的地铁敲打着这个城市的浮躁与不安，打着领带眼带血丝的年轻人拼命跟上这座城市的加速度。无数的梦想殉道者们就像 CBD 的无数个光点一样，汇聚成巨大的洪流。光影斑驳的百层高楼与急驶向前的线条勾勒着北京的主色，朱红色的城墙发出沉闷的回响，仰头看着这个疯狂向前的城市。

然而这样的疯狂疾驶却并不构成北京城的全部，抛开《北京，北京》中低吼沙哑音色中略带无奈的北漂式失意不谈，带着"儿"化音的老北京人的生活依旧简单而质朴。

在二环路上的某街道，20 世纪 60 年代建成的没有现代化涂层的老式楼房似乎与高楼林立的主格调不符。街道小区最高只有六七层，街边卖衣服的小铺挂着几十元一件的外贸商品，一号店的工作人员不停歇地搬运着东西，大爷们打着京腔骑着黑色自行车慢悠悠地从行人身旁掠过。

据街道工作人员透露，在这个街道，60 岁以上的人数超过 1/3，流动人口达到 2 600 人，"许多年轻人户口在这里，但因为房子太老了，年轻人并不愿意住这儿，所以住在这里的大多数是老年人。"50 多岁的张先生与母亲就住在这个小区里，45 平方米的房子是父亲当年花几万块钱买的，而按照 2015 年的情况来看，这套房的市值大约是二百万元。与此相对比，张先生的退休金却只有 1 000 元左右，消费受到收入的限制，在北京物价飞涨的今天，这样的收入并不算高。然而，当被问到幸福程度时，张先生却笑着说："我觉得我很幸福啊。退休了还有工资拿，不愁吃穿，要那么多钱干嘛?!"

57 号楼是原中国工业集团二一八厂职工家属楼，老一辈北京人的生活缩影在这里得以体现。1959 年是住户韩爷爷结婚的第三年，夫妻俩调到北京参与二一八厂建设，1963 年便住在了 57 号楼里。"原来大家都是一个厂子里的，一出门全都是熟人。"这对夫妻分别来自山东和贵州，在北京生活了近 60 年。如今的他们，已然成了老北京。退休之后，退休养老金能够满足生活所需，平日里带带孙子孙女，在楼下遛遛弯儿，扇着蒲扇乘着阴凉。韩奶奶笑着说："看着儿孙都好，我们俩就挺好的。"如今，当年的中国工业集团二一八厂已经在 2001 年整厂改制为国有独资企业，更名为"北京华北光学仪器有限公司"，逐步开创新产业，拓宽高新技术研究领域，一步步走向世界舞台。然而这里的人们却依旧带着几十年前的生活方式和印记——自由选举居委会成员，老职工们在树荫下闲聊家常，大爷们围着简陋的象棋桌"指点江山"……

这个坐落于北京二环边的小区，以其固有的轨道和速度前行着，少了些现代人的急躁和慌张，多了些难得一见的闲适和自如。在这栋家属楼中，老职工们慢节奏的生活是常态，与急速向前的新时代不符，却烙印着几百年来不曾消失的地道老北京味儿。

北京的平房：东二环之下的拥挤人生

文/刘偲瑶

"人们曾以为自己已经将北京烂熟于心，可是真正的北京从来没有给过这些自以为是的人一个正脸。"长安街宽敞的十二车道、王府井的购物天堂、中关村光鲜亮丽的高楼大厦……这些地方不是真正意义上的北京城，就连大栅栏、故宫、后海……也不过是北京的一张张大面具，它们在人们的口口相传中浮夸、虚幻起来，变成了一堆气派的模型。

我们走在北京城里，直着脖子昂着头，但这个看似骄傲的动作，很好地暴露了我们在这个城市的过客身份——一个真正的北京不仅在一幢幢高耸入云的摩天大楼里，还应当在视野的水平线以下：那里有排泄不畅的下水道、拥挤破烂的大杂院、佝偻在墙角边晒太阳的无业游民、还没来得及清扫的垃圾……想看到这个鲜为人知的北京，其实并不困难。从干净的马路再向前走上几步——有时属于同一个街道居委会分管的一街之隔的两个社区就有天壤之别。前一天访问过国企大院的我们，只转身走上几十米，就来到了平房街区。

到达目标平房街区时，还有淅淅沥沥的小雨。由于平房街区没有门牌号码，我们需要把前期绘图员绘制的地图和受访户的指引结合起来才能找到。电话中我们被告知寻找目标是"巷子口第一家"，而我们最终找到的这条"巷子"仅仅是一条宽度两米左右的狭窄通道，几片屋檐稀稀落落漏下几滴雨。金阿姨一家 7 口人，就住在这几十间平房之中的两间里。经过各种改造、搭建甚至加盖，屋子的总使用面积不超过 30 平方米。这家人的人均月收入不到 3 000 元，家中还包括一位每月退休金 1 000 元的老人和一位开销巨大的病人——除去保险支付的，全家人每年得花费 6 万元为他治病。

屋内空间十分有限——7 口人、两条小狗，把屋子挤得满满当当；住房条件也十分恶劣，由于平房没有安装下水系统，只能使用公厕，刺鼻的气味难以掩盖。但是他们还是选择住在这里。一方面，"附近的平房都拆了，虽然产权属于单位，但是拆迁补助我们租房者也有份"，金阿姨表达了对拆迁一事的信心；另一方面，房子的地点靠近各大医院，交通便捷，带病人去进行一系列检查的成本更低，因此在交通条件相同、二环其他各大高档社区房价达到大约 7 万元/平方米而平房租金低至 2 000 元/月的情况下，这无疑是这个低收入家庭的最好选择。

像这样的家庭能否申请低保呢？我们通过走访社区工作人员了解到，对低保户的认定是基于家中丧失劳动能力人数的，金阿姨一家显然不符合标准。另外，低保户的补贴标准是每户 720 元。而这微薄的 720 元根本难以支撑一个家庭在北京一个月的生活，至少，在本社区内的大多数低保户家庭成员不得不寻找一些兼职工作以维持生活；另一些低保户家庭还有丧失劳动力的重大病患，不具备兼职工作的条件，虽然有大病医保、低保政策对病患家庭的特殊补贴，仍仅能保证这些家庭勉强度日。

另一个平房居民家庭里则没有这么拥挤，小院没有改建成房间，而且家中还拥有配置较高的电脑、电视和 WIFI，这里住着的是一个 24 岁的年轻人瞿某和他单身的母亲，二人均有全职工作。由于受教育程度有限，瞿某每月工资收入不到 4 000 元。家庭拥有单位分配的房子两套，其中一套已经拆迁，拆迁房不仅有可观的款项补助，而且补还一套回迁房。瞿某家每月房租加上家庭成员工资收入与本社区其他家庭相比已经比较宽裕了，而且"只愿意住在自己的房子里"的观念也让瞿某对自己居住的现状比较满意。

在平房街区，家家户户都养着狗，真正意义上希望它们起到"看家护院"的作用。我问瞿某："您对社区治安环境满意吗？""不太满意，老丢车。"平房的生活也比我们想象的要单调，金阿姨一家每年的开支里没有旅游费用、没有健身费用，连随份子和红包钱也没有。"跟别的亲戚来往不是特别多，关键时刻还是得靠自己。"无论是已经靠拆迁取得生活质量提高的瞿某一家，还是在盼望中艰难度日的金阿姨一家，我们看到的都是北京城的更迭，是老城区里挣扎在生存线上的老北京们的最后稻草。

晨光熹微的北京，有人钻出地铁，互相拥挤着奔向一幢幢写字楼，心里烦恼着一个包或一双鞋的价格；也有人打着哈欠，去公厕倒昨晚的马桶；还有人一边装上为防止被盗而卸下的电瓶车电池，一边想着昨天在电视里呼吁向穷人收税以刺激经济的专家真缺德……人间纵有不同烟火色，都归于这同一片叫做"北京"的天空。

疑是桃花源：B 面的北京

文/刘偲瑶

　　"中国梦"大概是世界上最充满传奇色彩的民间传说，它的名字饱含着一个古老民族灵魂无数种状态——骄傲的、辉煌的、张扬的、迷惘的、错愕的、萎靡的——然后，在陷入漫长的内心挣扎与纠葛以后，成千上万的寻梦者最终选择涌向北京。每天，从东堵到西的地面公共交通和来往于南北之间摩肩接踵的地铁高峰，都是这个城市运行速度的写照。你能看到人流以一种不可思议的速度移动着，这一切都会令初到北京的人感到惊奇。

　　然而，在经过最初的几天适应，也成为拥有"北京节奏"的人以后，我们发现自己在访问目标社区双玉南街道时却显得那么格格不入：一行人风风火火闯入 57 号楼院子里，孩子们在广场快乐地玩耍，嬉笑着，围绕着肩扛摄像机的宣传队员一遍遍询问："我们要上电视吗？"正在树荫下纳凉的爷爷、奶奶摇着蒲扇喝住他们："不许胡闹！"随即又无奈而怜爱地给他们擦擦玩土坷垃弄脏的手。在这个高楼林立、屋檐紧密的城市里，还有这样无忧无虑的欢声笑语——这难得的属于互联网时代以前的温暖，瞬间让人倍感珍贵。

　　受访户韩爷爷和王奶奶今年分别 88 岁、83 岁了。自 1959 年结婚一起工作分配到二一八厂，他们就搬进了单位配给的双玉南街道 57 号楼住房里，一住就是 50 多年。这 50 多年里，57 号楼里的一个小家从无到有，饭桌上碗筷一副副增加，第二代、第三代也悄然诞生了；二一八厂也在经历变迁，在国企改革的浪潮中摇身变为北京华北光学仪器有限公司；更不消说 57 号楼之外的北京，从三环建设到六环——急速扩张的经济让周围的世界发生了翻天覆地的变化。

　　同从前相比，无论气温是多么极端和不正常，污染加重了多少倍，早、晚高峰的拥塞多么令人难以想象，老人家似乎都不是很关心。"您觉得北京这么多年最大的变化是什么？"王奶奶想了想："人多了，车多了。""对您有什么影响？"王奶奶只是笑着说："没有什么，闺女下班回来得慢些。"不同于北京街头匆匆忙忙的背影和地铁里那些相似的没有表情的面孔，焦灼、不安、紧迫和跃跃欲试……一切典型的属于北京的情绪都止于 57 号楼的院门，时光把这里的一切凝结在变化以前。这不是我们熟悉的那个急速前进的城市，北京的 B 面，还有超过 300 万名 60 岁以上老年人口过着一种常速的生活。

在双玉南街道，60 岁以上的老年人口占到了 1/3 的比例——这其中既有国企、事业单位干部级别的，也有工人岗位离退休、福利难以保障甚至残疾者靠政府补贴度日的；57 号楼的住户们显然大多属于前者，依靠前几十年并不轻松的工作缴纳保险，领取中等水平的退休工资和福利，有家人的关心和陪伴。偶尔，夏天的清凉午后，在院子里的树荫中下盘象棋，乘乘阴凉，拉拉家常……岁月静好。

B 面的北京是更加老旧却更加亲切的——它是孩子的笑脸、安详的老人，甚至摇动的蒲扇、楼道里熟悉的姜蒜味道……这些温暖而轻柔的触动是都市里难得的温柔。

津城河东的陷落

文/邓莎丽

7 月的河东区，街头突然出现一群身着粉红色衬衫、背着书包走街串巷的人。他们三三两两散布在社区，和居委会阿姨比画讲解着什么，拿着平板电脑直奔小微企业（公司）……他们是中国家庭金融调查与研究中心中国小微企业调查天津访问 5 组的调查员们。

17 日的天津并不是那么炎热，也许是暴风雨前的宁静。早上 9 点，当我们东部报道小分队伴着火车站的钟声，从信息园区赶到河东区时，这里的调查员们已分别前往小微企业的所在地——写字楼、工厂、菜市场……开始了他们的访问工作。

调查员们接触到的企业受访户性格各异：有的企业主见调查员来，热情地请进门并送上茶水，耐心回答问题；有的企业主听完调查员的自我介绍和对中国小微企业调查的项目介绍，勉强为他们填完问卷；也有的企业主始终不愿意接受访问。

就走访情况来看，河东区的小微企业拒访率大约 27%。遇到拒访，调查员们总是不辞辛劳一次次登门拜访，不厌其烦地讲解项目的意义：

"这是一项全国性的调研，我们总共抽取了 12 000 户小微企业，分布在全国 28 个省。您一家企业就代表了千万户和您同一行业的小微企业。""我们采集的数据将用于学术研究、业界咨询，同时为政府制定相关政策提供数据支撑和依据。"

调查员李妍笑称，为了一个拒访的企业，队员们每天要穿梭在河东区，来来回回走三四次，上上下下爬楼，终于体会到了长征的艰辛。

当然，也会遇到给力的居委会阿姨。比如调查员曾晶遇到的某社区李主任，听闻受访户拒访，二话不说带着调查员找到业主："这是我们社区居委会的合作项目，请您配合。"简单而坚定的一句话，令受访户态度 180 度转变，和善地接受了访问。

天津河东区的样本企业大多是 20 世纪八九十年代的老企业，但至今各企业平均人数仍不到 10 人，有些甚至濒临倒闭。"这十几年，您为什么没有想过贷款来运作和扩大公司呢？"听到这个问题，大多数小微企业主给我们的答案是："我们根本没有贷款需求。"

中国家庭金融调查与研究中心数据显示，平均 100 家有银行信贷需求的小微企业中，只有57.8家申请了贷款，其中80%的申请都能够获得批准，这反映许多小微企业自愿地退出了信贷市场。此外，小微企业放弃贷款申请有多种原因，主要是非市场因素。其中，"估计不会被批准"的占48%，"申请过程麻烦"和"不知道如何申请"的分别占36.3%和10.1%。而在河东区，小微企业主的创业目的和最大追求是"生存"，而非扩大规模盈利，更谈不上贷款需求。

有着"中国北方经济中心""环渤海地区经济中心"等诸多"高大上"称号的天津，也是中国六座超大城市之一。然而我们到达的河东区，因为紧靠第一个国家综合改革新区——滨海新区，似乎资源都被邻居"抢走"了。2014年，天津GDP1.57万亿元，仅滨海新区就贡献了8 760.15亿元，占比超五成。没有核心竞争力的河东区，在滨海新区政策倾斜的猛烈冲击下，经济一直落后。小微企业拥挤在一排排密密麻麻的民居里，街头巷尾充斥着废墟。企业主说：我们只想要生存。有了生存，才能求得长远的发展。

走访结束，调查员们开始一天的总结工作。这时候，火车站晚上十点的钟声又敲响了，从宾馆窗户眺望逐渐清冷下来的街道，河东区进入了它繁忙疲惫过后的短暂喘息，犹如一只困兽，蜷缩在滨海新区的影子里，等待着新一天的开始。

晋州：第二印象牵动记忆

文/张旭

多少城，是在遇见它的第一面便爱上的。就像悄然遇见一位绾着长发一袭长裙的姑娘，此后多少个日日夜夜也让人忘不了第一眼看见她时的回眸一笑。

于是到达每一座城之前，我大概都是存在幻想的。就晋州而言，"魏征故里""鸭梨之乡"……用这些标志随笔一勾都能勾出一座古城的形象。这个城市从春秋战国起源，此后历经 2 500 多年的风雨变迁，晋州也从最早的小诸侯国演变成为如今隶属于河北省石家庄市的县级市，总面积达到 619 平方千米，人口达到了 53.8 万人，被评为省级新农村建设先进县市。

当带着深深的期盼到达晋州的时候，我被现实巨大的落差猛烈一震。雾霾造就的晦涩天空能见度极低，年岁久远的绿皮火车卡在时光齿轮里停滞不前，因为没有雨水滋养而干涸的河水像百岁老人脸上的皱纹，破败不堪的低矮楼房病恹恹地蹲在道路两旁……镜头下的灰色能准确描绘我的心情，在到达晋州第一天里，我都像是必须得娶不中意的姑娘一样失落不安。

然而，这座城市却并没有像我排斥它一样排斥我这样的不速之客。

火车站里买车票，狭窄昏暗的售票厅没有人，我正错愕难道不是上班时间，旁边的一位阿姨却告诉我："只有一个售票员，一会儿就回来啦。"转头一看，一位身着制服的售票大叔正在互联网自动换票机上指导大家怎么取票。大叔一边教乡亲们怎么取票一边手一挥对我们喊道："等一下，马上就回去了。"晋州车站不大，只有一位售票员，这个售票大叔在我们买完票之后又跑回自动换票机上指导乡亲们，来来回回很多次。我心中忽然一阵感动，小城市的人们或许在高科技冲刺的跑道上速度并不快，却依旧有着那么一些坚守在岗位上的小人物，不厌其烦、日复一日地拉着这座城市倔强地向前行走。

第二天中午，在超市里买一个西瓜，正愁回去没有工具将它切开，在超市负责称重的阿姨笑着主动帮我们切西瓜。"先去洗洗，我给你们切开。"说着还细心地递了一块帕子给我们，怕上面的泥水淋到我们身上。同伴提着西瓜出来的时候笑着说："其实有些方言我是听不懂的，但是那个阿姨笑着说话的时候，我就觉得她是想帮我们，大概就能猜到她的意思了。"

一个笑容便能打破语言之间的界限，大概就是人类最本真的浓情了吧。在这里，没有摩登大楼中的猜忌与戒备，更多的是独属于小城镇的信任和质朴。买杂货的时候，老奶奶一家正在吃饭，便亲切地问"你们饿不饿，一起吃饭吧"；坐公交车时因为找不到站牌，站在路上朝着司机挥手，司机便停下来让我们上去；访问时没有受到联络企业敷衍的拒绝，反而是"我闺女也像你们这么大"的亲切与欢喜……

或许，这座城市没有疾驶向前的速度，更多的是缓慢时光下的重复节拍，但这不妨碍在这里的人拥有独属于这座城市炙热滚烫的灵魂，那是无数个善良与热情的光点汇合而成的光芒。离开前，酒店的前台姑娘笑着和我们讲："2013 年，我记得有一群西南财大的学生来我们这里调查，我也期待你们两年后再来！"

离开晋州的时候，我回头看了这个城市最后一眼，心里想着：如果能娶这样一个粗布荆钗的姑娘，多好。

"魔都"剪影

文/邓莎丽

上海，素有"魔都"之称。探寻"魔都"一词的来源，大概要追溯到20世纪初叶。"魔都"的魔性是什么？也许有人会告诉你，是20世纪列强租界和县城相互冲突而又相互兼容的神奇存在，是上海错综迷离的世间万象。然而，如今"魔都"的魔性，或许可以演变为白天与黑夜、市区与郊区、发达与落后的冲突与兼容、错综与迷离。

一、静夜思

动车停靠在上海虹桥站已是深夜10：30。一出动车，热浪扑面，仿佛这里汹涌澎湃的人潮。去往住宿地的汽车一路前行，两旁的灯火景色快速后退，变成鲜艳而模糊的一群光线，充满了蒙太奇的观感。也许是适应了气温，竟有清凉的风从车窗挤进来，展现给我们一个凉凉的"魔都"之夜。

徐汇区，这样的上海一隅，不似人们口中的疯魔，倒有一种别样的清净和小资。马路两边的路灯洒下的金色光芒，映衬着空气里浮动翻滚的微尘；高大的法国梧桐，伸展开浓密的枝叶，像是一只只大手，托起那片片金光，投射给地面一片片斑驳。路上车辆几近全无，街边只有我们，用一种缓慢而凌乱的步调，将自己尽情掩埋在这份不可名状的情绪里。一分钟、两分钟，走成了半小时、一小时，尽管我曾多次幻想这座传说中的"魔都"会有怎样的魔性，但它的夜色还是让我深深沉醉。

二、商业白昼

白天的上海，一改夜的宁静深邃，充满了商业气息。

陆家嘴，上海的金融中心。地铁站人头攒动，整个相对密闭的空间都是吵嚷的回声，以及那些快步靠近你又迅速远去的身影。即使是这样，地铁车厢里仍有灵活穿梭在人群夹缝中的售楼员，脸上堆着笑，手里拿着宣传单，不停地向你邀约买房，有时嘴里还突然冒出一句"我昨天见过你"。

嘉定区，上海的偏远郊区。这里交通便利，但居民们的生活质量仍不太高。走进一间简陋的普通房子，室内墙壁被雨水浸染得微微泛黄。在上海住了6年半的外地人张哥哥热情地请我们就座。张哥哥于2009年到上海，现从事电子元器件分销工作。他和上海众多的年轻上班族一样，每天早上7点起床，就近在地铁进口站买些早点边走边吃，然后挤在摩肩接踵的人群中赶在9点之前到达单位。谈到"您对上海印象如何"，张哥哥脸上掠过一丝苦涩的笑容："很排外。而且这里的平均工资也就7 000多块吧，物价房价都很高。压力太大。"

三、"橙色预警"下的小微企业

一直以为上海作为国际大都市，其企业会如雨后春笋，发展迅猛，但当我们在空旷的浦东工业园区，顶着橙色高温预警，穿过一片片濒临倒闭的小微企业时，才真正意识到实地走访调查的意义。

浦东区周浦镇。这里小微企业的经营状况并不似我们想象的那般"牛气冲天"。从走访情况来看，小微企业的生存深陷窘境。2005年前成立的企业很少，2000年成立的公司更是凤毛麟角。也许，这个街口竖着的指示牌上还陈旧地挂着几个工厂名字，下个街口的指示牌就已空空如也。"工厂要么撤走了，要么倒闭了。"CMES绘图组督导王国荣告诉我们。

橙色高温预警下的"周浦半日游"，当我们真正用脚步切实丈量了半方疆域后，才发现在这里营业的小微企业数量不足100家。企业主们说，小微企业更新换代的节奏太快了，根本没法和上海的大企业相提并论，能存活下来就很不错了。

也许，应该拉响橙色预警信号的，不仅仅是高温天气，更是上海部分地区小微企业的前途与未来。

四、"魔都"情缘

虽然在这里中国家庭金融调查和中国小微企业调查进展缓慢，很多人不理解调查的意义，但还是有那么多人支持我们的工作。

嘉定街边小卖部的大叔，开好了空调迎我们到屋里纳凉；热情的青旅老板，给我们讲人生道理；兢兢业业的保安大哥，接到上级通知后立刻为我们引路；2011年中国家庭金融调查山东组访员常雪凌，在陆家嘴为我们接风；2013年报道小分队文字记者董易，陪我们过生日；参加过中心调查的同学梁天祥，在徐家汇热情相约。更为巧合的是，我们走访时遇到了中国家庭金融调查与研究中心研究员罗建东的前同事，作为受访户，他热情地接受了我们的采访。

日升月落，魔都的昼夜有不一样的风景；不一样的街区，每天都在上演不一样的故事。陆家嘴夜晚的霓虹，周浦镇白日的落败；老公寓"咯吱""咯吱"响的阁楼，思南公馆新式的楼房；清晨地铁站啃食着小笼包的打工仔，午后原法租界里喝着咖啡的上班族；烈日下仍健步如飞的老人，汗水中尽职尽责的企业保安……我们看到的只是"魔都"神秘面纱下的沧海一粟，但正是这些大大小小的"粟"，才勾勒出了整个"魔都"最鲜明的轮廓。

至此，语虽多，情未了，回首犹重道。

宁波微步

文/邓莎丽

从杭州到宁波，江南水乡的秀美中多了几分海港城市的现代感，尤其是江东区夜晚的老外滩，有着与上海外滩一样的灯火霓虹。

初到宁波，对它的第一好感来自公交车司机的礼貌。自从踏入这里，每次过街时，公交车司机们都会隔着五六米远的距离，踩下刹车示意你先走，即使你已经停下了脚步。

接下来的两天，我们迈着细碎的步伐，跟着 CHFS 访问组，奔波在宁波市区和它的县级市余姚，一层一层地剥开这座城市的外壳，终于见到了真实的宁波一隅。

拆不起的老房子

江东区是宁波的市中心。水泥马路，街道两旁是错落有致的老房子。目前这里的房价是 13 000~15 000 元/平方米，政府实行"拆一换二"的政策，也就是说，拆了一套房，就要赔两套房给被拆户。

房子作为一个家庭的"隐性"资产，无形中拉高了家庭的总资产，尤其是房价虚高，让这里的人看起来很富裕。明楼街道的王阿姨，2000 年以 23 万元的价格买了一套 140 平方米的商品房，如今市价已涨到 182 万元。在我们走访中，像王阿姨这样的家庭有很多，但他们中几乎没有人觉得自己有钱。"平均月工资 4 000~5 000 元，支出 3 000~4 000 元，收支基本平衡，没有太多积蓄。"

同时，市中心的高房价导致政府根本拆不起这里的房子，所以老楼老房子只能继续"盘踞"在市中心，与周围的高楼大厦混在一起，显得格格不入。如何解决这个问题，进一步加快城市市政建设，是一个值得相关部门深思的问题。

您觉得现在幸福吗？

"您幸福吗？"当年央视问出这个问题的时候，有人答"我不姓福，我姓魏"，有人答"能说真话吗？不能？那我不说了"，更有人答"呵呵"。时隔一年，我们再次向中国家庭金融调查的受访户提出同样的问题，收到的答案却让我们略感意外。

"比较幸福，就是有点忙。"说出这句话的是明桥街道某社区的军人孙哥哥。他常年在部队工作，有较高的工资，但很少有机会回家陪家人。为了照顾自己身患癌症的爸爸，他特意把父母从农村接到了医疗条件较好的宁波市区。"每天都很忙碌，真希望可以多陪陪家人。"

"幸福，不过能报白血病的医药费就更好了。"家住宁波县级市余姚市魏家桥村的老农张奶奶说。魏家桥村没有公交车，我们用最原始的方式，步行5千米走进这片土地的心脏。狭窄的乡间泥路，田地里是锄禾的农人，草丛里有惊起的白鹭。在这个看似世外桃源的村庄里，张奶奶和老伴相依为命，子女都已嫁人，没有医保，靠微薄的收入过活。几年前她发现自己患有白血病，高额的医药费让他们一家人负担很重。但即便如此，她还是坚定地告诉我们"我很幸福"。也许，这正是我们寻找已久的那份人性的真善美。

诚然，市区里的中产阶级孙哥哥和乡村里的贫困者王奶奶，都反映自己所住处噪声污染严重，尤其是高铁桥架穿过的地方，每次高铁过境时，头顶都像拉响警报，又像是城市声嘶力竭的呐喊。何时才能回归那一份本该有的安宁与清净？

短短两天，我们用微小的步伐穿过大街小巷，走过田间地头。城市的繁华，乡村的古朴；拆不起的老房，听不了的噪音；嘴角上的弧度，心里面的幸福……对宁波，有太多的话来不及诉说。我被那些匆忙里走过的路、眼睛里看到的宁波一隅深深震撼。

微步，宁波。

天台之战：无处安放的"错位"垃圾

文/张旭

2015 年 8 月 3 日，下午两点的温度正达到一天中的最高点，每一寸土地的滋味都在炙烤的温度下不断升腾，扑向来往的行人。

然而这样的相撞却并不能演奏出悦耳的交响乐，在吉林省长春市某社区的一处，与行人相撞的还有空气中散布着的刺鼻气味，与生活垃圾的腐烂变质味相比，其味道更浓，其中还掺杂着浓浓的樟脑丸以及塑料制品的焦煳气味。

天台垃圾场："公共休闲区"变成"私人占有区"

这是一栋居民楼的天台，住户们每天都需要通过二楼顶的天台进入自家单元。从天台向外望去能看到远处的街道以及附近的小学。而此时，这个天台已经俨然变成了一个小型的垃圾场：一片片破旧的木板子，随地可见的废弃衣物，整理成一捆捆的塑料制品以及已经被腐蚀的木质家具……从未见过此情此景的外来人不禁大跌眼镜。"没有办法描述，就像是走到了垃圾场里。"访员何冰这样形容自己第一次到达这栋居民楼的感受。然而在楼里居住的住户从"垃圾场"走过时，却并没有太大的反应，像日日吃午饭一样的习以为常。

据了解，这栋楼在 2004 年建成，到现在为止已经使用了 11 年，而居民大多是当年建设小区时的回迁户，"天台垃圾场"出现的时间也几乎与这栋楼的年岁大致相同。楼里的一位居民透露了垃圾场的来源，原来这个天台所有的垃圾都是一位老太太"捡"来的，"从老太太回迁回来以后这个天台就一直没干净过，情况也一年比一年差"。

居民口中所说的老太太是这栋楼里的一位住户，也是这个"天台垃圾场"的制造者。从 2004 年搬入这里开始，老太太每天都会从各个地方"捡"回来各种各样的废弃用品：塑料瓶、纸箱子、旧家具、旧衣服……最初几年的时候，老太太捡回来的东西能够及时卖出去，在天台上堆着的并没有现在这么多，于是周围的居民也顾忌"乡里乡亲"的，并不好意思向老太太直接提出反对。

但是情况并没有因为邻居的让步而有所缓解，随着老太太堆在天台上的垃圾越来越多，原本供大家休息的公共区域成了老太太的私人占有区，楼里居民的积怨和不满也不断加剧。一位居民向我们解释道，现在大家的经济条件比以前提高了不少，老太太捡的很多垃圾根本没有人收。"以前，她捡的那些旧衣服的价格是1毛钱1斤（500克）。但是现在经济好了，她捡的那些旧衣服和烂木头已经没有人愿意收了，于是便都堆在这里。"衣服越来越多的同时，味道也越来越大，随处可见的垃圾让情况愈演愈烈。这场在开始时没有及时解决的矛盾也最终演变成为社区、住户和老太太的一场大战。

三方利益之争：天台回归"遥遥无期"

对一些居民来说，天台上的废弃衣服比起塑料制品更加刺激着神经，"说白了，哪有好人扔新衣服的，她捡的那些衣服保不准有多少是死人穿过的！"住在社区里的张阿姨用"埋汰"（肮脏）来形容她每天看到天台的心情。对她来讲，每天开窗映在眼里的景象让她不安："这些东西都放了这么久，怎么可能没有细菌。"于是，在家里喷消毒液成了她每天的必修课。但最让她心里难受的不是每天需要喷消毒液，而是因为家里消毒液和周围环境的问题，自己的小孙子在自己家每次只待一会儿就得回去。张阿姨一边摇头一边说道："如果这里干干净净的，孩子们还都能玩耍，也不像现在这样。"

与张阿姨相比，住在老太太楼上的谷大爷情况也没有好多少。由于老太太在家里也囤积着许多垃圾，许多蟑螂便顺着管道爬到谷大爷家里。当被问到大家为什么不与老太太协商时，谷大爷说出了其中的原因："老太太80岁了，我们平时说她不要捡垃圾了她也不会听，大家又都是邻居，总不能撕破脸，根本没有办法。"

如此下来，这个烫手山芋就被扔到了社区居委会手里。"我们只能协调。"这是最初社区抛给住户的一句话。但显然这样的协调在开始并没有太大的作用，这位独居的老太太并没有因为居委会的协调而停止自己的捡垃圾行为。随着影响越来越大，整个天台被垃圾堆侵蚀之后，居委会进行了进一步行动，在楼道里贴上了"限期处理"的通知，但这张印着"严禁乱堆乱放垃圾"的通知单也只是被单薄地挂在楼道门口，没有起到社区希望的效果。

与居民不同，社区担心的是另外一个大问题——8月份社区环境需要接受检查，"总不能让垃圾场待在那里让人家看吧?!"四年前，街道办决定自己直接清理天台上的垃圾。住在这里的谷大爷回忆："去年将这些垃圾全部铲走了，足足铲了4车。老太太与来铲垃圾的街道办工作人员因为这些'破烂'吵个不停。"

没有达成协议的强行铲除效果并不好。天台干净不久，又会堆满各种各样的垃坂。"每年街道办 8 月份铲了之后，干净不了一个月。"于是对居民来说，干净的天台只属于 8 月份之后的短暂几天。当被问到有没有彻底解决的办法时，谷大爷摇摇头："都十几年了，这块儿估计也只能是这样了，明天街道办来铲垃圾，估计又能干净几天了。"

截至 2015 年 8 月 4 号，街道办又一次进行了天台垃圾的大清理。然而，这样短暂的干净能保持几天，这个问题在包括谷大爷在内的住户心里打了一个大问号。

哈尔滨：年迈老人将去向何方

文/张旭

正值盛夏，7 月的哈尔滨却显得不骄不躁。天空是一眼无边的蔚蓝色，空气中夹杂着微凉的风，地面上随处可见的是被雨水浇打下来的树叶。温度不算太高，不像是 7 月份该有的天气，倒有些秋高气爽的味道。

见到绘图 23 组时，小组队员正在进行扫尾工作，他们即将完成 18 天的工作，踏上返回成都的列车。对于哈尔滨，组员们通过绘图过程当中种种维度的透视，如今也大致能体会一二。督导沈博艺在与我们交谈过程当中，说到了他感受很深的一点："在哈尔滨待着的这几天，我们几个都有一点感受是这里的老人十分多，养老院的数量相当大。"队员们描述道，在哈尔滨进行扫街过程当中，由于寻找企业的需要组员们都要深入到社区。虽然大家分布在不同社区里，但是都能够看到社区里有很多大大小小的养老机构。年迈的老人们独自安静地坐在养老院的门口晒太阳。"老人们几乎很少互相攀谈，见到我们进去调查，也只是静静地坐着。"一位队员补充道："不只是社区，在坐公交车时也能明显地感觉到这里的老人很多。"

黑龙江人民政府公布的数据显示，截至 2014 年年底，哈尔滨市 60 岁以上的老年人口已达到 172.86 万人，占全市户籍总人口的 17.5%，高于全国平均水平 2.0 个百分点。而据《哈尔滨市老龄人口形势分析》公布，在 2013 年年底时，哈尔滨市 60 岁以上老年人口为 164.05 万，占总人口比例的 16.5%，较 2012 年增加 9.85 万，增长率基本为 6.4%，而哈尔滨也早已于 1997 率先进入了人口老龄化社会。专业学者根据数据分析发表预测：在 2020 年到达之时，哈尔滨 60 岁及以上老年人口数将达到 252 万，占总人口的 25%。也就是说，随着人口老龄化的速度不断加快，在 2020 年年底的哈尔滨市，每 4 个人里面将会有一个是超过 60 岁的老人。

人口老龄化的不断加速给哈尔滨带来了严峻的挑战。首先要面临的一个问题就是人口老龄化带来的劳动力局限问题。随着老人越来越多和中年劳动力比例的相对下降，将会带来社会生产和服务总量的下降，这对于创造经济利益来讲，不是一件好事。除此之外，老年人的增加也会导致像年轻人这样的消费主力人群数量下降，缺乏刺激经济发展的因素，经济发展也会受到一定影响。从另一个方面考虑，老年人的健康状况也需要受到重视，人口老龄化增大了对医疗资源的需求，如何维持哈尔滨原有医疗费用而不上涨也是一个挑战。

"除了老年人数量多，在我们绘图走访社区的过程当中还发现养老机构准入门槛很低；社区里的一些养老院甚至都没有营业执照。"沈博艺讲道。因为老年人数量多，所以养老院床位供应出现了严重的供不应求状况。大规模的养老院费用较高，但是高收入老人数量并不多，所以大规模养老机构的发展速度也并不快。与此同时，大规模养老机构还涉及一系列的占地问题、资金不足等问题。于是，为了应对这些问题，个体小型医疗机构甚至一些无证经营的养老院相继诞生。但同样，满足供应的同时也出现了一系列问题，这些在社区的小型养老院规模不够大，设施不够完善，安全、医疗、卫生等条件都受到严重的限制。从本质上来说，老年人对养老院的需求并没有真正意义上得到满足。

人口老龄化这个摆在哈尔滨面前的问题正在随着时间流逝而愈加紧迫。未来，年迈老人的养老需求是否能够真正意义上得到满足，人口老龄化对经济社会造成的一系列问题能否得到缓解，对这座"冰城"来讲，将会是一个十分严峻的考验。

沉没的老工业基地

——哈尔滨 CMES 跟访随笔

文/刘偲瑶

在天高云淡的哈尔滨，我们迎来了出发以来最通透的蓝天。微风拂过面颊，甚是惬意。火车鸣着汽笛在街道的路口疾驰而过，各式各样的管道和设备铺设在砖砌的厂房之间，高耸的烟囱向空中排放出大量的白色蒸汽……一切的一切告诉我们，这里是东北。

热情开朗的东北人能让我们了解到远超过采样中的几个简单问题以外的信息。"税赋太重了，政府有钱做调查不如给我们减减税费啊。"水果仓买的老板蔡阿姨在了解过我们对 CMES 的介绍后向我们抱怨道。在哈尔滨，"仓买"就是其他地方所说的"小型超市"，业主持有的是个体工商户执照，蔡阿姨其实不是 CMES 采样的目标企业主。众所周知，自国务院鼓励促进中小企业发展以来，相关政策正在逐步出台和实施。这种抱怨是 CMES 在其他几个北方省份对小微企业的调查走访中从未遇到过的。目前，小微企业税收优惠政策主要集中在增值税和企业所得税的暂免征收上——而这两个税种恰恰都是由国家税务局负责征收的。换言之，全国范围内小型微利企业享受税收优惠政策的标准是统一的。那是什么导致了哈尔滨小微企业主对税收的抱怨呢？

个体工商户纳税时缴纳个人所得税而非企业所得税，目前还没有针对此类小微企业的税收优惠政策。但是，在哈尔滨，税赋这个问题被提出的次数多得有些异常。在采样过程中，我们发现，这里个体工商户的比例是远高于平均值的。在采样街区内，近五成小微企业都是个体工商户——这明显与统计局发来的名单不相符。而导致这一结果的主要原因是已经倒闭还未注销的小微企业——其中大部分都是小微工业企业。

这个由东北三省组成的传统"老工业基地"，是由众多能源消耗型的大型国有企业支撑起来的——小微工业企业在东北的式微并非一朝一夕。这种计划经济时代留下的遗患，也是黑龙江省甚至东北三省的经济落后的根本原因。市场经济已经搞了近40 年，而这里的经济结构、产业结构、所有制结构仍严重不适应生产力发展的需要。

黑龙江省 2015 年第一季度 GDP 增幅 4.8%，全国排倒数第四。现在，东三省 GDP 增幅分别处于倒数五名以内。黑龙江经济增速为什么下滑这么快？用李克强总理的一句话说，"大庆、一汽一打喷嚏，黑龙江和吉林就感冒"。公有制经济份额太大，国企太多，效率低下又占用了所有的优质资源。

"国企改革""产业升级""振兴东北老工业基地"……这些耳熟能详的名词似乎并没有给东北带来什么改变，几十万人的饭碗和盘根错节的利益体系不是说改就改得了的，国内重工业、制造业技术水平也不是政策可控的，何况政策的实施也是难以用现有数据真实量化出来的。至少，在东北人可以感知的生活当中，东北早已不复"共和国长子"的昔日辉煌。

这不是由于某些人或某个地区造成的个例——就像一个偏科的孩子能在某些时候拥有良好的成绩，长远来看他却不能一直名列前茅。不光是在中国的东北，以俄罗斯为代表，几乎全球的重工业基地都在重复英国的伯明翰、朴次茅斯、曼彻斯特，美国的底特律、匹兹堡等重化工业基地的衰落历史。这是产业升级和更替的规律，却更是东北人民的悲哀。东北将向何处去？谁也不知道答案。

非典型"中国大妈"

文/刘偲瑶

"中国大妈"这个名词对于我们来说并不陌生，它和它背后所代表的一个群体屡屡出现在各类报道中：那些成天跳广场舞并且以噪音扰民以至于引起无数纷争的是"中国大妈"；到国际黄金市场抄底，引起金价剧烈波动并最终被套的是"中国大妈"；去国外旅游不讲文明高声喧哗的还是"中国大妈"；热衷于居委会琐事，东家长西家短皆知的是"中国大妈"；在菜市场锱铢必较，为一分钱也要砍价的也是"中国大妈"……吉林长春，CHFS 访问 58 组恰好来到了一个退休职工老社区。在这里，我们将揭开"中国大妈"之谜。

访问 58 组开工的第一位受访户郭大妈非常热情，从如火如荼的麻将桌上赶回家来接受我们的访问。一见面，郭大妈一头乌黑的短发、炯炯有神的双眼和十足的精气神儿都不像已有 72 岁高龄的人；与几个姐妹一起去韩国进行为期 7 天的旅游、用苹果手机聊微信也"潮"得令人难以置信。在访员打开平板界面，准备开始访问的时候，郭大妈的一句"需要开 Wi-Fi 吗？这里有路由器"彻底让全组人惊讶得合不拢嘴。"你们别看我是个老太太，"郭大妈笑着对我们说，"我可是啥都懂。"

不过，"啥都懂"的郭大妈也有接受不了的新事物。比如，她从不网购，因为"看不见东西，心里不踏实"；偶尔会电视购物，因为电视购物送货上门，货到付款，可以拒收。虽然拿着退休保险金，却从来不相信和购买商业保险："担心拿不到回报，白忙活一场。"但是，郭大妈每年在购买保健品上花费一万元左右："我也不全相信这广告里宣传的功效，但是这买一件送几十件，很是划算呐。"在卧室的一侧，堆满了购物纸盒——郭大妈向我们展示了她的购物成果。经过我们的观察，这些货品看起来并没有什么质量保障。即便如此，大妈仍乐在其中。

这一重接一重的担心不是没缘由的。郭大妈退休工资不高，和老伴儿的加在一起，每个月只有大约 4 000 元，除去基本生活开销，到了月末基本没有剩余。郭大妈是普通民营企业退休职工。在东北，非公有制经济式微，国企、事业单位以外的退休人员工资标准均在最低水平线左右。在刚退休的时候，由于用钱的地方太多，儿女刚工作不久，郭大妈和老伴儿还接受单位返聘了几年的时间。不过，现在郭大妈已经不需要工作了，生活质量也要高于同社区的平均水平。因为儿女都读完了书，工作状况较好，许多额外消费都来自儿女孝顺。所以，大妈虽然可以偶尔"有钱任性"，但还是会有些限制。在回答家庭金融资产的相关问题时，从郭大妈的角度来说，对金融产品的兴趣缺乏主要是由于成本的限制。在成本有所限制的前提下，郭大妈们在金钱上对风险的偏好和对未知的探索远逊色于生活的其他方面。

在访问进行的过程中，访员按要求追问中值："您能说一个具体的数值吗？"让人意想不到的是，郭大妈也热心于数据细节，干脆直接从抽屉里拿出了房产证、存折。"你看，这里标的是建筑面积，这里是使用面积……""我很理解你们这些大学生，你们是为了把中国治理好。"郭大妈说道，"所以我相信你们，配合你们，不愿意欺骗你们。希望你们能掌握准确的数据，希望你们能还原中国真正的面貌。"

无论是广场舞、抄底黄金还是外出旅游，中国大妈们都只是一群用不同方式表达自己对生活的热爱的普通中老年人。或许这囿于物质条件而难以完全抒发，或许是岁月不允许他们紧紧跟随时代的步伐。无论如何的争议缠身，毋庸置疑的是，她们一样深爱着自己栖居的大地，脚下的热土亦饱含着她们的期望。

南岸故事北岸画

——当"家金"与"小微"擦肩而过

文/吕璇

映衬着山城 7 月炎热懒散的阳光，重庆的长江没有了水浪相击的澎湃，它更像是一位醉酒的老汉，迈着悠悠步子在朝天门迎接新的生命。高楼与青山相容，夜晚望去，江边更是看不到底的灯红酒绿。

你知道这流光溢彩的背后是万千忙碌的生命，你也知道这日新月异的背后是平淡的日复一日，这些固定而熟悉的模式仿佛已经将每个城市定型，而那底层的急喘与叹息则更是人人皆知的心酸。而谈起这一切的时候，人们又仿佛只剩下云淡风轻。

满目苍翠中粉红色的守望

一大清早我们就等候在了芭蕉沟站，这个站台隐藏在大山之中，它也自然而然地成了村里人入城最方便且近似唯一的交通工具，我们与当地的司机师傅定位许久才到达这里。半山腰的房屋，狭窄的车道，还有那与青山自幼熟识、相互守望的人们，在他们面前我们仿佛是一群入侵者。当访员们依次从公交车上下来，我们这些身着蓝 T 恤的学生更是引起了他们的注意。

访问过程的困难虽然在意料之中，但是当我们拿着 2013 年绘制的地图在街道上徘徊寻找时，这困难远比我们想象中大得多。两年的变化让我们已经无法确认受访户的地址，而居住在这里的住户又大多是租房客，我们就更加不能确定是否还可以找到当年的人。经过一番打听，我们找到了张婆婆。62 岁的婆婆对 2013 年的访问情况已经不甚记得，而牙痛的她当天也无法接受我们的访问，只能另约时间再次拜访。而短暂的交谈中，我们了解到，每月 250 元的房租还需要她丈夫打工来交付，这粉红色的小楼里只有一间拥挤破旧的屋子来寄托她生活的一切。老两口在这里度过晨曦与朝晖。没有低保，没有补贴，也没有像当地居民在土地拆迁时可以拿到每月 1 000 多元的补贴，在牙痛时甚至舍不得去医院而只能在附近诊所拿两粒消炎药来缓解疼痛。从这粉红色的房子里望出去，那些高楼近在咫尺，而眼前的大山却如屏障一般将它隔绝开来，而这仅隔几站地的生活仿佛差了一个世纪那么远。这栋粉红色的小楼站立着，如同卑微空气中开出的一朵花，在这满目苍翠中延续着一户户的生命。

夹缝中的生存：深藏功与名

随后我们到了南岸，跟随小微队伍再次进入乡村。来重庆的路上有层层的梯田，黄绿交接，在晨光下更显出种豆南山的惬意，我以为，这就是人们心中曾生活过的乡村。而经过这两天的调研，我们才意识到乡村作为一个基本单元，它对人类生存条件的负荷能力却并没有达到农村居民人均可支配收入 10 489 元的水平。而重庆有众多的小微企业也是扎根在乡村，上下起伏的道路在尘土飞扬中引向了高处，占据中国经济发展达 30% 的小微企业在这山腰中显示了它的艰难。

我们的访员在这里已经走访了 19 天。访员说起初他们来的时候，村子里的人都把他们当成骗子，后来村民们逐渐转变了态度，甚至会主动和他们聊起天来。而这些改变就是因为他们知道没有骗子会像他们一样坚持这么久，这么有耐心与毅力。我们来到一家机械厂，访员告诉我们这已经是他们第三次来了，希望这次老板不会拒绝他们。在门口的姐姐虽然劝我们不要再来了，但还是很好心地将我们放了进去。但是这坚持并没有换来期待，老板还是将我们拒绝了。一个上午顶着烈日走访了三四家，但都没有得到任何期望中的答复。访员似乎对于拒绝已经习以为常，他们仍是每天坚持到这里。聊起这些老板们，他们似乎也有说不完的苦衷。经济效益得不到保障，有的甚至处在亏损状态，而由于一系列的复杂程序，申请银行贷款融资也变得艰难异常，能拿到申请款额的 15% 已是不易，而这些款项中有一部分又会用于那些传统的"人情消费"，所以很少有企业选择去申请银行贷款。而一些民间借贷则又存在着利率较高的问题，在自身债款没有追回，经济效益不甚理想的情况下，还要面临被追债的风险，小微企业的发展着实艰难。

下午我们访问了一名提前预约好的老板，而这位老板之前已经拒绝了我们两次。从国企职工到私人老板，唐先生用 15 万元的资金进行创业，有了一家自主品牌的装修公司，80 平方米的门面自 2010 年以来已经进行过三次装修。日均流动资金达 10 000 元的公司也逐步适应了这个大数据时代电子商务迅猛发展的大趋势，在淘宝上的利润可达 5 万元每年，税前总利润可达 10 万元每年，发展势头不错。小微企业没有像国企央企那般雄厚的实力，却在吸纳就业人口、巩固经济发展上有着突出的作用，而政府、银行也应该出台相关政策，放宽对小微企业发展的限制。

中国家庭金融调查与中国小微企业调查两支队伍在长江的北岸与南岸各自探索、辛劳。两边的村落与街道在余晖中告别沧桑疲惫的今天，今日的委屈愿在明日忘怀，明日的幸运也愿在今日有所暗示。

山城印象：红与黑

文/蓝宁欣

我在成都念书，发现周围的重庆人尤其热爱家乡。山城的明朗天气，原汁原味的红汤老火锅，还有出了名的泼辣明艳的幺妹儿，简直能让他们拍着胸脯，骄傲地吹嘘上大半天。

今年8月，我跟着CHFS和CMES的队伍来到重庆。轻轨刚驶出黑色的隧道，我便被无边的日光一把揽了过去，座下的列车径直冲向那漫天纵横的立交桥，高低错落的摩天大楼，还有嘉陵江翻腾不灭的水声。我被这近乎张扬的气势震住了，简直不敢相信眼前是一座偏居西南、被山地牢牢占据的城市。

站在南岸，向嘉陵江那头远眺，主城区就像一座山顶巨堡，洋溢着魔幻的风情。我忽然明白重庆人为什么看起来比东北人还要"嘚瑟"了！的确，世界上有几座城市，能在深山沟坎里活出这样"车如流水马如龙"的丰饶姿态？而重庆官媒前不久秀出的"GDP增速全国第一"的傲人成绩单，更让人惊呼山城壮哉！

然而，城市之间的繁华总是大体类似，城市深处的顽疾却各有不同。在渝数日，我感觉重庆不是一座很"整齐"的城市，这不仅是指那些忽上忽下的道路，更是指城市规划、居民生活、产业状态、经济格局等社会文化因素里遗留着的裂痕。

离重庆最热闹的朝天门不远，一处拆迁工地向居民区扬起了漫天的灰尘。废弃的厂房，遍地散落的瓦砾，比人还高的垃圾，就这么毫无遮掩、杂乱无章地暴露在城市最中心的地带，那张扬无惧的姿态，竟和附近高楼大厦的张扬之态有些相似，仿佛一个恃才傲物的年轻人，既甘愿拼搏到极致，也不介意放纵堕落到极致。

沿着著名的南滨大道行驶，两岸风景繁华似梦，然而，车子突然右拐，钻进一片嘈杂的农贸集市，一排奇异的房子映入眼帘：房子由粗陋的红砖砌成，外墙上熏满深深浅浅的污渍；屋内漆黑得令人发怵，隐隐显出几件破破烂烂的家具，整排楼房活像个关家禽的大牢笼。在这之前，我从未见过真正的贫民窟，那天却在重庆繁华街区的拐角，目睹了赤裸裸的贫穷。

其实，更让我震撼的不是贫穷，而是贫穷背后，人的不精明和无欲望，或者说，"无从精明"和"无力生欲"。沙坪坝郊区的厂房宿舍里，挤满了临时雇用的农民工，他们领着两三千元的月工资，过着略高于贫困线的生活，微薄的积蓄让他们显得无欲无求——不奢望买房子，没想过做买卖，更不愿涉险理财，大部分人都老实本分地充当着廉价劳动力，以期盼维持生活的基本水平。当然，以他们现有的资本金、经济头脑和人际关系条件，也几乎不可能积累更多的财富，冲破固化的阶级命运，换言之，他们无从精明。

如果有人将他们定义为"被剥削者"，那么"剥削者"过得也并不舒心。在重庆的第三天，我们随 CMES 访员穿行在南岸区的深山里，众多小微企业的厂房坐落山间，乍一看显得生气勃勃。然而，自 2014 年我国实体经济增速放缓以来，小微企业的境况便步入严冬，小老板们纷纷向访员大倒苦水："我们比 2008 年金融危机时受到了更大的打击。"许多生产玻璃、建材、装潢用具的企业因为下游房地产业的低迷而业务量剧减，甚至入不敷出。有的企业主怀疑："2014 年 GDP 增速哪里有 7% 哟？我看 6% 都不到！"

众所周知的"融资难"问题，也是这些企业主挥之不去的隐痛。他们告诉访员，银行的利率固然低到 6%，但自己不知要动用多少关系、出席多少应酬才能接触到银行的信贷部门，卑躬屈膝、大费财力去获取贷款，于是利率高达 20% 的民间高利贷便成了他们唯一的选择。每到年关，企业主还常常讨债无门，这边应收账款拿不到手，那边放高利贷的人又频频催款。有一个访员曾悄悄告诉我们，他就接触过一个被高利贷债主以性命相要挟的企业主。

除此之外，行业内的"潜规则"也迫使小微企业主们在夹缝中求生存。"每到年关审核的时候，会有相关部门来检测这些企业的安全施工状况，这些人仗着自己有对企业质检结果的'一票否决权'而上山收取'保护费'。这个钱你说企业敢不交吗？"一个访员无奈地摇摇头。他还提到，政府曾经对一些符合特定条件的企业颁发资格证，具有资格证的企业可以获得政府补贴，最开始是 3 万元，之后也有持续的补助。但是，这批资格证被一个机构买断了，该机构囤积了数额有限的资格证，再转手出售给小微企业，"1 万块钱 1 张证"。

离开重庆的前夜，我们去嘉陵江畔散步，上空便是恢宏的高架桥，动车时不时从头顶呼啸而过，驶入南山辉煌的灯火里。山城的夜色依旧美得骄矜而霸气，只是这次，桥底下船工的喘息、黑夜里烟囱的呜咽、重庆女人气急了的叫骂、落魄商人手里的酒杯……在我眼里，它们汇成了一股巨大的黑色气流，共同压低了这个城市燥热的声音。

广州一面：铁门锁住了什么？

文/张昕

广州，每天有无数拖着行李、背着大麻袋的外来打工仔涌入，里面有来自偏远地区的农民，有刚毕业的大学生，有中国西部的青壮年劳动力，他们都带着一份期望而来，希望在广州找到自己的位置。他们来到这里，渐渐地，充满期待的眼神被一道道铁门改变，变得谨慎、小心，看到陌生人，满眼是戒备的神情。

"五福临门"与"后果自负"

7月23号，广州27组绘图员的工作场地，是广州增城的一个城中村——龙地村。低廉的租金使得这里逐渐成为外来人口汇聚的地方，根据中心"外来人口大于15%，需手绘地图"的规定，绘图员们拿着蓝色的文件板和铅笔，开始了绘制地图的工作。

铁门，是我们对广州最深刻的印象。狭小、昏暗，各种房屋交叉在一起，隔得很近，中间只有窄小的巷道供一人通过。小楼门前贴着的橘红色春联"五福临门"与墨绿色的大门上写着的"后果自负"字样形成了鲜明的对比，楼房前布满灰尘的路灯与崭新的摄像头没有一点违和感地共存着，每栋楼前都是冰凉的铁门，进出门都必须刷卡，屋前还有两道铁门，似乎这一切都默默地诉说着人们的戒备心理。砖房上开着的窗户都加上了铁栏杆，一扇窗对应一个房间，同时也是一户人家。

绘图员们需要绘出各条道路，注明每栋楼有多少层、是否有人居住。低矮的两层楼房被拆分成十几间房出租，使绘图工作变得更加艰难。看到一个老奶奶坐在门前，绘图员上前想询问一下附近居住者的情况，奶奶只是摇摇头表示不知道："二楼好像有人住，我也不晓得，我们只租了这一间房。"老人说着一口让人倍感亲切的四川话。顺着她的目光看过去，这通直的一间房便是她的家，西面是两张床，一张大一张小，床上铺着凉席，风扇不停地转动着，孙子睡得很香，白色的蚊帐上面堆满了生活用的杂物。北面是一个电视柜，一台老式电视机旁是各种瓶瓶罐罐。电视柜第二层稀稀拉拉地摆放着锅碗瓢盆。屋子中间的茶几上用罩子扣着几个大馒头和咸菜，后面有一张小沙发，因长期被坐，中间已泛白。不超过30平方米的房间，要住下四个人。

哦，对了，还有两扇厚重的铁门。

"这里住的人太杂，而且一间房可能就是一户，问附近的人一般都不知道自己旁边是否有人（居住），我们常常只能从窗户往里看来判断。"督导杜欣这样介绍道，同时她看了一眼窗户里，快速地在稿纸上画下一个小方块，写下 1-2（一层两户）。然后开始找下一个样本点。

三元里的混乱与拒访让访员们感触颇深，紧闭的铁门及戒备的人心也让他们充满失落。这样的情况不仅出现在城中村，在广州城区的社区里也是如此。"三元里无法继续访问，居委会帮忙也没用。我们只能先做下一个社区。"7 月 24 号，我们跟随访员 18 组访问了广州市白云区某社区，这里也是一个大部分住房都外租的地方。居委会的形容是"挣钱多一点的就住这里，不然就在城中村挤挤咯"。来到社区门口，第一眼便是一道大铁门，似乎要关住什么。进入小区需要保安打开外面的铁门，询问登记后才能进入。在这里待了两天的访员们已经与保安相当熟络，打了招呼就顺利地进入了社区。不过面对楼梯前的铁栅栏，"我们只有等着别人出来时才能进去，然后留一个守着门，免得被关掉"。有时，为了进一栋楼，一等就是半个小时。

相比于在城中村用窗户判断是否有人居住，访员在这里采用查看水表的方式确定样本点。很多时候，敲门总是无人应答，有时房间里传来说话的声音却没有人开门，或者是虚开一条缝，看到穿制服的访员就"啪"地把门合上。面对紧闭的铁门，访员还是会大声地将自己的来意说明，并留下亲自书写的留言条再离开。

一圈转下来，已经一个半小时，离晚饭还有一段时间，访员们来到秘密基地——跷跷板处进行休息，坐下后与一旁的老人聊天。听着我们的来意，老人摇摇头："你们还是走吧，这里都是外来人口，连自己的邻居是谁都不知道，乱得很，也没人会愿意配合你们。""三次拒访或六次空户才申请换样，之前我们会一遍一遍认真走过的。"面对一次一次的拒访以及他人的劝说，18 组督导韦贵坚严肃地说出这句话，坚定的眼神、脸上的汗水，都诉说着他们的坚持与信念。

铁门锁住了什么？

拒访率高、空户率高，访员准备的说辞没有一点用处；电话预约，居委会带着上门，也是毫无进展，每天能有一两户完成就会让访员们开心万分，但也有时候是今天这样：访问数为零。

这让我们不由得思考：大家都想来闯一闯的"北上广"，是不是有什么地方变了味道？广州紧闭的铁门到底锁住了什么？如果说"天价写字楼"与"城中贫民窟"

分隔的是两种生活方式，那么"铁门+铁门"，锁住的不只是房门，更是互相信任的心门。外来人口流动性太强，使居民对一墙之隔的邻居不再熟悉，对进出的陌生人充满怀疑，人们为"安全"两字设置了无数道门禁，同时将"不信任"与"戒备心"也锁进了门里。可能这就是经济快速发展中的城市要面对的一个必要阶段，外来流动人口如何融入一个城市，一个城市如何接纳这些人口？在目前阶段，铁门也许是最简单、最有效的解决方式，不过绝不是最终的方案。在未来，随着社会治安的加强以及外来流动人口管理的系统化，我们期待的是一个充满信任的广州，一个充满包容的城市。

紧闭的铁门和戒备的人心只是广州的一面，却是访员们这次广州之行所面对的最直接的一点。"广州、佛山、深圳，是目前访问数量垫底的三组。我们明天去扫村，先拜访老受访户。"晚上9点，18组访员们离开蹲守了多天的跷跷板，收起满页手写的留言条。他们将继续这充满挑战的广州之旅，誓要敲开紧闭的铁门——不仅为珍贵的样本数据，更是想稍稍打开充满戒备的人心。

读城记之广西来宾老城区

——老人与小孩的世界

文/张昕

广西来宾水落社区，老妇人们三三两两坐在门前聊天，一群五六岁的小孩追逐着从这家蹿到那家，半掩的木质大门前，一个妇女抱着不满周岁的幼儿轻轻地哼着小曲，街上传来妇女叫卖水果的声音，一群白发苍苍的老大爷围着一块石桌，为正在进行的象棋大战献计献策，好一派和睦悠闲的景象。走在这样的街道上，平静的氛围中又似乎缺少了什么。少了什么呢？青春的气息。老人、小孩、妇女，独独少了那些家庭的支柱。

"男人们都外出打工了。"一位路边老人这样告诉我们，大部分的青壮年都去了广东打工，为了家庭的生计而奔波。所以，这里就变成了一个只有老人和小孩的世界。

全国妇联发布的《我国农村留守儿童、城乡流动儿童状况研究报告》说，全国有农村留守儿童 6 102.55 万，占农村儿童的 37.70%，占全国儿童的 21.88%。全国农村流动儿童达 2 877 万，两者之和约占全国儿童总数的 1/3。庞大的基数之下，我国农村留守儿童的总体结构在发生着变化。全国妇联的报告显示，农村留守儿童高度集中在中西部劳务输出大省，而广西的农村留守儿童比例已超过 40%，超过 1/3 的留守儿童与祖父、祖母一起居住。

数据每每提醒着我们问题的严重，但是当我们真正亲眼看到这样的场景的时候，仍然被现实所震惊。这里，是一座"空城"，一座"围城"，一座缺乏青春活力的城市，一座被沉寂包裹的城市。

说她是"空城"，是因为年轻人的离开使这座城市显得空空荡荡，空空荡荡的街道，空空荡荡的小区，还有空空荡荡的家。虽然道路上依旧车水马龙，虽然街区里还偶尔回荡着欢声笑语，但这一切掩盖不了她的空洞、她的寂寞。

说她是"围城"，亦是缘于年轻人的离开使得这座城市缺乏了一座现代化城市所应有的朝气，使整个城市的气质蒙上了一层陈腐的气息。没有了年轻人，就没有了活力；没有了年轻人，就没有了前进的动力。当一座城市不能留下她最有活力的子女的时候，这座城市就像不能转动的发动机，何谈发展，何谈前进？

孩子是希望，但是希望在哪里？当地老人告诉我们：村里的很多学校由于种种原因，无法保证招生数量，因此没有完整的义务教育体系。常常出现年级间的空缺。"小学已覆盖每个村镇，义务教育阶段留守儿童入学率在96%以上"这样的数据显得苍白而无力，师资的匮乏、年级的不完整，使得教育质量一再缩水。没有了教育，这座城市就失去了希望。

在访员的总结会上我们听到：受访户的年龄偏大，对于很多访问内容根本听不懂。老人由于年龄大，认知能力受限，对新事物的认知和接受能力不足。现代的理财方式无法应用，社会处于脱节状态。我们常常调侃的"中国大妈撑起中国股市"不属于这里，人们依然习惯于把微薄的收入存入银行。贫穷、落后，似乎是这里永远摘不掉的帽子。

面对镜头，孩子们爱玩的天性展露，纷纷在镜头前蹦蹦跳跳，笑容纯真而灿烂。被问到爸爸在哪里打工时，这些五六岁的孩子们都举着手抢着回答："我爸爸在广州！""我爸爸在上海！""我爸爸、妈妈都在深圳！""你们想不想他们啊？""想，爸爸每次回来都会给我带玩具。"一个缺了一颗虎牙的小女孩笑得格外甜，玩具已然成为她每年最特别的期待。没有父母的陪伴，放养的状态，是这座城市老城区孩子的常态。

偶然发现一个手工小作坊，"珠串手艺，一个两元，可带回家制作"，门口的塑料板上如此写道。走进屋内，只见一张长条大木桌旁有6个妇女正在用针线将一颗颗水钻串织在黑色蕾丝上，复杂的手艺下是精美的艺术品。"等孩子一岁了，我就出去打工。"一位年轻的母亲飞快地穿着手中的针线，偶尔抬头看看旁边待哺的婴儿，说出了无奈的现实："这里没有工作机会，不出去打工怎么生活？"

我们通过访员的联系人了解到，近些年来，来宾的新城区发展缓慢，老城区的发展更是停滞不前。访员得到的数据显示，这里的人几乎都曾经或正在外出打工，与外流劳动力形成明显对比的是基本为零的劳动力流入，一种固定而可怕的模式在几十年发展中成型：祖父、祖母带着幼孩，孩子长大了就去广东打工，老了就回来照顾下一代。这里就像是一座广东廉价劳动力的生产工厂，年复一年。

"贫穷不是原罪。"有人曾这样说。的确，一个地区的贫穷，不是由于一直以来就穷，而是在发展中，大量的资源被其他地区占用。来宾，拥有大量煤矿和其他矿藏，拥有便宜的物价和廉价的劳动力，本应该是一个拥有黄金发展潜力的城市。但是对于来宾发展最重要的青年人力资源却选择了远走他乡，使得这座城市只能在广西的十万大山中继续沉寂下去。

走过一条条老街，奔跑的孩子和闲聊的老人就是这里的全部，我们看到的是已长出皱纹的城市那渐渐衰老的样子。

D 县那些人

文/蓝宁欣

福伯从不舍得吃肉，他买了一大袋挂面，每天掐准 2 元钱的分量扔进锅里煮，再加上一把自家种的菜，可以管饱早、中、晚三顿。白面与蔬菜的味道日复一日地飘荡在他不足 5 平方米的房子里，福伯脸上布满了隐隐的菜色。

福伯几乎未曾得到过儿子的接济。D 县的儿子们似乎大都有不赡养父母的"通病"，这不是因为大城市年轻人那房贷缠身的生活压力，而是由于儿子们连自己的基本生活开支都难以应付。他们十有八九没有固定工作，靠打零工为生，如果有活干，每月能赚两三千，老板的生意一变差，他们就只能赋闲在家，吃着前几个月攒下来的工资。

季节性失业就这样困扰着隔壁的中年人阿祥，他跟着开发商做批发零售，每年只有 6 个月能揽到活。阿祥一年勉强赚 15 000 元，好在老婆在化工厂有份固定工作，一年下来，夫妻二人能把吃、穿、住、用的开支给应付了。2 万块钱的银行账户余额（不包括定期存款）让这家人在这个贫困县显得很小康，至少远远强过福伯一家，但阿祥的老婆仍然发愁：儿子今年刚从职业技术学院毕业，5 年之内，家里怕是没钱给他结婚。

燕姐的男人也曾是一个临时工，在 D 县的工地上搬砖。燕姐身体不好，没有出去工作，她男人便是全家唯一的顶梁柱。然而，2008 年，燕姐的男人在工地里意外遇难，全家的经济支柱瞬间崩塌。工地老板给了燕姐一笔抚恤金，燕姐用这钱办了丧事之后，买了一间房子。"她家原来根本不可能买得起房，现在的房子是用她男人的命换来的啊！"认识燕姐的人说起这段故事，止不住地叹息。

中年人的生活无论如何艰涩，听起来却还是有些希望，而崔老太却觉得生活几乎已接近绝望。几年前，她因为很久没有拿到养老金，便去京城上访。然而刚到北京，几个大汉就把她强行拦下，将她押回老家，还抢走了她和老伴的包，包里有两人的身份证。那些人还专门在崔老太门前搭建起一个帐篷，日夜看守着她。一天，她老伴儿出门去办身份证，意外发现有个人骑着摩托车跟踪着他，老头估摸着这人是为了阻拦他去公安局立案。在路的另一头，几个小混混模样的学生冲进了崔老太家，将她暴打一顿。60 多岁的崔老太身体本就不好，这次直接被打成脊椎错位，接近半瘫，做手术花了十几万元，腰间还订上了一块很长的钢板。全家人去政府闹了很久，政府最后只赔了 5 000 块钱。

崔老太说自己命不好，在遇上这桩祸事之前，还被人放火烧过后院。那天，有几个小孩子慌慌张张跑过来，对她大喊："崔奶奶，你家后院烧着了！"崔老太顿时一惊，飞快地提起两个水桶，奔向后院救火，在一番手忙脚乱之下，火被扑灭了。然而，当她清扫后院灰烬时，却扫出一幅遗像。她起初吓了一跳，定睛一看，遗像上面的人是隔壁王老太的婆婆。原来，王老太的婆婆已经过世三年，为了避讳，王老太不愿再把遗像放在家里，就偷偷把它扔进了邻居崔老太后院的竹林里，还放了一把火。后来，有几个小孩子告诉崔老太，他们看见王老太放火，放火后她还趴在窗户边看火势有多旺。

D 县坐落着许多低矮的红砖房和逼仄的筒子楼，却也专门划出一块公安局家属区。某局长的夫人李太太就住在里面。李太太虽然年过 50，却驻颜有术，看起来只有 40 来岁。她家铺着玫瑰色的毛绒地毯，墙上挂满了她年轻时的艺术照，笑靥盈盈，很有情调。平时，局长出去上班，李太太就在家里聊 QQ、聊微信。有次邻居 9:25 去找她，见她正在和别人视频聊天。前几个月，她刚给女儿在省城买了一套房，听说价值 190 万元。

D 县虽是个贫困县，高铁站却造得宽敞大气，平整宽阔的公路向三面延伸开去，出租车司机载行李时都不用关上后备厢，因为行李绝不会抖落下来。"政企联合，打造新型城镇"的标语飘扬了一路，中韩合资的工厂和乳白色的风力发电机在游人目光可及的地方神气地矗立着，而在那隐匿于县城深处的小巷里，庸常的世俗故事也日复一日，兀自缄默地轮回着。

跟访手记：

这篇文章可能看起来像是小说，但文中的每个人、每件事、每个数据都是记者实地走访之后，亲眼所见、亲耳所闻。因此，这就是一则纪实报道，白描了 D 县的真实人事。

之所以选用小说体，是因为走出校园后，我发现了真实的人间百态有时比小说更要荒诞凄恻、令人咋舌，"假作真时真亦假"，城市的表象往往掩盖了这个社会冰山下的"十分之九"，逐渐钝化我们的认知。我想，这可能也是 CHFS 和 CMES 的意义之一：把大学生从玫瑰色的幻想或无病呻吟的忧郁里拉出来，去睁眼看看这个真实而复杂的社会。

作为这次大调查的跟访记者，我感激在行程中收获的广阔眼界和思考能力。打个比方，我从前在新闻里看到"用工难"，会简单地认为是"劳动力市场供不应求"，但通过实地走访，我发现很多企业实际上并没有我想象中那样旺盛的招工需求，相反，经济不景气，企业利润下降，而工人的福利和待遇上调，企业主面临的是劳动力成本上升而带来的"难"。这个成本可以是新增的，也可能是原有的。由此，我原先粗浅的认识得到了细化和深化。

对于象牙塔内的大学生来说，我们享受着父母的经济供给，也享受着校园廉价的生活成本，并不了解城市底层人民的贫困。我们中有些人的父母可能境况也并不好，我们也在想，能否用这样的报道，给白纸一般天真的大学生人群一些新的视角呢？

昨天，有个读者对我说："我也曾担任过一定时期的社会新闻记者。这是个很虐心的职业，经常要和社会阴暗面打交道，但也无法全部曝光，更无法全部解决。我觉得，人应该有同情心，有担当，但同时应该承认甚至部分容忍社会问题的存在，明确自己的能力边界，找到最好的回报社会的方法。"

我们的大调查，这么一大帮人不嫌麻烦，全国奔波，就是为了采集最真实的经济数据，挖掘深藏在中国经济表象下的"十分之九"，从学术层面影响社会，为政策制定提供指导，这就是我们回报社会的方法。

我们或许缺乏经验，或许年少轻狂，但与那些只懂空谈的"愤青"相比，我们至少选择了在大热天走出空调房，踏踏实实站在这个国家的土地上。

记得崔卫平老师曾说："你所站立的地方，就是你的中国。"

湘江—澌雁西归

文/吕璇

阳月南飞雁，传闻至此回。

当我们到达湖南衡阳的时候，整个行程已走了一半。世界这么大，乡村与城市，院落与高墙，我都不能估算我们同访员们走了多远的路。然而纵使我们的足迹遍布那么多地方，世界又是那么的小，因为我们还能清楚地记得在某一列火车上我们坐了多久，还能清楚地记得在某条街道坐哪一路公交车。到达湖南衡阳的时候，这座雁城让我率先想到的便是那一句："衡阳雁去无留意。"这句词听来或许略有些伤感，但行走了半个多月，确实也有了思归的感觉。

因为是夏天，我们并没有看到"北雁南飞，至此歇翅停回"的美景，目光所及是一条条狭窄弯曲的巷子。在清晨，这里就仿佛是一个菜市场，苍翠的蔬菜，活蹦乱跳的田蛙，游走于其中的是看似悠闲却忙碌的居民。这里的房屋也好像是当地人心理的一种映射，与北京四合院的构图相同，只不过由于是楼房，便显得更加的紧致，它们仿佛自成一家。而这里的人们也是如此，警戒心极强，在这狭窄的"棋盘"里，我们一个上午都未能顺利访问，只有一位即将从国企退休的阿姨因为提前预约过才在下午接受了访问。

长沙的访问情况则好很多。或许人们对湖南的印象更多的是停留在芒果台的欢乐与逗比，事实上长沙蔓延着强烈的红色革命气息。无论大街小巷，你都可以看到诸如社会主义核心价值观之类的标语。在这里，我们遇到了一位在长沙打工的哥哥，尽管他的家人都在常德的一个村子里居住，有着总共 4 亩（约 2 668 平方米）的耕地与林地，但他还是为了生活得更好而离开了家乡。不仅仅是他，之前去过的城市乡村中，村里留守、继续务农的基本是老一辈的，而年轻人纷纷走进了城市。在这么多天的访问中，有几个问答引起了我们的注意：

"您家之前的土地承包什么的有没有签订过合同？""我不大清楚，应该没有吧。"

"那您家的土地有没有被租用出去，有没有签订过什么合同？""也没签过。"

"您知道土地确权么？""听说过，但是不大清楚。"

在访员解释了土地确权之后，"您觉得土地确权对农民有没有好处啊？""好处肯定是有的嘛！"

在 2013 年的全国"两会"上，土地改革就已经确定了方向：将农村土地确权以保障农民权益，而这么做也是为了防止地方政府出台以土地生财而损害农民的政策。土地确权，说白了就是将土地归谁所有、归谁使用通过法律形式确定下来。这项政策对农民来说无疑是一个好消息，可他们竟然对这项政策了解甚少甚至完全不知道，而有的当地政府在 2013 年政策尚未执行的时候就对农民的土地进行了征收，以此来规划工业园区的建造。这不得不让我们怀疑土地确权的进度，真的能像"一号文件"中说的在 5 年内完成农村土地确权登记办证工作么？

根据相关数据，我国的耕地面积占国土面积的 13.5%，约 20 亿亩（约 13 340 亿平方米）。而这 20 亿亩（约 13 340 亿平方米）中还有不少的盐碱地等不适宜耕种土地。再加上近年经济发展的需要，不少村委会会通过卖地来增加收入，再不然便是将耕地征收作为产业园区，农民手里可耕种的土地实在有限。关于土地的改革从 1950 年开始一直是农村改革的重点，家庭农场不像东北的国有农场，其模式得以实现的前提应该是土地确权工作基本完成。而根据现状，土地确权需要深入农民生活，让农民真正理解并且使其顺利开展，任重而道远。

离开湖南之后，我们去往贵州的时候也算是踏上了回家的路，所有的疲惫与奔波仿佛在想到这些的时候得到了圆满。就如同这个短暂的暑假，我们把汗水洒在了全国，所有的笑与泪都伴随着记忆中不羁的少年远去了，而我们也会逐渐蜕变成我们所期待的样子。

北京，北京

文/呼延婷

小时候曾去过几次北京，记忆中的首都总是车水马龙，万家灯火。而它本身也是如此，一个久远却活泼的存在，旧时代的沧桑感还在传来轻轻的喘息，新时代的浪潮便急切地把人们向前推。太多的人挤在这一个城市里，各自有梦。

这次再进京城，以 CMESer 的名义，用双脚一步步丈量它，捉摸它。在来时的动车上，我在脑海中勾勒这次会见到的北京。是和之前一样光鲜夺目？还是说，它也有着鲜为人知的黯淡无光的一面？两种图景一直在我脑海中交替闪现，就像黑与白，对与错，互相对比，互成对立。

刚到北京，任务还没分下来的我们穿梭在城里，做一次简单的旅行，权当是和这城市打个招呼。地铁站人潮汹涌，没有看见卖唱的女孩和睡觉的乞丐，只有呼呼的风声在人群中穿行而过，让人一下觉得孤独而无助。地铁 10 号线上有个背着发黄的卡通书包、衣着破旧、小脸脏乎乎的小男孩。他的手里拿着食堂用的小钢碗，身上挂着一个一直大声放感恩歌曲的收音机。他面无表情地走在车厢里，见到一个乘客便先鞠几躬，然后"扑通"一声下跪，磕几个头。这种无言的模式偶尔会打动一两个菩萨心肠的中年女性，她们掏出一元或是五角，放在男孩的碗里。只是大多时候，男孩收到的是一脸的冷漠。不是鄙夷也不是不屑而是见惯的冷漠。这种无视来得很直接，而男孩也不会哭闹，继续向前走，向下一个人鞠躬、下跪、磕头。

我知道他不会哭。他的脸上写着更为刺眼的冷漠。那是受过多少拒绝和无视才修炼出来的坚硬的面色？他一路不语，也许远处有监视自己的人，他无能为力。我早上在地铁上见过那个男孩，在晚上回来的地铁上再次遇见他。不知道他会不会想，今生的活动范围就只是一条地铁。从白天到黑夜，从深夜到天明。偌大的北京与拥挤的人群竟容不下一个小小的孩子，也许就是因为他太渺小了。

"扫街"的时候，我们在高档小区周围的底商处挨家挨户地采样。那些商家的员工总用怀疑的目光上下打量着我们，最终盯着我们的工作牌。有的人推口说老板不在婉拒我们，有的人半信半疑地把我们带到老板那里去。这些人大多二三十岁，年轻，胆小，凡事求个周全。他们也是从各地涌来的，为了不可言说的梦想和激情，小心翼翼地生活着。所以他们不去揽事，不会故作热情，不会过多关心。他们很容易在这座城市里被吞噬，没人在意他们的过去、现在或未来。他们很容易一生平淡。于是在钢筋水泥坚硬冰冷的城市里，淡漠与不在乎是他们的自我保护。他们被北京接受，却不被北京包容。倒是老板们反而大多数热心，为我们倒上水，看过证件后耐心回答我们的问题，临走时把我们送出门外。一路微笑，没有什么厌恶或不耐烦。他们好不容易打拼到这个程度，对于还年轻的我们，多了一份长者的关怀与过来人的慰问。他们好不容易才被这座城市包容，所以他们竭尽全力去包容我们。像完成一个与当初年轻热血的自己的约定。不忘初心，方得始终。

我们抽中的片区内有林立的写字楼也有矮小的平房。从写字楼出发沿着朝阳北路这条宽阔的马路走到一个加油站的附近，过斑马线，走进一条小巷子里，眼前展现的便是一个城中村。直到亲眼看见这个村，我才相信5分钟的路程原来也可以隔出两个世界来。水泥平房成排分布，人家一户挨着一户，铁皮门之间顶多一个人的宽度。烂泥小路上散落着白色、蓝色的塑料袋和腐烂的水果。卖蔬菜的小贩骑着破三轮车勉强地绕过我们，挤进一条条巷子里。女人在门前洗头，白色泡沫顺着污水向四周流去，小孩睁着晶亮的眼睛看我们，痴痴地。垃圾堆放的地方熏得人胃里直冒酸水，它的对面便是一排住家。"脏、乱、差"这三个字果然是最精辟的概括。而它的对街，就是一个高档的电梯小区。偶然一抬头，周围高楼林立。生活在这里的人们被城市包围了，无助而茫然。

所以他们对我们如此冷漠。一个倒闭市场的看门大爷大声嚷嚷着让我们出去；开小餐馆的夫妻俩背对着我们洗碗，面对我们的问题，一言不发，整个过程中不看我们一眼；刚走进一个杂货店，老板便警惕地上前。我们被看成不怀好意的敌人，在这个人情淡漠的村子中。这里看不到什么民风淳朴，只是感受了一番被无视被驱赶的委屈。我像那个刚开始乞讨的男童，如此切身地觉得自己与整个世界之间的遥远。时间让他习惯，经历让我思考。

一直以来，我思考问题还是像个孩子，是非分明，对错清晰。但世界是个混合体。对与错、是与非相互融合，黑白搅成水泥般的灰色，雾蒙蒙的，看不清楚。

北京正以这样的方式混合，像是一台水泥搅拌机，轰轰地转动着。来之前对北京的猜想就地被推翻。这个城市没有绝对的耀眼也没有绝对的黯淡。

它耀眼的背后一片黯淡，黯淡的背后一派耀眼。它们就像城中村一样一层层地缠绕、交织、相互包围。这座城市被斑驳纹路裹成了一个洋葱，怪不得没有一颗能够包容的心。它本身就无法被自己包容。

它孤独而拥挤，黑暗而光明，混乱而单一。而即便如此，它的大多数地方还是美好的。光是天安门、霓虹灯、高楼，便足以让大波年轻人不断涌来。他们在这座城市里挣扎着生存，渴求被包容，渴求被接受，最终也交融成这座城市的一部分。兴许目光早已浑浊，热血已然凝结。但在深夜里，在灯火中，他们中总有些人的眼神依旧坚定。感谢他没有被这座城市改变。感谢他偶尔记起最初的自己。感谢他内心保持清澈。

因有急事，我独自一人乘动车提前离开了北京。清晨八点半的车。候车大厅里的行人和我一样提着大包小包，鲜艳的纸盒子是老北京的特产。检票开始，人群拥向检票口，也不知道在急什么，就是一个劲地向前涌。和我一样在这座城市停留的行人，是否最初也是这样急切地来到这儿的？提着大包小包，孤身一人，告别温暖的怀抱，带着憧憬，满腔勇气。

动车缓缓驶离西站，窗外的风景闪动着，最后模糊了。

模糊，是我对北京最后的印象。

过去的十几天，我小心地走近它，残忍地剥开它。只是最后的最后，我愿意像安抚一个孩子一样，笑着与它轻轻作别。记忆不需要清晰，模糊是一种朦胧的美感。

我模糊与它有关的记忆，以便偶然想起，还能够彼此安慰。

列车半夜 11 点驶进成都站。我拖着行李，疲惫地走在车站里。深夜，走在回家的路上。我突然想起刚到北京时的那天，也是这样一个没有星星没有雨的深夜。我们坐在宾馆对面的烧烤铺子里。烧烤店的男老板用嘶哑的嗓音就着吉他声唱着《北京，北京》。

昆明，我非过客

文/周琴

当一座城市装下了三春杨柳九夏芙蓉的香枝素艳、万里云上大观楼的婆娑风月、花树里金马碧鸡的画栋朱帘、五百里滇池的暮霭飞烟、神骏西山的云舒霞卷，它也必然要接纳自己的千里声名与纷至沓来的游客。

根据云南省旅游发展委员会发布的数据，2015 年云南省旅游业总收入达 3 281.79 亿元，旅游业增加值占全省地方 GDP 的 6.6%，其中昆明接待的国内游客量居全省第一。而近两年，沪昆高铁的全线贯通，更是使昆明旅游的时空格局发生了根本性改变，游客量在原来的基础上又形成了新的增长。昆明作为一个省会城市，它享受着经济快速发展的光鲜，而我此行感受到的还有它所承受的另一面的烦恼——拥堵的交通。我们下高铁时已是深夜 11 点多，按理说是车流量较小的一个时间段，打车前往酒店的路途却也行进得颇为艰难，在道路畅通的情况下，1 个多小时的路程走走停停，2 个多小时才到达目的地。根据高德地图发布的交通分析报告，昆明是 2016 年全年十大堵城的"常客"，在 2017 年第一季度，拥堵排名全国第 7。

拥堵的交通固然惹人恼，但这里毕竟是天高云淡彩云归的南国春城，日日有看花回的游人与暮至朝辞的过客。除此之外，还停留着西财第 54 组的访员们。

路口的清真寺安详肃穆，空气有着令人舒适的温度，昆明的街头，访员们正奔往受访户所住的小区。

报道小分队到达昆明的时间不太讨巧，访员们在昆明的任务已进入扫尾阶段，工作进度已由"全盛"阶段的每天十几户过渡到了现在的每天两三户。

跟访的第一户是新样本，除了具体住址外没有更多的信息，这使得访员在与小区门卫叔叔进行交涉时便受阻了。门卫叔叔不相信我们。由于没能争取到居委会的支持，访员们也没办法拿出介绍信之类的证明，只能轮番上阵跟叔叔解释并拿出自己的身份证做抵押，可这些效果并不大，我们最终还是没能进入小区。"没关系，我们明天再来看看，说不定门卫换班会换成另一个叔叔，也许我们就能进去了。"离开小区时，小组的"带路担当"杨琴乐观地说。

第二户是昨天就已经预约好了访问时间的一位老奶奶，到达老奶奶家门口时，所有人的心情都是轻松而充满期待的。然而事情并没有我们预想的顺利，老奶奶不在家，不确定什么时间回来，家里只有奶奶的老伴。爷爷年纪大了耳朵不太好，不方便接受访问，访员们只能想办法与老奶奶再预约一个时间。

说不失落、不沮丧是不可能的，但工作尚未完成，访问仍要继续。

第三户的门是在访员们等了将近 20 分钟后才打开的，出来的是一位爷爷。爷爷一开始还是愿意接受我们的访问的，但一听说需要 1 个多小时，爷爷立刻表示不可能接受访问——"我现在住在我儿子家，今天只是回来拿点东西，马上就要回我儿子那边，没时间久待。"爷爷拒访的态度很坚决，访员们只能申请更换样本了。

白天的访问结束了，扫尾工作相较昨天进展不大。"我们品尝过这座城市的冷暖啊！"坐在街边的长椅上休息时，一位访员打趣地说，语气中有些许疲惫，但更多的是一股子不言放弃的坚韧劲儿。

这个夏天，他们带着同样的认真与坚持与昆明邂逅，在访问中感受着这座城市真实的呼吸与脉搏，释放着自身的能量。于昆明，他们不是游人；于青春，他们更非过客。

岂止星星之火

——小记山东第 6 组访员

文/姚彤

"我们本来是打算五点半就开始访问的"

短短十天，第 6 组的调查工作已经进行到了第四个社区。

当被问及何时开工时，访员们回答"早上最迟七点半就开始了"。

"别的组一般都八九点钟才开始的，你们组怎么这么早啊？"

访员们你看看我，我看看你，"他们都八九点的吗？我们不知道啊，我们一直是这个时间。"紧接着便打趣道："要不我们跟督导说说？"话虽这样说，早起对这组访员来说简直是家常便饭，他们起初甚至打算五点半就开始工作。不仅仅早上开工早，访员们几乎全天都处于工作状态，没有午休，没有固定的吃饭时间。只要受访户方便接受访问，饭点也好，晚上也好，任何时间他们都可以迁就。

"我们最大的享受，就是花两块钱坐公交车吹个空调"

我们联系到第 6 组访员的时候，他们正在某社区进行扫尾工作。社区不算很大，但由于之前更换过一次楼栋门牌号，实际情况和样本信息有出入，访员们往往要来回跑好几次才能找到正确的样本点。部分受访户白天在小区外经营自己的商铺，访员们的工作范围便要拓展到小区外。即便如此，他们依然不觉得麻烦，"这个社区已经算很好了，不用跑太多路。前一个社区的样本点相隔很远，我们刚开始又不知道有公交车，要走三站路去找受访户。那几天济南非常热，我们最大的享受就是花两块钱坐公交车吹个空调。"

"这几天我被拒的次数比过去二十几年里加起来的次数都多"

第 6 组还有一位研究生访员。为了参加家庭金融调查，他放弃了去审计局实习的机会。"在审计局和家金调查之间，我还是想选一个比较苦的。因为像我们这种一直生活在象牙塔里的人，还是要多经受一点历练、多吃一点苦，这几天我被拒的次数就比过去二十几年加起来的次数都多。"他说这句话的时候，我们正走在去小区外寻找受访户的路上。正午的太阳又毒又辣，巨大的蝉鸣声充溢着整条狭窄的道路，也把我们的耳朵填塞得满满当当。在令人头昏脑涨的天气下，我听他讲述了泥泞的拆迁路、没有厕所的小山村、受访户赶人时挥起的大扫帚……末了，他又加上一句："其实，苦也不苦。"

怎么会不苦？作为队伍里年长的大哥，他承包了大多数的"钉子户"，"软磨硬泡厚脸皮"不得已成为标配——不管是态度恶劣的拒访户，还是访问中途变卦的受访户，他都要费尽心思磨破嘴皮去协调解决。大雨天里带着大家"搬家"；酷暑里在各个社区来回奔波；工作的路上帮队友背着大书包；组员情绪低落时，适时地关心和开导……他就像含蓄温厚的大树，队友累了便可以倚靠着他歇会儿。

"我这人特别皮，在哪都能活，

所以那些苦啊累啊的都是小事，但我不能忍受我是倒数第一"

访员的工作往往与汗水和泪水联系在一起，这两样东西，我在这组的一位访员身上都看到了。当天刚到达社区，我们外出时就发现这位访员站在树下擦眼泪，询问原因，她也只是笑着说"没事"。眼看着和受访户约定的时间快到了，她快速擦干眼泪，向我们挥挥手就投入了工作。下午聊起这件事时，这位访员告诉我，她之所以会哭，并不是因为访问中的困难和艰辛，而是因为自己做成功的样本数是组员中最少的，要强的她非常着急，多日来蓄积的压力只能通过泪水来宣泄。

这位本科一年级的访员因为"让中国了解自己，让世界认识中国"而选择加入家庭金融调查的大队伍，她深信自己正在做的事虽然看起来不起眼，但一定有着重要的意义，大量的微观数据经过分析整合终将汇聚成浩瀚的海洋，孕育出生生不息的智慧之光，照亮我们前行的道路。这十多天的调查工作也让她获益良多，不仅交流沟通能力得到了提升，从同组组员身上也学到了不少东西。她在和我交流这些收获的时候，眼睛都在发光："能分到这一组我觉得自己实在太幸运了。我们组里的每一个人都特别优秀，他们身上有很多值得我学习的地方。"同组员间深厚的情谊也是她产生压力的原因，她实在不希望拖大家的后腿。

当天傍晚，早上约好的受访户并未按约前来，多次打电话无果后，我们只得再次去受访户家中寻人。谁料急匆匆赶到单元楼下，受访户却不愿为我们打开单元楼门，这位访员联系了楼长，对方也因有事而难以配合。明明太阳已经快要落山，访员却因为焦灼而流下了大颗大颗的汗珠，一滴滴汗水在她的脸上蜿蜒成流，着实令人感慨。

乐观、友爱和团结是这组访员给我们留下的最深刻的印象。这个团队里的女生都很温柔，但在调查工作中却异常坚韧。这个团队里的男生则沉着冷静有担当，他们鲜有抱怨，从不后悔；他们行动快速，效率喜人。常说访员们是星星之火，但他们岂止星星之火，每一位访员即使流着相同的汗水，但汗水背后却是不同的人和事，是不一样的心路历程。他们的付出独一无二，他们是大调查坚实的根基，更是未来之希望，希望之未来。

银川：低一点的温度，暖一点的情怀

——访员、受访户印象记

文/管甘萍

一下银川的火车，率先感知的是银川的"冷"——与成都的闷热截然不同，久违已久的干爽宜人。22 摄氏度的银川，在全国各地高唱高温"哀歌"的时候，是多么难能可贵的存在。

一、访员篇

和访问第 89 组见面已是第二天的早晨，循地图找到了他们访问的社区居委会。门半掩，一推开就看到他们微笑着招手。问起访问的情况，第 89 组的女生你一言我一语地说起来，眉眼里面洋溢着成就感。毕竟短短几天他们就把一个村的访问量完成了，而这个社区的胜利也已在望。

然而欢笑的背后，有不被理解的委屈。说到拒访的时候，组里号称高个子和高智商"双高"担当的新疆女孩，就大方地自嘲说可能是前面太过顺利，到这里还没开始访问，就接到了主动拒访的电话，还有的受访户在访完之后直接说"不要再来了"的警告。今年的问卷加长了不少，一次访问短则 2 个小时，长则 6 个小时，过中午 1 点访不完，再饿也不敢先吃午餐，生怕受访户"跑了"。

跟着社区联络人，我们找到了今天要接触的受访户的家。社区联络人敲了门，耐心又焦急地等，没有人；害怕受访户听不到，凭着高个子优势把窗户又敲了四遍，还是没有人。访员又熟练拨起了电话，依然无人回应。

"不会是去上海了吧？前两天还遛弯呢……"联络人猜测道。

"那您有他上海的联络方式吗？"访员就立刻追问起来。

"喔，应该是买菜去了。"过了小半会，联络人才想起来，"11 点再过来试试吧。"

这样的无功而返并不只是这一次。好几户老旧失修的房子上面空落落的招租广告和永远敲不开的门预见了空户的结局，只好和质控、督导商量换样本。没有放弃的两位访员，好不容易打通了从居委会费了好大心力要来的新联系电话，却对接电话独居老奶奶一问三不知的回答欲哭无泪，只好作罢。

再见他们已是下午两点的大合照。那时的银川是灰蒙蒙的天，有着一点点提前的秋意的凉和雨前的冷，迥异于盛夏的光与热。但没有人需要在意，镜头前年轻的微笑和彼此间无间隙的打闹就是最好的证明。突然就想起了大一小学弟回忆第一次上门访问，刚说明来意就被毫不客气地骂"你们这群害人精"等话时神情的风轻云淡，其背后有多少难受和委屈是被这种积极阳光的温暖所治愈的呀。

二、受访户篇

纵然再多的委屈和心累也不能忘怀那些受访户给我们带来的感动。很多开始就说拒访的后面都会"口嫌体诚"非常配合地完成问卷，内心还是觉得把基层的声音说出来，并从我开始，才有利于社会的发展。

一个已经搬迁的阿姨白天上班，晚上回来还坚持将访问做完，12 点才结束。再大的夜晚凉意都抵不住信任和支持的暖意。

最让人感动的还是年过七旬、腿脚不便的老爷爷。作为我们的忠实老受访户，每次家金调查中心发的东西他都精心保管着。

"我是彻底的无产阶级，无家可归。"老爷爷风趣又沉痛地说。住着年租金 1 万多元的房子，领着 3 500 元左右的退休金，只是目前的小稳定。独自生活 22 年，每逢房租上涨必搬迁，没有一个朋友说得上话，有三个亲人都在外打拼奋斗，很难回家一次的儿女才是大常态。故乡哈尔滨在 1985 年后已是遥远的他乡。用青春和汗水奉献过的宁夏贺兰县以及银川，无论多么清晰的回忆都只是年华悄然，白驹过隙。

旁边放着小冰箱和之前使用过的轮椅，20 多英寸老式彩色电视机里面放着《西游记》，在狭小的屋子里显得有些突出。"都是小儿子以前给买的。"依然口齿清晰、耳聪目明的老爷爷对儿女的孝顺十分珍惜。

"那您对家金有什么印象吗？"我问。

"年轻的时候也当过干部，国家大事都挺上心的。年老了，我一个人挺孤独的，谁还来了解你？家金还可以聊聊。"面对问卷没有一丝的懈怠，每一个回答下面都有岁月的痕迹。

其实有挺多的受访户在回答问卷的时候都带着倾诉的感觉，有反映社会薪酬不公平的，有抱怨公积金少得可怜的，也有人寄望于我们能解决的。很多时候我们都感到心有余而力不足。我们也是这个社会的一员，同在中国，感受着同一个时代的得失利弊，我们却谁都没有足够的权力和能力去扭转乾坤。但是这并不意味着我们集体的沉默与不作为，而更应该是更深入地了解我们自己，了解这个社会，洞察我们真正的中国，发出我们的呐喊，让数据成为一种有力的助推。这也正是家金的意义和目的。感恩每个人的付出。因为有你，神闲意定，也无风雨也无晴。你怎么样，中国就怎么样；告诉我们你怎么样，我们才能共同走向想要的那个样。

你好，银川，23℃。

"战" 天津

文/田齐月

如果说对天津的访问是一场没有硝烟的战争，那督导战笑然的"排兵布阵"可谓是井井有条、成竹在胸。

早上 8 点多一点，她就带着天津访问第 6 组的同学们骑着小黄车出发去负责的社区进行访问了。

"因为我们是住在一座写字楼附近，早上 8 点多刚好陆陆续续有上班的人骑着小黄车过来，然后就停在楼下，这样我们就能保证每天找到充足的'小黄了'。"战笑然说道。访问组还将同样的策略运用在早餐上。"我们到社区的时候正好也有一些年轻人准备出门上班，门口就会有好多推着小车的人来卖早饭，应有尽有，物美价廉，我们就可以选自己想吃的，非常方便而且也节省时间。"最受第 6 组组员们青睐的是"大饼卷一切"，筋道可口的饼皮卷上各式的蔬菜还有火腿，再刷上一层浓香的酱料，访员们繁忙的一天，就从这里开始了。

有两位同学正好约了受访户于上午 9 点在居委会进行访问。当他们到达时，发现受访户也已经到了，于是便紧锣密鼓地开始访问。因为居委会办公室里是不允许抽烟的，访员们只能和受访大爷一起站在门口，等待大爷边抽烟边回答问题。就这样坚持了大约一小时之后，大爷变得很不耐烦，有了想离开的意思。住在大爷附近的一位邻居大妈这时也加入进来，用带有天津味的独特口音说道："她们这个一问要问几个小时呢。别管她们，咱们快走吧。"老大爷似乎有点动摇，但在访员们的再三挽留下，还是继续站在门口完成了问卷。

"这样的情况已经算是很好了。"战笑然向我们介绍，"还有很多打电话过去约好时间但又被几次'放鸽子'的情况，去了也找不到人。一般我们都是先让居委会出面打电话，这时受访户一般不会拒绝。但等到我们真正上门时，事情会变得完全不一样。"战笑然提到，有一次受访户以家里有病人不便被打扰为由拒绝了访问。访员们第二次准备去敲门时也觉得非常不好意思，于是便购买了一些水果作为慰问品。受访户一看反而觉得不好意思，最后还是接受了访问。

"有一段时间这种情况出现得比较多，小访员们心情都比较低落，下午的时候我就让他们休整休整。小访员们虽然都没来过天津，但连出去玩的精力都没有，很多都是在酒店里蒙头大睡。"战笑然苦笑着说，"我就去电影院里看了场《建军大业》，看完像是打了鸡血一样。说起来虽然有点俗，但革命前辈都是死都不怕，我们这些困难又能算得了什么呢？"

说话间，两位访员已经结束了对老大爷的访问，当时已经将近 11 点。他们拿出早上还来不及吃的"大饼卷一切"，也顾不上形象，就大口啃了起来。

访员们的辛苦战笑然看在眼里，也记在心里。半个月来的实践操作也让她总结出了一些经验。"对于比较难搞定的受访户，我会让大一大二的小孩结伴去，他们的眼神清澈，看起来天然无公害，一敲门，叔叔阿姨们就心软了。"战笑然笑着对我们眨眨眼，"我们这些研究生姐姐给他们保证后勤就行。"

因为这个社区的工作已经进入攻坚阶段，最后只剩下几个"钉子户"，访员们的工作变得更加艰难。在和居委会交接完后，战笑然不忘感谢在居委会工作、一直帮着访员给受访户打电话的小姐姐们。"多亏了她们，每天那么忙，还帮着我们一户一户打电话。要不是她们这么给力，我们也不会完成得这么快。"但"战争"到这，还远远没有结束。"这个社区的进度还算可以的，下一个社区，是在市中心。我在看前年的督导寄语时，她把它称为'永远的痛'，我已经做好了心理准备。虽然过程会比较艰难，但我知道最后我们能成功。"

8 月的天津，海风似乎也无法吹散空气的燥热因子，蓝衣"士兵"仍旧坚守在每一个"阵地"上，等待着最后的胜利。

最"心甘情愿"的"不甘"

——我所感知的东北初中等教育现状

文/张潇予

在高校联盟调查中，北京师范大学负责的那个调查片区，访员们曾展开过一场关于东北教育问题的讨论，聊老师素质，聊家长观念，许多访员还因为专业背景而有了更多的体会和思考。中国家庭金融调研中心的王军辉老师及时引导和鼓励了这样的交流："大家都在认真地反思自己所做的事情，也在思考访问时遇到的社会现象。"

在与东北城市的"照面"中，报道小分队与访员们一起，在行走和访问中感知了东北的教育现状。

存在于受访户抱怨声中的城市初中等教育

在沈阳的公交车上，一位热情的爷爷了解到我们的学生身份后无尽感慨："你们父母把你们供出来可不容易啊，几十万啊。"

在哈尔滨跟访时，我们才明白东北人民口中的这份"不容易"的教育支出具体是指什么。

杨奶奶（化名）一家三代人，生活拮据。访问时每每提到外孙女，杨奶奶总是叹一句："这个孩子太幸运了，自小没上过补习班，没多花过家里一分钱。"杨奶奶没有把外孙女从未补过课的原因归功于勤奋、领悟力强、成绩好，而是——幸运。

"我们孩子上了12年学，都遇见了好老师，上课好好讲，从不故意开小灶、办补习班收钱，简直是攒了几辈子的福气了。"据王奶奶说，当地许多小学、中学老师故意在课堂上少讲，在课堂外补习，从而赚取额外收入。

我们与杨奶奶约在社区访问。访问过程中，杨奶奶向许阿姨（化名）打招呼："带着孩子去哪儿玩啦？"许阿姨左手拎着书包，右手拉着一个大约十岁的小女孩儿的手："哪里的事儿啊！带着孩子上补习班去了。"小姑娘低着头，自顾自摇摆着双手。

在与许阿姨的交流中，我们了解到，她每个周末都会带着孩子去上辅导班，考虑到自己的家庭情况，她没有为孩子选择本班老师开设的辅导班，而是选择了价格较低的辅导班。她嘴边未少抱怨："不能指望课堂教，都要靠着外面补。老师上课不会好好教，如果不上补习班，就学不到东西。"

杨奶奶附和着，还刻意皱起眉头："不补习的话，有的老师把孩子调到最后的座位，有的老师故意不点孩子回答问题。"随之，她又展颜一笑："我们孩子好福气，我们遇到的老师一直很好，陈老师（化名）从未补过课，有家长给她送了水果，她马上给孩子们分了呢。"

沈阳、哈尔滨、长春、松原……一路上，我们发现"补习班"在东北再平常不过。"几乎每个城市家庭都会提到这项支出。"有访员这样跟我们说。其实，仅仅是"补习班"并不能引起东北市民整体发声，高昂得让普通家庭无法负担的"补习费"才是每一个家庭心有不甘却不得不付的费用。

在吉林某市的跟访中，我们粗略计算，在这个平均工资较低的城市，每个家庭每年需要支出至少 7 000 元的补习费。一位面包烘焙师，一个月工资 2 500 元左右；一个装修工人，一个月工资 3 000 元左右。对于这样的家庭，每年几大千甚至几万的补习费的确是一笔不小的支出。

这些家长显然并不想支出这笔费用，但他们说："我没有办法啊，我的孩子就在这里上学，大环境如此，我必须要花这个冤枉钱。"

如果说高额的初中等教育支出让东北的城市家庭充满负担，那这些支出对于一个农村家庭意味着什么呢？

一个典型的"教育致贫"的农村家庭

在吉林某村，我们见到了郭爷爷（化名）和他的一双孙辈。虽然郭爷爷家里代代都是农民，但是郭爷爷对教育极为重视。"哪怕砸锅卖铁，我也要把孩子送到县城，送到好的学校去读书。"那些仍然相信"知识改变命运"的贫困家庭把家族命运转变的希望寄托于教育，而城乡教育资源不均，让这些家庭又只好选择把孩子送到县城的学校去读书。

郭爷爷的孙子、孙女都在县城上学，在老师的家中吃住，两个学生一年需要 40 000 元至 50 000 元的教育费用。郭爷爷的家庭以种地和务工为主要经济来源，一年的收入也只有 30 000 元左右。为了让两个孩子继续读书，郭爷爷一开始向亲戚朋友借钱，后来找专门放贷的人借钱。许多笔债"利滚利"，如今，家里已经欠了 20 万元的债了，"还清债务"，是一件几乎不可能的事情。

郭爷爷快 80 岁了，依旧天天下地务农。在接受访员们访问的前几天，当地突发地震，郭爷爷家中的房屋建筑严重受损，墙体裂开了口子，但他丝毫没有修补的打算。"冬天我们没有钱买炭，只能烧玉米秸秆，又哪里有钱修补这些呢？"

郭爷爷的情况不是个例。大多数农村普通家庭一年收入 30 000 元至 40 000 元，对孩子的教育有期许的家庭都会选择送孩子到县城上学。由于主观、客观等多方面因素，这些孩子会住在任课老师的家中，吃饭、住宿、辅导，这产生了大笔费用。许多家庭依靠借债的方式完成一季又一季庄稼的播种和对一位又一位学龄儿童的投入。年末收成时，庄稼人用劳动成果还上之前的欠款，而年初时，又因为没钱买种子、化肥和交孩子的学费、住宿费，便再去借款，年复一年。

然而，什么都不能打垮东北家庭对"教育"的追求。曾经的东北地区，作为老工业基地，享受各项政策的照顾，许多人获得了体制内的安稳与福利，很多居民依然有相似的观念，他们希望孩子通过一份重点大学的学历获得在体制内工作的机会。

在抱怨与无奈中，在心酸与贫苦中，这些家庭，仍旧选择前行。他们不甘于不公平的教育资源，不甘于无力伸张正义的地位，却只能接受现状，跟随环境之大趋势，在"教育万岁"的口号下，上交了自己的血汗钱。

行走已止，思考未停。令我们深思的是，我们所感知的东北初中等教育现状，又是不是整个东北地区的一个缩影呢？

课程推广价值篇：书写兴国梦

项目采取优势互补、协同推进的多校合作模式。2017 年，西南财经大学牵头与北京大学、北京师范大学、浙江大学等 33 所高校共同发起成立高校社会实践与数据联盟平台，着力解决单一高校难以持续组织大型社会调查，需要跨区域高校协同互补，共同推进的难题。联盟内各高校依托平台已开展本校调研项目 32 个，由西南财经大学牵头统一执行，各高校协同合作开展。先后有 33 所联盟高校 687 位教师围绕项目主题，共同制定调研方案和培训方案，来自海内外 83 所高校学生跨校组成调研团队，在教师全程指导下开展调研活动，交流心得，共同成长，实现了高校间合作共赢的规模效应。

项目实施以来，建设了"中国家庭金融调查与实践"国家级社会实践一流本科课程等 15 门国家一流课程，建立了国内首个中国家庭微观主体金融数据库。2 万余名学生亲历了长时间高强度社会调查活动的磨炼，接受了较为系统的科研训练，参与发表高水平论文 365 篇、研究成果 1 000 余项。项目成果获习近平总书记批示 2 次，获时任副国级领导周小川等省部级以上领导批示 35 次。四川省委书记彭清华、时任教育部部长陈宝生等先后视察并充分肯定本项目工作成果。

本篇为合作高校学生在参与中国家庭金融调查项目中的所感所悟。

我们热爱这个过程，绝不放弃！

文/尹思原

闲云潭影日光悠悠，物换星移几度春秋。氤氲的乌云与潮湿的空气宣告着华北雨季的到来，而 2021 中国家庭金融调查也拉开了序幕。

虽然第一次参加调查，但对我来说，它就像是一个熟悉的陌生人。我的父亲曾经是中国家庭金融调查的一员，儿时常随他去调查中心，我对于中心的人和事产生了深厚的感情。从《八千里路云和月》《最是橙黄橘绿时》《九万里风鹏正举》《万水千山总是"晴"》到《不曾以山海为远》等调查纪实丛书，我见证了师哥师姐的调查经历，也对调查充满了向往与憧憬。如今恰逢其时，我报名参加了 2021 年的中国家庭金融调查。

首个访问的社区位于北京东方。以一座化工厂为核心，周围建设了独属于它的居民楼、学校、医院……走进生活区，仿佛翻开一本蒙上灰、在人来人往中等待着被发掘的相册，每一页，都是一幅精美的老照片。社区以中老年居民为主，与他们交流又如酌一杯陈年老酒，引觞自酌，方能体会时间之流逝，感受社会之变迁，了解时代发展洪流中一个个微小个体之命运转折。

访问是条件艰苦且追求效率的。我们可能无暇顾及道路两旁的景色，但放慢脚步，这一路上也时常有感动相伴：当受访户奶奶主动帮助我们找寻地址不明的其他受访户；当老受访户拿出 2014 年中心寄出的感谢信并与我们谈笑风生；当受访户讲起自己的青葱岁月而两眼放光……一个个这样的小感动如同助推剂，消除了我们身体上的劳累，也让我们心理上更加确信自己正在做一件十分有意义的事。

或许充实，或许遗憾，老酒也终将饮尽，相册也会有末页，而本社区的访问至此已告一段落。访问的过程绝不会是一片坦途，其必是困难与汗水相伴的"长征"。罗曼·罗兰说过："这个世界上只有一种真正的英雄主义，就是认清了生活的真相后依然热爱生活。"这家化工厂的诞生乃是 20 世纪 60 年代中苏交恶时，我国为应对核讹诈而开展的"三线建设"的产物，化工厂本身则拥有艰苦奋斗、永不认输的时代精神。于我们访员而言，无论拒访多么频繁，多么决绝，我们也应该继续热爱这个过程，绝不放弃。

悟已往之不谏，知来者之可追。无论昨日有再多不如意，过去已然成为过去，而明天则是一份未知的礼物。下一个社区，等待我们的也许是惊喜，也许是惊吓。王安石云："尽吾志也而不能至者，可以无悔矣，孰能讥之乎？"让我们大步向前，向着朝阳进发！

北京访问8组：我们与社会的距离

文／刘容瑄

进入居委会大门，只见北京访问8组的访员卫雪正在访问。

卫雪侧着身子，认真地注视着受访户奶奶，不时用神态的变化给予回应。她的表情很有感染力，再加上夸张的动作，奶奶很快就被她逗笑了，一边回答一边和她唠嗑。

卫雪的访问并不是一直都这样顺利，她苦笑着说："有几次敲开门了他就骂我，他一开骂我嘴都张不开了，很委屈。"据访问8组的访员说，这边的人的防范意识很强，经常会把他们误会为其他外来人员。

有一次敲开门，对方看见身穿蓝衣服的卫雪后问道："孩子你这么小就出来卖保险啊？"现在说起来还是令人哭笑不得。

家金像一把尺子，带大一学生丈量不一样的北京

北京访问8组有五位访员是西南财经大学本科2018级的学生，刚刚结束大一学习生活的他们，第一次走进社会，便是参加家庭金融中心的大调查项目。

"我觉得我挺适合这个项目，可以在外面跑一跑，锻炼一下自己。"卫雪说。

早上7点起床，乘坐一个小时的地铁去社区工作，一直到晚上9点，甚至有时晚上11点才结束，这对于大家来说都是从未有过的体验。

大学是一座象牙塔，里面的人迫切地想走出去，用行动丈量自己和社会的距离。而家金就像一把没有刻度的尺子，它告诉我们从学生到社会人的身份转变还有多远。

从派出到今天，北京访问8组已经访问了7天，这个社区已开始进行收尾工作，组员们的心态也经历了很大的转变。

"北京没有想象中那么繁华，家金也不像期待里的那么顺利。"卫雪感叹道。

形形色色的人，留在心间的感动

"你们接触多了就会知道什么人都有。"居委会主任说。仔细看会发现访问8组的每个人书包上都挂着同款香包，那是居委会送给他们的，里面放着驱蚊的香料。

炎热的中午，居委会主任又给他们送上了自己熬的绿豆汤："我很理解你们的工作，我也是从基层做起来的，做这种工作互相理解特别重要。"

虽然7天的访问中访问8组经历了许多的拒访，听见了各种各样的骂声，但是居委会的理解、受访户的理解，都给访问8组带来了新的感动。

有一次访问8组去敲门，那时天色已晚，已到受访户休息的时间了。但是门开以后，他们不仅没有不耐烦，反而很欢迎和配合访员，给大家切西瓜、盛绿豆汤。"他们家老奶奶和老爷爷不能吹空调，他们还拿扇子给我们扇风。"谈起访问中遇到的暖心小事，督导唐梓源总有说不完的话。

赠人玫瑰之手，经久犹有余香

印度古谚道：赠人玫瑰之手，经久犹有余香。

"我们督导一直和我们说，让我们不要太打扰别人。"访问8组的王睿曦说。有一次，她买了一把新伞，将撕下来的标签留在了居委会的桌子上。第二天她去的时候，督导唐梓源就和她说："你看你的标签还在这，你还不快把它拿走。"

访问8组在许多小事上都很细心，我们离开房间的时候，总有组员留在最后把大家坐过的椅子归回原位，把桌上的垃圾装袋拎走。

唐梓源告诉我们，前一天这个社区正好在进行大扫除，他就带着组员拿起扫帚前去帮忙。这也让居委会对访问8组的同学有了好感，在大扫除过后给每位同学都买了雪糕。

而对于访问8组的同学来说，他们做的都是"很正常的事"或者说是基本的礼貌，在和居委会的相处中他们是这样的，在和受访户的相处中也是这样的。

信任与感动，全在这一口袋香甜的蜜桃里

这些天，访问8组一直在"被感谢"。

中午12点的居委会办公室很安静，刚刚结束一上午工作的访员们正趴在桌子上午休。此时，一位满头白发的奶奶来到了居委会门口，手上拎着一袋桃子。我们出门了解情况后，得知这位奶奶是王睿曦的受访户，此番前来是为了表达感谢。

王睿曦告诉我们，她在访问时得知奶奶家里的条件并不好，家里还有一位腿脚不便的爷爷。"耽误人家这么久挺不好意思的，就想着给人家买一点面包。老年人吃面包可能方便一点，水果他们可能嚼不动。"她说，"我没有和奶奶说面包是我自己买的，她就以为是大家统一发的。"后来得知了真相，奶奶一直邀请她前往自己家里做

客。"这个奶奶人真的是太好了。"王睿曦感慨道。

令大家没有想到的是，奶奶在今天中午又特意找上门，将桃子送到访员王一霏的手上，叮嘱说："我绝对不能吃她花钱买的。你一定把桃子送给她。"正在午休的王睿曦也被组员叫醒，前来接受奶奶的感谢。

小小的善举，带来的是莫大的感动

投桃报李，善意的交换收获的往往不只是物质上的礼品，还有感动和欣喜。

昨天访问8组收到了一份意料之外的夸奖。微博昵称"看看我的粉耳朵"用户在中国家庭金融调查官方微博下评论："你们调查队的小哥哥小姐姐超有爱！我在地铁上手被划破了，穿蓝衣的小哥哥小姐姐马上给我拿了消毒棉棒和创可贴！"她在地铁上遇到的，正是访问8组的6位成员。

唐梓源回忆起当时的场景，说："一开始她拿着手机在玩，过了一会，她好像发现手机上有什么东西，翻过来看就发现自己手上被划了一道口子，流了不少血。"访问8组的同学和这位姐姐站得很近。第一个发现姐姐流血了的是卫雪，她赶紧递上纸巾，随后，唐梓源从背包里拿出了从成都带来的消毒棒和创可贴，迅速帮受伤的姐姐贴上，及时保护了伤口不受感染。

访问8组的同学表示，完全没有想到这位姐姐会给官微评论。"我们当时都挺丧气的，但看到小姐姐在微博上的评论后，我们都好开心。"王睿曦说。因为上午和新社区沟通不畅，整个访问8组的情绪都很低迷，他们本来计划晚上去看新上映的《哪吒之魔童降世》，因为白天的不愉快也只好取消了。被他们帮助过的人感谢，成了那一整天里最开心的事。"我还关注了那个姐姐的微博。"卫雪语气上扬。

居委会、受访户、地铁上的陌生人，访问8组总是在收到来自不同人的善意，而他们也在无形中带给了别人许多感动。

"在纯精神领域，必定是善产生善，恶产生恶。"西蒙娜·薇依在《重负与神恩》中如是说。

这也是我们大学生通过家金这样的社会实践活动，通过与社会上的人直面相处所学会的道理。

出征

——路漫漫其修远兮

文/卢帅瑜

辛丑之夏，六月三伏，36 名学子齐聚在柳绿花红的北京工商大学良乡校区，在烈日炎炎下与中国家庭金融调查相遇，赴一场青春之约。

纵然我们来自五湖四海，但我们都有着同一目的，拥有相同的期待：在这里，我们将用我们的脚步，丈量中国的广度；用可靠真实的数据，衡量可爱的中国。

夏练三伏，正如老话所言，我们的热情比六月的太阳更甚，我们的汗水将洒落在每一寸走过的土地上；我们将穿梭在广袤的城镇乡村，走街串巷，一群蓝色的身影会走遍中华大地，走进千家万户，深入研究中国家庭金融情况。

遥想培训伊始，大家都神色惶惶，不知道将要面对怎样的问题，会遇到哪些特殊情况。针对随机分配的小组，大家无所适从，没有和熟悉的人分到一组或者不知道将要如何处理同组之间的关系。幸运的是，我被分到了访问 7 组，一个既有青春活力而又不乏行动力、执行力的小组。

"行稳致远"是我们的队伍名称，寓意我们将会一步一个脚印，如实记录数据，踏实走访每一份样本。"志之所趋，无远弗届"，我们的志向是走访中华大地的每一个角落，即使是山海的尽头。正如鲁迅先生所言：无穷的远方，无数的人们，都与我有关。

在我们的中国家庭金融调查中，每一户家庭都必不可少，每一份数据都有意义。有道是"功不唐捐，玉汝于成"，我们访问 7 组将不辜负青春的期待；"岂曰无衣，与子同袍"，我们必将凯旋。

经过 5 天强度颇高的问卷训练与入户模拟练习，我们聚集在第一次相遇的地方，既陌生又熟悉。桌上琳琅满目，摆满了各色小吃、饮料，短暂的小聚，胜似一场隆重的出征仪式。

回顾这几天，我们小组经过短暂的磨合，也有了默契，课上认真听课相互讨论习题；课后两人自觉进行入户模拟。遇到事情后，组长带头讨论、征求大家的意见；各在其位，各司其职，分工明确。能认识这些优秀的人，是我的荣幸。

班建活动中，我们小组打头阵，旗开得胜。我们负责想出小游戏，由我们小组成员带动全班每个人参与其中，通过"背后传画"的小游戏，我们组内成员不仅获得了宝贵的友谊，更带动了班级的氛围，让班里的气氛一下子被推向了顶峰。

一首《晴天》燃爆全场，引来全班大合唱。"故事的小黄花，从出生那年就飘着……"前奏响起的那一刻，每个人心里属于自己的故事随着旋律的流动展开。台上的队伍和台下挥舞着闪光灯的听众在歌声中一起开始了自己与家金的新故事。即使"风偏偏，雨渐渐"，我们也不会说"拜拜"，终会有放晴那天，在那之前，我们已经走了好远好远。

"路漫漫其修远兮，吾将上下而求索"，未知的问题等待我们去解决、未知的情况等待我们去处理，受访户的怀疑质问、访问途中的暴晒或暴雨，这一切都是未知，而我们早已准备就绪，时刻准备启程。

前路漫漫，我们的故事刚刚开始……

"时代绘图花"，结伴走天涯

——安徽绘图 29 组行程速记

文/吴开元

有这样的四个人，他们背景迥异、性格悬殊，却因为同样一个梦想，汇聚在一起，从相遇相知到相识相守。四人同心，自川入皖，开始了属于自己的绘图征程。也曾遇到挫折，也曾有过失落，也曾汗流浃背，也曾泪湿眼眶，但一路携手走来，正如他们自己所言，"感谢 CHFS，我们成了更好的自己"。

督导吴桐凡：全能女神长成记

CHFS2015 安徽绘图 29 组的督导吴桐凡，是一个文静又聪颖的女生，也是团队中公认的"领队大姐"。

初次见到她时，是在淮南市谢家集区的草绘现场。为了节省时间、方便打理，头发束在脑后扎成马尾，透露出一股干练的气息。安排起下午的绘图任务，头头是道、井井有条，俨然一副"老手"模样。走街串巷、上楼下坡，穿梭在闹市与社区，认真细致地完成每一份手绘草图。

谈起一路上自己的成长与改变，吴桐凡笑着说，从 CHFS 收获太多。无论是作为队长的日常筹划与责任担当，抑或是从象牙塔初入社会的适应过程和经验积累，都让自己以超越常规的速度成长，变得更加"接地气、知民生"。

绘图员赵微：脚踏实地，精益求精

赵微是安徽绘图 29 组里另外一位软妹子，爽朗、爱笑，自言"有着两面性格"——绘起图来一丝不苟，日常相处又十分随和。跟随她绘图的一下午，纵然汗水从发鬓汇集滑落，她脚下的步伐也从未停下。

在进入大学之前，赵微就已经知道 CHFS，所以当这次听说 2015 年大调查开始招募人手时，她第一时间就报了名。从报名到培训，从派出到绘图，赵微一直都抱着极大的热情与激情，她想用自己的辛勤汗水，为安徽省新增样本的顺利访问贡献一份小小力量。

谈起 CHFS 带来的改变，赵微给出了八个字的回答——"脚踏实地，精益求精"。在她看来，用双脚丈量中国的土地是一场虽然艰辛但收获丰硕的行程，而显然，她已在这场修行中成长了太多太多。

绘图员张亦弛：少年有梦，织梦四方

张亦弛，一个清瘦内向的男生，初见面时是在去谢家集区区政府的路上。绘图的过程中，他步履匆匆，说起话来也是简洁明了、条理清晰，给人一种高效率执行者的印象。

随后整整一个下午的随访，不仅验证了初步印象的正确，还意外发现了他更多的优点。他有着普通男生所缺乏的细致与执着，甚至显得有点可爱的"执拗"，再狭小再偏僻的岔路或巷口，他都会去探一探究竟，并一丝不苟地将实际情况反映到草绘图中。

说起参与 CHFS 的原因，张亦弛说自己是来接受考验、加速成长的。不经历风雨，怎么见彩虹？不经历挫折与困难，就不能成为真正的男子汉。参与 CHFS 的绘图工作，苦过累过奔波过，才不愧这一段青春好时光。

绘图员施富：新朋友，老"师傅"

施富是安徽绘图 29 组中一个略微"特殊"的存在。不同于其他三人来自西南财经大学的学校背景，施富就读于四川航空职业技术学院。虽然与队里其他人来自不同学校，但施富的朴实、热心、真诚，赢得了全队的称赞，而他也由此结交了三个感情深厚的新朋友。

施富的特殊，不仅仅在于学校背景的差别，更来自他深厚的测绘专业功底。在安徽绘图 29 组，施富是所有人手工绘图的教练和指导，是名副其实的"老师傅"。整齐的走线、准确的位置、规范的标识，像教科书一般的草绘图，让所有队员对施富都抱有一份敬佩。

施富每次提到能够参与 CHFS 的样本测绘，都充满自豪和满足。对他而言，这是一份极有意义的社会实践，让他能够学以致用；对社会和国家而言，这又是一份急需却尚缺失的数据，一项必要又迫切的调研。

安徽的绘图故事，由这四朵自嘲是"祖国的测绘花朵"的花样男女开启，指向尘世间万万千千伴随柴米油盐、经历离合悲欢的普通家庭。

在属于 CHFS 的这个夏天里，艰难险阻与磨砺成长相伴，汗水泪水与欢声笑声交织，"时代测绘花"们邂逅了更好的自己，也用一个个微小的努力，绘制并续写了属于中国家庭金融调查的宏大新篇。

聚散的小日子

没有什么能阻挡相聚的缘分，没有什么能加速或是减慢同行的时光，没有什么能留住离散的时刻。

——题记

哈尔滨未眠夜

报道小分队刚刚踏上哈尔滨这座城市，便接到了黑龙江访问 7 组督导赵心慧的电话："对不起，我们现在都在医院，今晚可能无法见面了。"于是，原定在宾馆的见面改成了在医院，伴着急诊楼慌乱的脚步，伴着点滴和病历单。

上午 9 点，黑龙江访问 7 组的一位访员感觉身体有些不适，赵心慧马上安排访员回宾馆休息。下午 1 点，第二位访员感觉肚子不舒服，也提前休息了。下午 6 点，第三位访员感到腹中一阵绞痛，督导赵心慧意识到，这不对劲儿！

当晚，赵心慧带着全部组员赶到附近最近的医院进行急诊。一组 6 个人中，有 4 个人都有典型的食物中毒症状。

赵心慧领着每一个病员就诊，带到输液区挂上点滴，同时向食品安全部门上报了昨天一天的饮食场所，尤其详细介绍了小组昨晚在烧烤店的就餐情况。

巡视督导郭赛赛老师收到消息的时候，正在哈尔滨市道外区排查空户，他晚上 9 点赶到医院，陪着生病的同学进行检查。

有的访员抱着书包取暖，正在打点滴的访员们一脸萎靡，一行人，脸上无一轻松。这一夜，注定难熬。

凌晨 0 时，赵心慧陪着女生们先回到了宾馆。凌晨 2 时，郭老师把男生们送回了宾馆才离开。

然而，访员们仅仅休息了一天，便开始了他们最后一个社区的工作。出乎意料的是，访员们这一天的工作表现丝毫没有让人看出他们是一群"大病初愈"的人。

由于之前的良好沟通，受访户在社区里"排排坐"等待访员们的到来，访员们马上投入工作。访员杨雷嗓子沙哑，每次问几个问题总要停顿一下，缓缓嗓子，却还是在一个上午就完成了两户样本的采集。

访问 7 组的访员们在社区的圆桌上摆了几袋药，在访问的间隙，曹鑫鑫帮助朋友用棉签擦拭左臂内侧的伤口，避免感染。二人相互调侃几句，众人附和，仅仅十几天的相处，就让这些伙伴们变得亲密无间。

一天的访问后，一行人从社区返回宾馆，一群身着蓝色衣服的伙伴们大声商量着再来一顿可口的晚饭。

哈尔滨夜晚的街头，常见的俄式建筑闪出点点灯光，石子路上，留下他们的背影和笑声。

同甘，共苦，哈尔滨未眠夜，见证友谊的坚固。

最后的 2.5 户样本

"天津市 7 个小组 1 060 个样本，任务已完成，样本审核完毕！"

"黑龙江省 6 个小组 1 282 个样本，任务已完成，样本审核完毕！"

"吉林省 8 个小组，1 506 个样本，任务已完成，样本审核完毕！"

在各个省份相继完成样本时，报道小分队抵达大连。在这里，还有辽宁 13 组，还有整个北京师范大学片区的最后 2.5 户样本。

8 月 19 日，上午，11 时。

杨烨提交了记录于他的平板电脑上的最后一户样本。他开玩笑说："终于不用再来这个社区啦。"原因竟然是他们每次走在社区的路上，都会被热心的大爷大妈"拖住"聊很久。小分队对杨烨说："恭喜啊，你终于杀青了。"

"不是，整个团队结束才算结束。"

这时，辽宁 13 组还有 2.5 户样本。

19 日，下午，4 时。

户主伸出一只手微微打开防盗门，却丝毫没有完全打开的意思。听完访员们的解释之后，门内传来了一个年轻女子的声音："我家里有两个孩子，现在不行，明天吧，也许，明天下午可以。"访员们失望而归。

19 日，下午，6 时。

访员们在社区的长椅上集合，一天的疲惫后，大家集体瘫在长椅上，早已没有了上午出发时的精神。有些访员默默地查看着从北京到家乡的车票。

19 日，晚上，8 时。

访员徐翠翠、刘鑫如约来到之前访问了一半的受访户家庭。刚进家门，见女主人